高等职业教育"十二五"系列教材 汽车类

汽车制造工艺基础

主 编 王永伦

副主编 赵 雷

参 编 王 新 王艺云 孙永科

　　　　阮东东 赵玉霞 李 杨

主 审 梅世明

机械工业出版社

本书是根据车辆（汽车）专业高职高专人才培养目标定位而编写的教材。其内容包括：汽车制造工艺过程基本知识，机床夹具，工件的定位与装夹，机械加工质量，机械加工工艺规程，汽车典型零件制造工艺，汽车装配工艺基本知识，汽车车架、车轮制造工艺，汽车车身制造工艺，汽车制造轻量化，共十个方面。

本书适合于高职高专车辆（汽车）工程的汽车制造与装配技术、汽车改装技术、汽车整形技术、汽车运用与维修技术、汽车检测与维修技术等相关专业的师生使用，也可作为成人高等教育相关课程的教材和其他相关专业学生的参考书，还可供相关行业从事相关工作的工程技术人员、技术工人参考阅读。

图书在版编目（CIP）数据

汽车制造工艺基础/王永伦主编. —北京：机械工业出版社，2012.1
（2022.8 重印）
高等职业教育"十二五"系列教材. 汽车类
ISBN 978-7-111-36742-0

Ⅰ. ①汽… Ⅱ. ①王… Ⅲ. ①汽车~生产工艺-高等职业教育-教材 Ⅳ. ① U466

中国版本图书馆 CIP 数据核字（2011）第 270996 号

机械工业出版社（北京市百万庄大街 22 号 邮政编码 100037）
策划编辑：葛晓慧 责任编辑：葛晓慧 章承林
版式设计：霍永明 责任校对：程俊巧
封面设计：赵颖喆 责任印制：郜 敏
北京富资园科技发展有限公司印刷
2022 年 8 月第 1 版·第 9 次印刷
184mm×260mm·16.5 印张·404 千字
标准书号：ISBN 978-7-111-36742-0
定价：44.90 元

电话服务

客服电话：010-88361066
010-88379833
010-68326294

封底无防伪标均为盗版

网络服务

机 工 官 网：www.cmpbook.com
机 工 官 博：weibo.com/cmp1952
金 书 网：www.golden-book.com
机工教育服务网：www.cmpedu.com

前　言

"汽车制造工艺基础"是车辆（汽车）工程专业必修的一门主干技术基础课程。

通过本课程的学习，使学生获得汽车制造工艺过程中汽车零件毛坯的成形与精化、汽车典型零（部）件的制造工艺、汽车装配工艺、汽车轻量化等基本知识；学会应用这些知识去解决汽车生产中的制造工艺问题；也为学生毕业后从事车辆（汽车）制造奠定工艺基础，以适应现代汽车工业高速发展对高技能应用型人才的需要。

本书特点如下：

1）根据高职高专人才培养目标定位，在系统介绍汽车制造工艺过程和加工工艺方法的基础上，注重基本知识的了解和应用，以"需要"、"够用"为度，对复杂的理论推导和设计计算作了较大的删减。

2）紧密结合车辆（汽车）制造生产中的典型实例，阐述汽车制造工艺的基础理论知识。书中较多地采用了汽车上的零（部）件作为图例结合内容进行讲述，便于学生更多地了解汽车制造生产中的有关工艺基础知识。

3）部分地介绍了现代汽车制造中的新技术、新工艺，以期拓展学生视野，丰富知识，获得更多的较全面的实际能力培养。

4）书中名词、术语、代号、计量单位等贯彻应用了最新的国家标准。

5）每章后面列有本章小结和思考与练习题，便于学生理解和掌握基本内容，拓展学生的思维空间，提高综合运用所学知识去解决实际问题的能力。

本书由重庆机电职业技术学院王永伦教授任主编（第一章、第九章），同时负责全书统稿；赵雷任副主编（第三章、第五章）；其他参加编写的有：王新（第七章）、孙永科（第八章）、王艺云（第四章）、李杨（第十章）、阮东东（第六章）、赵玉霞（第二章）。本书由梅世明教授任主审。

限于编者水平有限，书中难免有不妥之处，敬请读者批评指正，并表示衷心感谢！

编　者

目　录

汽车制造工艺过程基本知识

【学习目标】
1. 了解汽车生产过程及工艺过程的概念和组成。
2. 掌握汽车零件机加工工序的划分和汽车生产的组织形式。
3. 了解汽车零件毛坯形状的获得方法。
4. 了解汽车零件尺寸、形状及其精度的获得方法。

第一节 汽车生产过程及工艺过程

汽车工业是国家的支柱产业，在推动社会进步和国民经济发展中起着举足轻重的作用。汽车是由上万个零件组成的在公路上奔驰的机器，它主要由许多零件组成的发动机、底盘、车身、电器电子设备等总成所构成。汽车的生产特点是产量大，品种繁多，质量要求高，涉及行业广。因此，现代汽车制造企业都必须采取专业化分工与协作的方式组织规模化、多品种生产，以提高劳动生产率，保证产品质量，降低生产成本，满足用户需求。汽车生产工艺过程的有效组织是重要途径之一。

一、汽车生产过程及其组成

汽车生产过程是指将原材料或半成品通过各种加工工艺过程制成汽车零件，并将零件装配成各种部件和总成，最后将其组装为整车的全过程。

图1-1所示为汽车生产过程流程图。

汽车是一种较复杂的机电产品，很多零件及总成技术要求较高，故汽车生产过程相当复杂。

汽车生产过程主要由基本生产过程、辅助生产过程、服务与技术准备生产过程等组成。它们之间是有机联系的环节，缺一不可。

1. 基本生产过程

基本生产过程是指毛坯（铸件、锻件、冲压件等）的制造、零件的机械加工、毛坯和零件的热处理、总成（或部件）及整车装配的过程。它是汽车生产的中心环节。

2. 辅助生产过程

辅助生产过程是指在生产过程中，为保证基本生产过程能正常进行所必需的动力（压缩空气、蒸汽、煤气等）、配电、机床设备及工艺装备的生产准备等过程。

3. 服务与技术准备生产过程

服务与技术准备生产过程是指为保证生产过程正常进行和产品质量所必需的材料、毛坯、半成品及零部件的采购、运输、保管、质量检验、性能测试、产品销售及售后服务、信息服务、产品设计等过程。

汽车生产的整个过程形成了一个庞大的物资流和信息流，其核心是按照既定的工艺设计科学地组织生产与协作。

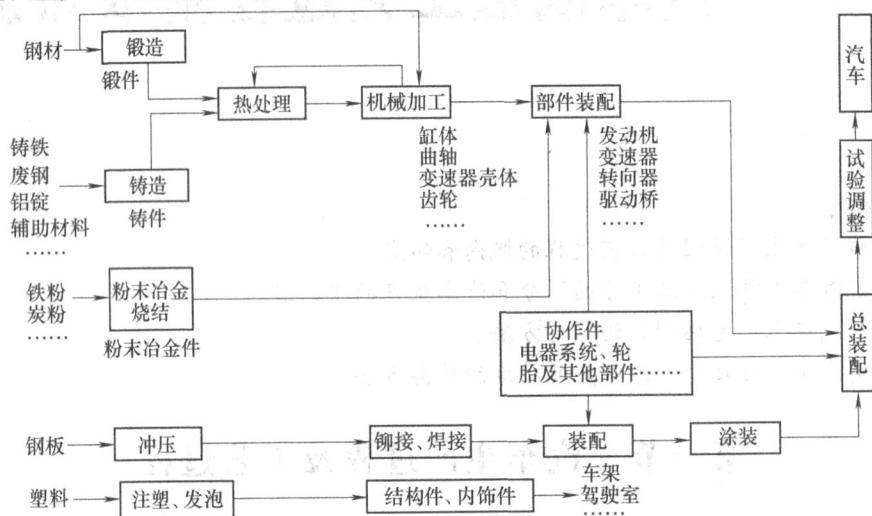

图 1-1   汽车生产过程流程图

二、汽车制造工艺过程及其组成

汽车制造工艺过程是指在汽车生产过程中，直接改变生产对象的形状、尺寸、相对位置和性质等，使之成为成品或半成品的全过程。汽车制造工艺过程主要包括毛坯的成形、热处理、零件的机械加工、总成或部件及汽车产品的装配等工艺过程。

1. 毛坯成形工艺过程

毛坯成形工艺过程是指将原材料通过铸造或锻造或冲压等方法制成一定形状和尺寸的铸件或锻件或冲压件毛坯的工艺过程，包括塑料成型工艺、粉末冶金成形工艺，统称为毛坯形状获得的工艺。如汽车零件制造中的发动机气缸体、变速器箱体、后桥壳等铸件毛坯；连杆、万向节、主减速器中的主动锥齿轮等锻件毛坯；车身各部件、车架纵横梁等冲压件毛坯。

2. 热处理工艺过程

热处理工艺过程是指用热处理方法（如退火、正火、调质、淬火、回火、表面热处理等），改变毛坯或零件的使用性能和工艺性能，挖掘材料的性能潜力，提高产品质量，延长使用寿命的工艺过程。如汽车零件制造中的铸锻件毛坯的退火或正火，齿轮的表面淬火与回火等。

3. 机械加工工艺过程

机械加工工艺过程是指在金属切削机床设备上利用切削刀具或其他工具，在机械力的作用下将毛坯或工件加工成零件的工艺过程。它是进一步改变毛坯的形状和尺寸的过程，也称其为提高零件尺寸精度和表面质量的工艺。如在汽车零件制造中常采用的车削、铣削、钻削、刨削、镗削、磨削、拉削、铰削、抛光、研磨超精加工和齿轮轮齿加工中的滚齿、插齿、剃齿、拉齿以及无屑加工中的滚挤压、轧制、拉拔等。

4. 装配工艺过程

装配工艺过程是指将半成品或成品通过焊接、铆接、粘接等方式连接成部件或将零件按一定装配技术要求装配成部件（总成）或汽车整车的工艺过程，也称为连接与装配工艺过程，是改变零件、部件或总成间相对位置的过程。如车架、发动机、变速器、车身等总成的装配和汽车整车的装配。

本书主要讨论和介绍汽车生产过程中毛坯或半成品的铸造、锻造、冲压成形工艺和零件机械加工工艺及装配工艺过程。

三、机械加工工艺过程的组成

机械加工及装配工艺过程，都是由按一定顺序排列的若干道工序所组成的。工序是组成工艺过程的最基本单元。下面以零件的机械加工为例，说明工艺过程的组成内容。装配工艺过程在第七章中介绍。

1. 工序及其划分

工序是指一个（或一组）工人，在一个工作地（机床设备）上，对同一个（或同时对几个）工件加工所连续完成的那一部分工艺过程。工序划分的主要依据是工作地是否改变和加工是否连续完成（顺序或平行加工）。图 1-2 所示为铣削汽车变速器输入轴毛坯大、小

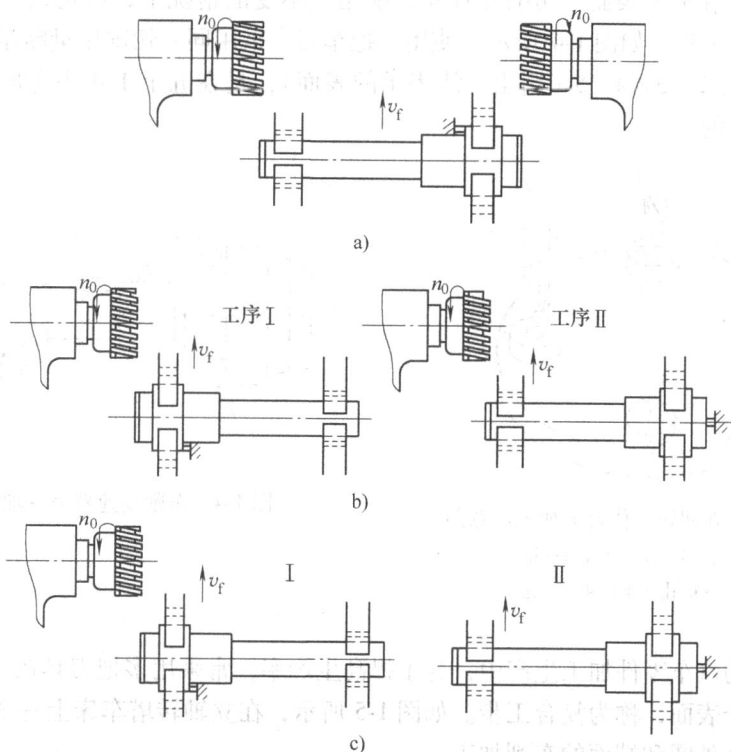

图 1-2 铣削汽车变速器输入轴毛坯大、小头两端面工序划分

a) 一台铣床上同时铣削大、小头两端面（一道工序） b) 两台铣床上分别铣削大、小头两端面（两道工序） c) 一台铣床上掉头先后连续铣削大、小头两端面（一道工序）

头两端面的工序划分。图 1-2a 所示为在一台专用端面铣床上用两把铣刀同时铣削大、小头两端面，是在一道工序中平行加工完成的。图 1-2b 所示为在两台普通卧式铣床上分别铣削大、小头两端面，是在两道工序中分别加工完成的。图 1-2c 所示为在一台普通卧式铣床上，工件装夹在机床夹具上先铣削大头端面（如Ⅰ），再将工件掉头装夹在同一机床夹具上铣削小头端面（如Ⅱ），是在同一台机床上先后连续加工完成的，属一道工序。

2. 工序内容

工序内容包括：安装、工位、工步和进给。

（1）安装　工件在一道工序中通过一次装夹后所完成的那一部分工艺过程，称为安装。一道工序中可以有一次或几次安装。如图 1-2a、b 所示，均为一道工序中只有一次安装；图 1-2c 所示则为一道工序中有两次安装。显然，在一道工序中只有一次安装完成两端面的加工方案具有生产效率高、位置误差小的优点。因此，在零件机械加工中应力求减少安装次数，尽可能在一次安装中完成一道工序的加工内容。

（2）工位　一次装夹后，工件与机床夹具或设备的可动部分一起相对于刀具或设备的固定部分所占据的每一个位置，称为工位。工位的变换可借助于机床夹具的分度机构或机床设备工作台的移位或转位来实现。图 1-3 所示为四个工位（包括工件装卸工位）。采用一道工序一次安装三个工位加工，比采用三道工序三次安装完成钻孔、扩孔、铰孔加工更省时，效率更高，位置误差更小，特别是采用毛坯表面装夹情况下尤其如此。

（3）工步　在加工表面、切削刀具和切削用量不变的情况下，所连续完成的那一部分加工过程，称为工步。如图 1-4 所示，使用一把车刀，采用同一切削用量顺序车削变速器输入轴外圆表面 1、2、3、4、5（用粗实线表示的表面），是在五个工步中完成轴的五段不同直径的车削加工的。

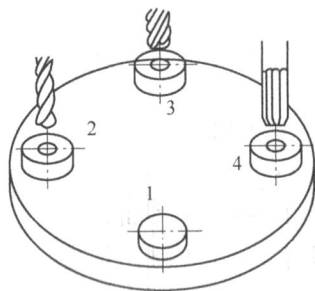

图 1-3　工件在回转工作台上加工示意图

工位 1—装卸工件　工位 2—钻孔

工位 3—扩孔　工位 4—铰孔

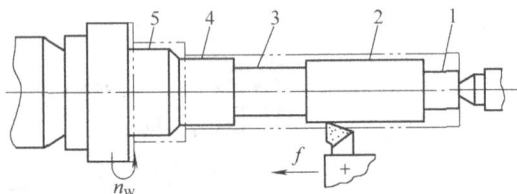

图 1-4　车削变速器第一轴阶梯外圆

在大批量的汽车零件加工生产中，为了提高生产率，常采用多把刀具在一个工步中同时加工工件的几个表面，称为复合工步。如图 1-5 所示，在立轴转塔车床上一个复合工步同时完成钻孔及多个外圆和端面的车削加工。

（4）进给　切削刀具在加工表面切削一次所完成的工步内容，称为进给（又称走刀）。根据被切除的金属厚度不同，一个工步可以包括一次或数次进给，如图 1-6 所示。

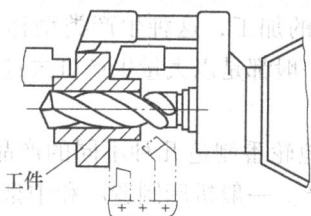

图 1-5 在立轴转塔车床上加工零件

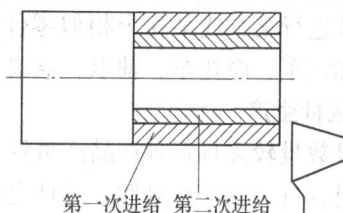

第一次进给 第二次进给

图 1-6 进给示意图

第二节 汽车生产的组织形式

现代汽车制造企业都以专业化分工与协作的方式组织规模化生产。汽车产品种类繁多，社会对不同汽车产品的需求量差别较大。企业必须根据市场需求、产品特征（重型、中型、轻型、微型、轿车等）和自身能力，制订自己的生产纲领（计划）。

一、生产纲领

所谓汽车产品的生产纲领，是指企业根据市场需求和自身的生产能力，在一定计划期内（一般为一年）所生产的产品产量和进度计划。生产纲领的大小决定了汽车产品和零件的生产类型。汽车零件的生产类型是由汽车零件的工艺特征（零件形状结构、尺寸、技术要求等）和生产纲领（年产量）决定的。汽车零件的年生产纲领一般按下式计算

$$N = Qn(1 + a\%)(1 + b\%)$$

式中　　Q——汽车产品年生产计划量（辆）；

　　　　n—— 一辆（台）汽车产品中的相同零件数量；

　　$a\%$——备品率；

　　$b\%$——废品率。

二、生产类型

根据企业（车间）专业化生产程度的不同和生产纲领中产品年产量的不同，汽车产品和零件划分为大量生产、成批生产、单件生产三种不同的生产类型。

汽车制造厂机械加工车间生产类型的划分见表 1-1。

表 1-1　汽车制造厂机械加工车间生产类型的划分

生产类型	汽车特征	轿车或 1.5t 以下商用车年产量/辆	商用车或特种车年产量/辆	
			2~6t 汽车	8~15t 汽车
单件生产		各类汽车新产品的试制,数量一般为一辆或几十辆		
成批生产	小批量	2000 以下	1000 以下	500 以下
	中批量	2000~10000	1000~10000	500~5000
	大批量	10000~50000	10000~30000	5000~10000
大量生产		50000 以上	30000 以上	10000 以上

1. 大量生产

若每年生产的产品品种单一稳定，而每个产品的年产量又很大，一台机床设备可长期固

定重复地进行某个或某几个相似零件的某一道工序内容的加工，这种生产类型称为大量生产。例如汽车、摩托车、轴承、空调、彩电等的制造，一般都是以大量生产方式进行的。

2. 成批生产

品种数量较多且每种产品产量较大，一年中周期性地轮番制造几种不同的产品或零件，其制造过程有一定的重复性，这种生产类型称为成批生产。一般机床制造厂和中型汽车制造厂、专用（特种）汽车制造厂、拖拉机制造厂等多为成批生产类型。

根据产品结构特征、生产纲领、批量的不同和机床设备完成的工序数目等，成批生产又可分为小批生产、中批生产和大批生产。大批生产的工艺特征与大量生产相似，小批生产与单件生产的工艺特征相似，一般分别称为大批大量生产（简称大批量生产）和单件小批生产。

3. 单件生产

每年生产的产品品种很多或品种不确定，每个产品品种产量很少甚至只有几辆/台/份，每台机床设备常年不重复或很少重复地生产同一产品，这种生产类型称为单件生产。例如重型机器制造、专用设备制造、汽车制造中的新产品试制等均属单件生产。

在汽车生产类型中，除汽车新产品试制属于单件生产外，一般轿车、微型车制造多属于大量生产，中、轻型货车制造多为大批量生产，重型车、特种车、豪华大客车制造多为中批量生产。

为了大批量高效率高质量地制造汽车，现代大型汽车制造厂都是按照产品（部件）专业化、工艺专业化原则组织协作化生产，将大量生产的总成（部件）安排到分厂（车间）组织生产，每个分厂（车间）固定生产一个或几个总成（部件）。如东风汽车公司，下属有发动机、变速器、车桥、车厢、车架、驾驶室、铸造、锻造等骨干专业分厂。各分厂（车间）先将各种毛坯加工成零件，然后送至装配线装配成总成（部件），经调试检验合格后再送往总装厂（车间）装配成整车。这些分厂（车间）只是汽车生产过程中的主机厂，而生产装配整车所需的全部零部件，还需大量协作件，如车窗风窗玻璃、轮胎、轴承、密封件、电器、车灯、内外装饰等，多由其他专业配套协作厂供应。

第三节　汽车零件毛坯形状的获得方法

汽车上许多零件是由铸造、模锻和冲压制成的。如气缸体、气缸套、气缸盖、曲轴、活塞、变速器箱体、桥壳、轮毂等零件，都是采用铸造方法先制成铸件毛坯，再经过机械加工而制成零件的。铸件占到汽车总质量的19%（轿车）～23%（货车），占发动机总质量的80%～90%；如连杆、齿轮、前轴等零件，多采用模锻方法先制成锻件毛坯，再经过机械加工制成零件的；车身覆盖件和车架等许多零件都是采用冲压方法制成半成品和成品的；锻造和冲压件占了汽车总质量的70%左右。显而易见，铸造、锻造和冲压加工技术在汽车生产过程中占有举足轻重的地位。

本节仅简要介绍为汽车制造提供零件毛坯的铸造工艺和模锻工艺。冲压加工将在第九章中介绍。

一、铸造工艺简介

将液态金属浇注到具有与零件形状、尺寸相对应的铸型型腔中，待其冷却凝固、清理后而获得铸件毛坯或零件的工艺方法，称为铸造。

1. 铸造工艺方法分类

按成形特点不同，铸造可分为砂型铸造和特种铸造两大类。特种铸造又分为：熔模铸造、金属型铸造、压力铸造、离心铸造、实型铸造等。砂型铸造是最基本的成形工艺方法，在汽车制造中应用较多。

2. 铸造成形工艺过程

以砂型铸造为例，其工艺过程包括：制造铸型→熔炼金属→浇注→冷却凝固→取出铸件→清砂、去除浇冒口→检验→热处理→入库等工序。

3. 铸造成形工艺的优点

铸造是成批或大批量生产汽车铸件毛坯的主要制造工艺方法，与其他成形工艺相比，其优点是：

1）生产成本低，工艺灵活性大，适应范围广，几乎不受零件尺寸大小、形状结构复杂程度、金属材料种类、生产批量的限制。如气缸体、气缸盖等特别复杂的零件毛坯的成形是其他成形工艺难以解决的。

2）采用压力铸造、熔模铸造、实型铸造等铸造工艺方法，还可获得少、无切屑加工的铸造零件。

4. 汽车铸件毛坯形状成形类型

汽车上不少铸铁件采用砂型铸造成形，铝合金铸件多采用特种铸造成形。

（1）砂型铸造成形　汽车上的箱体类和部分轴类、盘类等铸铁零件常采用砂型铸造成形，如发动机气缸体、气缸盖、曲轴、变速器箱体、飞轮壳、桥壳、轮毂等。图1-7所示为砂型铸造成形的灰铸铁气缸体（图1-7a）和球墨铸铁曲轴毛坯（图1-7b）经机械加工后的零件；图1-8所示为砂型铸造球墨铸铁曲轴毛坯的成形工艺。

a)　　　　　　　　　　　　　　b)

图1-7　气缸体、曲轴砂型铸造成形零件

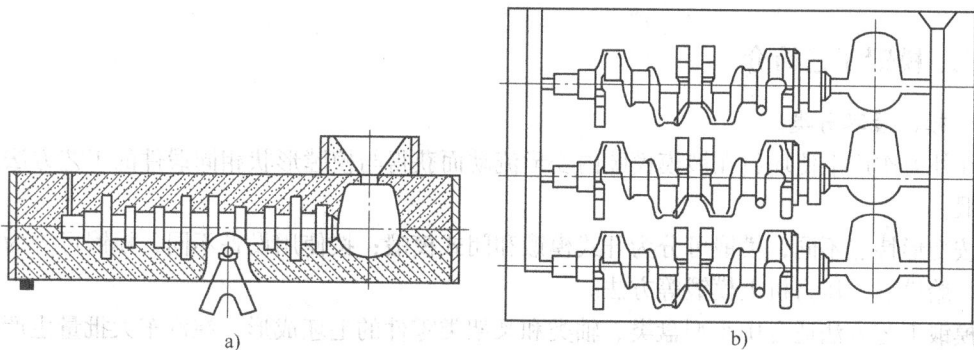

a)　　　　　　　　　　　　　　b)

图1-8　砂型铸造球墨铸铁曲轴毛坯的成形工艺

a）球墨铸铁曲轴卧浇立冷工艺　b）球墨铸铁曲轴侧浇侧冷工艺

（2）特种铸造成形　汽车上的铝合金活塞，常采用金属型铸造成形，如图1-9所示。采用铝合金制造的轿车自动变速器箱体、车轮（轮辋）甚至气缸体等，常采用500～2500t的压铸机压力铸造成形，如图1-10所示。

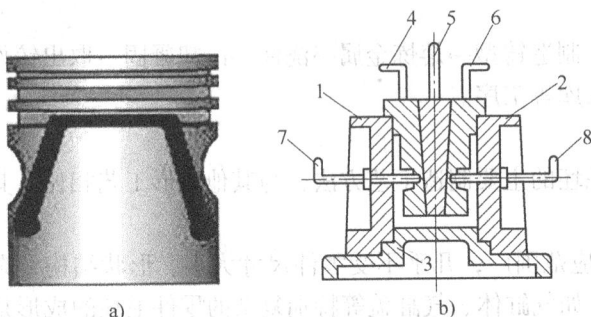

图1-9　铝活塞毛坯金属型铸造示意图
a）铝活塞　b）活塞金属铸型组合示意图
1、2—左右半型　3—底型　4、5、6—分块金属型芯
7、8—销孔金属型芯

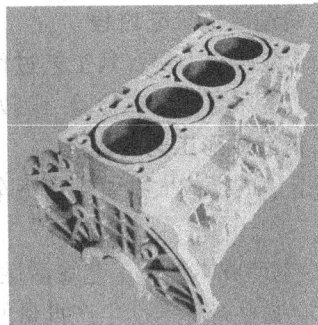

图1-10　铝合金压力铸造的
发动机气缸体

（3）离心铸造成形　气缸套等回转型铸件常采用离心铸造成形，如图1-11所示。

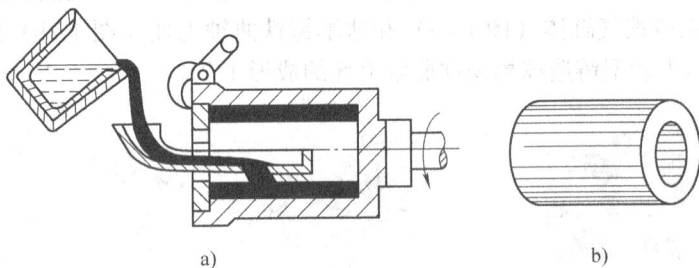

图1-11　气缸套离心铸造工艺示意图
a）气缸套离心浇注工艺过程　b）气缸套毛坯

二、模锻工艺简介

1. 模锻及其分类

在外力作用下使坯料在锻模模膛内变形流动而获得与模膛形状相同锻件的工艺方法，称为模锻。

按变形特点不同，模锻可分为开式模锻和闭式模锻；按使用设备不同，模锻可分为锤上模锻、胎模锻、压力机上模锻等方法。

模锻工艺方法适合中小型盘类、轴类和叉架类零件的毛坯成形，在汽车大批量生产中应用较广，如连杆、转向节、摇臂、万向节及大多数齿轮等都以模锻获得毛坯件，如图1-12所示。

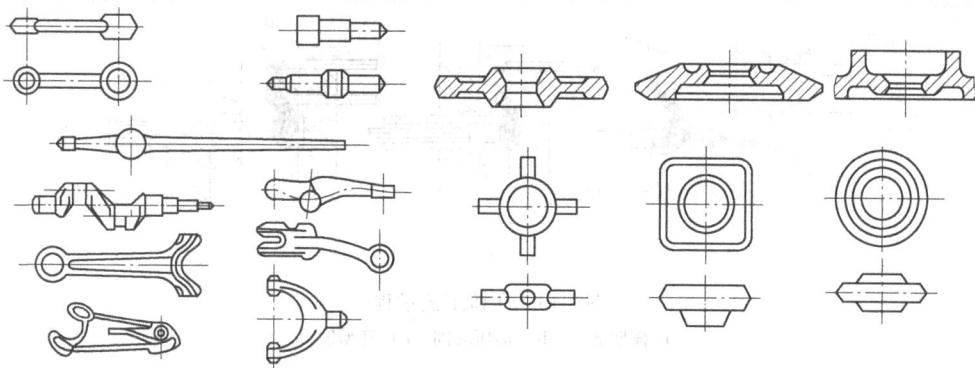

图 1-12　汽车各种典型模锻件毛坯

2. 模锻成形工艺过程

以锤上模锻为例，其工艺过程包括：下料→毛坯质量检验→加热→模锻（预锻、终锻）→切边冲孔→表面清理→校正→精压→热处理→质量检验→入库等工序。

3. 模锻成形工艺的优点

模锻是成批或大批量生产汽车锻件毛坯的主要制造工艺方法。由于是在锻压设备动力作用下，使毛坯在锻模模膛中被迫塑性流动成形，与自由锻相比，其优点是：

1）生产效率高，锻件成本较低，操作简单，劳动强度小。

2）可锻制形状较复杂的锻件，形状、尺寸精度和表面质量较高。

3）模锻件内金属流线分布更为合理，力学性能好。

4）模锻件的机械加工余量较小，材料利用率较高。

5）易于组织机械化、自动化生产线。

第四节　毛坯精化及近净成形工艺简介

一般铸造件和模锻件由于带有机械加工余量、毛边、工艺敷料等，其材料利用率通常为 50% ~70% 。为了提高生产率和材料利用率，现代汽车制造企业不断应用精密铸造和精密模锻成形新工艺，提高铸、锻件毛坯的精度，使毛坯精化及近净成形，使零件实现了少、无切屑加工便可获得半成品或成品零件。

下面简要介绍几种铸件和锻件毛坯精化及其精密特种成形工艺实例。

一、精密铸造

1. 压力铸造

压力铸造的铸造精度及表面质量较其他铸造方法均高，可获得尺寸公差等级为 IT11 ~ IT13，表面粗糙度 $Ra = 3.2 \sim 0.8 \mu m$，且金属组织致密，强度提高 25% ~30% 的精密铸件，可实现少、无切屑加工即可使用。

压力铸造工艺过程如图 1-13 所示。在汽车制造生产中，精密铸造应用很广，如轿车铝合金车轮、摇臂等。图 1-14 所示为铝合金精密压铸的汽车配气机构中的摇臂。

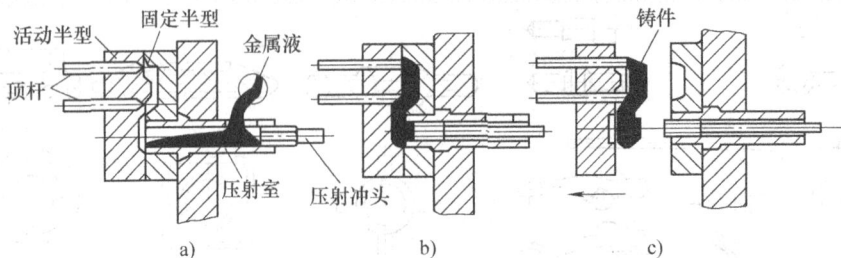

图 1-13　压铸工艺过程

a）合型浇注　b）加压凝固　c）开型取件

2. 熔模铸造

熔模铸造由于铸型是一个整体，无分型面，尺寸精确，型腔表面光洁，可获得尺寸公差等级为 IT11～IT14，表面粗糙度值 $Ra = 12.5～1.6\mu m$ 的形状复杂的薄壁（最小壁厚 0.7mm）精密铸件。其广泛应用于汽车、拖拉机、航空、兵器等制造业，如汽车仪表、涡轮发动机的叶片等小型零件，已成为少、无切屑加工以及难切削加工零件最重要的工艺方法。熔模铸造工艺过程如图 1-15 所示。

图 1-14　硬铝合金精密压铸件（摇臂）

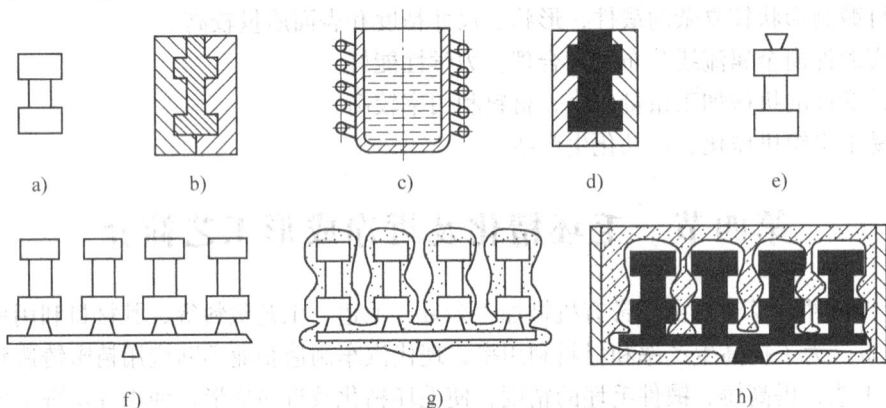

图 1-15　熔模铸造工艺过程

a）母模　b）压型　c）熔蜡　d）浇注蜡模　e）蜡模

f）蜡模组合　g）结壳、熔化蜡模　h）造型、浇注

二、精密模锻

精密模锻可直接锻制形状尺寸精度较高、表面光洁、锻后不必切削加工或少量切削加工的高精度锻件，是精化毛坯或直接获得成品零件的一种先进模锻工艺。如精锻汽车差速器行星锥齿轮零件，锻件尺寸偏差可在 ±0.02mm 以内。

1. 汽车差速器行星齿轮的精密模锻

行星锥齿轮零件图和精锻图，如图 1-16 所示。

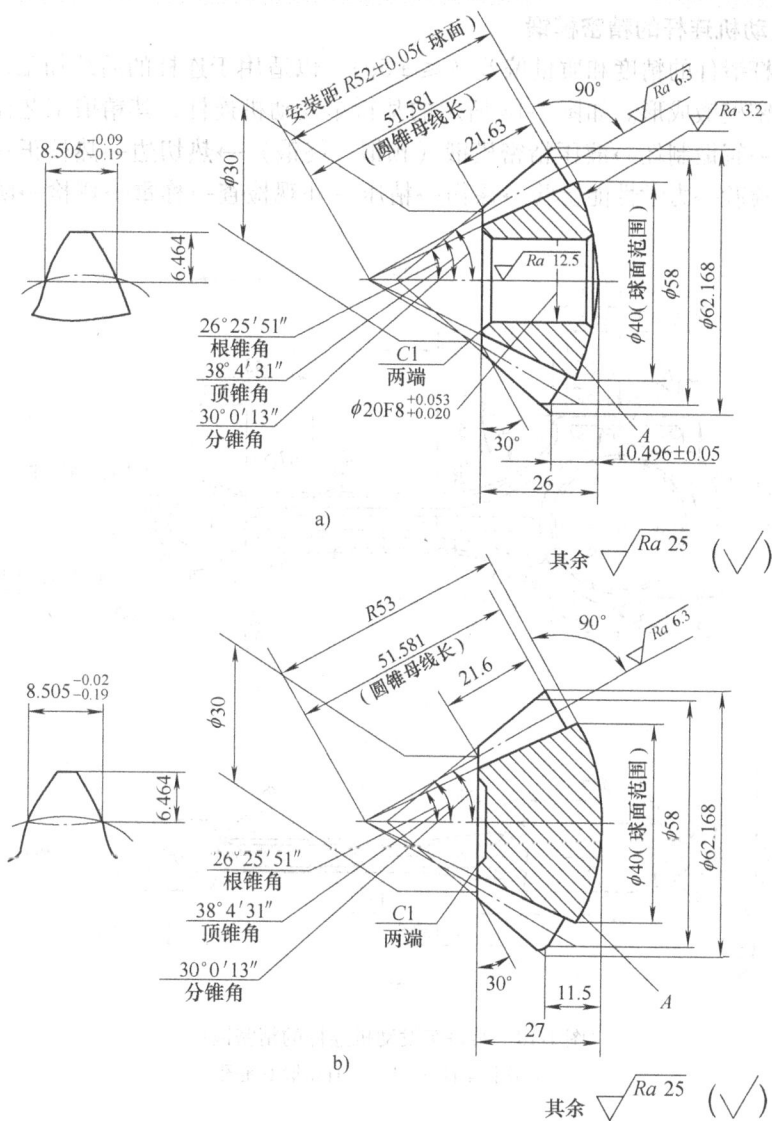

图 1-16 行星锥齿轮零件图和精锻图

a）行星锥齿轮零件图 b）行星锥齿轮精锻图

　　其精锻工艺流程为：下料→车（或磨）削外圆除去表面缺陷层→加热→精密模锻→冷切边→酸洗（或喷丸）→加热→精压→冷切边（或喷砂）→检验。

　　其精锻模具如图 1-17 所示，它是一种典型的开式精密模锻模具。为便于放置毛坯和顶出锻件，凹模安放在下模板上，并采用双层组合凹模，凹模用预应力圈加强，而凹模压圈只起紧固凹模的作用。顶杆可将锻件从凹模中顶出。

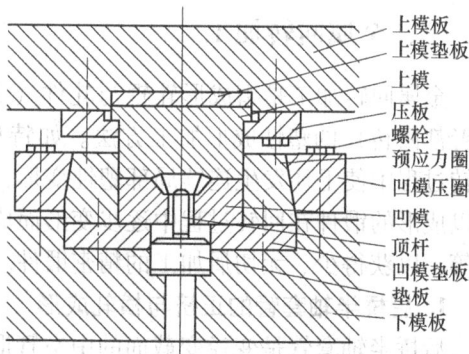

图 1-17 行星齿轮精密模锻锻模

2. 轿车发动机连杆的精密模锻

为保证连杆锻件的精度和质量偏差（≤±5g），以适用于连杆的后续加工，汽车发动机连杆常采用精密模锻成形。如图1-18所示的某轿车发动机连杆，其精锻工艺流程为：精密下料→电加热→辊锻制坯→液压精密模锻（预锻、终锻）→热切边→热校正→热处理→喷丸→金相组织检验→力学性能检验→探伤→精压→外观检查→称重→弯检→防腐包装→入库。

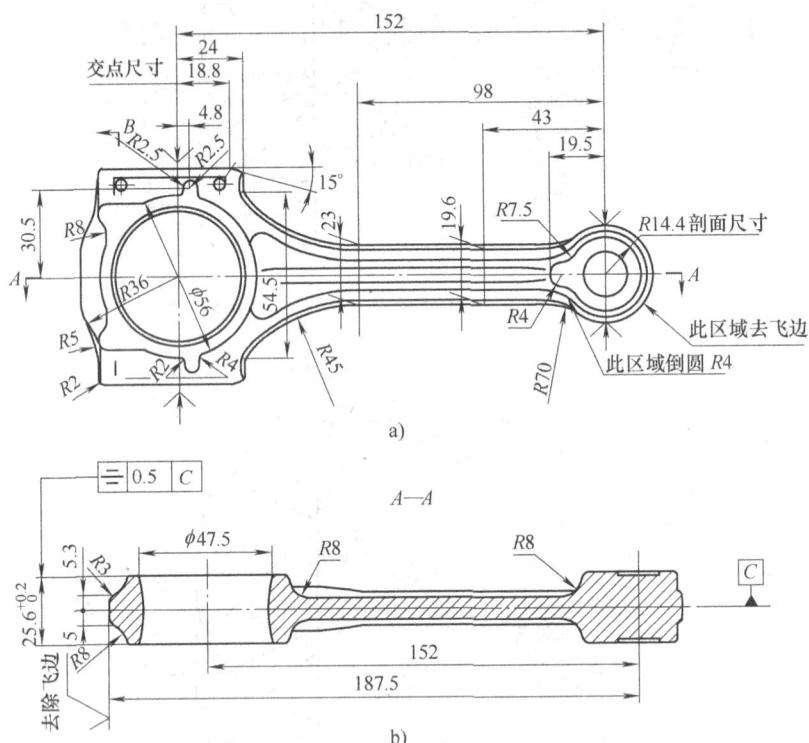

图1-18 某轿车发动机连杆的精密锻件

a）连杆零件图 b）连杆精锻毛坯图

连杆精锻模具采用锤锻模镶块结构，先分别预锻和终锻型槽；型槽由精密三维电火花成形加工，以保证连杆锻件的精度和质量偏差。

三、金属回转加工

金属回转加工是指成形轧辊与轧件（金属毛坯）作相对转动（轧件回转或轧辊回转或两者都回转）的塑性成形加工方法。如特种轧制、辗环、摆动辗压、旋压等。其特点是在回转过程中使毛坯发生连续局部塑性变形，不仅降低了成形设备的工作压力，还使模锻方法难以成形的锻件在回转过程中逐步变形而成形。在汽车制造中可用于加工环形齿轮、半轴套管等，以获得少、无切屑加工的精密锻件。

1. 后桥半轴套管的正挤与横轧成形

后桥半轴套管是变径变截面的中空管形件。目前不少国家多采用整体模锻工艺生产，该工艺的最大缺点是材料利用率很低（低于35%），后续机械加工量大，生产率低，制造成本高。我国自主研发的正挤与横轧成形新工艺，实现了该类锻件的精化近净成形。

半轴套管正挤与横轧工艺原理如图1-19所示。局部加热的管坯由芯模推进到由3个成形轧辊组成的回转型腔中，在轴向进给时，由于轧辊成形角所产生的阻力迫使管坯前端产生缩径；在轴向推挤与径向横轧的复合力作用下，使管坯在经过2个成形角后产生2次缩径，并在缩径的同时增加壁厚和长度。半轴套管的外形由轧辊成形面形成，内腔则由芯模保证。

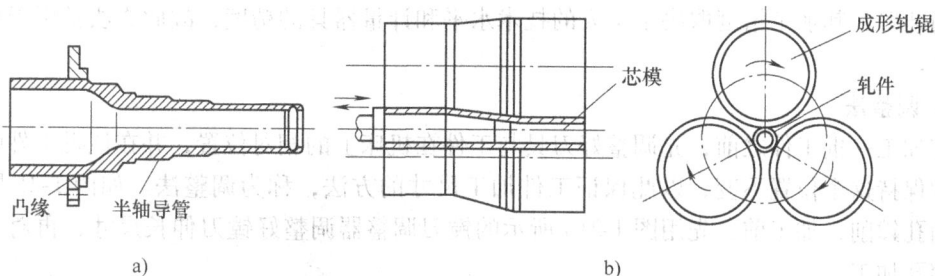

图1-19 半轴套管正挤与横轧工艺原理
a）产品分体式结构 b）正挤与横轧原理

本技术已在CA1040轻型车、BJ2310、BJ2815农用车上成功应用。此工艺比模锻工艺材料利用率提高20%，减少机械加工量33%，提高生产效率1~3倍。

2. 汽车从动锥齿轮辗环成形

环形毛坯在旋转的轧辊间进行辗扩的成形方法称为辗环。辗环成形工艺原理如图1-20所示。此工艺可用于生产轴承内外圈、凸缘、齿轮等圆环形锻件。

辗环成形工艺可取代模锻工艺生产汽车从动锥齿轮坯。其工艺流程为：下料→加热→镦粗、规圆→冲孔→卡压→辗环→热处理→喷丸。

此工艺已在东风EQ1090型与解放CA150P商用车的从动锥齿轮生产中成功应用，不仅使材料利用率提高15%，而且使锻件精化，减少机械加工量约25%。

此外，如楔横轧技术、摆动辗压技术、楔横轧与径向锻造复合技术等也不断用于汽车阶梯轴及偏心轴、半轴与齿轮坯、空心变速杆等锻件的精化成形。

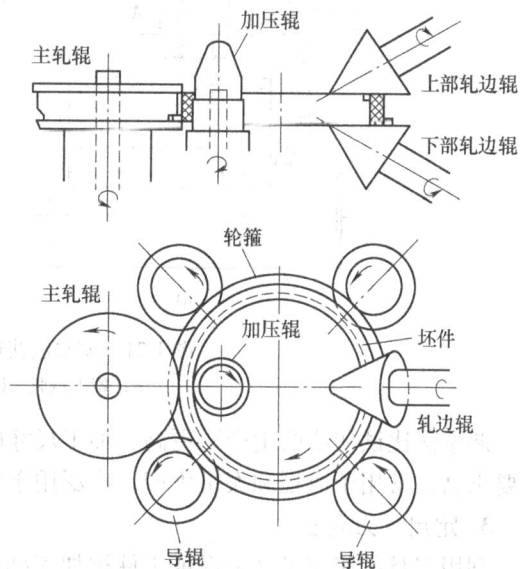

图1-20 辗环成形工艺原理

第五节 汽车零件机械加工尺寸和形状的获得方法

汽车零件机械加工方法很多，其目的都是为使汽车零件获得要求的尺寸精度、形状精度、位置精度和表面质量。

一、零件机械加工尺寸的获得方法

1. 试切法

通过试切、测量、调整、再试切，反复多次进行，直到工件尺寸达到要求为止的加工方法，称为试切法。加工过程中，由于需多次试切、测量、调整，所以生产率低。但它不需要复杂的装置，其加工精度取决于工人的技术水平和计量器具的精度，故此方法常用于单件小批生产。

2. 调整法

在加工一批工件之前，先调整好刀具与工件在机床上的相对位置，并在该批工件的加工过程中保持这个位置不变，以此保证工件加工尺寸的方法，称为调整法。如图 1-21 所示的活塞销孔镗削，加工前，先用图 1-21a 所示的镗刀调整器调整好镗刀伸长尺寸，再对一批活塞的销孔加工。

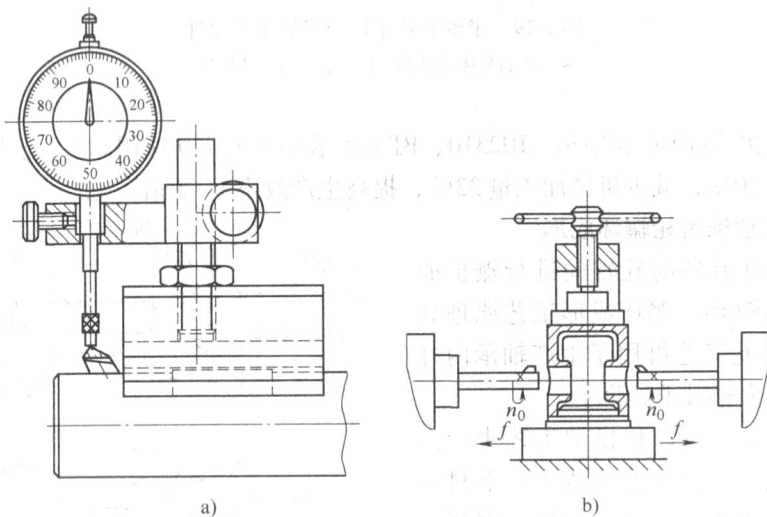

图 1-21　调整法获得镗孔尺寸示意图
a）镗刀调整　b）镗活塞销孔

调整法比试切法的生产率更高，加工尺寸的稳定性也好；对机床操作要求不高，但对调整要求高；常用于成批和大量生产，广泛用于半自动机床自动生产线上。

3. 定尺寸刀具法

利用刀具的相应尺寸来保证工件被加工部位尺寸的方法，称为定尺寸刀具法。如用麻花钻、铰刀、拉刀加工孔，用三面刃铣刀铣槽、齿轮盘铣刀铣齿均属此方法。

这种方法生产率高，被加工尺寸精度取决于刀具尺寸和机床精度等因素。其常用于孔、槽的表面加工，适合各种生产类型。

4. 主动测量法

在加工过程中，利用检测装置对加工尺寸跟踪测量，并将测量结果与工件要求尺寸比较后，或使机床继续工作，或使机床停止的方法，称为主动测量法。目前在一些精密机床中已利用数字显示的检测装置测量和控制被加工表面的尺寸。此方法质量稳定，生产率高。在汽车轴类零件外圆磨削加工中常采用挂表式主动测量控制装置，如图 1-22 所示。

挂表式主动测量控制装置的工作原理是：磨削前，先将测量装置用百分表按标准样件尺寸校对到零点；在磨削外圆时，装置的三个触点与被磨削外圆表面相接触，其中一个活动触点量杆端面与百分表触头接触；随着被磨削表面尺寸逐渐减小，百分表指针向一个方向不断摆动，当指针到达预调整的零点时，退出砂轮，磨削完毕。

5. 自动控制法

把测量、进给装置和控制系统组成一个自动加工控制系统，依靠此系统自动完成加工过程，实现对被加工零件表面尺寸的自动控制方法，称自动控制法。这种系统常应用在半自动及自动内、外圆磨床和程控机床或数控机床上，能适应加工过程中加工条件的变化，自动调整加工用量，按规定条件实现加工过程最优化和对机床进行自动控制的加工。

图 1-22 挂表式主动测量控制装置

自动控制法加工质量稳定，生产率高，被加工尺寸误差小，加工柔性好，能适应多种生产，是目前机械制造的发展方向和计算机辅助制造的基础。其适用于产量大的汽车制造业。

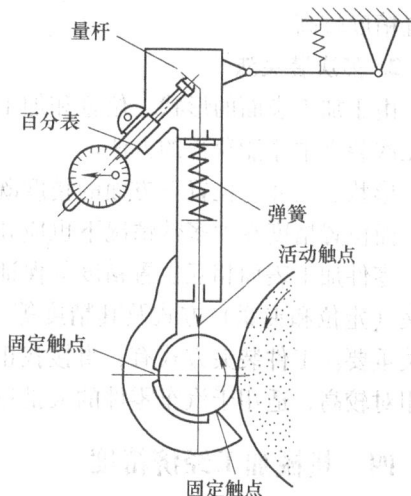

二、零件机械加工形状的获得方法

1. 轨迹法

依靠刀具的运动轨迹获得工件所需形状的方法，称为轨迹法。刀具运动轨迹取决于刀具和工件相对位置的成形运动，故获得的形状精度则取决于成形运动的精度。普通车削、铣削、刨削、磨削等均属于轨迹法加工。

2. 仿形法

刀具按照仿形装置（样板或靠模）形状运动进给获得工件形状的加工方法，称为仿形法（实质上也属轨迹法）。仿形法所得到的形状精度取决于仿形装置的精度及其他成形运动的精度。如仿形车削手柄、仿形铣削模具等均属于仿形法加工。

3. 成形法

利用成形刀具加工获得工件表面形状的方法，称为成形法。其形状精度取决于成形刀具切削刃的形状精度和其他成形运动的精度。使用成形刀具车螺纹、铣槽，拉刀拉孔、拉槽等均属于成形法加工。

4. 展成法

利用工件和刀具的相对运动中切削刃作展成切削运动而获得工件表面形状的加工方法，称为展成法。被加工表面是切削刃和工件作展成运动过程中所形成的包络面，故也称包络法。包络面的精度取决于切削刃的形状和展成运动的精度。滚齿、插齿、磨齿、剃齿、珩齿等均属于展成法加工。

三、零件表面相互位置精度的获得方法

1. 一次装夹法

指工件上几个加工表面（包括基准面）的位置精度是在一次装夹中而获得的方法。因

为一次装夹加工出的各表面间的位置精度不受定位、夹紧的影响，只与机床精度有关，所以位置精度较高。

2. 多次装夹法

由于加工表面的形状、位置和加工方法等原因的限制，工件上各个表面的位置精度必须在几次装夹中才能获得的方法。

形状、尺寸、位置三方面的精度既有区别又有联系，一般来说，形状精度应高于尺寸精度，而位置精度在大多数情况下也应高于相应的尺寸精度。

零件加工表面相互位置精度的保证与诸多因素有关，如机床、机床夹具的精度，工件的装夹（定位和夹紧）方式及其精度等。在机床、夹具精度一定的情况下，工件的装夹方式至关重要。工件装夹方式有：直接找正装夹、划线装夹、夹具装夹，其中夹具装夹的位置精度相对较高，适用于汽车零件的大批量生产。

四、机械加工经济精度

各种机械加工方法（如车、铣、刨、磨、钻、镗、拉等）所能达到的加工精度和表面粗糙度都有一定范围，加工中所获得的工件表面尺寸、形状、位置总会存在一定的加工误差。因此，在机械设计中，根据机器设备和零件的功能要求，设计者总是要选择合适的精度等级，使某种加工方法能"经济"地达到这一精度等级。所谓"经济"，是指辩证统一地处理生产效率、成本和加工质量间的关系。

1. 加工经济精度

所谓经济精度是指在正常生产条件下（采用符合质量标准机床、工艺装备，使用标准技术等级的工人，不延长加工时间）所能保证的各种精度等级和表面粗糙度，称为加工经济精度。若延长加工时间，就会增加成本，虽然精度能提高，但不经济。经济表面粗糙度的概念类同于经济精度的概念。

各种加工方法都对应一定的经济精度和经济表面粗糙度范围，因此，在选择表面加工方法时，应当与工件的加工要求相适应。可参考《金属机械加工工艺人员手册》，选择合理的加工方法。

2. 加工精度与表面粗糙度的关系

加工精度和表面粗糙度对应一定的公差等级和表面粗糙度值的范围。一般情况下，被加工表面尺寸公差值小的，对应的表面粗糙度值也一定小；但是，表面粗糙度值小的，尺寸公差值不一定小。例如机床手柄表面和一些要求耐蚀或提高疲劳强度的零件表面，规定的表面粗糙度值较小，但尺寸公差值却可稍大些。

本 章 小 结

1. 汽车生产过程的组成：基本生产过程，辅助生产过程，服务与技术准备生产过程。

2. 汽车制造工艺过程的组成：毛坯成形工艺过程，热处理工艺过程，机械加工工艺过程，装配工艺过程。

3. 工艺过程的组成：由若干工序组成，工序包括安装、工位、工步和进给。

4. 汽车生产纲领和生产类型：单件生产，成批生产，大量生产。

5. 汽车零件毛坯形状获得方法：铸造、模锻和冲压。毛坯精化方法：精密铸造，精密模锻，辊压回转加工。

6. 汽车零件机械加工尺寸获得方法：试切法，调整法，定尺寸刀具法，主动测量法，自动控制法；形状的获得方法：轨迹法，成形法，仿形法，展成法（包络法）。

7. 机械加工经济精度及其与表面粗糙度之间的关系。

思考与练习题

一、名词术语解释

汽车生产过程，汽车制造工艺过程，机械加工工艺过程，装配工艺过程，生产纲领，工序，工位，工步，定尺寸刀具法，仿形法，成形法，展成法，机械加工经济精度。

二、单项选择题

1. 一个工人在同一台车床上连续完成轴的端面、外圆、倒角、退刀槽、螺纹等加工内容的工艺过程，称为（   ）。

A. 工序   C. 工步   B. 工位   D. 复合工步

2. 一台车床完成轴的粗车、精车及退刀槽、螺纹加工，一台铣床铣该轴的两个键槽，一台磨床粗、精磨该轴的外圆，该轴的加工工序有（   ）。

A. 8 道   B. 3 道   C. 5 道   D. 7 道

3. 车削手柄时，刀具按照样件或靠模的形状进给而获得与样件相同形状的加工方法属（   ）。

A. 仿形法   B. 包络法   C. 成形刀具法   D. 调整法

4. 在滚齿机上用齿轮滚刀滚切获得齿轮齿廓面形状的加工方法属于（   ）。

A. 轨迹法   B. 展成法   C. 成形刀具法   D. 仿形法

5. 使用花键拉刀拉削获得花键孔尺寸的方法属于（   ）。

A. 定尺寸刀具法   B. 轨迹法   C. 主动测量法   D. 静调整法

6. 某汽车制造厂的某种汽车产品年生产计划为 30 万辆，生产该种汽车发动机气缸体的备品率为 3%，废品率为 2%，发动机气缸体的年生产纲领为（   ）。

A. 315180 件   B. 306000 件   C. 309000 件   D. 315000 件

7. 一般情况下，零件被加工表面尺寸精度要求高的，对应的表面粗糙度值（   ）。

A. 不一定小   B. 一定小   C. 一定大   D. 可大可小

三、简述题

1. 汽车制造工艺过程的组成及其基本内容有哪些？

2. 汽车零件毛坯形状的获得方法及各自工艺特点有哪些？

3. 汽车零件毛坯精化及特种成形方法有哪些？试举例说明。

4. 汽车零件机械加工尺寸和形状的获得方法有哪些？在成批大量生产中汽车零件尺寸采用什么方法获得？

5. 汽车零件表面尺寸精度与表面粗糙度有何关系？

第二章

机床夹具

1. 了解专用机床夹具的作用和分类。
2. 掌握专用机床夹具的组成、类型、特点及应用。
3. 掌握常见的专用钻床夹具、铣床夹具的组成、主要特点和应用。
4. 了解专用机床夹具的设计要求和步骤。

第一节　机床夹具的作用及其分类

机床夹具是指在机械制造过程中，用来固定加工对象，使之占有正确位置以接受加工和检测，并保证其加工要求的机床附加装置。其作用是完成工件的装夹工作。

一、机床夹具

机床夹具按其不同特性有不同的分类方法，常见的有：

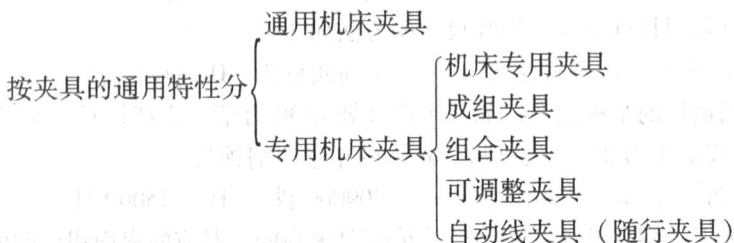

$$
\text{按夹具的通用特性分}
\begin{cases}
\text{通用机床夹具} \\
\text{专用机床夹具}
\begin{cases}
\text{机床专用夹具} \\
\text{成组夹具} \\
\text{组合夹具} \\
\text{可调整夹具} \\
\text{自动线夹具（随行夹具）}
\end{cases}
\end{cases}
$$

按夹具夹紧动力来源分为：手动夹具和机动夹具。

（1）通用机床夹具　通用机床夹具是指夹具结构和尺寸已标准化、系列化，具有一定通用性的夹具。如车床上的自定心卡盘、单动卡盘，铣床上的机用平口钳、万能分度头、回转工作台，平面磨床上的电磁吸盘等，因其通用性强而广泛应用于单件小批生产中。图2-1所示为部分常见的通用机床夹具。一般在购买机床设备时，通用机床夹具随机配套，故又称随机夹具。根据加工要求和机床型号规格，用户还可另行购置所需的其他通用配套夹具。

（2）专用机床夹具　专用机床夹具是指针对某一工件的某一工序的加工要求而专门设计制造的机床夹具。由于汽车属于大批量生产，为了提高生产效率、保证质量，在汽车零件加工中，除使用普通机床夹具外，广泛采用专用机床夹具。

图 2-1 常见的通用机床夹具

a）自定心卡盘　b）单动卡盘　c）万向机用平口虎钳　d）回转工作台　e）尾座及分度头

二、专用机床夹具

1. 专用机床夹具的组成

尽管专用机床夹具种类繁多，类型不同，但它们的基本组成大同小异，都由定位元件、夹紧装置、连接元件、对刀导向元件、夹具体、其他元件或装置等组成。

（1）定位元件　是指用来确定工件正确位置的元件或装置。用工件的定位基准或定位基面与机床夹具的定位元件相接触或配合来实现工件的定位。如图 2-2、图 2-3 所示专用钻、铣床夹具中的 V 形块。常用的定位元件有心轴、V 形块、定位销、定位套等。

（2）夹紧装置　是指在工件定位后将工件夹紧固定的元件或装置。如图 2-2、图 2-3 所示夹紧螺杆、手柄等。

（3）对刀导向元件　是指用于确定或引导刀具，使之相对于机床夹具上的定位元件获得正确位置的元件。如钻套、镗套、铣床夹具的对刀块等，如图 2-2、图 2-3 所示。

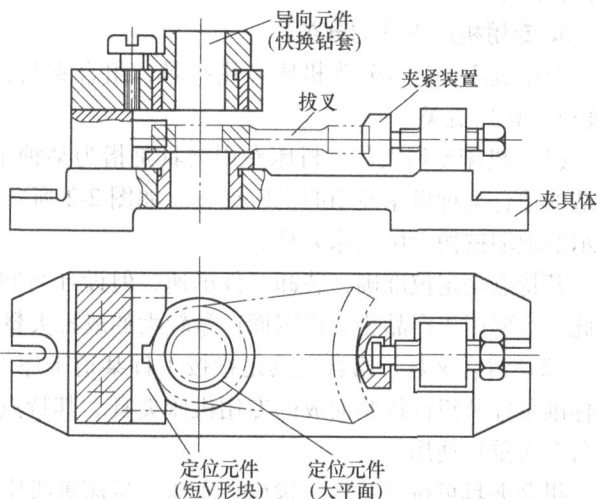

图 2-2 拨叉钻孔专用钻床夹具

（4）连接元件　是指用于保证机床夹具在机床上的固定并夹紧用的元件。如安装在机床工作台"T"形槽和夹具体"U"形缺口内的螺栓。

（5）夹具体 是指用于连接夹具各元件及装置并使之成为一个整体的基础件。

通常定位元件、夹紧装置和夹具体是机床夹具的基本组成部分，其他部分则需根据机床夹具所属的不同机床类型、工件加工表面的特殊要求来设置。

（6）其他元件或装置 根据工件加工要求，有些机床夹具还设置了其他的元件或装置。如进行多工位加工用的分度转位装置、靠模装置、工件抬起装置；为提高定位刚度、稳定性和可靠性的辅助支承等。

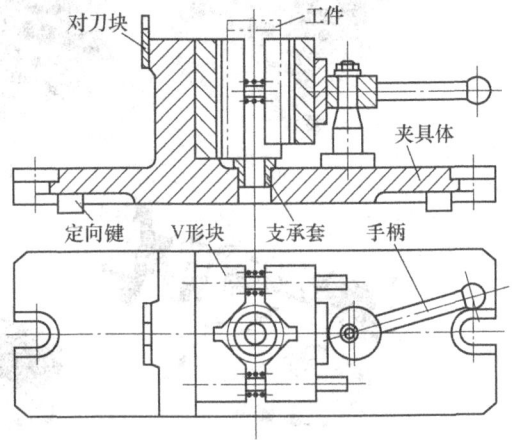

图 2-3 轴端铣槽专用铣床夹具

2. 专用机床夹具的作用

专用机床夹具的作用主要有以下四个方面：

1）保证加工精度，稳定加工质量。这是专用机床夹具最基本的功能。因为它可正确而稳定地保证工件、刀具、机床之间的相对位置，从而保证被加工表面的工序尺寸和位置公差，加工精度稳定。

2）提高劳动生产率。因可快速定位和夹紧工件，减少了装卸工件辅助时间。

3）减轻工人劳动强度。可采用安全省力的机械、气动、液压等夹紧装置。

4）扩大机床工艺范围。利用专用机床夹具，可扩大机床的加工范围。如在卧式车床刀架处安装一个专用镗孔夹具，车床便可对难于在车床上直接装夹的箱体类零件的轴承座孔进行镗孔加工。

3. 专用机床夹具的分类

专用机床夹具可分为机床专用夹具、组合夹具、成组夹具、可调整夹具、自动线夹具（随行夹具）五类。

（1）机床专用夹具 机床专用夹具是指为某种工件在某道工序上的装夹而专门设计和制造的适合某种机床使用的机床夹具。如图 2-2 所示的钻拨叉孔用的专用钻床夹具和图 2-3 所示的轴端铣槽专用铣床夹具。

其特点是定位准确，装卸工件迅速，但设计与制造周期较长，费用较高，专用性很强。因此，主要用于产品相对稳定而产量较大的成批大量生产。

（2）组合夹具 组合夹具是指按工件某道工序的加工要求，用预先制造好的一套系列化标准零件及组件拼装而成的专用机床夹具。其特点是使用完后可以再拆开、清洗和储存，并可多次重复使用。

组合夹具可拼装钻床、镗床、车床、铣床等机床夹具，主要适用于多品种、单件、小批生产中位置精度要求较高的工件的加工。

组合夹具的基本类型有：槽系组合夹具和孔系组合夹具。图 2-4 所示为槽系组合夹具及其应用。

组合夹具是机床夹具标准化、系列化、通用化程度最高的一种机床夹具。这类机床夹具的结构灵活多变，设计和组装周期短，夹具零件、组件能长期重复使用；但需要储备大量标准的零件、组件，而且夹具的刚性较低。

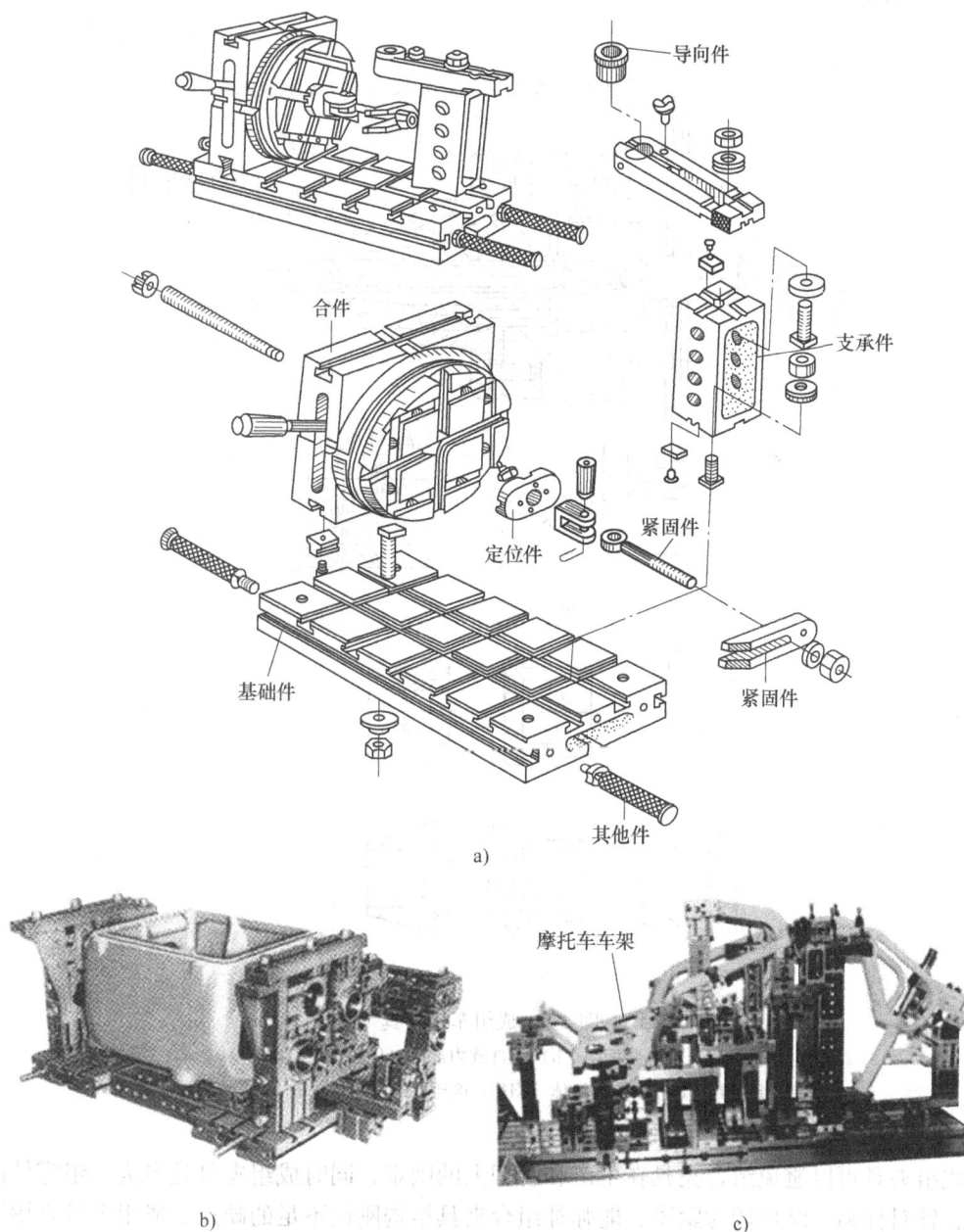

a)

b)

c)

图 2-4 槽系组合夹具及其应用

a）槽系组合钻模及元件分解图 b）组合夹具应用实例（箱体镗孔）

c）组合夹具应用实例（摩托车车架加工）

（3）成组夹具 成组夹具是指在多品种、中小批生产中采用成组加工时，为每个工件组设计制造的专用机床夹具。在机床夹具结构特点上，可以把与工件相联系的定位、夹紧和导向元件及装置设计成可调整的或可更换的。当加工工件组中的某一种工件转换为另一种工件时，只需将成组夹具中的个别元件或装置进行调整或更换，即可进行加工。因此，它具有一定的"柔性"。图 2-5 所示为成组车床夹具。

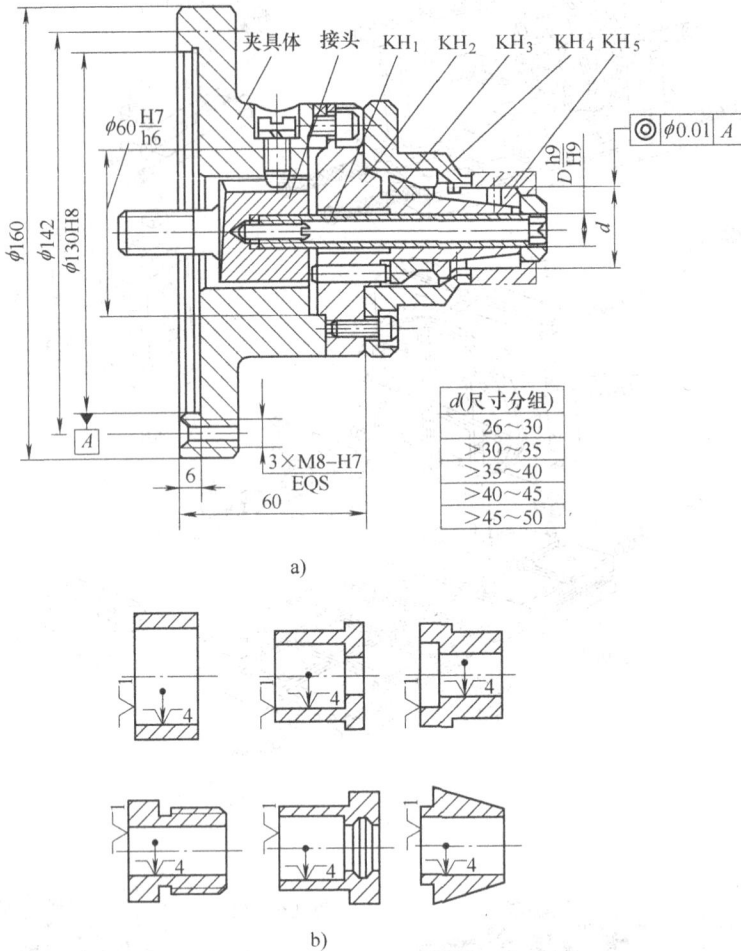

a)

b)

图 2-5　成组车床夹具

a) 夹具装配图　b) 零件族内部分工件加工示意图

KH_1—夹紧螺钉　KH_2—定位锥体　KH_3—顶环　KH_4—定位环　KH_5—弹性胀套

成组夹具可以避免组合夹具在生产和管理上的困难，同时成组夹具是专为一组零件而设计的，针对性强，结构较为紧凑，能弥补组合夹具结构刚性不足的缺点。成组夹具常用于多品种、中小批生产。

（4）可调整夹具　随着我国进入市场经济，企业的产品不仅要保证质量，还要满足用户的不同要求，故生产周期需要大大缩短，因此企业一般都改变了单一品种的生产，而成为多品种、中小批量的柔性化生产。为了加快生产准备，采用可调整机床夹具逐步成为夹具设计中的一个发展趋势。

专用夹具是针对某一零件的某一工序的加工而设计的。可调整夹具则是为几个零件的相同主工序而设计的。这几个零件可能是不同品种的产品零件，它们具有尺寸、结构和工艺相似的特点，把它们归为一组来加工，从而扩大工序批量，提高生产率，缩短生产周期。

成组夹具是专门为成组工艺中的一组相似性很强的零件而设计的，调整范围仅限于本组内的零件，因而也称为专用可调整夹具。可调整夹具与之相比，加工对象不很确定，使用范围要大一些。

1）可调整夹具的特点。在结构上可分为基础部分和可调整部分。基础部分是指使用中固定不变的、通用的部分，如夹具体、夹紧机构和操作机构等。可调整部分是指不同零件加工时需要调整或更换的元件，如定位元件、导向元件和夹紧元件等。

2）对可调整夹具的要求。可调整夹具中可调整、可更换的元件精度要求高，位置要准确，安装、调整和检验要方便；可调整夹具设计中，要仔细分析组内零件的尺寸和数量，确定调整范围和更换元件的数量。当组内零件尺寸变化太大时，可适当将尺寸分段，由一套可调整夹具来完成，以减少调整和更换元件的时间，有利于简化夹具结构，提高夹具刚度。

3）可调整夹具的调整方式。可调整夹具的调整方式可分为调节式、更换式、综合式、组合式四类。

图2-6所示为调节式可调夹具。用于加工法兰盘类零件的均布螺钉孔，其钻套可更换，径向尺寸和高度尺寸可调节，其均布的角度由转台实现分度，因此通用性较好。

（5）自动线夹具（随行夹具） 随行夹具是切削加工中随带安装好的工件在各工位间被自动运送转移的一种移动式的专用机床夹具。当工件退出自动线时，才将工件从随行夹具中卸下。

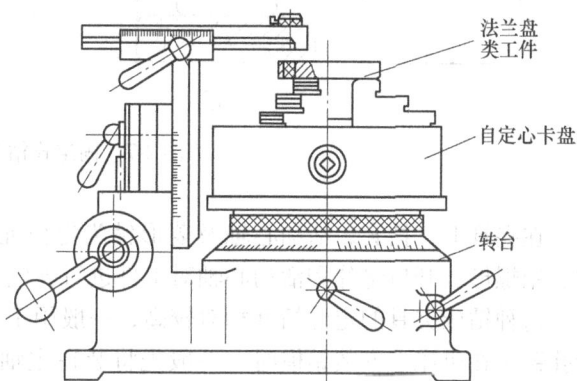

图2-6 调节式可调整夹具

第二节 典型专用机床夹具

专用机床夹具种类很多，按夹具使用的机床可分为车床、铣床、钻床、镗床、磨床、齿轮机床、数控机床等夹具。本节主要介绍应用较多的专用钻床夹具、专用铣床夹具及专用车床夹具。

一、专用钻床夹具

使用钻头、铰刀等加工孔的刀具进行孔加工时用的机床夹具称为专用钻床夹具，也称为钻模。其特点是具有引导钻头、铰刀等加工孔刀具的导向元件。钻套和钻模板是钻床夹具的特殊元件。

1. 钻床夹具的类型

根据工件被加工孔的分布情况和钻床夹具使用要求的不同，钻床夹具有固定式、回转式、滑柱式等形式。下面仅介绍固定式和回转式钻床夹具。

（1）固定式钻床夹具 固定式钻床夹具是指钻模板与夹具体固定连接，在加工过程中夹具固定安装在钻床工作台上的钻床夹具。固定式钻床夹具可用在立式钻床、摇臂钻床和多轴组合钻床上。

图 2-7 所示为加工摇臂锁紧孔的固定式钻床夹具，也可用来加工连杆类零件上的锁紧孔。根据工件加工要求，选用两孔及一端面作为组合定位基准。

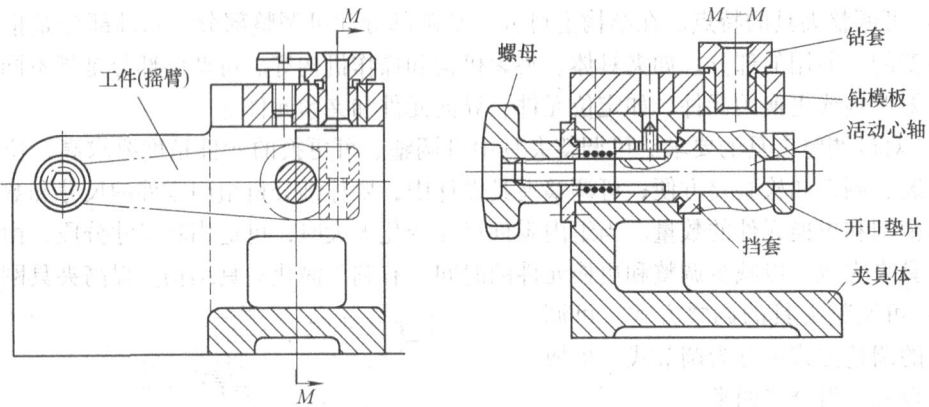

图 2-7 固定式钻床夹具

在夹具上，挡套、活动心轴及菱形销为定位元件，它们与定位基准接触或配合实现定位。用螺母、开口垫片和活动心轴对工件进行夹紧。钻模板用螺钉与夹具体固定联接。

这种钻床夹具的定位精度相对较高，一般用于立式钻床加工单孔或在摇臂钻床上加工平行孔系。在机床上安装钻模时，一般先将装在主轴上的钻头（精度要求高时用心轴）插入钻套中，以确定钻模的位置，再将其紧固在机床工作台上。这样既可减少钻模磨损，又可保证钻孔有较高的尺寸精度。

（2）回转式钻床夹具 在钻多孔的加工中，可在立式钻床上使用立轴多工位回转式钻床夹具加工同一圆周上的轴向平行孔系，如图 2-8 所示。或者使用水平轴多工位回转式钻床夹具加工分布在同一圆周上的径向孔系，如图 2-9 所示。

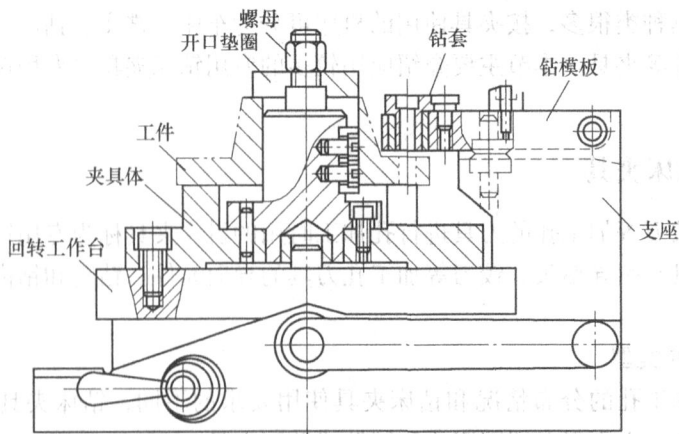

图 2-8 立轴多工位回转式钻床夹具

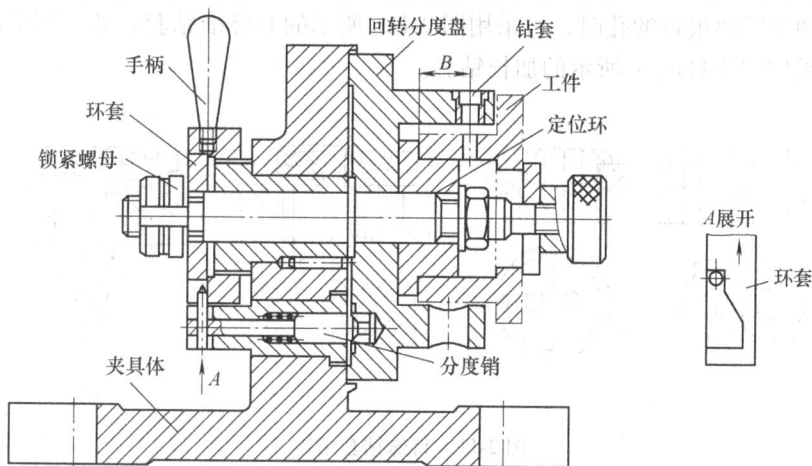

图2-9 水平轴多工位回转式钻床夹具

2. 钻套

钻套是用来引导钻头、铰刀等孔加工刀具用的导向元件。钻套的功能是确定孔加工刀具相对于夹具定位元件间的位置和引导孔加工刀具，提高刀具的刚性，防止其在加工中发生偏移。

（1）钻套的基本类型 按钻套的使用和结构来分，钻套分为标准钻套和特殊结构钻套，如图2-7和图2-8所示。标准钻套又分为固定式、可换式、快换式三种。

1）固定式钻套。如图2-10a、b所示，该钻套直接以过盈配合压入钻模板孔内。其缺点是导向孔磨损后被压出，破坏了钻模板原安装孔。该钻套主要用于中小批量生产。

2）可换式钻套和快换式钻套。在成批大量生产中，为便于更换被磨损的钻套，可使用可换式钻套，如图2-10c所示。

若工件一次装夹中，顺序进行多个工步加工的，可采用图2-10d所示的快换式钻套。更换钻套时，不需卸下螺钉，只需逆时针转动钻套到削边平面对准螺钉位置，即可快速向上拉出并更换钻套。这种钻套适合于成批大量生产。

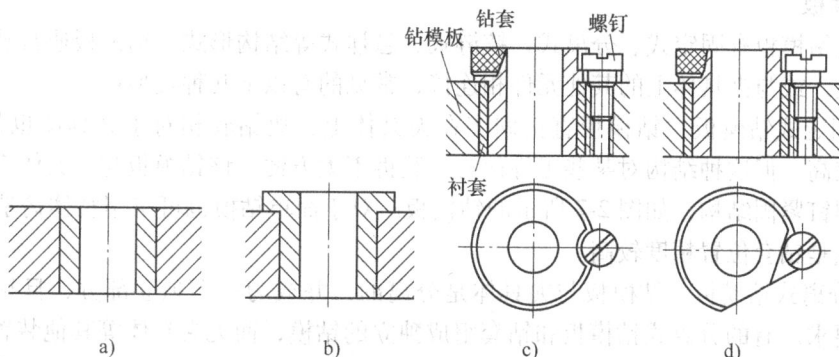

图2-10 标准钻套结构

3）特殊结构钻套。由于工件形状或被加工孔位置的特殊性，有时需要采用特殊结构的钻套。当钻两个距离很近的孔时，可采用图 2-11a 所示的非标准钻套；如在凹坑内、斜面上钻孔时，常采用图 2-11b、c 所示的加长钻套。

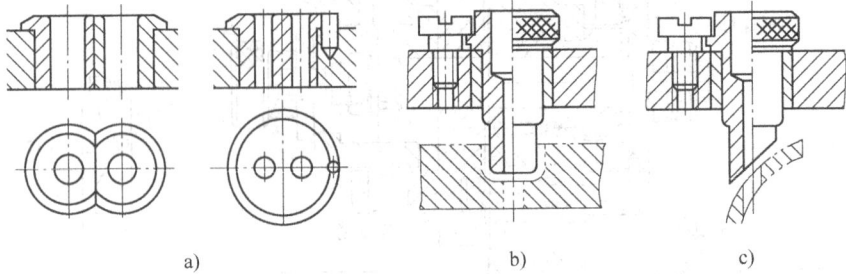

图 2-11 特殊钻套结构

a）两孔距离较小　b）孔离钻模板较远　c）斜面上钻孔

（2）钻套材料及尺寸　钻套材料的耐磨性要求很高，批量较小时一般采用碳素工具钢 T10A 制造，批量大时采用硬质合金制造。钻套高度与工件材料、钻孔直径、孔深、刀具刚度、工件表面形状等因素有关。

如图 2-12 所示，钻套高度 H 一般取 $H = (1 \sim 2.5)d$，孔径 d 大时取小值，d 小时取大值，对 $d < 5mm$ 的孔，取 $H \geqslant 2.5d$。加工精度高、工件材料硬、钻头刚性差时，H 取较大值，反之取较小值。

C 为排屑间隙，如 C 值太大将影响刀具的导向精度和加工精度；如 C 值太小，切屑难以自由排出，则会影响被加工孔的表面质量，甚至会因阻力矩的增大而折断钻头。对于铸铁类脆性材料工件，$H = (0.6 \sim 0.7)d$；对于钢类韧性材料工件，$H = (0.7 \sim 1.5)d$。对于斜面或弧面上钻孔，h 还可取再小些。

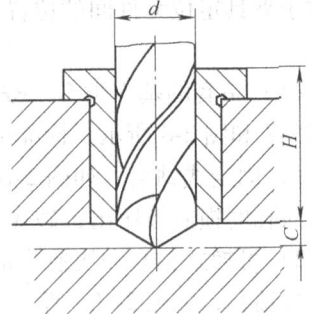

图 2-12 钻套高度与排屑间隙尺寸

3. 钻模板

常见的钻模板有固定式、分离式、铰链式、悬挂式等结构形式。钻模板通常装配在夹具体或支架上，或与夹具体上的其他元件相连接，常见的有以下几种类型：

（1）固定式钻模板　钻模板直接固定在夹具体上，故钻套相对于夹具体也是固定的，钻孔精度较高。但这种结构对某些工件而言，装拆不太方便。该钻模板与夹具体多采用圆锥销定位、螺钉紧固结构，如图 2-7 所示的钻模板。对于简单钻模也可采用整体铸造或焊接结构，其优点是钻套位置精度较高。

（2）分离式钻模板　钻模板与夹具体是分离的，并成为一个独立部分，且钻模板对工件有定位要求。有的分离式钻模板和钻套组成独立的钻模，而无夹具体等其他装置，使用时只需将钻模板的定位部分直接与工件装配并夹紧在机床工作台上便可钻孔。其优点是结构简单，钻孔精度取决于钻模板与工件的配合精度；缺点是工件在夹具体中每装卸一次，钻模板也要装卸一次，装卸工件的时间较长，故效率较低。这种钻模板适合用摇臂钻床加工。

（3）铰链式钻模板　钻模板与夹具体用铰链连接，钻模板可绕铰链轴翻转。如前面图

2-8 所示。加工时，钻模板需用螺母或其他方法固定。钻孔的位置精度要求较高时，应予配制或用锥销定位。该钻模板装卸工件比较方便，但位置精度较低，结构也较复杂。当工件难以装卸时采用。

（4）悬挂式钻模板　如图 2-13 所示，当采用多轴传动头进行平行孔系加工时，所使用的钻模板悬挂在多轴传动箱上，它们之间用两根导向柱和弹簧等连接。

钻孔时钻模板将随机床主轴向下移动，当悬挂钻模板下降至钻孔位置停止下移时，钻模板利用弹簧压紧工件上平面而实现工件的夹紧。钻头下移时继续压缩两根弹簧，夹紧力也随之增加。

由于带有悬挂钻模板的钻床夹具可实现多孔加工和利用钻模板夹紧工件，所以生产率较高，适合于大批生产中平行加工盘状等中等尺寸多孔零件。

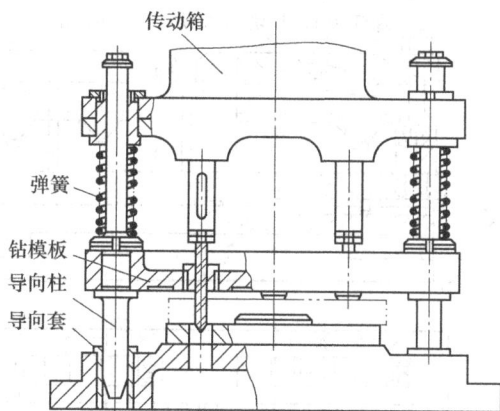

图 2-13　悬挂式钻模板

二、专用铣床夹具

按工件在铣床上加工运动特点，可分为直线进给铣床夹具、圆周连续进给铣床夹具、沿曲线进给铣床夹具（如仿形装置）等类型。

1. 直线进给铣床夹具

直线进给铣床夹具安装在铣床工作台上，加工中同工作台一起以直线进给方式运动。按一次装夹工件数目的多少可分为单件铣床夹具和多件铣床夹具。

（1）单件铣床夹具　指一次装夹一个工件的铣床夹具，如图 2-14 所示。该夹具生产率较低，劳动强度较大，只适用于单件、小批生产。

（2）双工位铣床夹具　图 2-15 所示为铣削汽车主减速器中主动锥齿轮轴的两个端面的双工位铣床夹具。工件用短 V 形块、定位销定位，采用螺旋压板机构夹紧工件。因为要同时夹紧 2 个工件，所以压板通过铰链与压块做成活动连接，以保证夹紧的可靠性。该夹具有 2 个工位，第 1 个工位加工时，第 2 个工位装卸工件，从而提高了生产率，适用于成批生产。

（3）多件顺序加工的铣床夹具　图 2-16 所示为多件装夹顺序加工的铣床夹具，用于在一小轴端面上铣槽。工件以小轴下端面和圆柱体作为定位基准，在夹具上相应地以支承钉和 V 形块定位。利用夹具右端设置的薄膜气室的动作，推动推杆再顺序推动

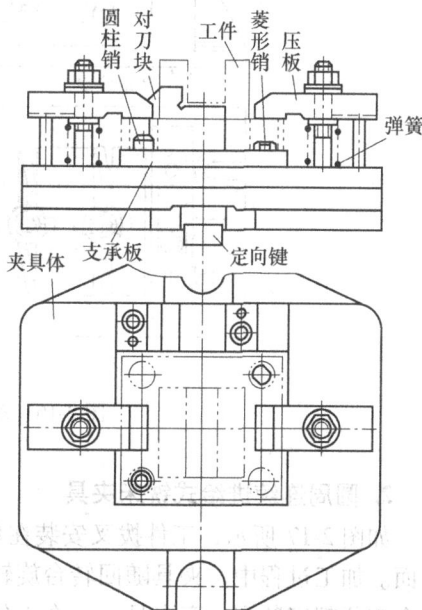

图 2-14　单件加工铣床夹具

多个V形块实现工件的顺序夹紧。铣刀的正确位置靠对刀块来完成。夹具底面上的两个定位键实现夹具在铣床工作台上的定位。由于采用多件顺序夹紧，生产率较高，适用于大批量生产中加工小型零件。

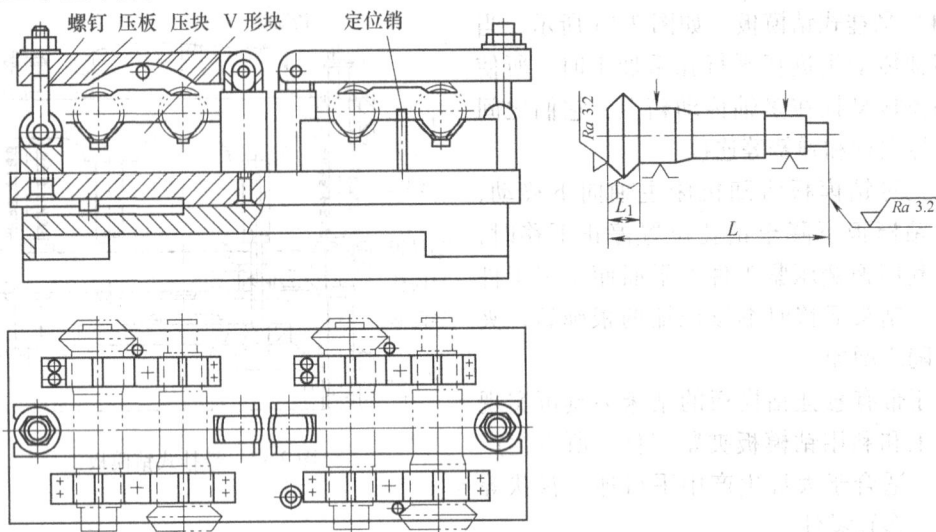

图 2-15　主动锥齿轮端面双工位铣床夹具

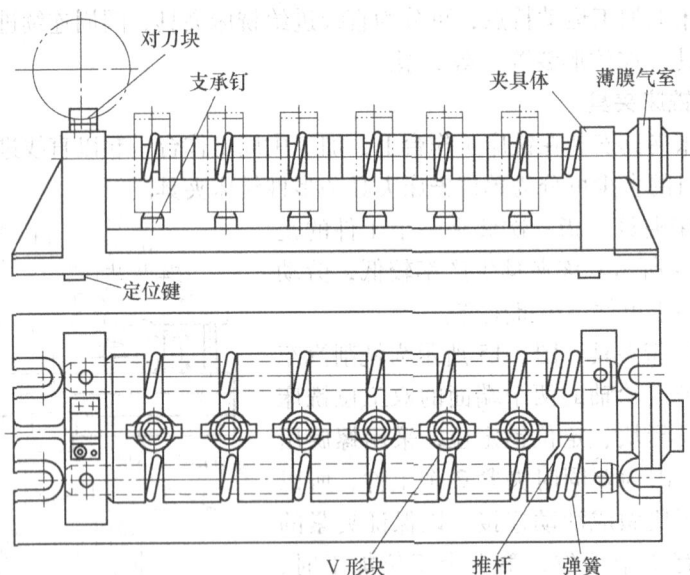

图 2-16　多件装夹顺序加工的铣床夹具

2. 圆周连续进给式铣床夹具

如图 2-17 所示，工件拨叉安装在单轴或双轴圆盘铣床的回转工作台上同时铣削上下两平面。加工过程中，夹具随回转台旋转作连续的圆周进给运动。工作台上一般有多个工位，每个工位都安装有一套夹具。一个工位安装工件，另一个工位拆卸工件，可以实现切削加工和装卸工件的同时进行，生产效率很高。适用于大批量生产中的中小型零件的加工。

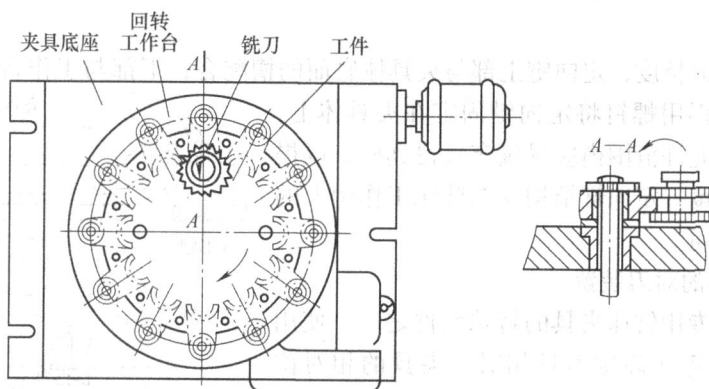

图 2-17 圆周连续进给式铣床夹具

3. 机械（或液压）进给仿形（靠模）铣床夹具

图 2-18 所示为机械进给仿形铣床夹具，将其安装在普通卧式或立式铣床上，利用靠模使工件在进给过程中相对铣刀同时作轴向和径向运动，加工与靠模一样的直纹曲面或空间曲面。适用于中小批量的生产规模。液压进给仿形铣床夹具是安装在液压仿形铣床上进行加工的，效率更高，加工原理与机械进给仿形加工基本相同。

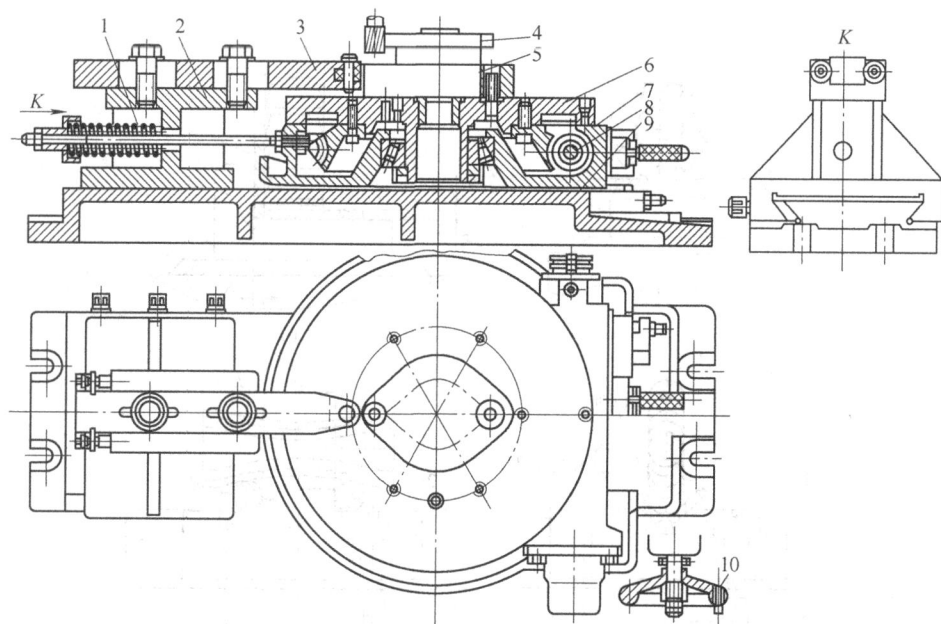

图 2-18 机械进给仿形铣床夹具

1—弹簧 2—支架 3—支板 4—工件 5—靠模 6—转盘 7—蜗轮箱 8—蜗轮 9—底座 10—手轮

4. 铣床夹具的定位元件

专用铣床夹具与其他机床夹具的不同之处在于：它通过特殊元件——定向键在铣床上定

位，以保证铣床夹具相对于铣床工作台之间的正确位置，确定夹具相对于机床的正确进给方向。

为了提高定向精度，定向键上部与夹具体底面的槽配合，下部与工作台的 T 形槽配合，一般选 H7/h6，再用螺钉将定向键固定在夹具体上。两定向键在夹具允许范围内应尽量布置得远些，以提高夹具的安装精度。定向键结构及在铣床工作台上的安装如图 2-19 所示。

5. 铣床夹具的对刀装置

对刀装置是专用铣床夹具的特殊元件之一。使用对刀装置可便于迅速确定刀具相对于夹具的相对位置。对刀装置由对刀块及塞尺组成。塞尺的主要作用是检验调刀尺寸的精度，其次是保证和对刀块的表面之间应留有的一定间隙，以免在加工过程中造成对刀块的损坏。塞尺的尺寸 S 为 1mm、2mm、3mm、5mm

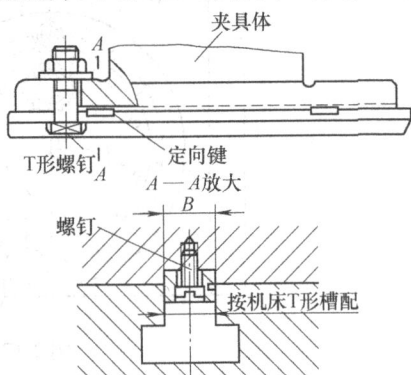

图 2-19 定位键及在铣床工作台上的安装

等。图 2-20 所示为铣床夹具中常见的对刀装置结构。其中，图 2-20a 所示为适用于铣削平面的对刀装置；图 2-20b 所示为适用于铣削直角平面的对刀装置，图 2-20c、d 所示为适用于铣削成形面的对刀装置。对刀装置应有严格的尺寸要求。

铣床的对刀元件由图 2-20 所示的各类对刀块和塞尺组成。

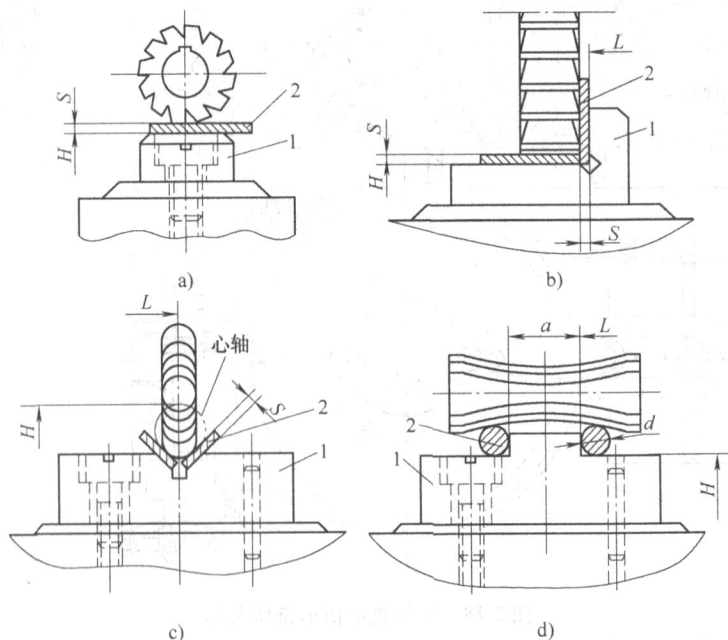

图 2-20 铣床对刀装置

a）圆形对刀块　b）直角形对刀块　c）、d）成形铣刀对刀块

1—对刀块　2—塞尺　S—与间隙值相等的塞尺厚度

采用对刀元件对刀时，为防止铣刀切削刃损坏及对刀块的过快磨损，铣刀切削刃与对刀块工作表面不直接接触，而需保持一定的间隙值。在调整铣刀位置时，使用塞尺塞入铣刀切削刃与对刀块工作表面的间隙内，凭与两者接触的松紧程度来判断铣刀的正确位置。

三、专用车床夹具

专用车床夹具一般分为角铁式车床夹具和回转分度式车床夹具两类。

在车床上加工箱体、支座、杠杆、接头等零件上的圆柱面及端面时，由于这些零件的形状比较复杂，难以装夹在通用卡盘上，若用镗削加工，效率又较低。如采用夹具体类似于角铁的角铁式车床夹具，则可解决这些工件的装夹和加工效率问题。角铁式车床夹具因夹具体类似于角铁而得名。

图2-21所示为加工轴承座内孔的角铁式车床夹具。夹具用螺栓联接在车床主轴的挡盘上（也可安装在车床花盘上），工件以两孔在圆柱销和削边销上定位，端面在支承板上定位，用两块压板夹紧工件，便可对轴承座孔进行车削加工。

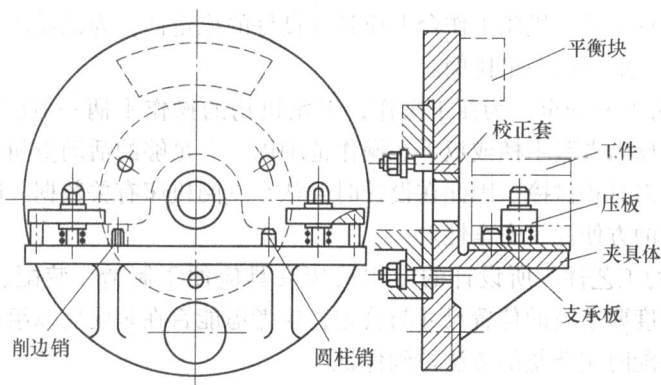

图2-21　角铁式车床夹具

采用专用车床夹具可扩大工件加工范围和车床的加工功能。

第三节　专用机床夹具的设计要求和步骤

一、专用机床夹具的设计要求

一般企业仍采用传统的专用夹具，由于数控机床、加工中心等新加工技术设备的应用，对机床夹具提出了新的要求。专用机床夹具已向着标准化、精密化、高效化、柔性化的方向发展。改变专用夹具的不可拆结构为可拆结构，发展可调夹具结构，将是当前夹具发展的主要方向。

设计专用机床夹具需满足下列基本要求：

1）保证工件的加工精度。保证工件加工的各项技术要求是设计专用机床夹具的最基本要求，包括正确确定定位方案、夹紧方案，正确确定刀具的对刀、导向方式和合理制订专用机床夹具的技术要求等。

2）能够提高生产效率。在大批量生产中，专用机床夹具的主要功用是为满足工件加工要求和提高工件的加工效率。为保证较高的生产率，可以采用机动夹紧装置，如气动、液压等。中小批量生产中，由于受到生产条件的限制，为达到良好的经济性和发挥专用机床夹具的功能，以保证工件的加工要求为主，应尽可能使夹具结构简单，广泛使用单件加工和手动夹紧机构；在条件允许的情况下，也可考虑采用可调整机床夹具、成组夹具和组合夹具等。

3）尽量选用标准化夹具零部件。采用结构成熟的标准夹具元件、标准的夹紧机构等，减少非标准零件，以提高夹具的标准化程度，缩短夹具的设计和制造周期，提高夹具设计质量、降低夹具的制造周期及制造成本。

4）使用性能好。夹具结构应具有足够的刚度、强度和良好的稳定性。为保证工件加工精度要求和夹具本身的精度不受破坏，以及加工中夹具不发生振动等，夹具结构应具有较高的刚度和强度。夹具安装在机床工作台上应具有良好的稳定性，为此需注意夹具底面轮廓尺寸与夹具高度尺寸应适当成一定比例。

5）保证使用方便和安全。为便于操作，夹紧机构的操作手柄一般应放在右侧或前面。为便于夹紧工件，操纵夹紧手柄或扳手在操作范围内应有足够的活动空间。要防止夹紧机构的活动件与机床、刀具相碰撞。因此在设计时要认真查阅机床有关数据。同时，还要考虑排屑顺畅和清除切屑的方便性、安全性。

6）具有良好的工艺性。所设计的专用机床夹具应便于制造、装配、检测、调整和维修。对于夹具上精度要求高的位置尺寸与公差，应考虑能否在装配后以组合件的方式直接加工保证，或依靠装配时用调整的方法得到保证。

二、专用机床夹具的设计步骤

1. 明确设计要求，认真调查研究，收集设计资料

1）应明确工件的年生产纲领。这是确定夹具设计总体方案的依据之一，它决定了夹具的复杂程度和自动化程度。如大批量生产时，一般选择机动、多工件、自动化程度高的方案，结构也随之复杂，成本也将提高。

2）熟悉工件的零件图和工序图。零件图给出了工件的尺寸、形状和位置、表面粗糙度等精度的总体要求，工序图则表明了夹具所在工序的零件的工序基准、工序尺寸、已加工表面、待加工表面以及本工序的定位、夹紧方案；这是夹具设计的直接依据。

3）了解工序加工内容，收集设计资料。根据工艺规程中本工序的加工内容要求，考虑夹具总体设计方案、操作、估算夹紧力等，熟悉相关基础知识，收集设计资料。

2. 确定夹具总体结构方案

总体方案包括以下三个方面：

1）确定定位方案。应仔细分析本工序的加工内容和精度要求，按六点定位原理，确定

具体的定位方案和定位、对刀、导向等元件的配置和方式。确定定位方案时，应拟订几种方案进行分析比较，选择或组合成最佳方案。

2）确定夹紧方案。确定夹紧力的方向、作用点以及夹紧元件或夹紧机构，估算夹紧力大小，选择和设计动力源。夹紧方案也需多方案分析比较后择优选用。

3）确定夹具体和夹具的总体结构形式。例如，钻床夹具有固定式、翻转式、回转式、滑柱式等钻模的各种不同的总体结构形式，必须根据工件的形状、大小、加工内容及选用机床等因素来确定。

3. 绘制夹具的装配草图和装配图

总装配图应按国家标准尽可能选用1:1的比例绘制，以使所设计的夹具总图具有良好的直观性。总图的主视图选择应按操作的实际位置布置，视图要能完整清楚地表示出夹具的工作原理和结构。

夹具装配图可按如下顺序绘制：

1）将工件视为透明体，用双点画线画出工件轮廓、定位基准（基面）、夹紧面和加工表面。

2）画出定位元件和导向元件，按夹紧状态画出夹紧装置，必要时可用双点画线画出松开位置时夹紧元件的轮廓。

3）画出其他元件或机构，最后画出夹具体，把上述各组成部分连接成一体，标注必要的尺寸、配合和技术条件，并对零件编序号，形成完整的夹具装配图。

4）填写零件明细栏和标题栏等。

4. 绘制夹具零件图

对装配图中的非标准零件均应绘制零件图，视图尽可能与装配图上的位置一致，尺寸、形状、位置、配合、加工表面的表面粗糙度等要标注完整。

图 2-22 所示为加工图 2-22a 所示零件小孔 $\phi18H7$ 的夹具装配图的设计过程，包括：定位装置、钻套、夹紧装置、夹具总装配图等的设计过程。

5. 校核夹具精度

使用专用机床夹具装夹工件的目的之一，就是为保证工件被加工表面的位置尺寸和位置公差等要求。专用机床夹具的制造精度是保证上述加工要求的基础。因此在夹具设计时，应合理规定夹具的制造精度，对制造的夹具主要元件加工精度及夹具装配精度应进行检验校核。

专用机床夹具制造精度主要包括以下内容：

1）夹具各定位元件本身的制造精度。

2）夹具定位元件之间的尺寸和位置精度。

3）夹具定位元件与对刀元件、导向元件间的位置尺寸和位置精度。

4）夹具定位元件相对于机床夹具安装基面间的位置精度。

5）夹具对刀元件、导向元件相对于夹具安装基面间的位置精度。

6）铣床夹具定位元件、对刀元件相对于夹具定位键侧面间的位置精度等。

6. 编写专用机床夹具设计说明书（略）

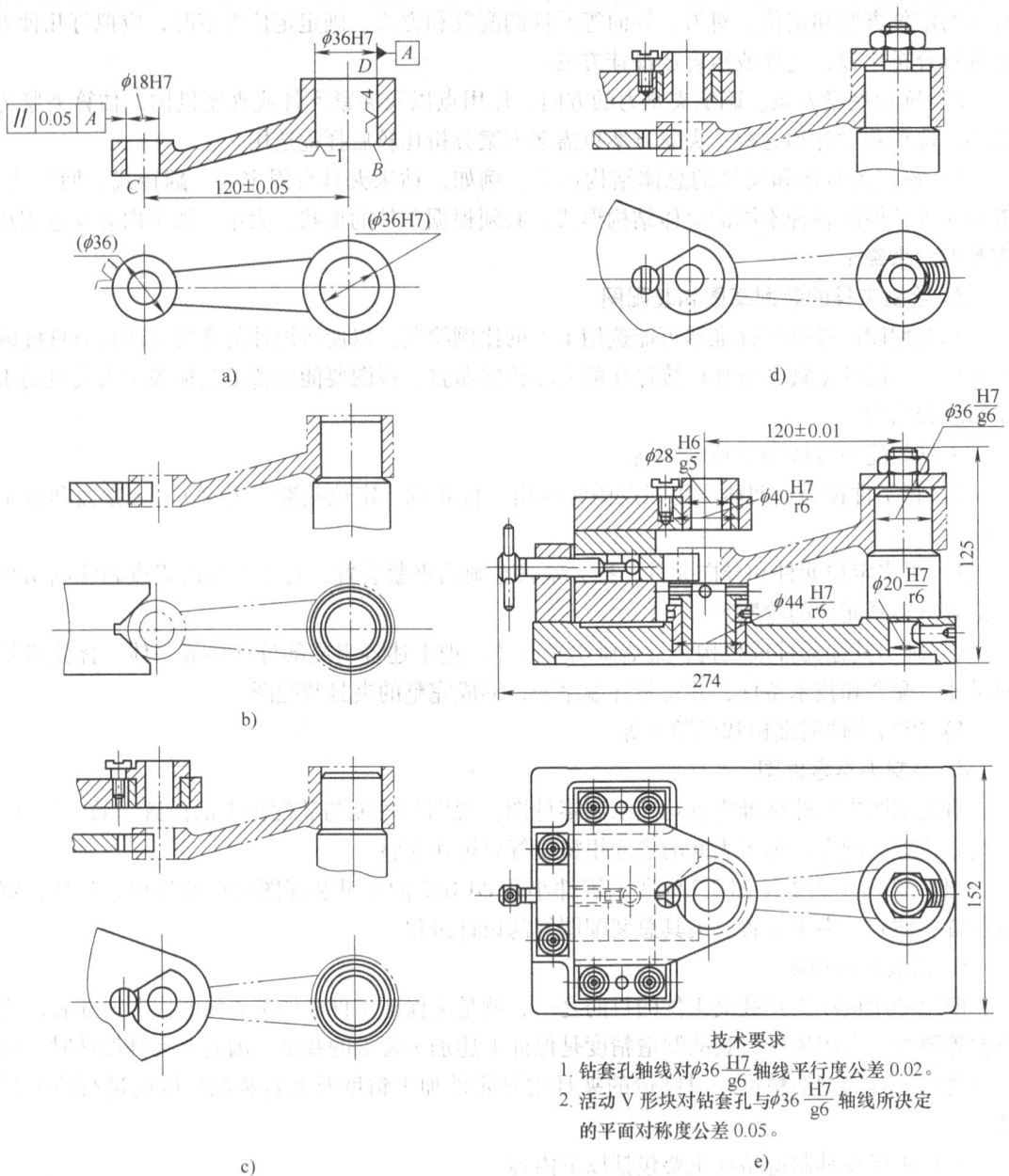

图 2-22　钻床夹具设计过程示例

a）零件工序图　b）设计定位装置　c）设计夹紧装置　d）设计钻套　e）夹具总装配图

本 章 小 结

1. 机床夹具按通用特性分类可分为通用夹具和专用夹具，专用夹具又可分为可调整夹具、组合夹具、成组夹具、自动线（随行）夹具等；按夹具夹紧时使用的动力源，可分为手动夹具和机动夹具。

典型专用机床夹具按使用机床不同分为专用钻床夹具、铣床夹具、车床夹具等。

2. 专用机床夹具一般由定位元件、夹紧装置、对刀导向元件、夹具体、连接元件、其他元件或装置组成。

3. 专用机床夹具、可调夹具、组合夹具、成组夹具、自动线夹具等各有其结构特点和适用场合。

4. 典型专用机床夹具主要有钻床夹具、铣床夹具、车床夹具等。

钻床夹具又称为钻模，主要用于加工孔及螺纹。它通常由钻套、钻模板、定位元件、夹紧装置和夹具体组成。钻床夹具主要类型有固定式、回转式、滑柱式等。

专用铣床夹具常用的有直线进给和圆周进给的铣削夹具。按在夹具中同时装夹的工件数不同，还可分为单件装夹的铣床夹具、多件装夹顺序加工的铣床夹具和双工位铣床夹具等。

车床夹具类型主要有角铁式车床夹具和回转分度式车床夹具两类。采用车床夹具可扩大工件加工范围和车床的加工功能。

5. 夹具设计时要根据工件的年生产纲领、工件结构特点和总体精度要求，采用多个设计方案对比后择优选用。

思考与练习题

一、名词术语解释

机床夹具，专用机床夹具，组合夹具，成组夹具，可调整夹具，随行夹具。

二、选择题

1. 当成批大量加工零件同一圆周上的径向孔系时，应采用（　　　）钻床夹具。

A. 立轴回转式　　　　B. 水平轴回转式　　　　C. 通用

2. 机床上的卡盘、机用平口虎钳、分度头、电磁吸盘等属于（　　　）夹具。

A. 通用　　　　　　B. 专用　　　　　C. 组合　　　　D. 可调整　　　　E. 随行

3. 大批量零件孔加工生产中，应采用（　　　）钻套。

A. 固定式　　　　　B. 可拆卸式　　　　　C. 特殊

4. 专用机床夹具中用得不多的是（　　　）。

A. 钻床夹具　　　　B. 铣床夹具　　　　　C. 角铁式车床夹具　　　　D. 镗床夹具

三、简答题

1. 何谓专用机床夹具？其作用是什么？

2. 专用机床夹具主要由哪些元件和装置组成？它们各起何种作用？

3. 专用机床夹具有哪些类型？它们各有何特点？

4. 可调整夹具与专用机床夹具和成组夹具的主要区别点是什么？

5. 专用钻床夹具中的钻套有何作用？

6. 专用铣床夹具按其加工的运动特点分为哪些种类？各有何特点？

7. 专用铣床夹具的特殊元件有哪些？它们各起何作用？

8. 设计专用机床夹具时应满足哪些要求？

9. 简述专用机床夹具设计步骤。

第三章

工件的定位与装夹

【学习目标】

1. 掌握基准的概念及分类。
2. 理解六点定位原理。
3. 掌握常用定位元件的应用及其所能限制的自由度。
4. 熟悉工件的装夹方法及常用的夹紧机构。

第一节　基准的概念及其分类

一、基准的概念

工件是一个几何实体，它是由一些几何元素（点、线、面）构成的。其上任何一个点、线、面的位置总是用它与另外一些点、线、面的相互关系（如尺寸、平行度、同轴度等）来确定的。用来确定生产对象（工件）上几何要素间的几何关系所依据的那些点、线、面称为基准。

二、基准的分类

根据基准的作用不同，可分为设计基准和工艺基准两大类。

1. 设计基准

设计图样上所采用的基准称为设计基准。它是标注设计尺寸的起点。如图 3-1 所示的轴套零件，外圆和内孔的设计基准是轴线；端面 A 是端面 B、C 的设计基准；内孔 D 的轴线是 $\phi 25h6$ 外圆径向圆跳动的设计基准。

对于某一位置要求（包括两个表面之间的尺寸或位置精度）而言，在没有特殊指明的情况下，它所指向的两个表面之间常常是互为设计基准的。如图中的尺寸 40，A 面是 C 面的设计基准，也可以认为 C 面是 A 面的设计基准。

零件上某一点、线、面的位置常由好几个尺寸或位置公差来确定，此时对应于每一个要求便有一个设计基准。

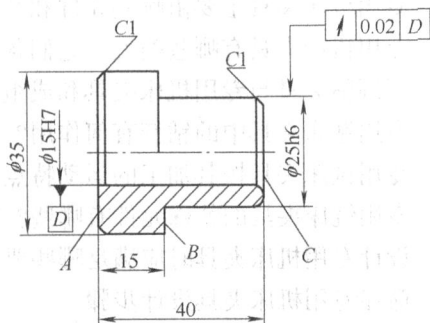

图 3-1　设计基准实例

2. 工艺基准及其分类

在工艺过程中所采用的基准，称为工艺基准。按用途不同又可将其分为工序基准、定位基准、测量基准和装配基准四种。

（1）工序基准　在工序简图上，用来确定本工序所加工表面加工后应保证的尺寸、形状、位置的基准称为工序基准，如图3-2所示。

工序基准应当尽量与设计基准重合，当考虑定位或试切测量方便时，也可与定位基准或测量基准相重合。

（2）定位基准　在加工时用作工件定位的基准称为定位基准。它表明了工件在机床或夹具上所占据的确定位置。工件在机床或夹具上定位时，定位基准就是工件上与机床或夹具的定位元件直接接触的点、线、面，如图3-3所示的 C、D 面。定位基准一般由工艺人员选定，它对于获得零件加工后的尺寸和位置精度，起着重要作用。

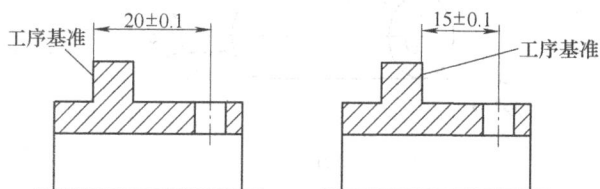

图 3-2　工序基准的实例　　　　　图 3-3　定位基准的实例

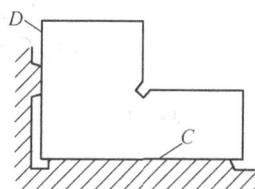

（3）测量基准　测量零件已加工表面的尺寸和位置时所采用的基准称为测量基准，如图3-4所示。

（4）装配基准　装配时用于确定零件或部件在产品中的相对位置所采用的基准称为装配基准，如图3-5所示。

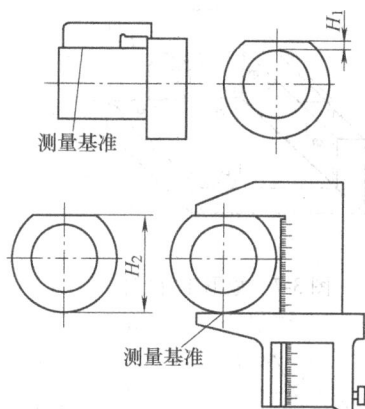

图 3-4　测量基准的实例　　　　　图 3-5　装配基准的实例

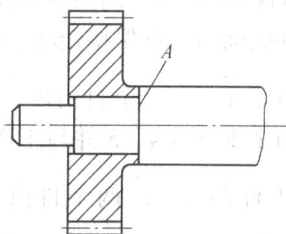

第二节　工件在机床或夹具中的定位

通常将确定工件在机床或机床夹具中占有的正确位置的过程，称为定位。

一、工件的六点定位原理

1. 工件的自由度

一个自由刚体，在空间有且仅有六个自由度。任何一个工件，如果对其不加任何限制，它在空间的位置是不确定的，可以向任意方向移动或转动，工件所具有的这种运动的可能性，称为工件的自由度。如图 3-6 所示的工件，它既能沿 x、y、z 三个坐标轴移动，称为移动自由度，分别表示为 $\vec{x}$、$\vec{y}$、$\vec{z}$；又能绕 x、y、z 三个坐标轴转动，称为转动自由度，分别表示为 $\hat{x}$、$\hat{y}$、$\hat{z}$。

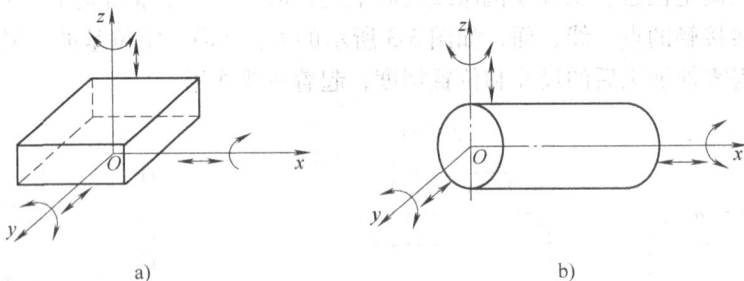

图 3-6 工件的六个自由度
a) 矩形工件 b) 圆柱形工件

2. 六点定位原理

由上可知，要使一个工件在空间有一个确定的位置，就必须设置相应的六个约束，分别限制其六个自由度。如果六个自由度都被限制，工件在空间的位置则完全被确定。

如图 3-7 所示，在空间直角坐标系的 Oxy 面上布置 1、2、3 三个不共线的支承点，使工件底面与三点保持接触，则限制了工件的 $\vec{x}$、$\vec{y}$、$\vec{z}$ 三个自由度；在 Oyz 面上布置两个支承点 4、5 并与工件接触，则限制了工件的 $\vec{x}$、$\hat{z}$ 两个自由度；在 Oxz 面上布置一个支承点 6 与工件接触，则限制了工件的 $\vec{y}$ 自由度。于是工件的六个自由度全部被限制。

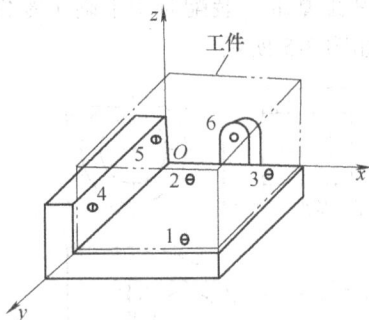

图 3-7 矩形工件定位

如图 3-8 所示，对于圆柱形工件，可在外圆柱表面上设置四个支承点 1、3、4、5，限制 $\vec{x}$、$\vec{z}$、$\hat{x}$、$\hat{z}$ 四个自由度；槽侧设置一个支承点 2，限制 $\hat{y}$ 一个自由度；端面设置一个支承点 6，限制 $\vec{y}$ 一

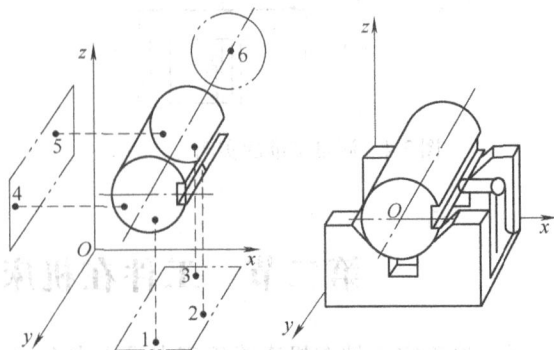

图 3-8 圆柱形工件定位

个自由度，工件实现完全定位，为了在外圆柱面上设置四个支承点，一般采用 V 形块来实现。

用合理分布的六个支承点限制工件的六个自由度，确定工件唯一确切位置的原理，称为"六点定位原理"（也称"六点定位规则"）。

3. 应用六点定位原理时需注意的问题

1）定位支承点是由定位元件抽象而来的。在夹具的实际结构中，定位支承点是通过具体的定位元件体现的，即支承点不一定用点或销的顶端，而常用面或线来代替。由几何概念可知，两点确定一条直线，不共线的三个点可以确定一个平面，即一条直线可以代替两个支承点，一个平面可代替三个支承点。在具体应用时，还可用窄长的平面（条形支承）代替直线，用较小的平面来替代点。

2）定位支承点与工件定位基准面始终保持接触，才能起到限制自由度的作用。

3）分析定位支承点的定位作用时，不考虑力的影响。工件的某一自由度被限制，是指工件在某个坐标方向有了确定的位置，并不是指工件在受到使其脱离定位支承点的外力时不能运动。使工件在外力作用下不能运动，要靠夹紧装置来完成。

二、工件正确定位应限制的自由度

1. 限制工件自由度与加工要求的关系

1）用静调整法加工一批工件之前，为保证工件的加工要求，必须先调整好机床夹具与机床、刀具间的相对位置。因此，工件的工序基准相对于机床、刀具间必须保持一正确位置。工件的正确定位，就是工序基准的正确定位。

2）工件正确定位应限制的自由度，由其加工要求和工序基准的形式决定。工件应被限制的自由度数与工件被加工面的位置要求存在对应关系。当工件被加工面只有一个方向的位置要求时，需限制三个自由度；当工件被加工面有两个方向的位置要求时，需限制五个自由度；当工件被加工面有三个方向的位置要求时，需限制六个自由度。

但加工中，并非所有工件的六个自由度都必须限制。为保证加工要求，对加工有影响而必须限制的自由度，称为第一自由度；与加工要求无关的自由度称为第二自由度，不必限制。

3）为确保被加工要素对基准要素的距离尺寸要求，所限制的自由度与工件定位基准的形状有关，而位置公差要求所需限制的自由度却与被加工要素及基准要素的形状均有关系。其具体确定方法是：独立拟出确保各单项距离尺寸或位置公差要求而限制的自由度后，再按综合叠加但不重复的方法便可得到确保多项精度要求应限制的自由度。

如图 3-9 所示，在工件上铣键槽，它有两个方向的位置要求：一是为保证键槽底面与 A 面的距离尺寸及平行度要求，必须限制 $\vec{z}$、$\hat{x}$、$\hat{y}$ 三个自由度；二是为确保键槽侧面与 B 面的平行度及距离尺寸要求，必须限制 $\vec{x}$、$\hat{y}$、$\hat{z}$ 三个自由度。按照综合叠加的方法，为保证键槽的位置精度，必须限制以上五个自由度。如键槽的长度有要求，则被加工面就有三个方向的位置要求，必须限制工件的六个自由度。

2. 工件定位中的几种情况

（1）完全定位 完全定位是指不重复地限制了工件的六个自由度的定位。当工件在 x、

y、z 三个坐标方向均有尺寸要求或位置精度要求时，一般采用这种定位方式。

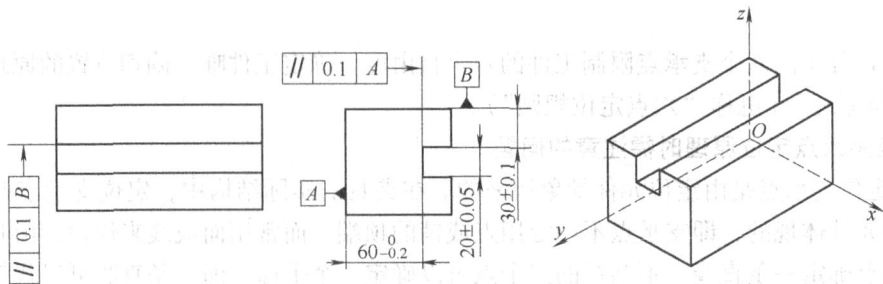

图 3-9　在工件上铣键槽

（2）不完全定位　根据工件的加工要求，有时并不需要限制工件的全部自由度，这样的定位方式称为不完全定位。图 3-10a 所示为在车床上加工通孔，根据加工要求，不需限制 $\vec{x}$ 和 $\overset{\frown}{x}$ 两个自由度，所以用自定心卡盘夹持限制其余四个自由度，就可以实现四点定位；图 3-10b 所示为平板工件磨平面，工件只有厚度和平行度要求，只需限制 $\vec{z}$、$\overset{\frown}{x}$、$\overset{\frown}{y}$ 三个自由度，在磨床上采用电磁工作台就能实现三点定位。因此，不影响加工精度的自由度可以不加限制。采用不完全定位可简化定位装置，在实际生产中应用较广泛。

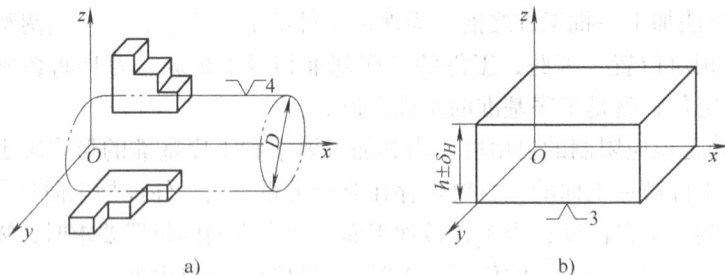

图 3-10　不完全定位实例
a）车床上加工通孔　b）平板工件磨平面

（3）欠定位　根据工件加工要求，应该限制的自由度没有完全被限制的定位称为欠定位。欠定位无法保证加工要求，因此，在确定工件定位方案时，决不允许有欠定位的现象产生。如图 3-9 所示，在工件上铣键槽，如果 $\vec{z}$ 没有被限制，就不能保证键槽底面与 A 面的距离尺寸要求；如果 $\overset{\frown}{x}$ 或 $\overset{\frown}{y}$ 没有被限制，就不能保证键槽底面与 A 面的平行度要求。

（4）过定位　夹具上的两个或两个以上的定位元件重复限制同一

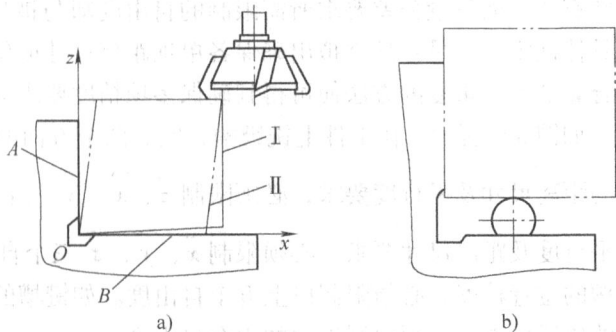

图 3-11　过定位及消除方法实例
a）过定位　b）过定位的消除

个自由度的现象，称过定位（也称重复定位或超定位）。如图 3-11a 所示，上平面对 A 面有垂直度公差要求，若用夹具的两个大平面定位，则工件的 A 面被限制了 $\vec{x}$、$\vec{y}$、$\vec{z}$ 三个自由度，B 面被限制了 $\widehat{x}$、$\widehat{y}$、$\widehat{z}$ 三个自由度，其中 $\widehat{y}$ 自由度被 A、B 面同时重复限制。由图可见，当工件处于加工位置"Ⅰ"时，可保证垂直度要求；而当工件处于加工位置"Ⅱ"时则不能保证。这种随机误差造成了定位的不稳定，严重时会引起定位干涉，故应尽量避免和消除过定位现象。

消除或减少过定位现象的方法，一般有两种：

一是改变定位元件的结构，如缩小定位元件工作面的接触长度；或者减小定位元件的配合尺寸，增大配合间隙等。

二是控制或者提高工件定位基准之间以及定位元件工作表面之间的位置精度。如图 3-11b 所示，若把定位的面接触改为线接触，则消除了引起过定位的自由度 $\widehat{y}$。

图 3-12 所示为过定位及其改进措施。

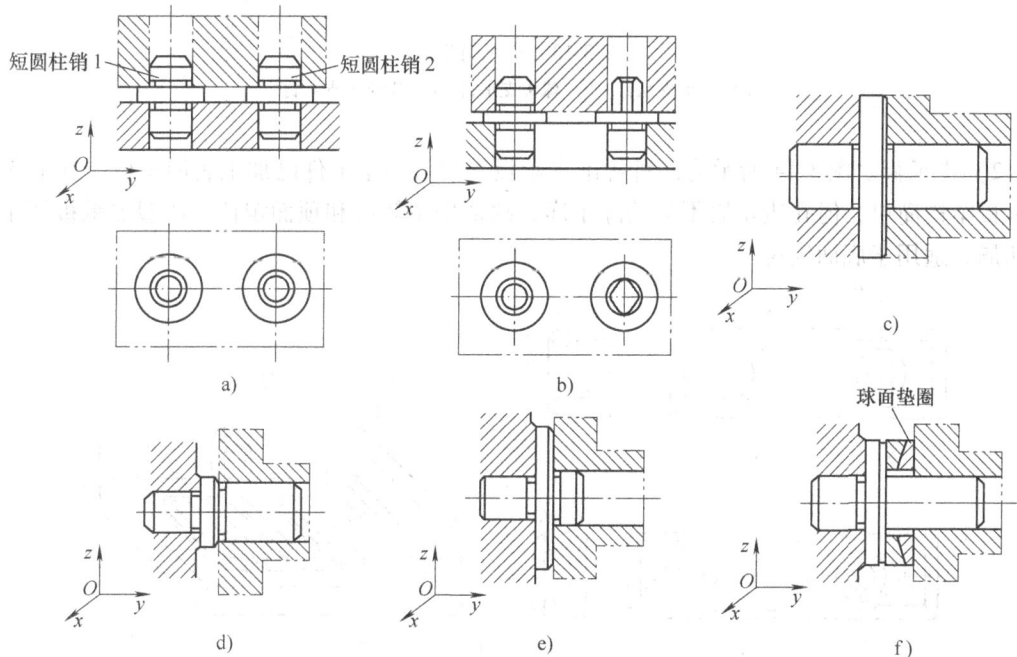

图 3-12　过定位及其改进措施
a)、c) 过定位　b)、d)、e)、f) 过定位改进方案

第三节　工件在夹具中的定位方式及其定位元件

一、工件的定位方式

工件定位方式有：以平面定位，以圆柱孔定位，以外圆柱面定位，以及以组合表面定位。

1. 工件以平面定位及其定位元件

在机械加工中,以平面作为定位基准的定位方法是一种常用的定位方式,如箱体、机座、支架、板状类零件等。其所用定位元件,根据是否起限制自由度的作用、能否调节等情况分为以下几种:

(1) 固定支承 固定支承有支承钉和支承板两种类型。

1) 支承钉。有三种形式,各用于不同场合。图 3-13a 所示的平头支承钉用于工件已经加工过的平面定位;图 3-13b 所示球头支承钉用于工件以毛面定位;图 3-13c 所示齿纹头支承钉用于工件侧面定位,它能增大摩擦因数,防止工件滑动。需要更换的支承钉应加衬套。

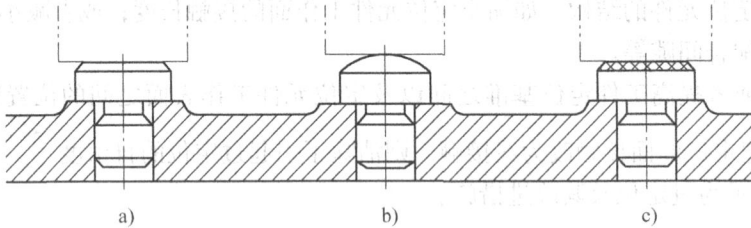

图 3-13 支承钉形式

a) 平头支承钉 b) 球头支承钉 c) 齿纹头支承钉

2) 支承板。图 3-14 所示为两种标准支承板,都可用于工件已加工表面定位。其中 A 型支承板结构简单,但孔边切屑不易清除干净,故适用于侧面和顶面定位。B 型支承板便于清除切屑,适用于底面定位。

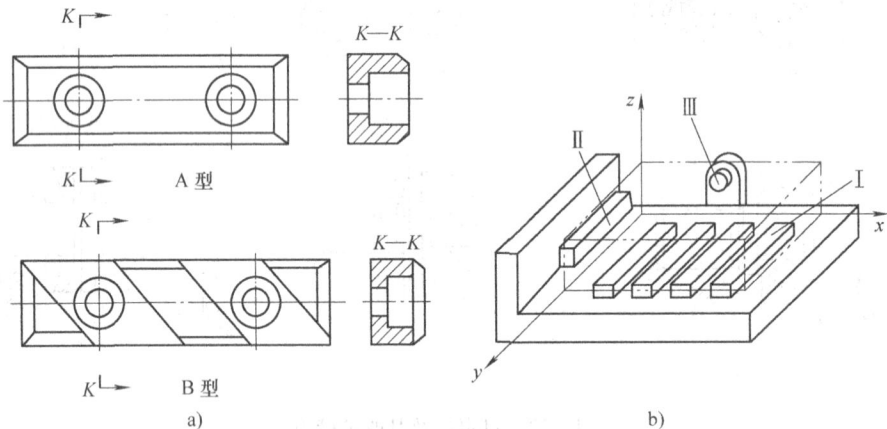

图 3-14 支承板结构及其定位

a) 支承板结构形式 b) 支承板定位简图

支承钉、支承板和衬套都已标准化,其公差配合、材料、热处理等可查国家标准《机床夹具零件及部件》手册。

(2) 可调支承 在工件定位过程中,有些情况下要求支承钉的高度定期或不定期的调整时,可采用图 3-15 所示的可调支承。

可调支承用于分批铸造的毛坯,其形状尺寸变化较大而又以粗基准定位的场合。若采用固定支承,由于各批毛坯尺寸不稳定,将引起后续工序的加工余量发生较大变化,影响加工质量。如图 3-16a 所示，工件为砂型铸件，先以 A 面定位铣 B 面，再以 B 面定位镗双孔。若采用固定支承定位铣 B 面，由于不同批毛坯定位基准 A 面相对于两孔的位置尺寸变化较大，将引起铣完后的 B 面与两毛坯孔（图中虚线所示）的距离尺寸 H_1、H_2 变化较大，当再以 B 面定位镗双孔时，会使镗孔余量严重不均匀，甚至余量不够的现象。因此，图中采用了可调支承，根据每批毛坯的实际误差大小调整支承钉的高度，以保证镗孔工序质量。

可调支承也可用于同一夹具加工形状相同而尺寸不同的工件。如图 3-16b 所示，在轴上钻径向孔，只要调整支承钉的轴向工作位置，就可适用于孔与左端面不同的工序尺寸要求。

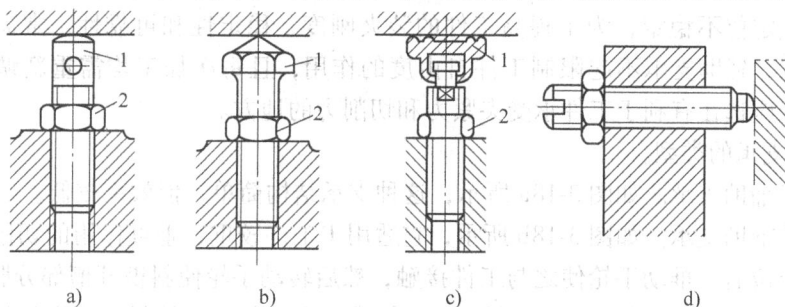

图 3-15 可调支承及其应用

1—调整螺钉 2—锁紧螺母

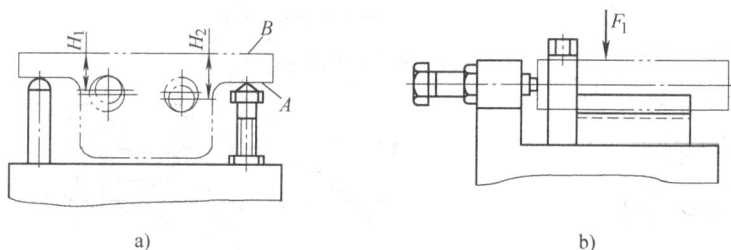

图 3-16 可调支承的应用

应该注意，可调支承在一批工件加工前调整一次。在同一批工件加工中，其作用相对于固定支承。所以可调支承在调整后都需要用锁紧螺母锁紧。

（3）自位支承（或称浮动支承） 在工件定位过程中，能自动调整位置的支承称为自位支承。其作用是提高工件装夹刚度和稳定性，如图 3-17 所示。

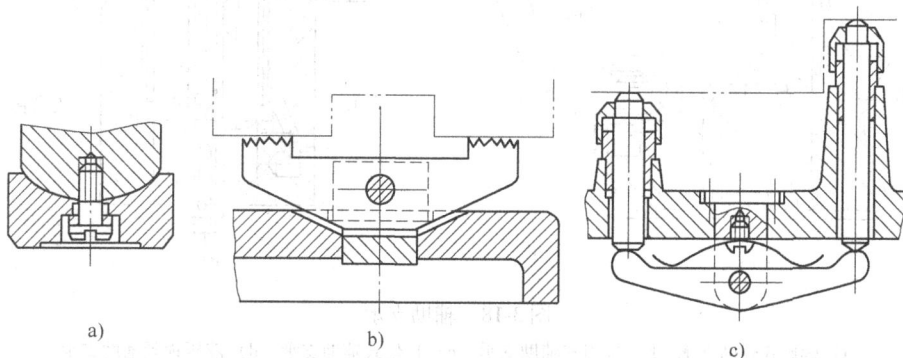

图 3-17 自位支承

a）球面浮动式自位支承 b）、c）联动式浮动自位支承

这类支承的工作特点是：浮动支承点的位置随着工件定位基准位置的变化而自动调节，与之适应。当基准面有误差时，压下其中一点，其余点即上升，直至全部接触为止。故其作用仍相当于一个固定支承，只限制一个自由度。由于增加了接触点数，故可提高工件的刚度和稳定性，但夹具结构稍复杂。适用于工件以毛面定位或刚度不足的场合。

（4）辅助支承　在工件定位过程中，不限制工件自由度、用于辅助定位的支承称为辅助支承。

生产中，由于工件的结构形状以及夹紧力、切削力、工件重力等原因可能使工件在定位后产生变形或定位不稳定，为了提高工件的装夹刚度、稳定性和可靠性，常需设置辅助支承。但需注意，辅助支承不起限制工件自由度的作用，且每次加工均需重新调整支承点高度，支承位置应选在有利于工件承受夹紧力和切削力的地方。

1）辅助支承的类型。

①螺旋式辅助支承。如图 3-18a 所示，这种支承结构简单，但效率较低。

②推引式辅助支承。如图 3-18b 所示，它适用于工件较重、垂直作用的切削负荷较大的场合。工件定位后，推动手轮使之与工件接触，然后转动手轮使斜楔开槽部分胀开而锁紧。

③自位式辅助支承。如图 3-18c 所示，弹簧推动滑柱与工件接触，用滑块锁紧。弹簧力的大小应能使滑柱弹出，但不能顶起工件。

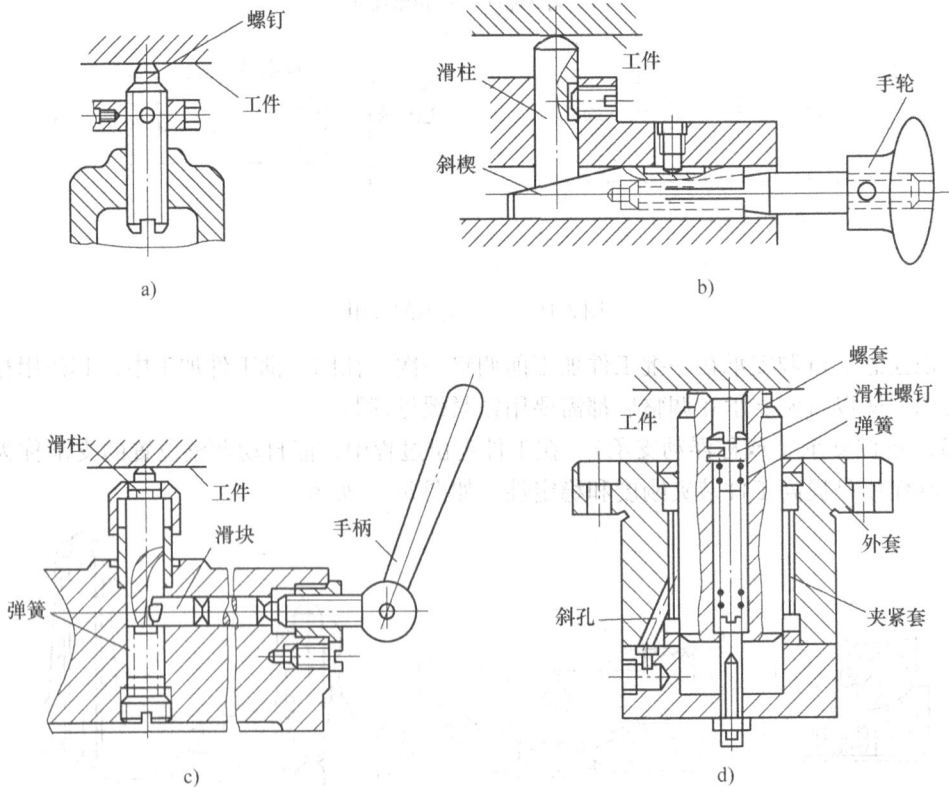

图 3-18　辅助支承

a）螺旋式辅助支承　b）推引式辅助支承　c）自位式辅助支承　d）液压锁紧辅助支承

④液压锁紧的辅助支承。如图 3-18d 所示，滑柱依靠弹簧与工件接触，弹簧力可用螺钉

调节。由斜孔通入压力油，使薄壁夹紧套锁紧滑柱。这种辅助支承结构紧凑、操作方便、动作快速。用螺栓通过螺栓孔固定在夹具中，接通油路，便可使用。

2）辅助支承应用实例。图 3-19a 所示为工件以内孔和端面定位钻小头孔。若右端不设支承，工件装夹好后，右边悬空，刚度差。若在 A 处设置辅助支承，则能增加工件的装夹刚度，但此支承不起限制自由度的作用，也不允许破坏原有定位。因此，它必须逐个工件进行调整，以适应工件支承表面（B 面）的位置误差。

图 3-19b 所示的辅助支承增大了加工两侧面时的工件刚度，防止工件变形和产生振动。

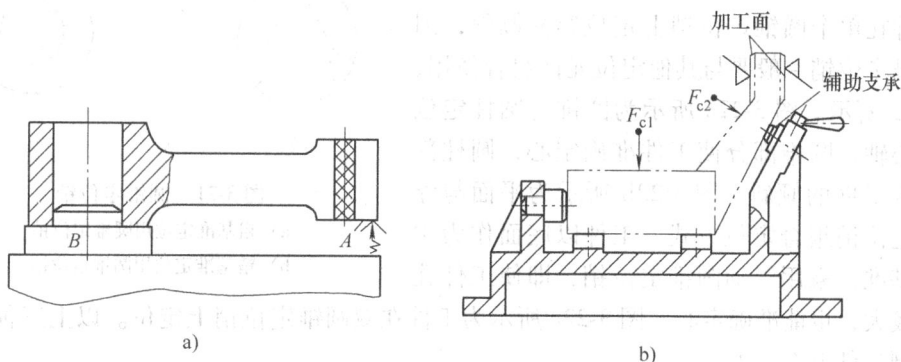

图 3-19 辅助支承应用实例

2. 工件以圆柱孔定位及其定位元件

工件以圆柱孔作为定位基准，常用以下定位元件：圆柱定位销、圆锥定位销、定位心轴。

（1）圆柱定位销 按与孔的配合长度大小，可分为长圆柱定位销和短圆柱定位销。长圆柱定位销可限制 4 个自由度，短圆柱定位销只能限制端面上的两个自由度。

图 3-20 所示为常用的圆柱定位销结构。当工作部分直径 d 为 $3 \sim 10$mm 时，为了增加刚度，避免销子因撞击而折断或热处理时淬裂，通常把根部倒成圆角 R，如图 3-20a 所示。夹具体上应有沉孔，使定位销圆角部分沉入孔内因而不影响定位。

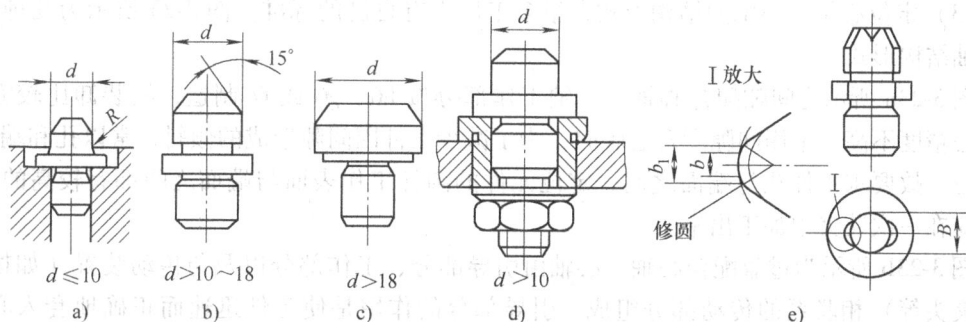

图 3-20 圆柱定位销和菱形销
a）、b）、c）固定式定位销 d）可换式定位销 e）菱形销

大批大量生产时，为了便于更换定位销，可设计成图 3-20d 所示带衬套的结构。为了便

于工件顺利装入，定位销的头部应有15°倒角。有时为了避免过定位，可将圆柱定位销在过定位方向上削扁成菱形销，如图3-20e所示。定位销有关参数可查《机床夹具零件及部件》手册。

（2）圆锥定位销　图3-21所示为工件以圆孔在圆锥定位销上定位的示意图，固定圆锥定位销限制工件三个移动自由度。图3-21a所示圆锥定位销用于粗基准定位，图3-21b所示圆锥定位销用于精基准定位。

工件在单个圆锥定位销上定位容易倾斜，因此，圆锥定位销一般要与其他定位元件组合使用，如图3-22所示。图3-22a所示为圆锥与圆柱定位销组合心轴，圆锥部分使工件准确定心，圆柱部分可减少工件的倾斜。图3-22b所示为平面与浮动圆锥定位销组合定位方式，工件以底面作为主要定位基准，采用浮动圆锥定位销，即使工件孔

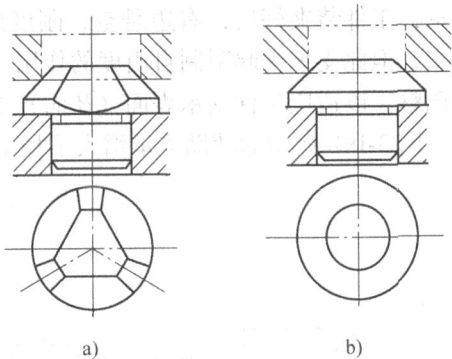

图3-21　圆锥定位销
a）粗基准定位用圆锥定位销
b）精基准定位用圆锥定位销

径变化较大，也能准确定心。图3-22c所示为工件在双圆锥定位销上定位。以上三种定位方式均限制工件五个自由度。

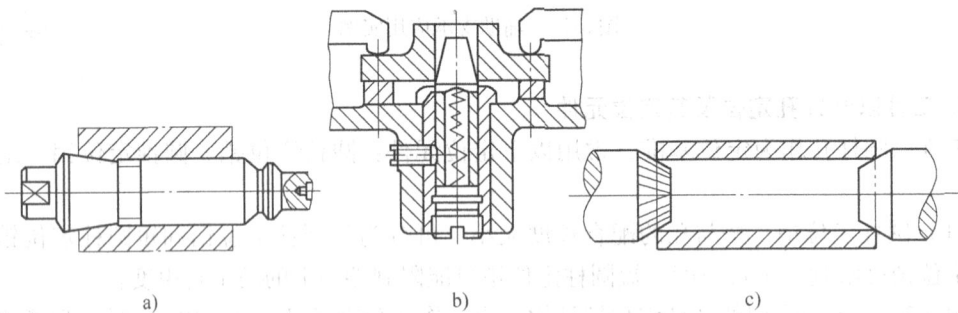

图3-22　圆锥定位销组合定位
a）圆锥与圆柱定位销组合心轴　b）平面与浮动圆锥定位销组合　c）双圆锥定位销组合

（3）定位心轴　心轴的结构形式在很多工厂中有自己的标准。图3-23所示为几种常用的心轴结构形式。

图3-23a所示为间隙配合心轴。心轴工作部分按h6、g6或f7制造，故装卸比较方便，但定心精度不高。采用间隙配合心轴时，为了减少工件因间隙造成的倾斜，常以孔和端面联合定位。故要求工件孔与端面之间、定位元件的圆柱工作表面与端面之间都有较高的垂直度，应在一次装夹中加工出来。

图3-23b所示为过盈配合心轴。心轴由引导部分、工作部分以及与传动装置（如拨盘、鸡心夹头等）相联系的传动部分组成。引导部分的作用是使工件迅速而正确地套入心轴。其直径 d_3 按e8制造。d_3 的公称尺寸为工件孔的下极限尺寸，其长度约为基准孔长度的一半。工作部分直径按r6制造，其公称尺寸为工件孔的上极限尺寸。当工件孔的长径比 L/d >1时，心轴工作部分应稍带锥度。这时，直径 d_1 应按r6制造，其公称尺寸为工件孔的上

极限尺寸；直径 d_2 应按 h6 制造，其公称尺寸为工件孔的下极限尺寸。这种心轴制造简单、定心精度高，无需另设夹紧装置，但装卸工件不便，且易损伤工件定位孔。因此，多用于定心精度要求高的精加工场合。

图 3-23c 所示为花键心轴，用于加工以花键孔定位的工件。

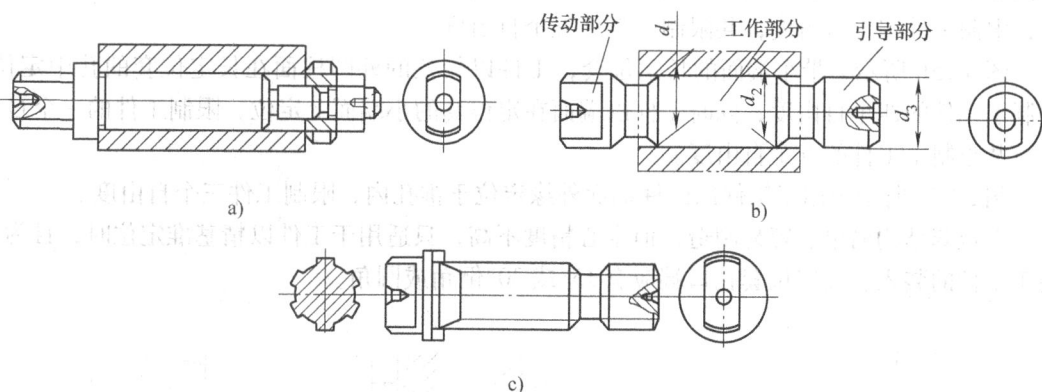

图 3-23　定位心轴
a）间隙配合心轴　b）过盈配合心轴　c）花键心轴

3. 工件以外圆柱面定位及其定位元件

（1）V 形块　工件以外圆柱面定位时，最常用的定位元件是 V 形块。V 形块工作面间的夹角 α 常取 60°、90°、120° 三种，其中应用最多的是 90°V 形块。90°V 形块的典型结构和尺寸已标准化，使用时可根据定位圆柱面的长度和直径进行选择。图 3-24 所示为常用 V 形块的结构形式。其中，图 3-24a 所示的 V 形块用于较短的加工过的圆柱面定位；图 3-24b 所示的 V 形块用于较长的粗糙的圆柱面定位；图 3-24c 所示的 V 形块用于较长的加工过的圆柱面定位；图 3-24d 所示的 V 形块适用于尺寸较大的圆柱面定位，这种 V 形块底座采用铸件，V 形面采用淬火钢件，V 形块是由两者镶合而成的。

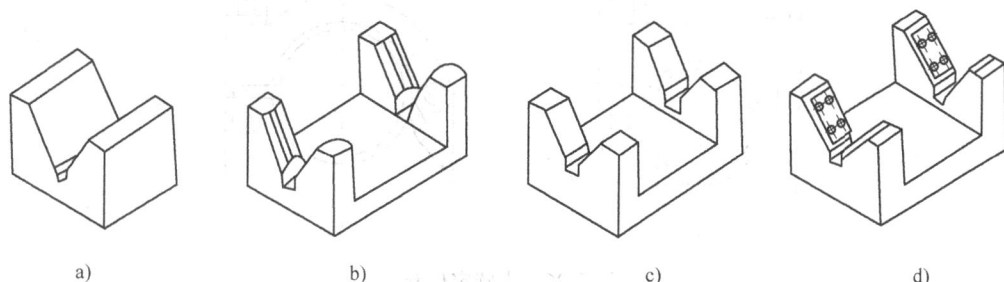

图 3-24　V 形块的结构形式

V 形块既能用于精基面定位，又能用于粗基面定位，既能用于完整的圆柱面，也能用于局部圆柱面，而且具有对中性（使工件的定位基准总处在 V 形块两工作表面的对称面内），因此，当工件以外圆柱面定位时，V 形块是用的最多的定位元件。

（2）定位套　工件以外圆柱面在圆孔中定位时，其定位元件常做成钢套。图 3-25 所示为常用的定位套。为了限制工件的轴向自由度，常与端面联合定位。当工件端面作为主定位基准时，应控制定位套的长度，以免夹紧时工件产生不允许的变形。

图 3-25a 所示为带大端面的短定位套，用于工件以端面为主定位基准，工件以短圆柱面定位于定位套内孔中，限制了工件两个自由度；同时，工件以端面在定位套的大端面上定位，限制工件三个自由度，共限制了工件五个自由度。

图 3-25b 所示为带小端面的长定位套，工件以较长的外圆柱面在长定位套的孔中定位，限制了工件的四个自由度；同时工件以端面在定位套的小端面上定位，限制工件的一个自由度，共限制了工件的五个自由度。

图 3-25c 所示为用于工件以圆柱端面外缘定位于锥孔内，限制工件三个自由度。

定位套结构简单、容易制造，但定心精度不高，只适用于工件以精基准定位时，且为了便于工件的装入，在定位套孔口端应有 15°或 30°倒角或圆角。

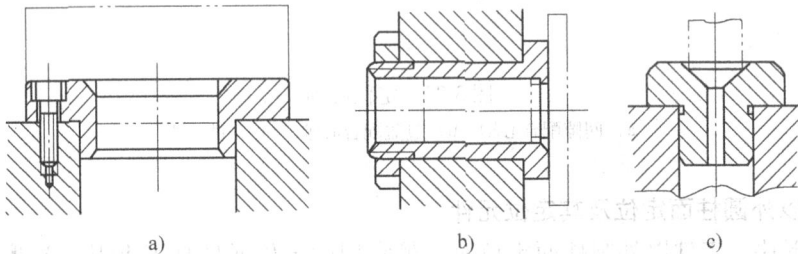

图 3-25　常用的定位套
a）短定位套　b）长定位套　c）圆柱端面外缘定位套

（3）半圆套　图 3-26 所示为工件在半圆套中定位，下面的半圆套是定位元件，上面的半圆套起夹紧作用。图 3-26a 所示为可卸式，图 3-26b 所示为铰链式，后者装卸工件方便。

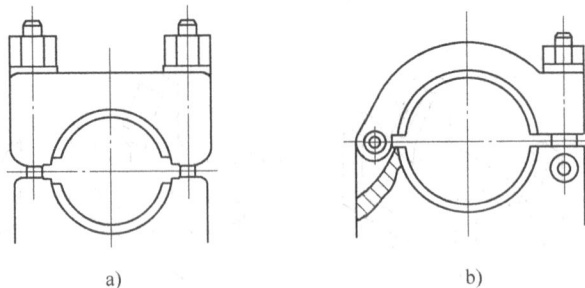

图 3-26　半圆定位套
a）可卸式　b）铰链式

半圆套定位装置主要用于大型轴类零件及不便于轴向装夹的零件。定位基面的精度不低于 IT8 ~ IT9，半圆套的最小内径应取工件定位基面的最大直径。

一些常用定位元件所能限制的自由度见表 3-1。

表 3-1 常用定位元件所能限制的自由度

定位名称	定 位 方 式	限制的自由度
支承钉		每个支承钉限制一个自由度。其中:支承钉 1、2、3 与底面接触,限制三个自由度 $\vec{z}$、$\widehat{x}$、$\widehat{y}$;支承钉 4、5 与侧面接触,限制两个自由度 $\vec{y}$、$\widehat{z}$;支承钉 6 与端面接触,限制一个自由度 $\vec{x}$
支承板		两条窄支承板 1、2 组成同一平面,与底面接触,限制三个自由度 $\vec{z}$、$\widehat{x}$、$\widehat{y}$;一个窄支承板 3 与侧面接触,限制两个自由度 $\vec{y}$、$\widehat{z}$
		支承板与圆柱素线接触,限制两个自由度 $\vec{z}$、$\widehat{y}$
圆柱销	短圆柱销　　　长圆柱销	短销与圆孔配合,限制两个自由度 $\vec{x}$、$\vec{y}$;长销与圆孔配合,限制四个自由度 $\vec{x}$、$\vec{y}$、$\widehat{x}$、$\widehat{y}$
削边销	短削边销　　　长削边销	短削边销与圆孔配合,限制一个自由度 $\vec{x}$;长削边销与圆孔配合,限制两个自由度 $\vec{x}$、$\widehat{y}$

定位名称	定 位 方 式	限制的自由度
圆锥销	固定锥销　　　　　活动锥销	固定锥销与圆孔端面圆周接触,限制三个自由度$\vec{x}$、$\vec{y}$、$\vec{z}$;活动锥销与圆孔端面圆周接触,限制两个自由度$\vec{x}$、$\vec{y}$
定位套	短套　　　　　　　长套	短套与轴配合,限制两个自由度$\vec{x}$、$\vec{y}$;长套与轴配合,限制四个自由度$\vec{x}$、$\vec{y}$、$\widehat{x}$、$\widehat{y}$
锥套	固定锥套　　　　　活动锥套	固定锥套与轴端面圆周接触,限制三个自由度$\vec{x}$、$\vec{y}$、$\vec{z}$;活动锥套与轴端面圆周接触,限制两个自由度$\vec{x}$、$\vec{y}$
V 形块	短V形块　　　　　长V形块	短V形块与圆柱面接触,限制两个自由度$\vec{y}$、$\vec{z}$;长V形块与圆柱面接触,限制四个自由度$\vec{y}$、$\vec{z}$、$\widehat{y}$、$\widehat{z}$
大平面与两圆柱孔		支承板限制三个自由度$\widehat{x}$、$\vec{y}$、$\widehat{z}$;短圆柱定位销限制两个自由度$\vec{x}$、$\vec{z}$;短菱形销(防转)限制一个自由度$\widehat{y}$

4. 工件以组合表面定位

在实际生产中，为满足工序的加工要求，一般都采用几个定位基准（基面）的组合方式进行定位，即组合定位。

工件以组合定位的形式较多，常用的组合定位基准（基面）主要有：前后顶尖孔、一孔一端面、一端面一外圆、两阶梯外圆及一端面、一长孔一外圆、一面两孔等。相应地采用定位元件的组合定位，如前后顶尖、定位销（或心轴）与支承钉组合、V形块与支承钉组合、长定位销与V形块组合、支承板与双销组合等。

图 3-27 所示为工件以组合表面定位的一些应用实例。

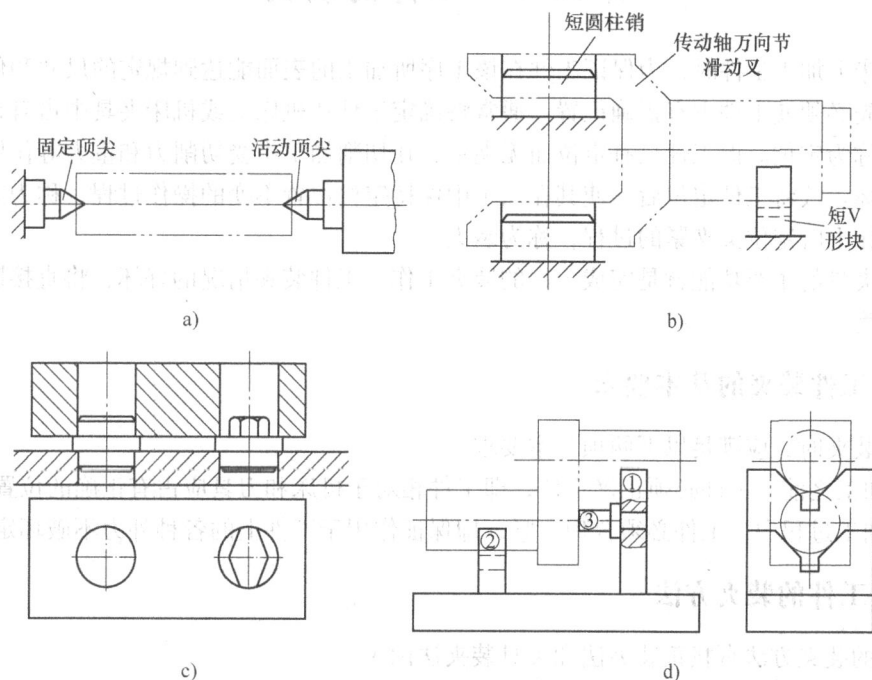

图 3-27　工件以组合表面定位的一些应用实例
a）前后顶尖孔组合定位　b）两孔及一外圆柱面组合定位
c）一面两孔组合定位　d）两阶梯外圆柱面及一端面组合定位

二、定位元件的基本要求

工件在夹具中要想获得正确定位，首先应正确选择定位基准，其次是选择合适的定位元件。工件定位时，工件定位基准和夹具的定位元件接触形成定位副，以实现工件的六点定位。定位元件必须满足以下几点要求：

1. 足够的精度

定位元件的精度直接影响工件的加工精度。除定位元件本身应具有一定的尺寸精度外，定位元件间的位置尺寸及位置公差，一般应取工件相应尺寸及位置公差的 1/5 ~ 1/2。

2. 较好的耐磨性

定位元件的工作表面经常与工件接触和摩擦，容易磨损，为此要求定位元件限位表面的耐磨性要好，以保持夹具的使用寿命和定位精度。

3. 足够的强度和刚度

定位元件在加工过程中，受工件重力、夹紧力和切削力的作用，因此要求定位元件应有足够的刚度和强度，避免使用中变形和损坏。

4. 较好的工艺性

定位元件应力求结构简单、合理，便于制造、装配和更换。定位元件的结构和工作表面形状应有利于清除切屑，以防切屑嵌入夹具内影响加工和定位精度。

第四节　工件的装夹

在机床上加工工件时，为保证工件在该工序所加工的表面能达到规定的尺寸和位置公差要求，首先必须使工件占有正确位置。通常将确定工件在机床上或机床夹具中占有正确位置的过程，称为定位。但工件只有定位而无夹紧，在切削加工中受切削力和重力等作用，定位会受到破坏。故将工件定位后，使其在加工中保持定位位置不变的操作过程，称为夹紧。将工件在机床上既定位又夹紧的过程，称为装夹。

机床夹具的主要功能就是完成工件的装夹工作。工件装夹情况的好坏，将直接影响工件的加工精度。

一、工件装夹的基本要求

工件装夹时，应满足以下两项基本要求：

1）加工之前，工件必须正确定位，即工件相对于机床和刀具应占有正确的位置。

2）加工过程中，工件必须合理夹紧，即保证作用于工件上的各种外力不破坏定位。

二、工件的装夹方法

工件的装夹方法有找正装夹法和夹具装夹法两种。

1. 找正装夹法

（1）直接找正法　以工件的实际表面作为定位的依据，用找正工具（如划针和指示表）找正工件的正确位置以实现定位，然后将工件夹紧的方法，称为直接找正装夹法。在这种装夹方式中，被找正的表面就是工件的定位基准。

如图 3-28 所示的套筒零件，为了保证磨孔后与外圆的同轴度，先将套筒预装在单动卡盘中，用划针或百分表找正工件外圆表面，使外圆轴线与磨床主轴轴线同轴，然后夹紧工件。此时，找正的外圆面则为定位基面，外圆的轴线则是定位基准。

这种装夹方法的定位精度与所用量具的精度和操作者的技术水平有关；找正所需的时间长，生产率低，结果也不稳定，一般只适用于单件小批生产。

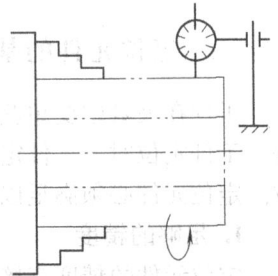

图 3-28　直接找正装夹

（2）划线找正法　工人以划线方式在工件上划出待加工表面所在位置的线痕作为定位依据，定位时用划针找正其位置，然后将工件夹紧的装夹方法，称为划线找正装夹法。

图 3-29 所示为在汽车变速器拨叉上加工螺纹孔的找正装夹。若加工工件数量较少，可以按划线找正装夹。首先将拨叉安装在划线平台的方箱上，在螺纹孔处涂上颜色，按要求找出螺纹孔中心位置，并在孔中心处划出十字线痕和底孔圆线痕。然后将待加工拨叉装在台虎钳上，用划针找正拨叉的正确位置。加工时，将钻头对准已划出孔中心线痕的位置进行钻孔和攻螺纹。此种装夹方法生产率低，定位精度也低，而且对工人的技术水平要求较高，一般只适用于单件小批生产中加工复杂而笨重的毛坯件，或零件不宜直接使用通用机床夹具装夹的场合。

2. 夹具装夹法

夹具装夹法是靠夹具将工件定位、夹紧，以保证工件相对于刀具、机床的正确位置。常用的有通用夹具和专用夹具两种。车床自定心卡盘和铣床用机用平口虎钳就是最常用的通用夹具。图 3-30 所示钻模是专用夹具的一个例子。图中，工件以其内孔为定位基准套在夹具定位销上定位，用螺母和压板夹紧工件，钻头通过钻套引导，在工件上钻孔。

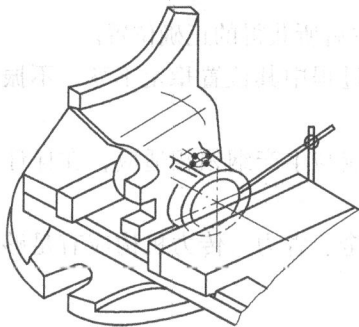

图 3-29　划线找正装夹　　　　图 3-30　夹具装夹工件

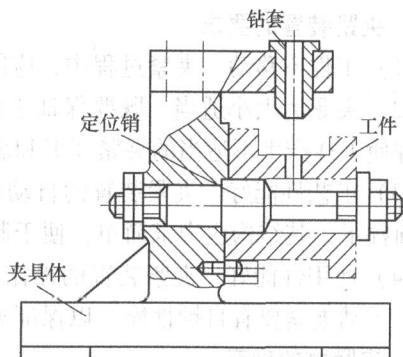

使用夹具装夹时，工件在夹具中迅速而正确的定位与夹紧，不需找正就能保证工件与机床、刀具间的正确位置。这种方式生产率高，定位精度好，广泛用于成批以上生产和单件小批生产的关键工序中。

第五节　工件的夹紧及夹紧装置

一、夹紧装置的组成及对夹紧装置的要求

工件定位后，为使加工过程顺利实现，必须采用一定的装置将工件压紧夹牢，防止工件在切削力、重力、惯性力等的作用下发生位移或振动，这种将工件压紧夹牢的装置称为夹紧装置。

1. 夹紧装置的组成

如图 3-31 所示，夹紧装置由力源装置、传力机构、执行元件三部分组成。

（1）力源装置　提供原始夹紧力的装置称为力源装置，分为手动夹紧和机动夹紧两种。手动夹紧的力源来自人力，用时比较费时费力。为了改善劳动条件和提高生产率，目前在大

批量生产中均采用机动夹紧。机动夹紧的力源来自液压、气压、电磁、电动、气-液联动、真空等动力夹紧装置。图 3-31 中所示的液压缸就是一种动力源装置。

（2）传力机构　传力机构是介于动力源和执行元件之间传递动力的机构。传力机构的作用是：改变作用力的方向；改变作用力的大小；具有一定的自锁性能，以便在夹紧力一旦消失后，仍能保证整个夹紧系统处于可靠的夹紧状态，这一点在手动夹紧时尤为重要。图 3-31 中所示的杠杆就是传力机构。

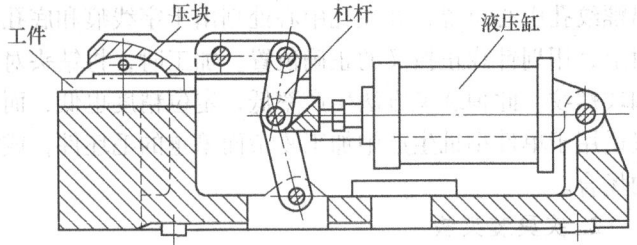

图 3-31　夹紧装置的组成

（3）执行元件　它是直接与工件接触完成夹紧作用的最终执行元件。图 3-31 中所示的压块就是执行元件。

2. 夹紧装置的要求

（1）工件不移动　夹紧过程中，应能保持工件定位后所获得的正确位置。

（2）夹紧力大小适当　既要保证工件在整个加工过程中其位置稳定不变，不振动，又不允许使工件产生不适当的夹紧变形和表面损伤。

（3）工艺性能好　夹紧装置的自动化和复杂程度应与生产纲领相适应，在保证生产效率的前提下，其结构应力求简单，便于制造、维修。

（4）使用性能好　夹紧装置的操作应当方便、安全、省力。传力机构应有足够的夹紧行程，手动夹紧要有自锁性能，以保证夹紧可靠。

3. 夹紧力的确定

夹紧工件时应考虑：夹紧力的作用点、方向、大小。

（1）夹紧力的作用点

1）夹紧力的作用点应落在定位元件的支承范围内，应尽可能使夹紧点与支承点对应，使夹紧力作用在支承上。如图 3-32a、b 所示，夹紧力作用在支承面范围之外，会使工件倾斜或变形，夹紧时将破坏工件的定位；而图 3-32c 所示则是合理的。

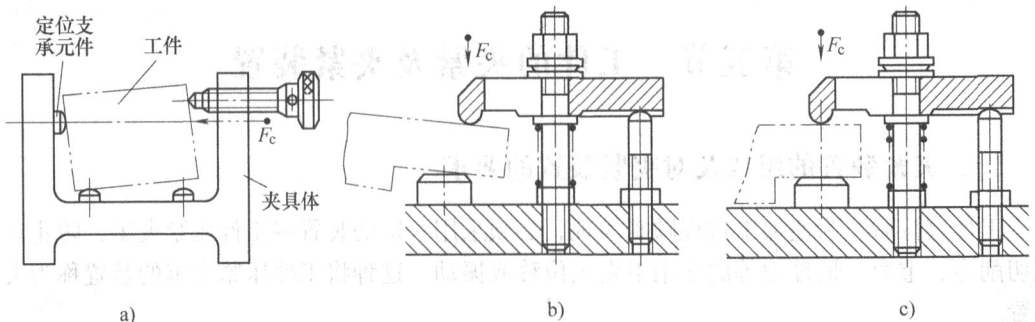

a)　　　　　　　　　　b)　　　　　　　　　　c)

图 3-32　夹紧力作用点的选择

2）夹紧力的作用点应选在工件刚性较好的部位。这对刚度较差的工件尤其重要，如图 3-33 所示，将作用点由中间的单点改成两旁的两点夹紧，可使变形大为减小，并且夹紧更加可靠。

3）夹紧力的作用点应尽量靠近加工表面，以减小切削力对夹紧点的力矩，防止或减少工件产生振动和变形，提高定位的稳定性和可靠性。如图 3-34 所示，因切削力矩 $F_{R'} < F_R$，同样的夹紧力作用于 O_1 点，夹紧更加牢固可靠。

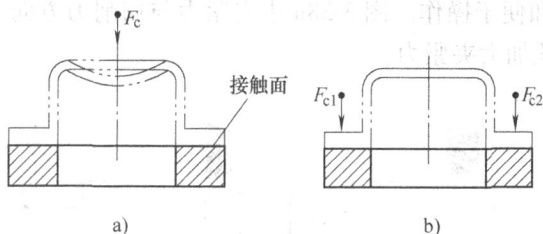

图 3-33　夹紧力作用于工件刚性强的部位

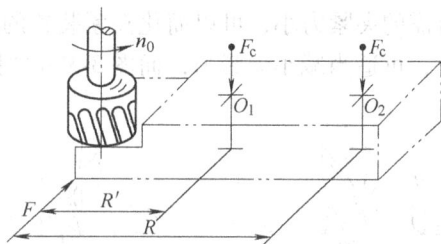

图 3-34　夹紧力作用点尽可能靠近加工面

（2）夹紧力的方向

1）夹紧力的方向应垂直于主要定位基准面，以保证加工精度。如图 3-35 所示的直角支座镗孔，要求孔与 A 面垂直，所以应以 A 面为主要定位基面，且夹紧力 F_w 方向与之垂直，则较容易保证质量。如图 3-35b、c 所示的力 F_w 都不利于保证镗孔轴线与 A 面的垂直度；如图 3-35d 所示的 F_w 朝向了主要定位基面，则有利于保证加工孔轴线与 A 面的垂直度。

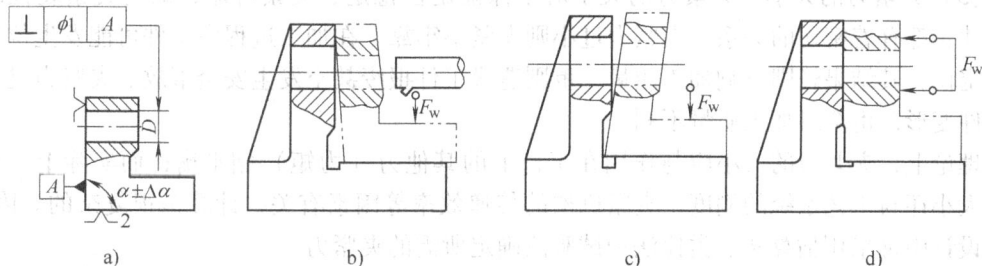

图 3-35　夹紧力应指向主要定位基面
a）工序简图　b）、c）错误　d）正确

2）夹紧力方向应与工件刚度最大的方向一致，以减小工件的夹紧变形。图 3-36 所示为加工活塞时的两种夹紧方式。其中，图 3-36a 所示为夹紧力 F_c 作用在刚性较差的径向方向，活塞将产生过大夹紧变形而无法保证加工精度；图 3-36b 所示沿活塞刚性较大的轴向夹紧，则夹紧变形较小，加工精度容易得到保证。

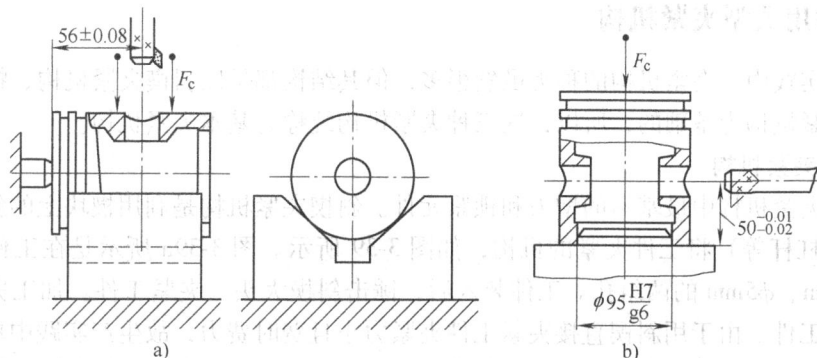

图 3-36　夹紧力方向与工件刚性的关系

3）夹紧力方向应尽量与重力、切削力等力方向一致，以减小夹紧力，如图 3-37 和图 3-38 所示。钻孔时，图 3-37a 中的轴向进给力、夹紧力和工件重力的方向一致，需要的夹紧力较小；图 3-37b 中的夹紧力与轴向进给力、工件重力的方向相反，需要的夹紧力较大。加工时所需的夹紧力小，可以简化夹紧装置的结构和便于操作。图 3-38a 中夹紧力与切削力方向一致，可适当减小夹紧力；而图 3-38b 中则必须加大夹紧力。

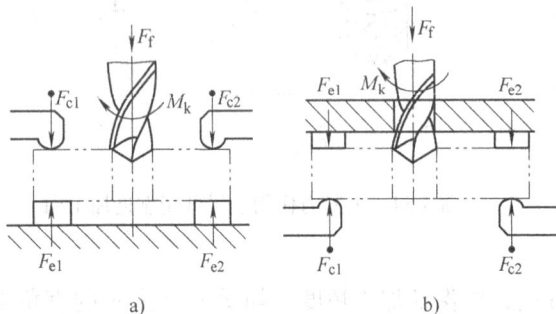

图 3-37　夹紧力与切削力方向的关系　　　　图 3-38　夹紧力与切削力方向

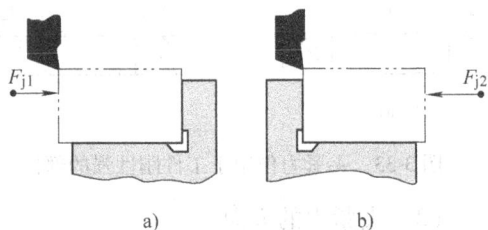

（3）夹紧力的大小　夹紧力的大小对于保证定位稳定、夹紧可靠，确定夹紧装置的结构尺寸，都有着密切的关系。夹紧力过小则夹紧不牢靠，在加工过程中工件可能发生位移而破坏定位，其结果轻则影响加工质量，重则造成工件报废甚至发生安全事故。夹紧力过大会使工件变形，也会对加工质量不利。

理论上，夹紧力的大小应与作用在工件上的其他力（力矩）相平衡；而实际上，夹紧力的大小还与工艺系统的刚度、夹紧机构的传递效率等因素有关，计算是很复杂的。因此，实际设计中常采用估算法、类比法和试验法确定所需的夹紧力。

当采用估算法确定夹紧力的大小时，为简化计算，通常将夹具和工件看成一个刚性系统。根据工件所受切削力、夹紧力（大型工件应考虑重力、惯性力等）的作用情况，找出加工过程中对夹紧最不利的状态，按静力平衡原理计算出理论夹紧力，最后再乘以安全系数 K 作为实际所需夹紧力，一般粗加工时取 $K = 2.5 \sim 3$，精加工时取 $K = 1.5 \sim 2$。

夹紧力三要素的确定，实际是一个综合性问题。必须全面考虑工件结构特点、工艺方法、定位元件的结构和布置等多种因素，才能最后确定并具体设计出较为理想的夹紧装置。

二、常用典型夹紧机构

在生产实践中，夹紧机构的种类虽然很多，但其结构都是以斜楔夹紧机构、螺旋夹紧机构和偏心夹紧机构为基础的，所以，这三种夹紧机构统称为基本夹紧机构。

1. 斜楔夹紧机构

斜楔是夹紧机构中最基本的增力和锁紧元件。斜楔夹紧机构是利用楔块上的斜面直接或间接（如用杠杆等）将工件夹紧的机构，如图 3-39 所示。图 3-39a 所示是在工件上钻互相垂直的 $\phi 8mm$、$\phi 5mm$ 的两组孔。工件装入后，锤击斜楔大头，夹紧工件。加工完后，锤击小头，松开工件。由于用斜楔直接夹紧工件夹紧力小且费时费力，故生产实践中单独应用不多，一般情况下是将斜楔与其他机构联合使用。图 3-39b 所示是将斜楔与滑柱压板组合而成的机动夹紧机构。图 3-39c 所示是由端面斜楔与压板组合而成的手动夹紧机构。选用斜楔夹紧机构时，应根据机构增力、夹紧行程和自锁三方面来确定斜楔升角 α。

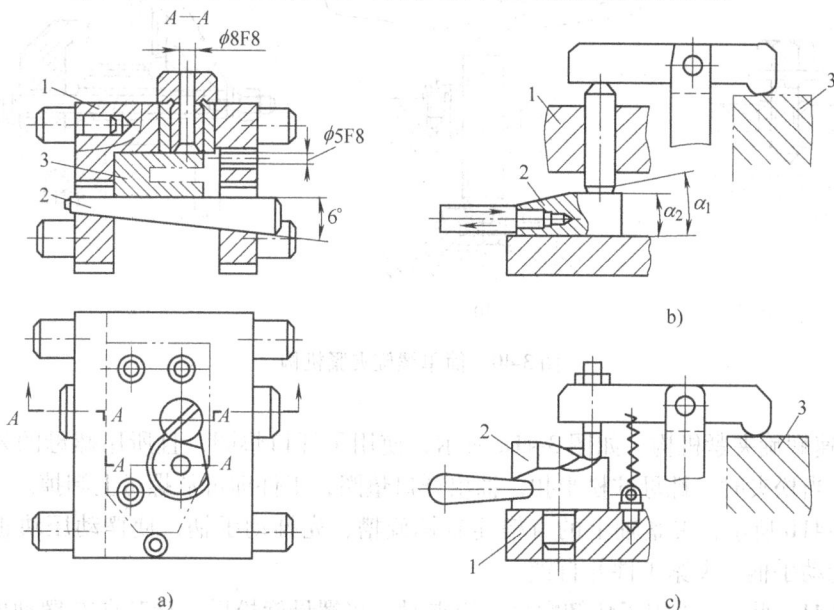

图 3-39 斜楔夹紧机构
1—夹具体 2—斜楔 3—工件 α_1、α_2—斜楔升角

凡有自锁要求的楔块夹紧，必须使 $\alpha < 2\varphi$（φ 为摩擦角），为可靠起见，通常在 $6° \sim 8°$ 内选择。在现代夹具中，斜楔夹紧机构常与气压、液压传动装置联合使用，由于气压和液压可保持一定压力，楔块斜角 α 不受此限制，可取更大些，一般在 $15° \sim 30°$ 内选择。斜楔夹紧机构结构简单，操作方便，但增力系数小，夹紧行程短，自锁能力差。

2. 螺旋夹紧机构

由螺钉、螺母、垫圈、压板等元件组成，采用螺旋直接夹紧或与其他元件组合实现夹紧工件的机构，统称为螺旋夹紧机构。螺旋夹紧机构不仅结构简单、容易制造，而且自锁性能好、夹紧可靠，夹紧力和夹紧行程都很大，是夹具中用的最多的一种夹紧机构。

（1）单个螺旋夹紧机构 直接用螺钉或螺母夹紧工件的机构，称为单个螺旋夹紧机构，分为简单螺旋夹紧机构和快速螺旋夹紧机构两种。

1）简单螺旋夹紧机构。如图 3-40 所示，其中图 3-40a 所示为将螺钉头直接压在工件表面上，接触面积小、压强大，螺钉转动时，可能会损伤工件已加工表面，或带动工件转动，一般只用于毛坯和粗加工零件的夹紧。图 3-40b 所示是常用的螺旋夹紧机构，其螺钉头部装有摆动压块。由于压块与工件间的接触面积大大增加，压强大大减小，不会损伤工件表面，且由于压块与工件间的摩擦力矩大于压块与螺钉间的摩擦力矩，压块也不会随螺钉一起转动，螺杆上部装有手柄，夹紧时不需要扳手，操作方便、迅速。当工件夹紧部分不宜使用扳手，且夹紧力要求不大的部位，可选用这种机构。图 3-40c 所示为带活动压板的螺旋夹紧机构。

简单螺旋夹紧机构的缺点是夹紧动作慢，装卸工件时，要将螺母拧紧或卸掉，费时费力，为了克服这一缺点，可以采用快速螺旋夹紧机构。

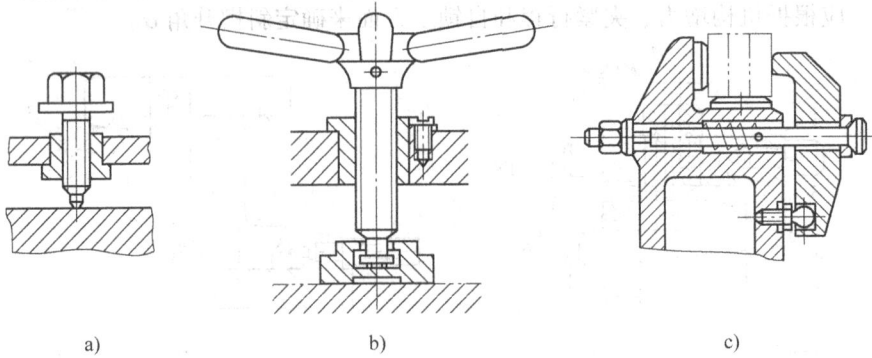

图 3-40　简单螺旋夹紧机构

2）快速螺旋夹紧机构。如图 3-41a 所示，使用了开口垫圈，且所用螺母的外径小于工件的内孔，当松夹时，螺母拧松半扣，抽出开口垫圈，工件即可从螺母上卸掉。

如图 3-41b 所示，夹紧轴上的直槽连着螺旋槽，先推动手柄，使摆动压块迅速靠近工件，继而转动手柄，夹紧工件并自锁。

如图 3-41c 所示，采用了快卸螺母，松夹时，将螺母旋松后，让其向右摆动即可直接卸掉螺母，实现快速装夹的目的。

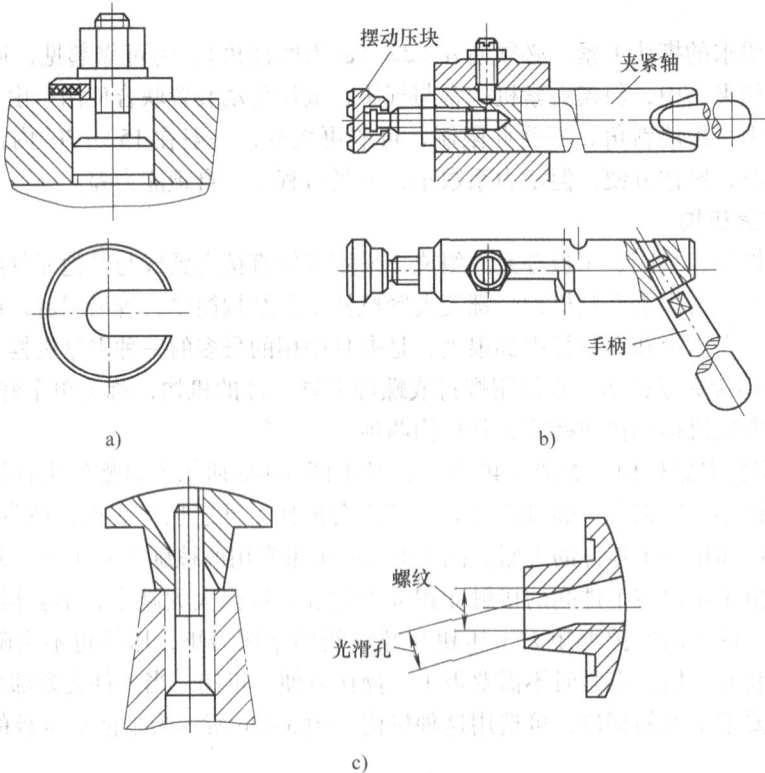

图 3-41　快速螺旋夹紧机构

（2）螺旋压板夹紧机构　夹紧机构中，螺旋压板夹紧机构应用最为广泛，结构形式也比较多样化。图 3-42 所示为螺旋压板夹紧机构的几种典型机构。选用时，可根据夹紧力大小的要求、工作高度尺寸的变化范围、夹具上夹紧机构允许占有的部位和面积进行选择。例如，当夹具中只允许夹紧机构占很小面积，而夹紧力又要求不是很大时，可选用图 3-42d 所示的螺旋钩形压板夹紧机构。又如工件夹紧高度变化较大的小批、单件生产，可选用如图 3-42e、f 所示的通用压板夹紧机构。

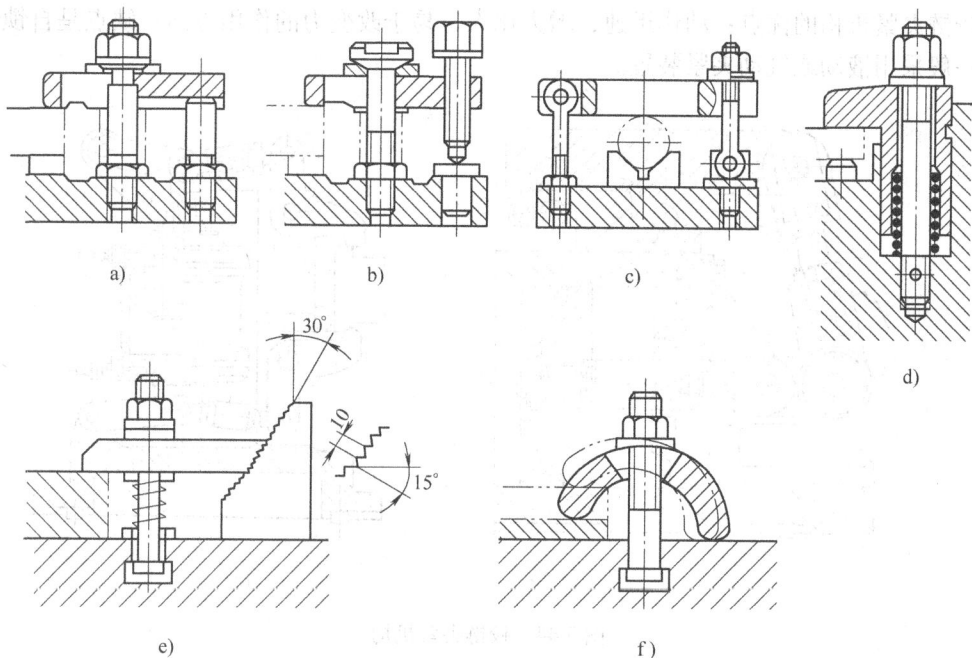

a)　　　　　　　　b)　　　　　　　　c)　　　　　　　　d)

e)　　　　　　　　　　　　　f)

图 3-42　螺旋压板夹紧机构

a)、b）移动压板式　c）铰链压板式　d）固定压板式　e)、f）通用压板式

3. 偏心夹紧机构

偏心夹紧机构是由偏心元件直接夹紧或与其他元件组合而实现对工件夹紧的机构，它是利用转动中心与几何中心偏移的圆盘或轴作为夹紧元件。它的工作原理也是基于斜楔的工作原理，近似于把一个斜楔弯成圆盘形，如图 3-43a 所示。

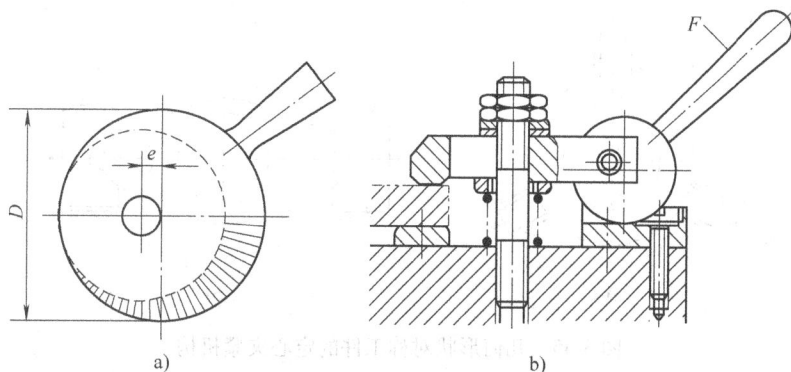

a)　　　　　　　　　　　b)

图 3-43　偏心压板夹紧机构

偏心夹紧机构结构简单、制造方便，与螺旋夹紧机构相比，具有夹紧迅速、操作方便等优点；其缺点是夹紧力和夹紧行程均不大，自锁能力差，结构不抗振，故一般适用于夹紧行程及切削负荷较小且平稳的场合。在实际使用中，偏心轮直接作用在工件上的偏心夹紧机构不多见，偏心夹紧机构一般和其他夹紧机构联合使用。图 3-43b 所示是偏心压板夹紧机构。

4. 铰链夹紧机构

图 3-44 所示为铰链夹紧机构的应用。

铰链夹紧机构的优点：动作迅速，增力比大，易于改变力的作用方向；缺点是自锁性较差，一般采用液动或气动夹紧装置。

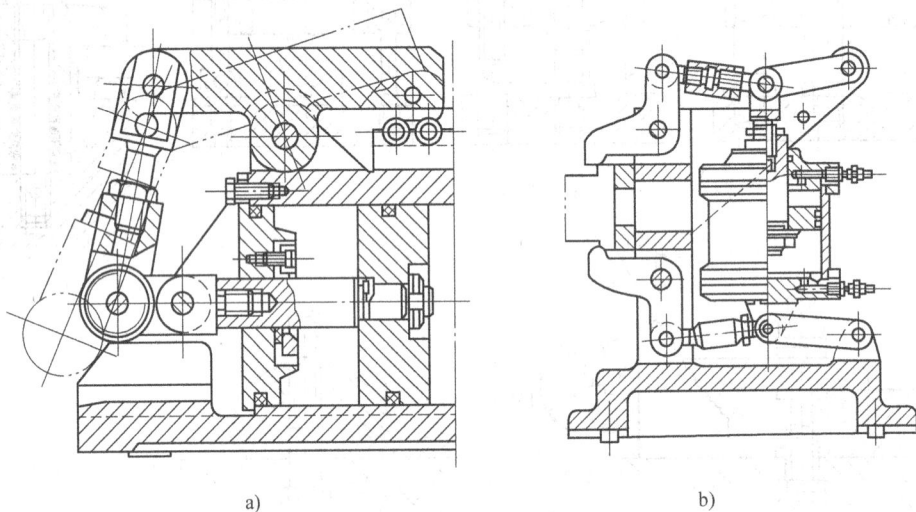

a)　　　　　　　　　b)

图 3-44　铰链夹紧机构

5. 定心夹紧机构

定心夹紧机构是在实现定心作用（定位基准与工序基准重合于机床夹具定位元件的对称轴线或对称中心平面）的同时，又将工件夹紧的机构，如图 3-45 所示。定心夹紧机构中与工件定位基准（基面）相接触的元件，既是定位元件，又是夹紧元件。定心夹紧机构是利用定位夹紧元件的等速移动或均匀弹性变形的方式，来实现工件的定心或对中的机构。

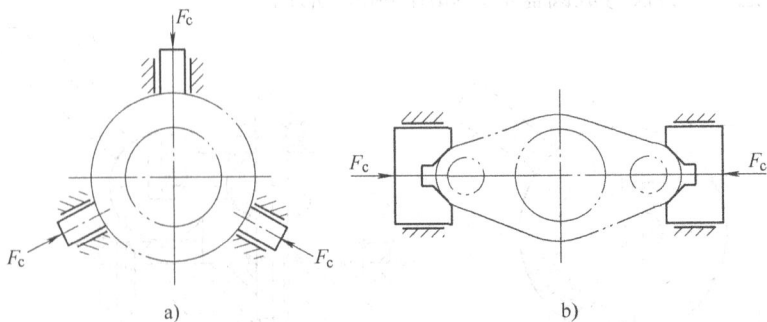

a)　　　　　　　　　b)

图 3-45　几何形状对称工件的定心夹紧机构

定心夹紧机构按其夹紧结构原理可分为机械式定心夹紧机构和弹性变形式定心夹紧机

构；按其夹紧工作原理可分为等速位移定心夹紧机构和均匀弹性变形夹紧机构。

（1）机械式定心夹紧机构 机械式定心夹紧机构是利用斜楔、螺旋、偏心轮、齿轮和齿条等刚性传动件，使定位夹紧元件作等速位移来实现定心夹紧。一般常见的有自定心卡盘、齿轮式偏心机构、锥面定心夹紧心轴、螺旋定心夹紧机构等。

1）螺旋等速位移定心夹紧机构。图 3-46 所示为等速螺旋双移动 V 形块式定心夹紧机构。工件装在两个可左右移动的 V 形块钳口 2 和 3 之间，V 形块的移动由具有左、右旋的螺杆 1 操纵。螺杆 1 的中部支承在叉形支架 4 上，支架用螺钉固定在夹具体上。借助钳口对中调整螺钉 5 和 6 可调节支架 4 的位置，以保证两个 V 形块钳口的对中性。

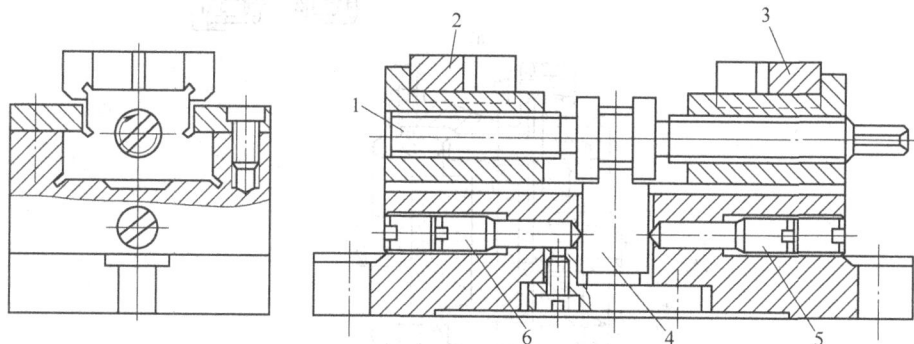

图 3-46 螺旋双移动 V 形块式定心夹紧机构
1—螺杆 2、3—V 形块钳口 4—叉形支架 5、6—钳口对中调整螺钉

该定心夹紧机构结构简单，工作行程较长，通用性好，但定心精度不高。

2）锥面双移动定心夹紧机构。图 3-47 所示为锥面定心夹紧心轴夹紧机构。它是利用调整螺母使锥度心轴和锥套左右等速位移，推动滑块同时径向伸缩移动来夹紧或松开工件的。

（2）弹性变形式定心夹紧机构

1）膜片式弹性定心夹紧机构。膜片式弹性定心夹紧机构是利用薄壁弹性元件受力后产生的均匀变形，而使工件定位和夹紧的机构。图 3-48a 所示为磨削圆柱齿轮内孔的一种弹性膜片定心卡盘。当气缸操纵推杆向右推压在弹性膜片中部而变形时，卡爪就略微径向张开而将滚柱松开，此时可装入或卸下被磨削的齿轮。被磨削的齿轮被环的圆周

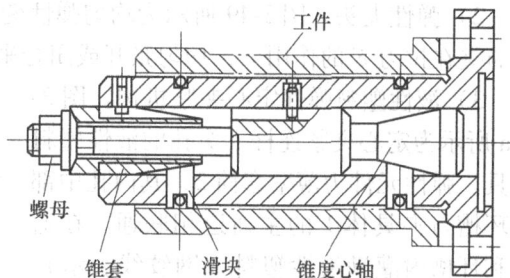

图 3-47 锥面定心夹紧心轴

上装有的 3～6 个滚柱套在齿槽内，一同装于卡盘的 3～6 个卡爪内，工件齿圈端面靠在环的端面上。当推杆向左后退时，卡盘的弹性膜片因弹性恢复使卡爪收拢，卡爪通过滚柱定心夹紧被磨削齿轮。这种弹性变形式定心夹紧机构的优点是定心精度高，可保证定心精度为0.005～0.01mm，操作简便，生产率高；但它的缺点是夹紧力较小，因此多用于精加工，例如热处理后磨削圆柱齿轮内孔等。

磨套圈内孔的弹性膜片定心卡盘如图 3-48b 所示。其工作原理与图 3-48a 相似。

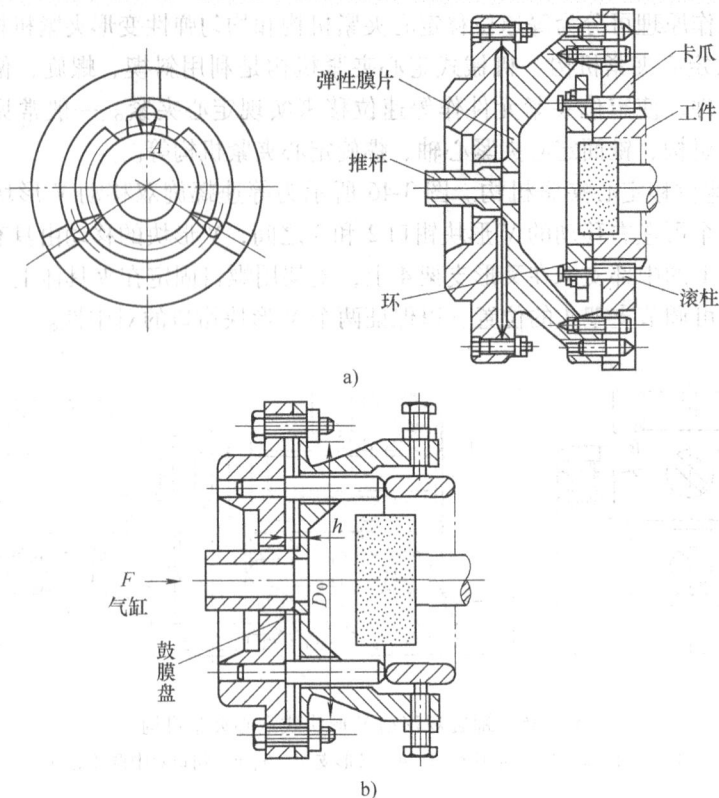

图 3-48 膜片式弹性定心卡盘

a) 磨齿轮弹性膜片定心卡盘　b) 磨套圈内孔卡盘

2）弹性夹头。图 3-49 所示为均匀弹性变形夹紧机构。它是利用带有轴向开口的锥形弹性筒夹在拉力 F 的作用下，均匀张开或闭合来实现工件的松开或定心夹紧的。

3）液性塑料弹性定心夹紧机构。图 3-50a 所示为定心夹紧连杆大头孔的液性塑料夹具。弹性元件为薄壁套筒 2，其内孔中部的环槽与夹具体 1 的主通道相联通。在通道和环槽内灌满液性塑料（网纹线表示）。手动拧紧加压螺钉 3，使螺钉头部的柱塞对腔内的液性塑料施加压力，迫使薄壁套筒 2 产生均匀的径向弹性变形，将工件内孔胀紧而定心夹紧。这个夹具在大批大量生产时，利用气缸操纵柱塞移动来实现对腔内的液性塑料施加压力而将工件定心夹紧。

液性塑料在常温下是一种半透明的冻胶状物质，具有一定的弹性和流动性，物理性

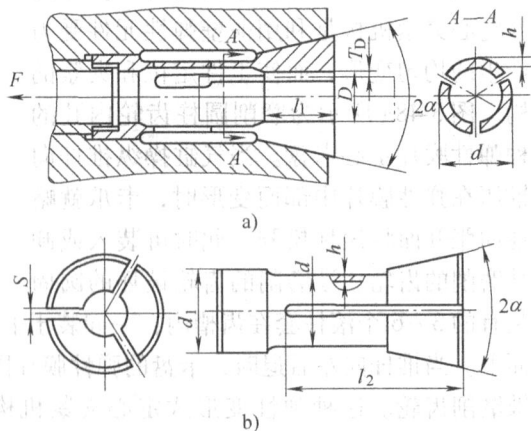

图 3-49 弹性夹头

a) 弹性夹头结构　b) 弹性筒夹

能稳定，因此能将所承受的压力均匀地传递至套筒的薄壁上，使之产生均匀的径向弹性变形。

由于受到薄壁套筒变形量的限制，胀开尺寸范围较小，因此定位内孔应经精加工。该机构定心夹紧可靠，定心精度高，一般可保证定心精度为 0.01 ~ 0.02mm，适用于精加工工序。

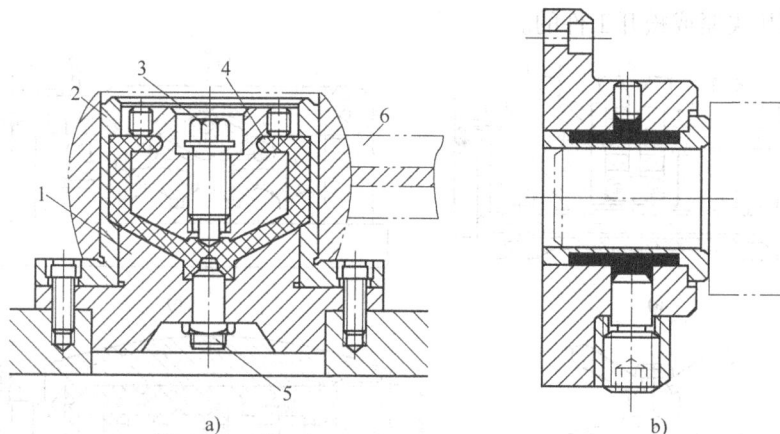

图 3-50 液性塑料弹性定心夹紧机构

1—夹具体 2—薄壁套筒 3—加压螺钉 4—液性塑料 5—定程螺钉 6—连杆

6. 联动夹紧机构

在工件的装夹过程中，有时需要夹具同时有几个点对工件进行夹紧；有时则需要同时夹紧几个工件；而有些夹具除了夹紧动作外，还需要松开或锁紧辅助支承等，这时为了提高生产率，减少工件装夹时间，可以采用各种联动机构。下面介绍一些常见的联动夹紧机构。

（1）单件联动夹紧机构 单件联动夹紧机构的夹紧力作用点有两点、三点或多至四点，夹紧力的方向可以相同、相反、相互垂直或交叉。图 3-51a 所示的两个夹紧力 F_z 与 F_x 互相垂直，拧紧手柄可在右侧面和顶面同时夹紧工件；图 3-51b 所示两个夹紧力 F_z 方向相同，拧紧右边螺母，通过螺杆带动平衡杠杆即能使两幅压板均匀地同时夹紧工件。

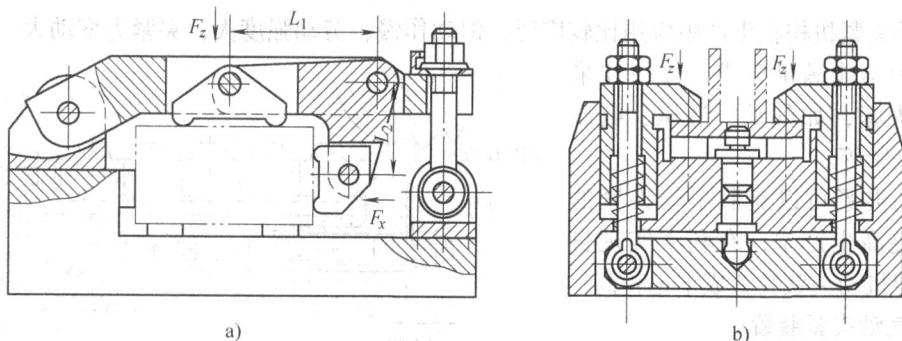

图 3-51 单件联动夹紧机构

F_x、F_z—夹紧力

（2）多件联动夹紧机构

1）平行式多件联动夹紧机构。如图 3-52a 所示，通过左方螺母的紧固或松开，使联动机构压板将多个工件平行夹紧或松开；如图 3-52b 所示，采用带有三个浮动环节的压板结构，当右方压板左端下压时，使浮动压板同时等力地夹紧工件。如图 3-52c 所示，当中间手柄扳动螺母时，松开或压紧压板，再通过两端的浮动压板将 4 个工件同时松开或压紧；图 3-52d 所示为液性塑料平行多件联动夹紧机构，它是由左端螺塞的调整对液性塑料施压或减压，再通过压块夹紧或松开工件的。

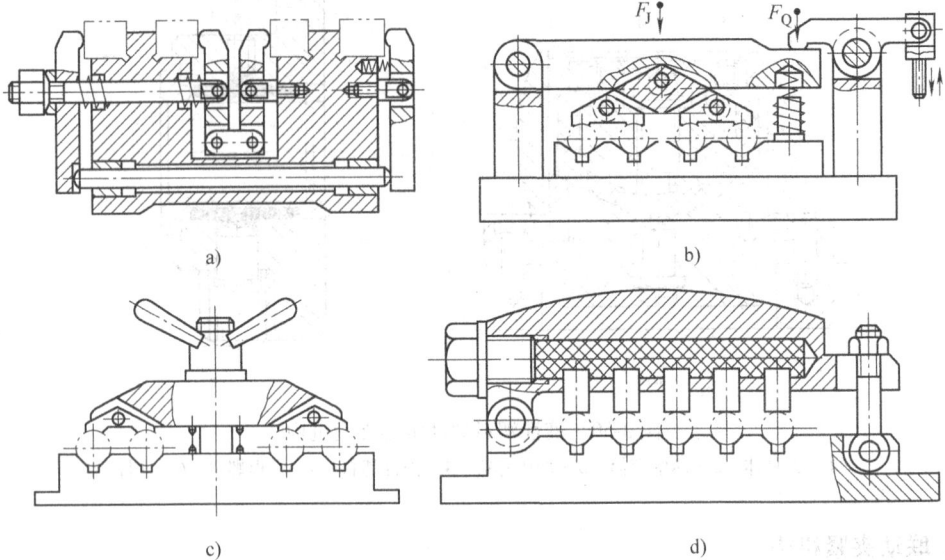

图 3-52 平行式多件联动夹紧机构

2）顺序式多件联动夹紧机构。如图 3-53 所示，夹紧时拧紧左端的螺母，推动钩形压板，将多个工件顺序夹紧。这种顺序多件夹紧，由于工件沿夹紧方向存在尺寸误差累积，因此适用于工件加工表面与夹紧方向相平行的场合。

三、夹紧机构的动力装置

手动夹紧机构在生产中应用比较广泛，但动作慢，劳动强度大，夹紧力变动大。在大批量生产中不能满足要求，故往往采用机动夹紧，如气动、液压、电磁和真空夹紧等。

机动夹紧可以克服手动夹紧的缺点，提高生产率，有利于实现自动化；但机动夹紧装置成本也较高。

1. 气动夹紧装置

采用压缩空气作为夹紧装置的动力源。压缩空气具有粘度小、无污染、传送分配方便的优点；缺点

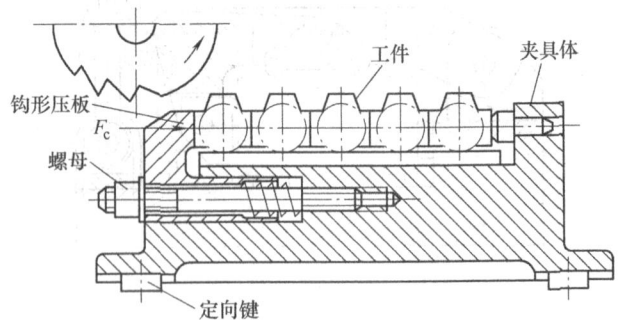

图 3-53 顺序式多件联动夹紧机构

是夹紧比液压夹紧力小，一般压缩空气工作压力为 0.4 ~ 0.6MPa，结构尺寸较大，有排气噪声。典型的气压夹紧供气传动系统，如图 3-54 所示。

活塞式气缸按工作状态分为单向作用和双向作用气缸，其中双向作用活塞式气缸应用较广泛。

固定式气压缸和固定式液压缸结构类似，只是工作介质不同而已。图 3-55 所示结构为一个固定式双向作用活塞式气缸。它可作为车床、铣床、钻床、冲床等机床夹具的动力装置。

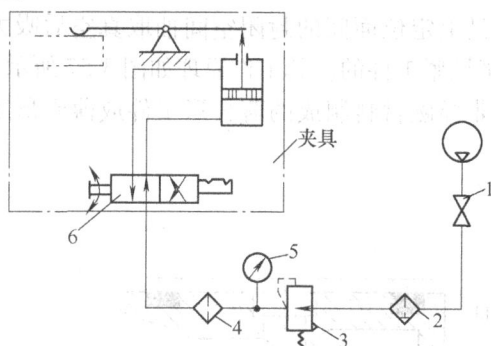

图 3-54　气动夹紧供气传动系统

1—气源开关　2—空气过滤器　3—调压阀
4—油雾器　5—压力计　6—换向阀

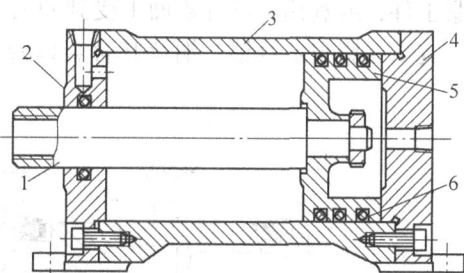

图 3-55　固定式双向作用活塞式气缸

1—活塞杆　2—前端盖　3—气缸体
4—后端盖　5—活塞　6—密封圈

2. 液压夹紧装置

其工作原理和结构与气动夹紧装置基本相似，但与气动夹紧装置相比具有以下优点：

1）压力油工作压力比气压大，可达 6MPa，是气压的 10 倍。因此，液压缸尺寸小，不需增力机构，夹紧装置紧凑。

2）压力油具有不可压缩性，故夹紧装置刚度大，工作平稳。

3）液压夹紧装置噪声小。其缺点是需要有一套供油装置，成本要相对较高。故适用于具有液压传动系统的机床和切削力较大的场合。

3. 气-液联合夹紧装置

它是利用压缩空气为动力，油液为传动介质，兼有气动和液压夹紧装置的优点。图 3-56 所示的气-液增压器，是将压缩空气的动力转换成较高压力的液压，供应夹具的夹紧液压缸。

气-液增压器工作原理：

1）当三位五通阀由手柄拧到预夹紧位置时，压缩空气进入左气室 B，活塞 1 右移，将 b 油室的油经 a 室压至夹紧液压缸下端，推动活塞 3 来预夹紧工件。因 D 和 D_1 相差不大，故压力油的压力 p_1 稍大于压缩空气压力 p_0。但由于 $D_1 > D_0$，故左气缸会将 b 室的油大量压入夹紧液压缸，实现快速预夹紧。

2）当控制阀手柄拧到高压夹紧位置，压缩空气进入右气缸 C 室，推动活塞 2 左移，a、b 两室隔断。由于 D 远大于 D_2，使 a 室压力增大许多，推动活塞 3 加大夹紧力，实现高压夹紧。

3）当把手柄拧到放松位置时，压缩空气进

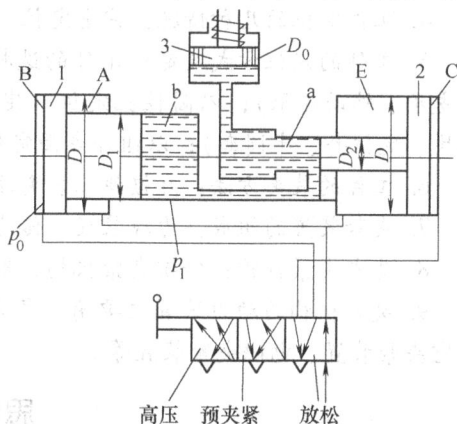

图 3-56　气-液增压器

1、2、3—活塞

入左气缸的 A 室和右气缸的 E 室，活塞 1 左移而活塞 2 右移，a、b 两室联通，a 室油压降低，夹紧液压缸的活塞 3 在弹簧作用下复位，放松工件。

4. 其他动力装置

（1）真空夹紧　它是利用工件上基准面与夹具上定位面间的封闭空间抽取真空后吸力吸紧工件，或利用工件外表面上受到的大气压力来压紧工件的。其工作原理如图 3-57 所示。

真空夹紧很适合铝、铜及其合金以及塑料等非导磁材料制成的薄板形工件或薄壳形工件。

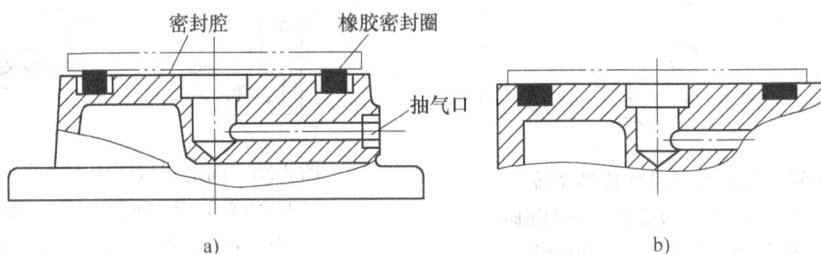

图 3-57　真空夹紧原理图
a）未夹紧状态　b）夹紧状态

（2）电磁夹紧　如平面磨床上的电磁吸盘，当线圈中通上直流电后，其铁心就会产生磁场，在磁场力的作用下将导磁性工件夹紧在吸盘上。

本 章 小 结

1. 基准的分类：设计基准、工艺基准（工序基准、定位基准、测量基准、装配基准）。
2. 六点定位原理。
3. 工件正确定位应限制的自由度由其加工要求和工序基准的形式决定。
4. 工件定位的几种情况：完全定位、不完全定位、欠定位、过定位。
5. 工件的定位方式及定位元件的选择：以平面定位（支承钉、支承板、可调支承、自位支承、辅助支承）；以圆柱孔定位（定位销、定位心轴、圆锥销）；以外圆柱面定位（V 形块、定位套、半圆套）；以组合表面定位。
6. 工件的装夹方法：直接找正装夹法、划线找正装夹法、夹具装夹法。
7. 夹紧装置的组成：力源装置、传力机构、执行元件。
8. 基本夹紧机构：斜楔夹紧机构、螺旋夹紧机构、偏心夹紧机构。
9. 夹紧机构的动力装置主要有：气动夹紧装置、液压夹紧装置、气-液联合夹紧装置、真空夹紧装置、电磁夹紧装置等。

思考与练习题

一、名词术语解释

定位，夹紧，装夹，设计基准，工艺基准，工序基准，定位基准，测量基准，装配基准，六点定位原理，第一自由度，完全定位，不完全定位，欠定位，过定位。

二、单项选择题

1. 工件采用心轴定位时，定位基准面是（　　）。

　A. 心轴外圆柱面　　　B. 工件内圆柱面　　　C. 心轴中心线　　　D. 工件孔中心线

2. 在平面磨床上磨削平面时，要求被加工平面与底平面之间的尺寸精度和平行度，这时应限制（　　）个自由度。

　A. 五　　　　　　　　B. 四　　　　　　　　C. 三　　　　　　　　D. 二

3. 工件以外圆柱面在长 V 形块上定位时，限制了工件（　　）个自由度。

　A. 六　　　　　　　　B. 五　　　　　　　　C. 四　　　　　　　　D. 三

4. 工件加工时，其定位的目的在于确定（　　）基准的位置。

　A. 设计　　　　　　　B. 工序　　　　　　　C. 测量　　　　　　　D. 定位

5. 定位基准是指（　　）。

　A. 机床上的某些点、线、面　　　　　　　　B. 夹具上的某些点、线、面

　C. 工件上的某些点、线、面　　　　　　　　D. 刀具上的某些点、线、面

6. 自位支承通过增加与工件的接触点数，提高装夹的刚度和稳定性，其（　　）。

　A. 不起定位作用　　　　　　　　　　　　　B. 限制一个自由度

　C. 限制两个自由度　　　　　　　　　　　　D. 限制三个自由度

7. 工件定位中自由度少于六个，但又能满足加工精度要求的定位称为（　　）。

　A. 完全定位　　　　　　B. 不完全定位　　　　C. 欠定位　　　　D. 过定位

8. 下列陈述错误的是（　　）。

　A. 加工所要求限制的自由度没有被限制是欠定位，欠定位是不允许的。

　B. 欠定位和过定位可能同时存在。

　C. 如果工件的定位面精度较高，夹具的定位元件的精度也很高，过定位是可以允许的。

　D. 当定位元件所限制的自由度数大于六个时，才会出现过定位。

三、简述题

1. 可调支承、自位支承和辅助支承各有何特点？使用辅助支承和可调支承时应注意哪些问题？

2. 试举例说明消除或减少过定位现象的方法与改进措施。

3. 夹紧和定位有何区别？试述夹具夹紧装置的组成和要求。

4. 加工工件时，夹紧力的作用点、方向、大小需要注意哪些问题？

5. 工件在夹具中的定位方式及其定位元件各有哪些？

6. 常用典型夹紧机构有哪些类型？

7. 夹紧机构的动力装置主要有哪些？试述其各自的工作特点。

第四章

机械加工质量

【学习目标】

1. 掌握零件机械加工精度包括的内容。
2. 了解零件机械加工误差的主要影响因素及应对措施。
3. 了解零件机械加工表面质量的形成及其影响因素和应对措施。
4. 了解表面质量对机器零件使用性能的影响及应对措施。

第一节　机械加工精度及其内容

影响汽车产品质量的主要因素包括：零件的材料、零件的加工制造、产品的装配与调试等，其中，汽车零件加工质量是影响汽车产品工作性能、使用寿命和可靠性等的重要质量指标，是保证产品质量的基础。任何机械产品的质量总是与组成产品的零件加工质量和产品的装配质量直接相关。

零件加工质量有两大指标：一是机械加工精度，二是机械加工表面质量。

一、机械加工精度的概念

1. 加工精度

机械加工精度简称加工精度。

加工精度是指零件加工后的实际几何参数（尺寸、形状、表面间的相对位置）与理想几何参数相符合的程度。符合程度越高，加工精度就越高，反之则越低。

2. 加工误差

加工误差是指加工过程中由于各种因素的影响，加工后的零件实际几何参数与理想的几何参数之间的差异。加工误差的大小反映了加工精度的高低。误差越大加工精度越低，反之精度越高，但相对加工成本也高，生产效率相对较低。

从零件功能看，只要加工误差在零件图要求的公差范围内，则认为保证了加工精度，产品便是合格的。因此，应合理地设计零件加工精度，根据加工精度制订合适的加工工艺方法。

二、加工精度的具体内容

加工精度包括：尺寸精度和几何精度两个方面。

1. 尺寸精度

尺寸精度是指加工后零件表面本身（如直径、长度）或表面之间相对位置（如表面间的距离）的实际尺寸与理想零件尺寸之间的符合程度。它是以国家标准规定的尺寸精度等级对应的尺寸公差来体现的。理想零件尺寸是指零件图上标注尺寸的中间值。

2. 几何精度

几何精度是指加工零件表面本身的实际形状和表面间的相互位置、方向与理想零件的表面形状和零件各表面间位置、方向相符合的程度。它是对零件形状和位置所作的精度要求，一般用几何公差来表达。我国国家标准以直线度、平行度、圆度、圆柱度、线轮廓度、面轮廓度、平行度、垂直度、同轴度、对称度、位置度、圆跳动、全跳动等项目公差来衡量零件几何精度的高低。

第二节　影响机械加工精度的主要因素

在机械加工中，零件的尺寸、形状和位置的形成，取决于工件与刀具在切削过程中的相互位置关系，而工件和刀具又安装在夹具和机床上。因此，在机械加工中，机床、夹具、刀具和工件就构成一个完整的系统，称之为工艺系统。

加工精度涉及整个工艺系统的精度问题，而工艺系统中的种种误差，在不同具体条件下，必然以不同的程度反映为工件的加工误差。

工艺系统中的误差是产生零件加工误差的根源，因此，把工艺系统误差称为原始误差。原始误差主要来源于两个方面：一是工艺系统本身的误差，包括机床、夹具、刀具的制造误差，工件的装夹、定位、对刀误差等；二是加工过程中出现的载荷和各种干扰，包括工艺系统的受力变形、热变形、振动、磨损等引起的加工误差。

一、机床误差

加工中，刀具相对于工件的成形运动，通常都是通过机床完成的。工件的加工精度在很大程度上取决于机床的精度。机床制造误差中，对工件加工精度影响较大的有安装误差和使用过程中的磨损，主要包括：主轴的回转运动误差、机床导轨直线度误差和机床传动链传动误差等。

1. 主轴误差

机床主轴是工件或刀具的位置基准和运动基准，它的圆度误差和回转运动误差直接影响到工件的加工精度。对主轴的精度要求，最主要的就是在运转时能保持轴线在空间的位置稳定不变，即保持高的回转精度。

（1）主轴回转运动误差　实际加工过程中，主轴回转轴线的位置，在每一个瞬时都是变动的，即存在运动误差。主轴回转轴线运动误差表现为三种形式：径向圆跳动误差，轴向窜动误差和角度摆动误差，如图4-1所示。不同形式的主轴运动误差对加工精度影响不同，同一形式的主轴运动误差在不同的加工方式中对加工精度的影响也不一样。

1）径向圆跳动误差。其是指主轴回转轴线相对于平均回转轴线的变动量，车外圆时它使加工面产生圆度和圆柱度误差，如图4-1a所示。

产生主轴径向回转误差的主要原因有：主轴几段轴颈的同轴度误差、轴承本身的各种误差、轴承之间的同轴度误差、主轴挠度等。而它们对主轴径向回转精度的影响大小随加工方式的不同而不同。

2）轴向窜动误差。其是指主轴回转轴线沿平均回转轴线方向的变动量。车端面时，它使工件端面产生垂直度、平面度误差，如图 4-1b 所示。

产生轴向窜动的主要原因是主轴轴肩端面和推力轴承承载端面对主轴回转轴线有垂直度误差。

3）角度摆动误差。其是指主轴回转轴线相对平均回转轴线成一倾斜角度的运动。车削时，它使加工表面产生圆柱度误差和端面的形状误差，如图 4-1c 所示。

不同的加工方法，主轴回转误差所引起的加工误差也不同。在车床上加工外圆和内孔时，主轴径向圆跳动误差可以引起工件的圆度和圆柱度误差，但对加工工件端面则无直接影响。主轴轴向窜动误差对加工外圆和内孔的影响不大，但对所加工端面的垂直度及平面度则有较大的影响。

4）应对措施。适当提高主轴及主轴箱的制造精度，选用高精度轴承，提高主轴部件的装配精度；对高速主轴部件进行动平衡校验；对滚动轴承进行预紧等，均可提高机床主轴的回转精度。

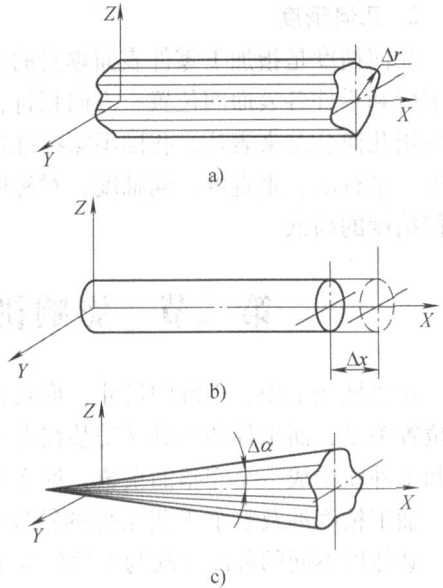

图 4-1 主轴回转误差的三种基本形式
a）径向圆跳动误差 b）轴向窜动误差 c）角度摆动误差

（2）主轴旋转轴线与导轨的平行度误差　如果车床主轴旋转轴线与导轨在水平面内不平行时，工件表面将被加工成圆锥体。如果车床主轴旋转轴线与导轨在垂直面内不平行时，工件将被加工成双曲线回转体。如果出现超差，应对机床进行修理和调整，使之在两个方向上的平行度误差控制在允许的范围内。

2. 导轨误差

床身导轨是确定机床主要部件的相对位置和运动的基准。因此，它的各项误差将直接影响被加工工件的精度。导轨误差分为：导轨在水平面内的误差、导轨在垂直面内的误差、两导轨间的平行度误差。以卧式车床为例说明如下。

（1）导轨在水平面内的直线度误差　如图 4-2 所示，在纵向切削过程中，刀尖在水平面内产生位移 Δy 造成工件在半径方向上的误差 ΔR。此项误差对于卧式车床和外圆磨床，将直接反映在被加工工件表面的法线方向（误差的敏感方向）上，所以对加工精度影响极大（此时 $\Delta R = \Delta y$），使工件产生圆柱度误差（鞍形或鼓形）。

（2）导轨在垂直面内的直线度误差　如图 4-3 所示，在纵向切削中，刀尖产生切向位移 Δz，造成工件在半径方向上产生尺寸误差 ΔR，但其对加工精度影响甚微，可忽略不计。但是对于龙门刨床、龙门铣床及导轨磨床来说，导轨在垂直面内的直线度误差将直接反映到工件上。龙门刨床的工作台为薄长件，刚性较差，

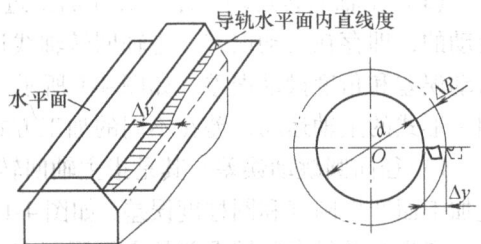

图 4-2 机床导轨在水平面内的直线度误差对加工精度的影响

如果床身导轨出现中凹形，则刨出的工件也是凹形。

（3）两导轨间的平形度误差　此时导轨会发生扭曲。刀尖相对于工件在水平和垂直两个方向上发生偏移，从而影响加工精度。如图4-4所示，设车床中心高为H，导轨宽度为B，则导轨扭曲量δ引起工件半径的变化量为

$$\Delta R \approx \Delta y = \frac{H}{B}\delta$$

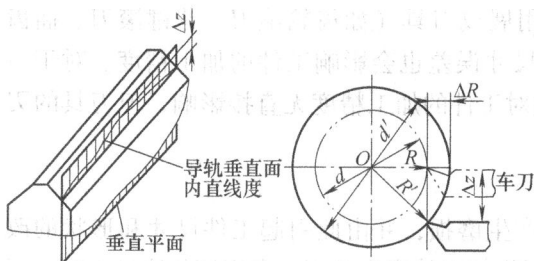

图4-3　机床导轨在垂直面内的直度
　　　误差对加工精度的影响

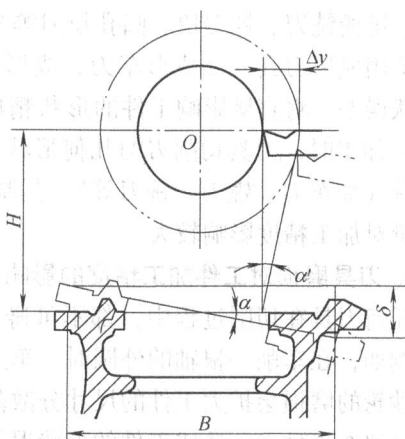

图4-4　机床导轨扭曲对工件形状的影响

一般情况下，车床$H/B \approx 2/3$，外圆磨床$H \approx B$。因此，这项原始误差对加工精度的影响不容忽视。由于δ在纵向不同位置处的值不同，因此加工出的工件产生圆柱度误差（呈鞍形、鼓形或锥度等）。

机床导轨的几何精度，不仅取决于机床制造精度，而且与使用时的磨损及机床的安装状况有很大关系。尤其是对大、重型机床，因导轨刚性较差，床身在自重作用下容易变形，因此，为减少导轨误差对加工精度的影响，可采用提高导轨制造精度，注意机床的安装和调整，提高导轨的耐磨性等措施予以解决。

3. 传动链误差

传动链误差是指传动链始末两端传动元件间相对运动的误差。传动链传动误差，一般不影响圆柱面和平面的加工精度。但在加工工件运动和刀具运动有严格内联系的表面，如车削、磨削螺纹和滚齿、插齿、磨齿时，则是影响加工精度的重要因素。

例如，在车螺纹时，要求主轴与传动丝杠的转速比恒定，即工件转一周，刀具应移动一个导程，这种运动关系是由刀具与工件间的传动链来保证的。由于传动链中各传动元件都有制造误差、装配误差和磨损，会破坏正确的运动关系，使工件产生误差。

由此可见，提高传动链传动精度的主要措施有：

1）减少传动链中的元件数目，缩短传动链，以减少误差来源。

2）采用降速传动。对于螺纹加工机床，机床丝杠的导程应大于工件的导程。对于齿轮加工机床，应使机床蜗轮齿数远大于工件的齿数。

3）提高传动元件特别是末端传动元件的制造精度和装配精度。

4）采用传动误差校正机构以及微机控制的传动误差自动补偿装置等。

二、刀具误差

刀具误差包括其制造和磨损两个方面。

1. 刀具制造误差对工件加工精度的影响

刀具制造误差对加工精度的影响随刀具种类的不同而不同。采用定尺寸刀具（如钻头、铰刀、键槽铣刀、镗刀块、圆孔拉刀等）加工时，刀具的尺寸误差将直接影响工件尺寸精度；采用成形刀具（如成形车刀、成形铣刀、齿轮模数铣刀、成形砂轮等）加工时，刀具的形状误差，将直接影响工件的形状精度；采用展成刀具（如齿轮滚刀、花键滚刀、插齿刀等）加工时，刀具切削刃的几何形状及有关尺寸误差也会影响工件的加工精度。对于一般刀具（如车刀、镗刀、铣刀等），其制造误差对工件的加工精度无直接影响，但刀具的刃磨质量对加工精度影响较大。

2. 刀具磨损对工件加工精度的影响

任何刀具在切削过程中，都不可避免地要产生磨损，并由此引起工件尺寸和形状的改变。例如，在车削一根轴的外圆时，车刀的磨损将使工件产生锥度；在用调整法加工时，刀具或砂轮的磨损会扩大工件的尺寸分散范围；用成形刀具加工时，刀具刃口的不均匀磨损将直接复映在工件上，造成工件的形状误差。刀具磨损引起的加工误差在整个加工误差中占有很大比重。

刀具切削刃在沿加工表面法向（误差敏感方向）的磨损量，称为刀具的尺寸磨损，如图4-5a 中的 NB。刀具在此方向上的磨损对工件加工的尺寸精度、几何精度影响很大。例如车削长轴或镗深孔时，随着切削路程 L 的增长，刀具磨损量则逐渐增加，如图4-5b 所示，就可能使工件出现锥度。用静调整法加工一批工件时，刀具的磨损会扩大工件的尺寸分散范围。

如图4-5b 所示，刀具的磨损过程分为三个阶段：第Ⅰ阶段称为初期磨损阶段，刀具切削路程（L_1）短，切削时间也短，刀具磨损较快；第Ⅱ阶段称为正常磨损阶段，刀具切削路程（L_2）长，切削时间也长，磨损量与切削路程近似成正比，刀具的大部分切削工作在此阶段进行；第Ⅲ阶段称为急剧磨损阶段，刀具磨损迅速，将在很短的时间内损坏。

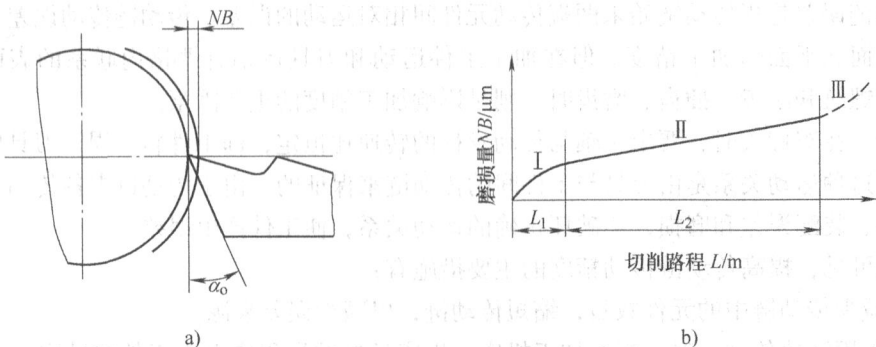

图4-5　刀具的磨损

a) 刀具的尺寸磨损　b) 刀具的磨损过程

为减少刀具误差对加工精度的影响，除合理规定尺寸刀具和成形刀具的制造公差外，还应根据工件的材料和加工要求，正确选择刀具材料、切削用量、冷却润滑，并正确刃磨刀具，必要时还可对刀具的尺寸磨损进行补偿。

三、工艺系统的受力变形及其对加工精度的影响

由机床、夹具、工件、刀具所组成的工艺系统是一个弹性系统，在加工过程中由于切削力、传动力、惯性力、夹紧力以及重力的作用，会产生弹性变形，从而破坏了刀具与工件之间的准确位置，产生加工误差。

切削过程中，工艺系统的刚度随切削力着力点位置的变化而变化，引起系统变形的差异，使零件产生加工误差。

1. 机床刚度及其对加工精度的影响

机床刚度取决于机床各有关零部件的刚度，零部件的刚度又与其结构尺寸和制造、装配质量有关。如零件间接触面积大小的接触刚度、零件连接松紧程度的连接刚度、薄弱零件的刚度、零件间的间隙等，都是影响机床刚度的主要因素。

如车床刚度较差，当在车床上用两顶尖顶住粗而短的光轴进行车削时，由于工件刚度相对较大，故在切削力作用下，尾座刚度较小而"让刀"变形大，切削薄；但主轴箱刚度相对大变形小，切削厚。所有工件会产生双曲线圆柱度误差，加工后的工件形状为鞍形，如图 4-6 所示。

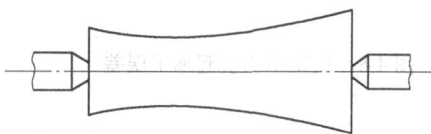

图 4-6 机床刚度对工件几何形状精度的影响

2. 工件刚度及其对加工精度的影响

工件刚度及其受力变形与工件本身的几何形状、尺寸、装夹方式有关。

（1）工件在两顶尖间装夹车削相对细长光轴时的影响 在切削力的作用下，工件因弯曲变形而出现"让刀"现象。随着刀具的进给，在工件的全长上切削深度将会由多变少，然后再由少变多，结果使零件产生腰鼓形，如图 4-7a 所示。

（2）工件在卡盘中悬臂装夹车削时的影响 随着悬臂末端到卡盘长度的逐渐变短，"让刀"切削厚度由小逐渐增大，加工后工件形状将呈喇叭形，如图 4-7b 所示。

（3）工件装夹在卡盘上并用后顶尖顶住车削时的影响 因工件在卡盘端的刚度大于在顶尖端的刚度，加工后的工件呈"鸡腿形"，如图 4-7c 所示。

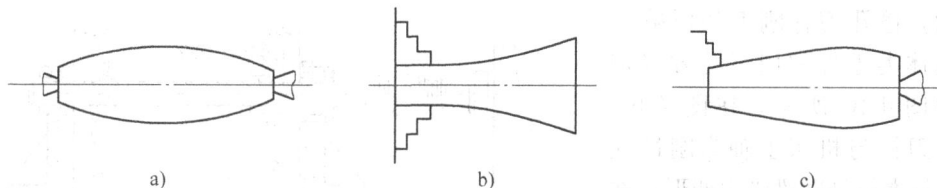

图 4-7 工具刚度对工件加工精度的影响
a）工件在两顶尖间装夹 b）工件悬臂装夹 c）工件—端夹—端顶

3. 夹紧力引起的加工误差

（1）夹紧力作用点和方向不当引起的误差 工件在安装时，由于工件刚度较低或夹紧

力作用点和方向不当，会引起工件产生相应的变形，造成加工误差。图 4-8 所示为加工连杆大端孔的安装示意图，由于夹紧力作用点不当，造成加工后两孔中心线不平行及其与定位端面不垂直。

（2）薄壁件夹紧变形引起的误差　对于薄壁筒形工件，其径向刚度很差，当被夹紧在机床夹具中时，在径向夹紧力的作用下，工件会发生变形，它对加工精度的影响甚大。图 4-9 所示为自定心卡盘装夹薄壁套筒形工件的情况。图 4-9a 所示为三点夹紧后的工件形状；图 4-9b 所示为将工件加工完毕后的形状；图 4-9c 所示为工件卸下后夹紧变形恢复的形状，这时已加工孔的形状产生了圆度和圆柱度误差。

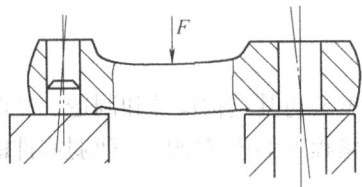

图 4-8　夹紧不当引起加工误差

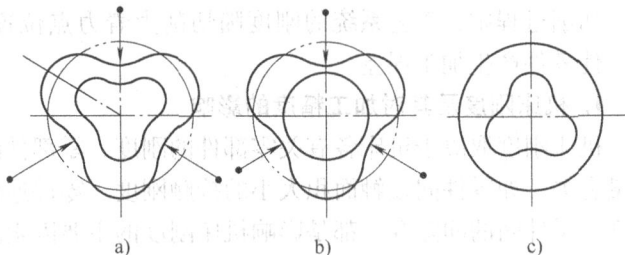

图 4-9　薄壁件夹紧变形引起的误差

因此，加工如气缸套、活塞等薄壁零件时，夹紧力应在工件圆周上均匀分布，如采用液性塑料夹具，或者将夹紧力作用于刚性较强的轴向位置处。

4. 刀具刚度及其对加工精度的影响

一般刀具，如外圆车刀、面铣刀等，其本身在误差敏感方向的刚度很大，这类刀具的受力变形对加工精度影响很小。但钻孔、镗孔、磨内孔时的刀具和刀杆刚度则对孔加工精度影响较大。

（1）钻孔刀具刚度的影响　钻头的径向刚度很低，钻孔时钻头受力后易引起轴线弯曲、偏斜，将导致被加工孔的尺寸、形状、相互位置产生误差。

（2）镗孔刀杆刚度的影响　汽车箱体类零件常用镗孔方式加工，如图 4-10 所示。在图 4-10a中，镗刀杆与机床主轴为刚性连接，镗杆类似悬臂梁受力变形；在图 4-10b 中，镗刀杆与机床主轴也为刚性连接，但采用了后导向装置，当镗刀杆较长时，在镗孔附近得到支承，缩短了悬臂长度，提高了镗刀杆刚度；在图 4-10c 中，镗

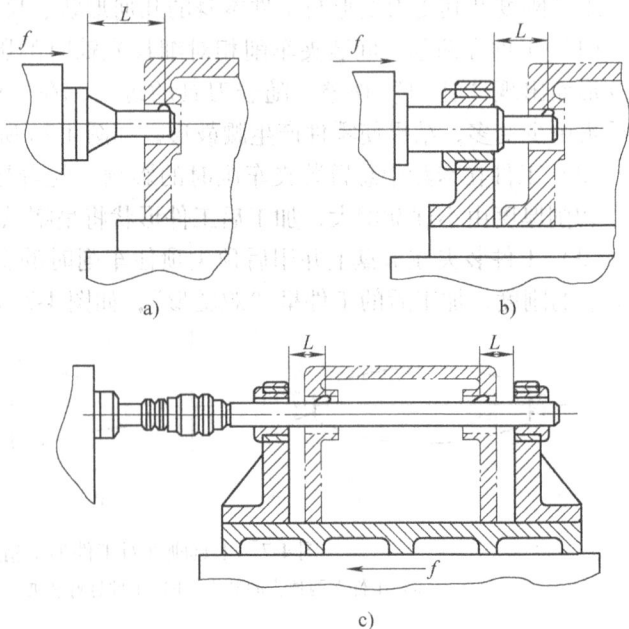

图 4-10　不同的镗孔方式
a）镗刀杆无导向　b）镗刀杆后导向　c）镗刀杆前、后双导向

刀杆与机床主轴为浮动（柔性）连接，采用前、后双导向装置，镗刀杆属支承在两个支点上的梁的受力形式。

上述三种镗孔方式对镗孔误差的影响各不相同，一般情况下，悬臂梁式镗孔比有导向和前、后双导向装置的镗孔误差影响要大些。

在镗孔过程中，不同的镗孔方式因镗刀杆受力变形引起的误差也不同。对于图 4-10a 所示的镗孔方式，镗刀杆悬伸长度 L 不变，刀尖因镗刀杆受力变形产生的位移在孔的全长上是相等的，镗刀杆的受力变形只影响孔的尺寸精度，而不影响轴向形状精度；对于图 4-10b、c 所示的镗孔方式，镗刀杆的悬伸长度 L（图 4-10b）或刀尖至支承点间的距离 L（图 4-10c）是变化的，镗刀杆的受力变形也随之而变，镗刀杆受力变形对孔的尺寸精度和轴向形状精度都有影响（孔呈喇叭形）。但由于采用了导向支承，产生的误差较小。

（3）磨内孔刀杆刚度的影响　内孔磨削加工中，直径较小的深长孔，磨刀杆直径受到限制，加之悬臂长度较长，在磨削力的作用下，会使内孔在轴向产生锥度误差，如图 4-11 所示。因此，应尽量避免长径比较大的深长孔尤其是盲孔采用磨削方法来达到其加工精度。

5. 复映误差

复映误差是指毛坯加工余量不均，材料硬度变化导致切削力大小变化而引起的加工误差。

如图 4-12 所示，工件的毛坯外形虽然具有粗略的零件形状，但它在尺寸、形状以及表面层材料硬度均匀性上都有较大的误差。毛坯的这些误差在加工时使切削深度不断发生变化，从而导致切削力的变化，进而引起工艺系统产生相应的变形，使得零件在加工后还保留与毛坯表面类似的形状或尺寸误差。当然工件表面残留的误差比毛坯表面误差要小得多，这种现象称为"误差复映规律"，所引起的加工误差称为"复映误差"。

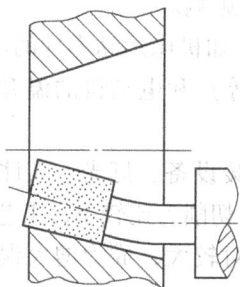

图 4-11　悬臂磨长内孔　　　　图 4-12　毛坯形状误差的复映

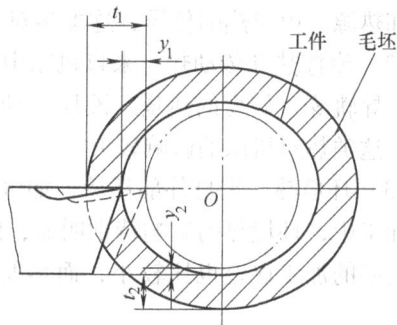

6. 控制工艺系统受力变形的主要措施

控制工艺系统受力变形的主要措施有：减小切削用量，补偿工艺系统有关部件的受力变形，提高工艺系统刚度等。减小切削用量是一种比较消极的办法，补偿受力变形也往往由于结构限制或加工调整过于复杂而受到限制。根本的解决办法是提高工艺系统的刚度，特别是提高工艺系统中薄弱环节的刚度。

（1）提高工件加工时的刚度

1）对薄壁套类零件的加工，可采用另加刚性开口夹紧环或改用端面轴向夹紧等措施，如图4-13所示。

2）对细长轴类零件的车削加工，可采用中心架、跟刀架或前后支承架等措施。

3）对工件薄弱部分增加辅助支承。

（2）提高刀具加工时的刚度　在加工过程中，为了提高刀具的刚度，除从刀具材料、结构和热处理等方面采取相应措施外，还可采用以下措施：

1）钻孔加工时采用钻套提高钻头的导向刚度。

2）镗孔时，镗杆直径往往受到加工孔径的限制而使之刚度明显降低。为此，可采用导向支承或专用镗模以提高镗刀的刚度；还可采用具有对称刃口的镗刀块代替单头切削刃，以提高镗刀杆在加工时的刚度，如采用浮动镗刀。

（3）提高机床和夹具的刚度　在机械加工中使用的机床和夹具，由较多数量的零件组成，提高它们的刚度除了提高其组成零件本身的刚度外，还应着重提高各有关组成零件的接触面刚度和连接刚度。

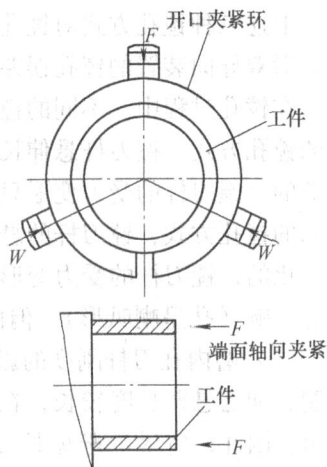

图4-13　提高薄壁零件加工刚度的措施

四、工艺系统的热变形及其对加工精度的影响

机械加工过程中，工艺系统要产生热量。工艺系统受热而引起的变形，称为热变形。

1. 工艺系统的热源

工艺系统的热源主要有内部热源和外部热源两大类，可分为以下三个方面：

（1）切削热　来自切削过程中被加工材料塑性变形以及前后刀面摩擦而转变成的热量，属内部热源。由于热的传导，这类热对工件和刀具有较大的影响。

（2）摩擦热和传动热　来自机床中各运动副和动力源，如机床运动零件的摩擦（齿轮、轴承、导轨等）转变的热量，液压传动（液压泵、液压缸等）和电动机的温升等，属外部热源。这类热对机床的影响较大。

（3）环境热　来自外部环境，如气温、阳光辐射、取暖设备、灯光、人体等。在各种精密加工中，环境热的影响特别明显，因为在这种情况下，切削力比较小，工艺系统刚度不足所引起的加工误差也比较小，而热变形引起的误差则相对较大，成为增大误差的主要因素。

机械加工中，工艺系统会在各种热源作用下产生一定的热变形。由于工艺系统热源分布的不均匀性以及各环节结构和材料的不同，使工艺系统各部分所产生的热变形既复杂又不均匀，从而破坏了刀具与工件之间正确的相对位置关系和相对运动关系。

工艺系统热变形对精加工影响较大。据统计，在精加工中，由于热变形引起的加工误差占总加工误差的40%~70%；在大型零件加工中，热变形对加工精度的影响也十分明显；在自动化加工中，热变形导致加工精度不断变化。

2. 工件均匀受热

工件的热变形是由切削热引起的，热变形的情况与加工方法和受热是否均匀有关，在车、磨外圆时工件均匀受热而产生热伸长，冷却后收缩，产生尺寸或形状误差。

当工件能够自由伸长时，工件的热变形主要影响尺寸精度，否则工件还会产生圆柱度误差，加工螺纹时产生螺距误差。

3. 工件不均匀受热

当工件进行铣、刨、磨等平面的加工时，工件单侧受热，上下表面温升不等，从而导致工件向上凸起，中间切去的材料较多，冷却后被加工表面呈凹形，造成形状误差，如图4-14所示。

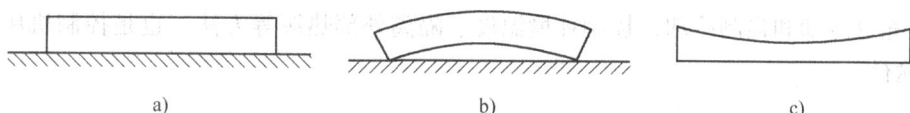

图4-14 工件不均匀受热时的变形
a）磨削前的薄板工件 b）磨削时热膨胀形状 c）磨削后薄板工件上平面形状

为了减少工件的热变形，主要采取以下措施：

1）采用有效的冷却措施，例如在切削区给以充足的切削液。

2）提高切削速度，使大部分切削热量来不及传给工件，而是被切屑带走。

3）在接近零件尺寸要求之时，减小吃刀量；粗、精加工分开，减少切削热和磨削热。

4）对某些加工方法，夹紧工件时，考虑对其热变形伸长受阻而被顶弯进行补偿。如在外圆磨床磨削轴类零件时，采用弹性顶尖等。

4. 刀具热变形

使刀具产生热变形的热源主要也是切削热，尽管这部分热量很小（占总热量的3%～5%），但因刀具体积小，热容量小，因此刀具的工作表面易被加热到很高的温度。

加工大型零件，刀具热变形往往造成几何形状误差。如车削长轴时，可能由于刀具热伸长而产生锥体。

减少刀具热变形对加工精度的影响的措施有：减小刀具伸出长度，改善散热条件，改进刀具角度以减小切削热，合理选用切削用量以及加工时加切削液使刀具得到充分冷却等。

5. 机床热变形

不同类型的机床因其结构与工作条件的差异而使热源和变形形式各不相同。磨床的热变形对加工精度影响较大，一般外圆磨床的主要热源是砂轮主轴的摩擦热及液压系统的发热；而车、铣、钻、镗等机床的主要热源则是主轴箱。主轴箱轴承、齿轮的摩擦热以及主轴箱中油的发热导致主轴箱及与它相连部分的床身温度升高而产生热变形，主轴会升高，水平方向会产生位移。图4-15所示为车床受热变形示意图。

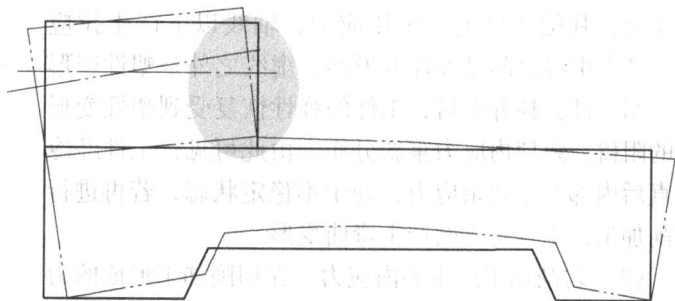

图4-15 车床受热变形示意图

机床运转一定时间后，各部件达到热平衡状态，变形趋于稳定。但在此之前机床的几何精度变化不定，因此，精密加工应在机床处于热平衡状态之后进行。一般车床、磨床的热平衡需 4~6h。

为了减小机床热变形对工件加工精度的影响，通常采用以下措施解决：

1）机床设计时采用热对称结构及热补偿结构。

2）切削前，让机床高速空转几分钟，使其迅速达到热平衡后，再投入切削。

3）在机床上设置可控制的热源，来给机床局部加热，使其较快达到热平衡状态，并保持机床在整个加工过程中热平衡状态稳定。

4）充分冷却和强制冷却，控制环境温度、隔离外部热源等方法，也是控制机床热变形的有效途径。

五、工件内应力引起的变形

所谓内应力，是指当外部载荷去掉以后，仍残留在工件内部的应力。它是由于在冷、热加工中，金属内部相邻的宏观或微观的组织发生了不均匀的体积变化而产生的。具有内应力的零件，其内部组织有强烈的要恢复到一个稳定的没有内应力的倾向和状态。在这一过程中，工件的形状逐渐变化（如翘曲变形），从而丧失其原有精度。

1. 内应力产生的原因

（1）毛坯制造中产生的内应力　在铸、锻、焊及热处理等毛坯热加工中，由于毛坯各部分受热不均匀或冷却速度不等，以及金相组织的转变都会引起金属不均匀的体积变化，从而在其内部产生较大的内应力。如图 4-16 所示的铸件，浇注后在冷却过程中，由于壁薄的部位冷却较快，而壁较厚的部位冷却较慢，因此当薄壁从塑性状态冷却到弹性状态时，厚壁尚处于塑性状态。这时薄壁在收缩时并未受到厚壁的阻碍，铸件内部不产生内应力；当厚壁也冷却到弹性状态时，薄壁基本冷却，故厚壁收缩受到薄壁的阻碍，使厚壁内部产生残余拉应力，薄壁产生残余压应力，拉、压应力处于相对平衡状态。

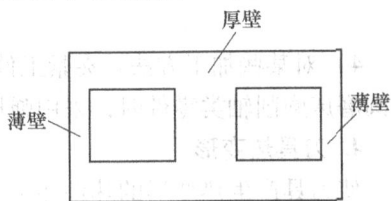

图 4-16　不同壁厚的铸件

（2）冷校直时产生的内应力　一些细长轴工件（如丝杠等）由于刚度低，容易产生弯曲变形，常采用冷校直的方法使之变直。如图 4-17 所示，一根无内应力向上弯曲的长轴，当中部受到载荷 F 作用时，将产生内应力，其轴线以上产生压应力，轴线以下产生拉应力，两条虚线之间是弹性变形区，虚线之外是塑性变形区。当工件去掉外力后，工件的弹性恢复受到塑性变形区的阻碍，致使内应力重新分布。由此可见，工件经冷校直后内部产生残余应力，处于不稳定状态，若再进行切削加工，工件将重新产生弯曲变形。

（3）切削加工产生的内应力　在切削加工形成的力和热的作用下，使被加工表面产生塑性变形，也能引起

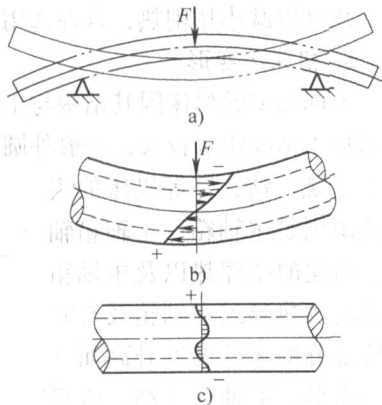

图 4-17　冷校直及产生的内应力状态

内应力，并在加工后引起工件变形。

2. 减小或消除内应力的措施

1）采用适当的热处理工序。对于铸、锻、焊接件，常进行退火、正火或人工时效处理后再进行机械加工。对重要零件，在粗加工和半精加工后还要进行时效处理，以消除毛坯制造及加工中的内应力。

2）给工件足够的变形时间。对精密零件粗精加工应分开；大型零件，由于粗、精加工一般安排在一个工序内进行，故粗加工后先将工件松开，使其自由变形，再以较小夹紧力夹紧工件进行精加工。

3）合理设计零件结构。零件结构要简单，壁厚要均匀。

六、其他原因对机械加工精度的影响

在机械加工中，由于"机床—夹具—工件—刀具"构成的工艺系统没有调整到正确位置而产生的加工误差，不同的调整方法有不同的误差来源。

1. 试切法调整

该法广泛用于单件、小批生产中。这种调整方法产生误差的来源有三个方面：

（1）测量误差的影响 由测量器具误差、测量温度变化、测量力以及视觉偏差等引起的误差，使加工误差扩大。

（2）微量进给的影响 在试切中，总是要微量调整刀具的进给量，以便最后达到零件的尺寸精度。但是在低速微量进给中，常会出现进给机构的"爬行"现象，结果使刀具的实际进给量比手轮转动刻度数总要偏大或偏小些，以至难以控制尺寸精度，造成加工误差。

（3）切削厚度的影响 精加工时，试切的最后一刀往往很薄；切削刃只起挤压作用而不起切削作用。但正式切削时的背吃刀量较大，切削刃不打滑，就会多切下一点，因此，最后所得的工件尺寸会比试切部分小些。粗加工时，正式切削的背吃刀量大大超过试切部分，切削力突然增大，由于工艺系统的受力变形，产生让刀也大些，车削外圆表面时就使尺寸变大了。

2. 按定程机构调整

在半自动、自动机床和自动线上，广泛应用行程挡块、靠模及凸轮等机构来保证加工精度。这些机构的制造精度和磨损，以及与其配合使用的离合器、行程开关、控制阀等的灵敏度就成了影响调整误差的主要因素。

3. 用样板或样件调整

在各种仿形机床、多刀机床和专用机床的加工中，常采用专门的样件或样板来调整刀具、机床与工件之间的相对位置，这些样件或样板本身的制造误差、安装误差、对刀误差就成了影响调整误差的主要因素。

第三节 表面质量的形成及主要影响因素

机械加工表面质量是零件加工技术要求的一个重要组成部分。主要零件的表面质量对产品的工作性能、可靠性和耐磨性等都有很大影响。随着工业技术的迅速发展，许多产品要求

零件在高速、高压、高温和高负荷下工作，因而对零件的表面质量提出了越来越高的要求。

一、机械加工表面质量的内容

表面质量是指机械加工后零件表面层的质量状况，包括：表面微观几何形状特征，表层金属的物理力学性能和化学性能。

1. 表面微观几何形状特征

（1）表面粗糙度　表面粗糙度是指加工表面的微观几何误差的大小程度，其波距与波高之比值一般小于50，如图4-18所示。

（2）表面波度　表面波度是指介于宏观几何形状误差与微观几何形状误差（即表面粗糙度）之间的一种周期性的几何形状误差。对于表面波度的表征方法，目前尚无统一的规定。有两种表征方法：一种是根据其周期来表征，即波幅和波长；另一种是根据波纹的轮廓形状来表征，如圆弧形、尖峰形和锯齿形等，其波距与波高之比值一般为50

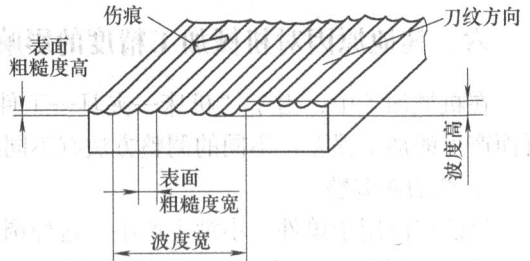

图4-18　加工表面几何形状特征

~100的几何形状误差，它主要是由机械加工振动所引起的。

（3）表面加工纹理　表面加工纹理是指表面微观结构的主要方向。它取决于表面形成过程中所采用的机械加工方法及其主运动和进给运动的关系。如加工中呈现的直线纹理、交叉纹理、放射状纹理等。

（4）伤痕　伤痕是指在加工表面的某些个别位置上出现的缺陷。它们大多是随机分布的，例如砂眼、气孔、裂痕和划痕等。

2. 表层金属的物理力学性能和化学性能

由于机械加工过程中切削力和切削热的综合作用，被加工表面层的物理力学性能和化学性能都有一定的变化，主要表现为：

1）因加工表面层的塑性变形所引起的表面加工硬化（又称冷作硬化）。

2）由于切削或磨削加工等产生的高温所引起的表面层金相组织的变化。

3）因切削加工引起的表面层残余应力。

随着汽车等机械产品性能的不断提高，一些在高应力、高速、高温等条件下工作的重要零件，对其表面质量的要求也不断提高，因此出现了表面完整性的概念。即零件表面加工后，其表面层状态和性能无任何损伤甚至有所提高。

二、表面粗糙度的形成及影响因素

1. 切削加工的表面粗糙度

切削加工中工件已加工表面表面粗糙度的形成主要包括：几何因素、表面层塑性变形因素和工艺系统的振动因素三方面。

（1）几何因素的影响　形成表面粗糙度的几何因素主要指刀具几何形状和切削运动中在工件表面残留的痕迹，它是影响表面粗糙度的主要因素。如图4-19所示，车削残留刀痕的大小和形状，则与刀具对工件的运动快慢、吃刀量、刀尖形状有关。

（2）塑性变形的影响 因为切削过程中存在着金属塑性变形，因此在多数情况下已加工表面的残留面积上还叠加着一些不规则的金属生成物、粘附物或刻痕，使得表面粗糙度的实际轮廓与上述理论分析轮廓有较大的差异。形成它们的原因有积屑瘤、磷刺、振动、摩擦、切削刃不平、切屑划伤等。

积屑瘤是指在中、低速切削塑性金属材料时，由于高温、高压和摩擦阻力的原因，使与前刀面接触的切屑底层流动缓慢而形成滞留层；在一定条件下，滞留层停滞不前而脱离切屑粘附在前刀面上的刀尖处，形成形状不规则、硬度很高的硬块，它能代替切削刃切削工件，如图 4-20 所示。其后果会使工件表面产生沟状划痕，表面粗糙度值增大。故应及时予以消除。

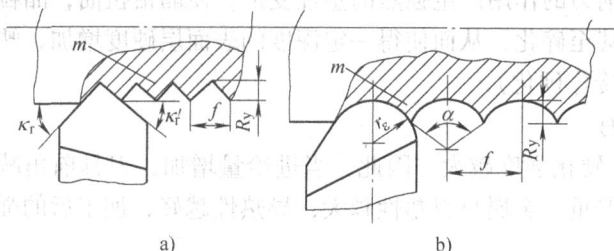

图 4-19 车削残留刀痕
a）尖刃切削 b）圆弧刃切削

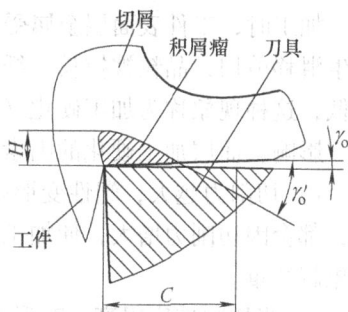

图 4-20 积屑瘤
H—积屑瘤高度

（3）工艺系统振动的影响 切削加工时，工艺系统的振动使刀具与工件之间产生周期性位移，在加工表面上形成波纹状的振痕，使工件表面粗糙度值增大。

除上述因素以外，造成已加工表面粗糙不平的原因还有被切屑拉毛和刮伤等。

2. 磨削加工的表面粗糙度

与切削加工一样，工件已加工表面表面粗糙度的形成仍包括：几何因素、塑性变形因素和工艺系统的振动因素三方面。

磨削加工是用分布在砂轮表面上的磨粒通过砂轮和工件相对运动来进行切削的。由于磨粒在砂轮上分布不均匀，有高有低，而磨粒切削刃钝圆半径较大，同时磨削厚度又很小，因此在磨削过程中，磨粒在工件表面上以滑擦、刻划和切削三种形式切下表层金属，使加工表面刻划出无数微细的沟槽，沟槽两边伴随着塑性变形，形成粗糙表面。

（1）磨削用量的影响 提高砂轮转速，减小工件线速度可以增加在单位时间内工件单位面积上的刻痕，使工件表面塑性变形和沟槽两侧塑性隆起的残留量减小，磨削表面表面粗糙度值可显著减小。

增大磨削深度和工件的线速度，将使塑性变形加剧，使表面粗糙度值增大。为了提高磨削效率，常采用先适当加大吃刀量，后减小或无吃刀量，以减小表面粗糙度值。

（2）砂轮的粒度与修整的影响 砂轮的粒度越细，单位表面上磨粒数越多，在磨削表面的刻痕越细，表面粗糙度值越小。但粒度过细时，砂轮易堵塞，切削性能下降，加之原为锋利刃口的砂粒钝化，工件表面的表面粗糙度值反而会增大，同时还会引起工件表层的磨削烧伤。因此，应及时用金刚石笔对砂轮进行修整。常用砂轮粒度为 F36～F80。

（3）砂轮硬度的影响　砂轮硬度是指磨粒在磨削力作用下从砂轮上脱落的难易程度。砂轮太硬，磨粒不易脱落，磨钝的磨粒不能及时被新磨粒取代，工件表面粗糙度值会增大；砂轮太软，磨粒易脱落，磨粒间隔增大，表面粗糙度值也会增大。因此，砂轮硬度常在中软范围内选取，一般情况下，被加工材料硬的选较软的砂轮，反之选较硬的。

此外，被加工材料的硬度、塑性、导热性以及砂轮和磨削液的正确使用，对工件磨削表面的表面粗糙度都有一定的影响，必须给予足够的重视。

三、表面层物理力学性能和化学性能的影响因素及其改善措施

1. 表面层的加工硬化

加工时，工件表面层金属受到切削力的作用产生强烈的塑性变形，使晶格扭曲，晶粒间产生滑移剪切，晶粒被拉长、纤维化甚至碎化，从而使得一定深度的表面层硬度增加，塑性降低，这种现象称为加工硬化（也称冷作硬化）。

影响表面层加工硬化的因素主要有：

1）切削力越大，塑性变形越大，硬化强度越大。因此，当进给量增加，刀具前角减小时，都会因切削力增大，使加工硬化严重。金属材料塑性越大，导热性越好，加工后的强化现象越严重。

2）当切削速度很高，变形速度很快时，塑性变形不充分，因此硬化程度可以减小。当切削热使工件表面温度达到很高时，会发生组织再结晶现象，表面强化会完全消失，这种现象称为弱化（实为再结晶退火）。

2. 表面层残余应力

由于机械加工中力和热的作用，在机械加工以后，工件表面层及其与基体材料的交界处仍旧保留互相平衡的弹性应力。这种应力即称为表面层残余应力。表面残余应力的产生，有以下三种原因：

1）冷态塑性变形引起的残余应力。

2）热态塑性变形引起的残余应力。

3）金相组织变化引起的残余应力。

机械加工后表面层的残余应力是上述三方面因素综合作用的结果。在一定条件下，当超过工件材料的强度极限时，工件表面就会产生裂纹。磨削裂纹的产生会使零件承受交变载荷的能力大大降低而易发生疲劳损坏。

在不同的加工条件下，残余应力的大小及分布规律可能有明显的差别。切削加工时起主要作用的往往是冷态塑性变形，表面层常产生残余压应力。磨削加工时，热态塑性变形或金相组织的变化是产生残余应力的主要因素，所以表面层存在残余拉应力。

3. 表面层金相组织变化

机械加工中，由于切削热的作用，使工件加工区附近温度升高，当温度超过金属相变的临界点时，金相组织就会发生变化。磨削加工由于大多数磨粒的负前角切削所产生的磨削热比一般切削大得多，加之磨削时约 70% 以上的热量传给工件，这就使得加工表面层有很高的温度，极易在金属表面层产生金相组织变化，使表层金属强度和硬度降低，产生残余应力，甚至出现微观裂纹和不同颜色的氧化膜，这种现象被称为磨削烧伤。

淬火钢在磨削时，由于磨削条件不同，产生磨削烧伤可分为三种形式。

（1）回火烧伤 当磨削区的温度超过马氏体的转变温度（中碳钢为300℃左右），但未超过淬火钢的相变温度（碳钢的相变温度为720℃）时，工件表层组织由原来的马氏体转变为硬度较低的回火组织（索氏体或托氏体），此现象称为回火烧伤。

（2）淬火烧伤 当磨削区的温度超过了相变温度，再加上随后切削液的急冷作用，表面金属会产生二次淬火马氏体组织，其硬度比原马氏体高，但二次淬火层很薄，只有几微米。在它的下层，由于冷却缓慢形成了硬度较低的回火组织。因为二次淬火层极薄，表层总的硬度是降低的，此现象称为淬火烧伤。

（3）退火烧伤 当磨削温度超过了相变温度，而磨削过程无切削液（或冷却效果不好），则表层产生退火组织，硬度急剧下降，此现象称为退火烧伤。

磨削烧伤会破坏工件表层组织，严重时还会产生裂纹，使工件表面质量恶化，严重影响工件的使用性能，必须力求避免。

控制和避免磨削烧伤的措施：减少磨削热的产生，加速磨削热散出。

第四节 表面质量对零件使用性能的影响

大部分机械设备零件的破坏，总是从零件表面开始的。产品的性能，特别是它的可靠性和耐久度，在很大程度上取决于零件的表面层质量。一台机器在正常的使用过程中，由于其零件的工作性能逐渐变坏，以致不能继续使用，有时甚至会突然损坏。其原因除少数是因为设计不周而强度不够，或偶然事故引起的超负荷以外，大多数是由于磨损、受到外部介质的腐蚀或疲劳破坏。磨损、腐蚀和疲劳损坏都是发生在零件的表面，或是从零件表面开始的。因此，加工表面质量将对零件的耐磨性、疲劳强度、耐蚀性、配合性质等使用性能产生不同程度的影响。

一、表面质量对零件耐磨性的影响

机器上相配合的零件作相对运动时都会产生摩擦。摩擦不仅消耗能量（如汽车发动机在满负荷工作时，大约有20%的功率消耗在摩擦上），而且使零件产生磨损，缩短零件和机器的使用寿命。

零件的耐磨性与摩擦副的材料、润滑条件和零件的表面加工质量等因素有关，特别是在前两个条件已满足的情况下，零件的表面加工质量就起着决定性的作用。

1. 表面粗糙度对零件耐磨性的影响

零件磨损的三个阶段，如图4-21所示。

（1）初期磨损阶段（Ⅰ） 当两配合表面在初始阶段只是在凸峰顶部接触，实际接触面积比名义接触面积小得多，当零件运动受力时，波峰接触部分将产生很大的压强，故此阶段磨损非常显著。

（2）正常磨损阶段（Ⅱ） 经过初期磨损后，实际接触面积增大，磨损变缓，进入正常

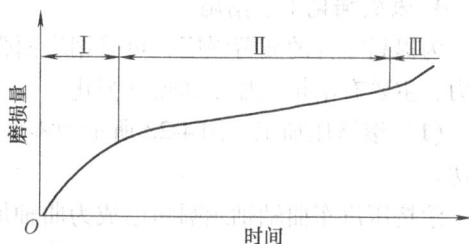

图4-21 零件磨损过程的三个阶段

磨损阶段。这一阶段零件的耐磨性最好，持续的时间也较长，使摩擦副进入最佳配合和运转状态。

（3）急剧磨损阶段（Ⅲ） 正常磨损阶段过后，由于波峰被磨平，表面粗糙度值变得非常小，反而不利于润滑油的储存，且使接触表面之间的分子亲和力增大，甚至发生分子粘合，使摩擦阻力增大，磨损也急剧增大。

表面粗糙度对摩擦副的初期磨损影响很大，但也不是表面粗糙度值越小越耐磨。在一定工作条件下，摩擦副表面总是存在一个最佳表面粗糙度值，一般选 $Ra = 0.32 \sim 1.25\mu m$。

2. 表面纹理方向对零件耐磨性的影响

表面纹理方向能影响金属表面的实际接触面积和润滑液的存留情况。轻载时，两表面的纹理方向与相对运动方向一致时，磨损最小；当两表面纹理方向与相对运动方向垂直时，磨损最大。但是在重载情况下，由于压强、分子亲和力和润滑液的储存等因素的变化，其规律与上述有所不同。

3. 表面层加工硬化对零件耐磨性的影响

表面层的加工硬化，一般能提高耐磨性 $0.5 \sim 1$ 倍。这是因为加工硬化提高了表面层的强度，减少了表面进一步塑性变形和胶合的可能。但过度的加工硬化会使金属组织疏松，甚至出现疲劳裂纹和疲劳剥落现象，从而使耐磨性下降。所以零件的表面硬化层必须控制在一定的范围之内。

二、表面质量对零件疲劳强度的影响

1. 表面粗糙度及缺陷对零件疲劳强度的影响

零件在交变载荷作用下，其表面微观不平的凹谷处和表面层的缺陷处容易引起应力集中而产生疲劳裂纹，造成零件的疲劳破坏。试验表明，减小零件表面粗糙度值可以使零件的疲劳强度有所提高。因此，对于一些承受交变载荷的重要零件，如曲轴的曲拐与轴颈交界处，精加工后常进行光整加工，以减小零件的表面粗糙度值，提高其疲劳强度。

2. 加工硬化对零件疲劳强度的影响

加工硬化对零件的疲劳强度影响也很大。表面层的适度硬化可以在零件表面形成一个硬化层，它能阻碍表面层疲劳裂纹的出现，从而使零件疲劳强度提高。但零件表面层硬化程度过大，反而易于产生裂纹，故零件的硬化程度与硬化深度也应控制在一定的范围之内。

3. 表面层残余应力对零件疲劳强度的影响

当表面层存在残余压应力时，能延缓疲劳裂纹的扩展，提高零件的疲劳强度；当表面层为残余拉应力时，容易使零件表面产生裂纹而降低其疲劳强度。

4. 表面强化工艺措施

为提高零件的疲劳强度，可采用表面强化工艺措施，人为地在零件表面层造成压缩残余应力，主要有滚挤压加工和喷丸强化。

（1）滚挤压加工 图 4-22 所示为零件制造中为提高其疲劳强度和耐蚀能力的常见工艺方法。

滚挤压汽车曲轴轴颈圆角已成为曲轴加工工艺过程中的重要工序之一。滚挤压加工不仅可减小表面粗糙度值，更重要的是强化了被滚挤压的表面，使之产生残余压应力，减小了切削加工时残留的刀痕等缺陷，降低了应力集中，提高疲劳强度达 $10\% \sim 20\%$，轴类零件圆角经滚挤压，疲劳强度可提高 60% 以上。按滚挤压工具对工件表面施力的机构不同，分为弹性施力（图 4-22a）和刚性施力机构（图 4-22b、c、d、e）两种。

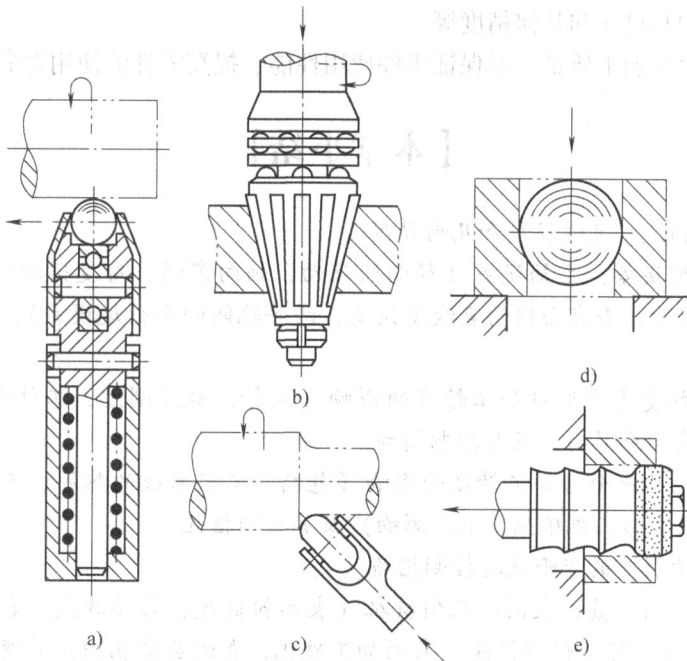

图 4-22 滚挤压加工示意图

（2）喷丸强化 喷丸强化常用铸铁丸、钢丸、铝丸、玻璃丸等向不同材料的零件表面高速地喷射，使被丸粒打击的表面产生塑性变形，形成冷硬层和残余压应力，达到提高零件疲劳强度和耐蚀能力、延长使用寿命的目的。

三、表面质量对零件耐蚀性的影响

零件的表面粗糙度在一定程度上影响零件的耐蚀性。零件表面越粗糙，越容易积聚腐蚀性物质，凹谷越深，渗透与腐蚀作用越强烈。因此，减小零件表面粗糙度值，可以提高零件的耐蚀性。为此，有些零件由于工作环境的原因，要求其具有较高的耐蚀性时，可对零件表面进行抛光等精整或光整加工。

零件表面层造成压缩残余应力和一定程度的强化，能使零件表面层紧密，腐蚀性物质不易进入，可增强零件的耐蚀性。

四、表面质量对配合性质及零件其他性能的影响

相配零件间的配合关系是用过盈量或间隙值来表示的。在间隙配合中，如果零件的配合表面粗糙，则会使配合件很快磨损而增大配合间隙，改变配合性质，降低配合精度；在过盈配合中，如果零件的配合表面粗糙，则装配后配合表面的凸峰被挤平，配合件之间的有效过盈量减小，降低配合件之间连接强度，影响配合的可靠性。因此，对有配合要求的表面，必须限定较小的表面粗糙度值。

零件的表面质量对零件的使用性能还有其他方面的影响。例如，对于液压缸和滑阀，较

大的表面粗糙度值会影响密封性；对于工作时滑动的零件，恰当的表面粗糙度值能提高运动的灵活性，减少发热和功率损失；零件表面层的残余应力会使加工好的零件因应力重新分布而变形，从而影响其尺寸和几何精度等。

总之，提高表面加工质量，对保证零件使用性能、提高零件的使用寿命是很重要的。

【本章小结】

1. 机械加工精度：尺寸精度和几何精度。

2. 机床的几何误差：主轴误差（径向圆跳动，轴向窜动，角度摆动），导轨误差（水平面内的直线度误差，垂直面内的直线度误差，两导轨间的平行度误差），传动链误差，刀具误差。

3. 工艺系统的受力变形对加工精度的影响（包括：机床刚度、工件刚度、刀具刚度、夹紧力等对加工精度的影响）及其控制措施。

4. 工艺系统的热变形对加工精度的影响（包括：工艺系统的热源、工件均匀受热与不均匀受热、刀具热变形、机床热变形的影响）及其控制措施。

5. 工件内应力引起的变形及其控制措施。

6. 机械加工表面质量：表面的几何特征（表面粗糙度，表面波度，表面加工纹理，伤痕），表面物理力学性能和化学性能（表面加工硬化，表面层金相组织的变化，表面层残余应力）。

7. 表面粗糙度的形成及影响因素。

8. 表面质量对零件使用性能的影响（包括：对零件耐磨性、疲劳强度、耐蚀性、配合性质等的影响）。

【思考与练习题】

一、名词术语解释

机械加工精度，加工误差，表面质量，尺寸精度，几何精度，误差复映，工业系统，表面层加工硬化，积屑瘤，磨削烧伤。

二、单项选择题

1. 在两顶尖间装夹细长光轴工件进行车削加工时，由于工件刚度不足而最后加工出的零件在轴向截面上的形状是（　　）。

A. 喇叭形　　　　B. 梯形　　　　C. 腰鼓形　　　　D. 鞍形

2. 车削加工中大部分切削热传给了（　　）。

A. 机床　　　　B. 工件　　　　C. 刀具　　　　D. 切屑

3. 薄壁套筒零件安装在车床自定心卡盘上，以外圆定位车内孔，加工后发现孔有较大圆度误差，其主要原因是（　　）。

A. 工件夹紧变形　　B. 工件热变形　　C. 刀具受力变形　　D. 刀具热变形

4. 工件以外圆表面在自定心卡盘上定位车削内孔和端面时，若自定心卡盘定位面与车床主轴回转轴线不同轴将会造成（　　）。

A. 被加工孔的圆度误差　　　　　　　B. 被加工端面平面度误差

C. 孔与端面的垂直度误差　　　　　　D. 被加工孔与外圆的同轴度误差

5. 当零件表面层进行滚挤压或喷丸处理后留有残余压应力时，零件的疲劳强度和表面层的耐蚀能力（　　　）。

A. 均会降低　　　　　B. 均会提高　　　　C. 均无影响　　　　D. 不一定有影响

6. 磨削表层裂纹是由于表面层（　　　）的结果。

A. 残余应力作用　　　B. 氧化　　　　　　C. 材料成分不匀　　D. 产生回火

7. 在切削加工时，对表面粗糙度没有影响的是（　　　）。

A. 刀具几何形状　　　B. 切削用量　　　　C. 工件材料　　　　D. 检测方法

三、简述题

1. 机械加工精度包括哪些内容？举例说明它们的含义。

2. 机械加工表面质量包括哪些内容？

3. 工艺系统受力变形对零件加工精度的影响有哪些？有哪些控制措施？

4. 工艺系统的热变形对零件加工精度的影响有哪些？有哪些控制措施？

5. 有哪些热源会使工业系统产生热变形？

6. 影响切削和磨削加工表面粗糙度的因素有哪些？如何减小切削和磨削加工表面的表面粗糙度值？

7. 何谓磨削烧伤？如何控制与避免？

8. 机械加工表面质量对机器零件的使用性能有何影响？

9. 表面强化工艺措施有哪些？为何表面强化工艺能改善零件表面质量？

第五章

机械加工工艺规程

【学习目标】

1. 了解机械加工工艺规程及概念。
2. 掌握精基准与粗基准的概念及选择原则。
3. 掌握加工阶段的划分及加工工序的安排原则。
4. 理解加工余量、工序尺寸及公差的确定。
5. 熟悉设备、工艺装备、切削用量的选择。

第一节 概　　述

一、机械加工工艺规程的概念及作用

1. 机械加工工艺规程的概念

机械加工工艺规程是将产品或零部件的制造工艺过程和操作方法按一定格式固定下来的技术文件。它是在具体生产条件下，本着最合理、最经济的原则编制而成的，经审批后用来指导生产操作和生产管理、工艺管理的指令性的工艺文件。

机械加工工艺规程应满足技术和经济两方面的要求。在技术方面，能可靠地保证零件设计图样所规定的全部加工要求；在经济方面，要以最小的经济成本、最高的设备利用率、最少的时间来完成加工工艺过程。

工艺规程的制订一般应包括以下内容：工件加工工艺路线的拟订和各工序内容的确定两大部分。具体包括所经过的车间或工段、各工序的具体内容及所采用的机床和工艺装备、工件的检验项目及检验方法、切削用量、工时定额等。

2. 机械加工工艺规程的作用

机械加工工艺规程是机械制造企业最重要的技术文件之一，其作用主要有：

1）指导生产的重要技术文件。合理的工艺规程是结合本厂具体情况，依据工艺理论和必要的工艺试验而制订的，是保证产品质量与经济效益的指导性文件，工人必须按照科学的工艺规程进行生产。

工艺规程是生产加工、检验验收、工时考核、生产调度的主要依据；对产品的生产周期、质量、生产率都有直接影响。

但是，工艺规程也不是一成不变的，工艺人员应不断总结工人的革新创造，及时吸取国内外先进工艺技术，对现行工艺不断地予以改进和完善，以便更好地指导生产。

2）生产组织和计划管理工作的基本依据。在生产管理中，产品投产前原材料及毛坯的供应、通用工艺装备的准备、机械负荷的调整、专用工艺装备的设计与制造、作业计划的编排、劳动力的组织，以及生产成本的核算等，都是以工艺规程作为基本依据的。

3）新建或扩建工厂（或车间）的依据。在新建或扩建工厂（或车间）时，只有依据工艺规程和生产纲领才能正确确定生产所需要的机床和其他设备的种类、规格及数量；确定车间的面积、机床的布置、动力用量（主要考虑用电量）、劳动力的配置、需要的工种及辅助部门的安排等。

二、工艺规程的类型及格式

1. 工艺规程的类型

原机电部有关指导性技术文件《工艺管理导则 工艺规程设计》规定的工艺规程类型有：

（1）专用工艺规程 是指针对某一个产品和零件所制定的工艺规程。

（2）通用工艺规程

1）典型工艺规程。为一组结构相似的零部件所设计的通用工艺规程。

2）成组工艺规程。按成组技术原理将零部件分类成组，针对每一组零件所设计的通用工艺规程。

（3）标准工艺规程

2. 工艺规程的编写格式

为加强科学管理和技术交流，JB/T 9165.2—1998《工艺规程格式》要求各机械制造类企业按统一的规定格式编写工艺规程。按此规定有：

（1）机械加工工艺规程 属于该规程的有：

1）机械加工工艺过程卡片。

2）机械加工工序卡片。

3）标准零件或典型零件工艺过程卡片。

4）单轴自动车床调整卡片。

5）多轴自动车床调整卡片。

6）机械加工工序操作指导卡片。

7）检验卡片。

（2）装配工艺规程 属于该规程的有：

1）装配工艺过程卡片。

2）装配工序卡片。

将工艺规程的内容，填入一定格式的卡片，即成为生产准备和施工依据的工艺文件。本章只介绍常用的机械加工工艺过程卡片及机械加工工序卡片的编写格式和填写内容。

（3）机械加工工艺过程卡片的格式及内容 例如，表5-1为汽车后桥主动锥齿轮机加工的机械加工工艺过程卡片。这种卡片是以工序为单位简要说明零件机械加工过程的一种工艺文件，也称工艺路线卡，其内容包括工序号、工序内容、工艺过程所经过的各车间和工段，每个工序所使用的工艺装备及时间定额等。主要用于单件小批生产和中批生产的零件，大批大量生产可酌情自定。

表 5-1 汽车后桥主动锥齿轮机械加工工艺过程卡片

(工厂)	机械加工工艺过程卡片		产品型号		零(部)件图号		共4页 第1页
			产品名称	中型载货汽车	零(部)件名称	后桥主动锥齿轮	
材料牌号	20CrMnTi	毛坯种类	模锻	毛坯外形尺寸		每种毛坯可制件数	1	每台件数	1	备注

工序号	工序名称	工序内容	车间	工段	设备	工艺装备	工时/min 准终	工时/min 单件
1	铣	铣两端面，钻中心孔			双面铣，钻专用机床	双工位夹具		6.5
2	车	车轴颈外圆和前、背锥及端面			液压仿形车床(或数控车床)	随机夹具		14.5
3	铣	铣花键			花键铣床	顶尖、卡头		7.5
4	磨	粗磨轴颈外圆、花键外圆及端面			半自动端面外圆磨床	顶尖、卡头		15.0
5	钻	钻十字开口销孔			立式钻床	专用夹具		5.5
6	钻	锪开口销孔，孔口90°			立式钻床	专用夹具		5.0
7	车(铣)	车或铣螺纹			车床或螺纹铣床	顶尖、卡头		7.5
8	铣	粗切齿			弧齿锥齿轮铣齿机	顶尖、卡头		12.5
9	铣	精切齿凸面			弧齿锥齿轮铣齿机	顶尖、卡头		6.5
10	铣	精切齿凹面			弧齿锥齿轮铣齿机	顶尖、卡头		6.5
11	铣	齿端倒角			齿轮倒角机	专用夹具		6.5
12		清洗			清洗机			
12J		中间检验						

					设计(日期)	审核(日期)	标准化(日期)	会签(日期)
描图								
描校								
底图号								
装订号								
	标记	处数	更改文件号	签字	日期	标记	处数	更改文件号	签字	日期

工艺过程卡片是制订其他工艺文件的基础，也是生产技术准备、编制作业计划和组织生产的依据。在这种卡片中，各工序的说明不够具体，故一般不能直接指导工人操作，而多作为生产管理方面使用。

（4）机械加工工序卡片的格式及内容　例如，表5-2为汽车后桥主动锥齿轮机械加工工序卡片。它是在工艺过程卡片的基础上，为每道工序所编制的一种工艺文件。在卡片中要画出工序简图，图上应标明定位基准、工序尺寸及公差、几何公差和表面粗糙度要求，并用粗实线表示加工部位等，还要详细说明该工序中每个工步的加工内容、工艺参数、操作要求以及所用设备和工艺装备等。工序卡片主要用于大批大量生产中所有的零件，中批生产中的复杂产品的关键零件以及单件小批生产中的关键工序。

三、机械加工工艺规程制订的原则、步骤和内容

1. 机械加工工艺规程制订的原则

制订工艺规程时，应遵循以下原则：

1）充分利用本企业现有的生产条件和资源。

2）必须可靠地保证零件图样上所有的技术要求的实现，以保证产品质量；如发现产品图样有技术要求不当，只能向有关部门提出修改建议，不得擅自修改或不按图样要求去做。

3）创造良好的劳动条件，减轻工人劳动强度，提高生产效率，保障生产安全和文明生产。

4）在保证产品质量和批量的前提下，应尽量降低工艺成本。

5）应尽可能采用国内外先进工艺技术和经验。

6）应做到正确、完整、统一和清晰，所用术语、符号、编码、计量单位等都要符合相关标准。

2. 机械加工工艺规程制订的步骤和内容

制订机械加工工艺规程时，应具备以下原始资料：产品或部件（总成）的装配图样及零件工作图；产品验收的质量标准；产品的生产纲领；工厂（车间）现有场地、设备和生产条件；毛坯的生产条件或协作关系；现有的生产条件和资料（它包括工艺装备及专业设备的制造能力、有关机械加工车间的设备和工艺装备的条件、技术工人的水平以及各种工艺资料和技术标准等；国内、外同类产品的有关工艺资料等；现行的有关文件和法规）。

在掌握上述原始资料的基础上，按以下步骤制订机械加工工艺规程。

1）分析研究产品（总成）装配图样和审查零件图样，对零件进行结构工艺性分析。

所谓零件结构工艺性，是指所设计的零件在满足使用要求的前提下制造的可行性和经济性。制订工艺规程时，首先应分析零件在部件（总成）中的位置、功能及其技术要求，并根据零件结构形状和技术要求等找出零件的机械加工工艺特点。

2）确定毛坯，包括选择毛坯类型及其制造方法。

3）拟订工艺路线。工艺路线是指零件在生产过程中由毛坯到成品所经过的工序的先后顺序。拟订工艺路线主要包括：选择零件定位基准、定位方式与夹紧方案、各表面加工方法及其过程，安排各加工工序的顺序等内容。

4）确定各工序需用的设备及工艺装备。

表5-2 汽车后桥主动锥齿轮机械加工工序卡片

(工厂)	机械加工工序卡片	产品型号		零(部)件图号		共 页 第 页	材料牌号 20CrMnTi
		产品名称	中型载货汽车	零(部)件名称	后桥主动锥齿轮		

车间	工序号	工序名称		
	1	铣端面钻中心孔		
毛坯种类 模锻	毛坯外形尺寸	每种毛坯可制件数 1	每台件数 1	
设备名称 双面铣、钻专用机床	设备型号	设备编号	同时加工件数 1	
夹具编号	夹具名称		切削液 乳化液	
工位器具编号	工位器具名称		工序工时 准终 / 单件 6.5	

（附工序简图）

工步号	工步内容	工艺装备	主轴转速/(r/min)	切削速度/(m/min)	进给量/(mm/r)	背吃刀量/mm	进给次数	工步工时 机动	辅助
1	铣两端面，保证尺寸300mm 和47mm；表面粗糙度 $Ra=12.5\mu m$	卡规、卡尺	300	117	0.4				
2	两端面钻带有护锥的 B4/12.5 中心孔，保护锥直径 $\phi12.5mm$，表面粗糙度 $Ra=6.3\mu m$	中心孔量规	895	33	0.1				
						设计 (日期)	审核 (日期)	标准化 (日期)	会签 (日期)
标记	处数	更改文件号	签字	日期	标记	处数	更改文件号	签字	日期

描图　描校　底图号　装订号

5）确定各工序的加工余量，计算工序尺寸及公差。

6）确定各工序的切削用量和时间定额。

7）确定各主要工序的技术要求及检验方法。

8）编制并填写工艺文件。

第二节　工艺路线的制订

一、制订工艺路线时需考虑的问题

工艺路线的制订是工艺规程制订中的关键步骤，是工艺规程制订的总体设计。所拟订的工艺路线合理与否，不但影响加工质量和生产率，而且涉及工人、设备、工艺装备及生产场地等的合理安装和利用，从而影响生产成本。因此，工艺路线的拟订应在仔细分析零件图、合理确定毛坯的基础上，结合具体的生产类型和生产条件，合理选择定位基准、各表面加工方法与加工方案，合理确定工序集中与分散的程度以及零件加工顺序的安排等。设计时一般应提出几种方案，通过分析对比，择优选用。

二、定位基准的选择

定位基准选择合理与否，不仅影响零件的尺寸精度和位置精度，而且对于零件各表面的加工顺序也有很大影响。

定位基准可分为粗基准和精基准。当零件从毛坯开始进行机械加工时，第一道工序只能用毛坯上未经加工的表面作为定位基准，这种定位基准称为粗基准。在随后的工序中，应以加工过的表面作定位基准，此定位基准称为精基准。

1. 粗基准的选择

粗基准的选择应能保证加工面与非加工面之间的位置要求及合理分配各加工面的余量，同时要为后续工序提供精基准。具体选择原则是：

（1）应选工件不加工面作为粗基准　这样能保证加工面与不加工面之间的位置要求。例如，图 5-1a 所示的毛坯，铸造时孔 B 与外圆 A 有偏心。只有采用不加工面（外圆 A）为粗基准加工孔 B，才能保证加工后的孔 B 与外圆 A 的轴线是同轴的，即壁厚是均匀的，但孔 B 的加工余量不均匀；图 5-1b 所示的汽车活塞加工时，必须保证其裙部壁厚均匀，故应选

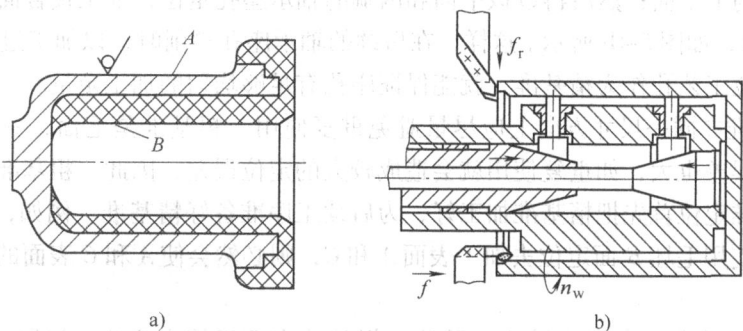

a) b)

图 5-1　粗基准的选择实例

择活塞不加工的内壁及顶面作为粗基准才能达到要求。

当工件上有多个不加工面与加工面之间有位置要求时，则应以其中要求最高的加工面为粗基准。

（2）合理分配各加工面的加工余量　为了保证各加工面都有足够的加工余量，应选择毛坯余量最小的面为粗基准。

例如，图5-2所示的阶梯轴，因φ55mm外圆的余量较小，故应选择φ55mm外圆为粗基准。如果选择φ108mm外圆为粗基准加工φ50mm时，当两外圆有3mm的偏心时，则可能因φ50mm的余量不足而使工件报废。

（3）应选择重要或精度要求高的加工面为粗基准　例如，图5-3所示的机床床身零件，要求导轨面应有较好的耐磨性，以保持其导向精度。由于铸造时的浇注位置（床身导轨面朝下）决定了导轨面处的金属组织均匀而致密，在机械加工中，为保留这样良好的金属组织，应使导轨面上的加工余量尽量小且均匀。为此，应选择导轨面作粗基准，先加工床腿底面，然后再以床腿底面为精基准加工导轨面，这样就能确保导轨面的加工余量小且均匀。当零件上有多个重要加工表面时，应选择加工余量要求最严格的那个表面作为粗基准。

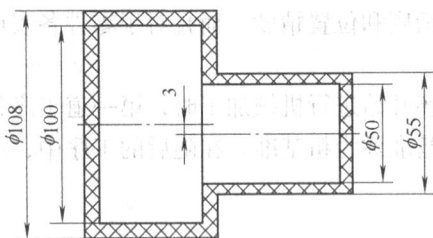

图 5-2　阶梯轴加工的粗基准选择

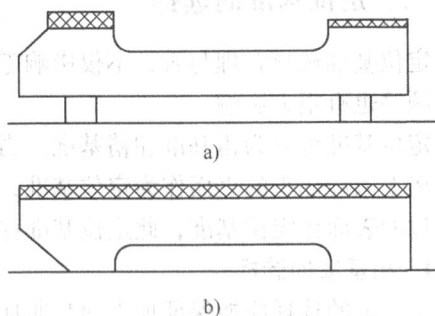

图 5-3　床身加工的粗基准选择
a）导轨面为粗基准加工床腿底面
b）床腿底面为精基准加工导轨面

又如，图5-4a所示为汽车变速器箱体选用精度要求高的轴承座孔作为定位粗基准，加工与箱盖接合的上平面；然后再以该平面和两端的轴承座孔定位，加工接合面上的两个定位销孔（工艺孔），如图5-4b所示。这样，在后续的轴承座孔镗削时，以加工过的接合面和该面上的两个定位工艺孔作为精基准，就能保证座孔有足够均匀的加工余量。

（4）粗基准在同一尺寸方向上应尽量避免重复使用　粗基准是毛面，一般来说表面比较粗糙，形状误差也大，如重复使用就会造成较大的定位误差，因此，粗基准应避免重复使用。应以粗基准定位首先把精基准加工好，为后续工序准备好精基准。例如，图5-5所示的小轴，如重复使用毛坯B面定位去加工表面A和C，则必然会使A和C表面的轴线产生较大的同轴度误差。

（5）选作粗基准的表面应尽可能平整　粗基准表面不能有飞边、浇冒口或其他缺陷，以保证定位准确，夹紧可靠。

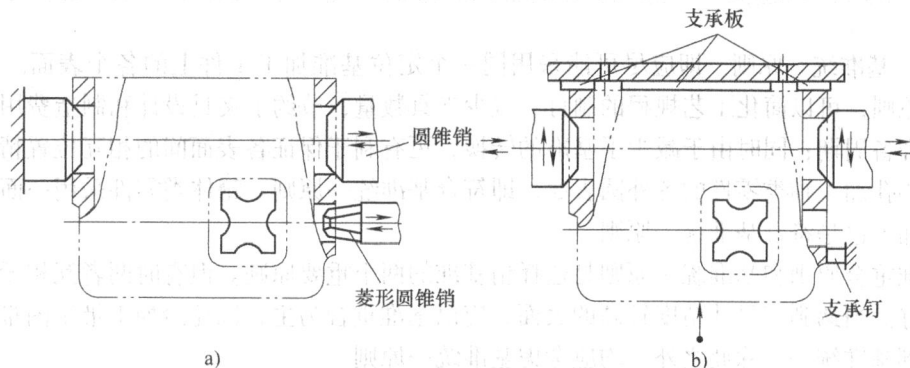

图 5-4 粗基准选择的实例

a）铣削接合面时的定位 b）钻铰接合面上两定位销孔时的定位

2. 精基准的选择

选择精基准时，应重点考虑如何减小工件的定位误差，保证工件的加工精度；同时也要考虑装夹工件的方便，夹具结构要简单。具体选择原则是：

（1）基准重合原则 即选用设计基准或工序基准作为定位基准，以避免定位基准与设计基准（或工序基准）不重合而引起的加工尺寸误差。

图 5-6a 所示是工序简图，用调整法在工件上铣缺口，加工尺寸为 A 和 B。图 5-6b 所示是加工示意图，工件以底面和 E 面定位。C 是确定夹具与刀具相互位置的对刀尺寸，在一批工件加工过程中，C 的大小是不变的。

加工尺寸 A 的工序基准是 F，定位基准是 E，两者不重合。当一批工件逐个在夹具上定位时，受尺寸 S 变化的影响，工序基准 F 的位置将随 S 的变化而变化，而 F 的变化直接影响工序尺寸 A 的大小，造成加工尺寸 A 的误差，这个误差就是基准不重合误差。

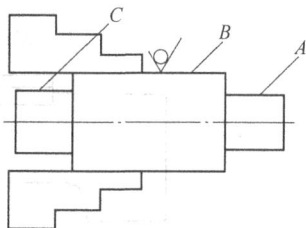

图 5-5 重复使用粗基准实例

A、C—加工面 B—毛坯面

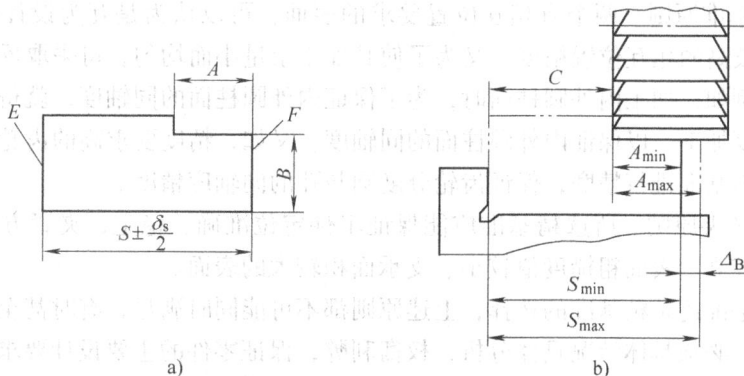

图 5-6 基准不重合误差

应用本规律时需要注意的是：定位过程中的基准不重合误差是在采用调整法加工一批工件时产生的。若用试切法加工，每一个工件都可直接保证尺寸 A，就不存在基准不重合误差。

（2）基准统一原则 即应尽可能采用同一个定位基准加工工件上的各个表面。采用基准统一原则，可以简化工艺规程的制订，减少夹具数量，节约了夹具设计和制造费用，缩短了生产准备周期；同时由于减少了基准的转换，更有利于保证各表面间的相互位置精度。利用两中心孔加工轴类零件的各外圆表面，即符合基准统一原则。箱体类零件采用一面两孔定位进行加工也是符合基准统一原则。

基准重合原则和基准统一原则是选择精基准的两个重要原则。但有时两者互相矛盾，必须处理好。当遇到有尺寸精度较高的表面，应以基准重合为主，以免给加工带来困难，这时不易做到基准统一。除此之外，均应考虑基准统一原则。

（3）自为基准原则 即某些加工表面加工余量小而均匀时，可选择加工表面本身作为定位基准。遵循自为基准原则时，不能提高加工面的位置精度，只是提高加工面本身的精度。例如，图 5-7 所示是在导轨磨床上，以自为基准原则磨削床身导轨。方法是用百分表（或观察磨削火花）找正工件的导轨面，然后加工导轨面保证对导轨的质量要求。另外，如浮动镗刀、浮动铰刀和珩磨等加工孔的方法也都是自为基准的实例。汽车发动机气缸的修理也常采用此原则进行镗孔和珩磨，只考虑保证缸径尺寸和气缸轴线与主轴承座孔轴线的垂直度。

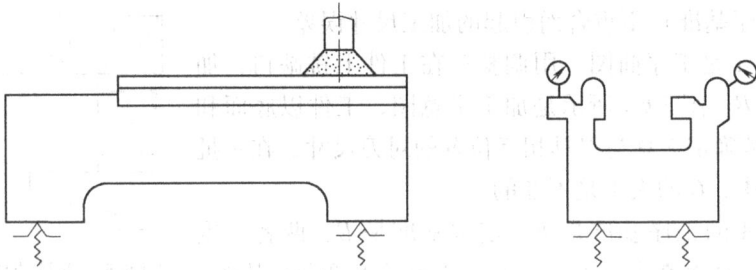

图 5-7 磨削床身导轨面自为基准

（4）互为基准原则 两个有相互位置要求的表面，可以认为是互为设计基准的。为了使加工面间有较高的相互位置精度，又为了使其加工余量小而均匀，可采取反复加工、互为基准的原则。例如，加工内外圆柱面时，为了保证内外圆柱面的同轴度，就得以内外圆柱面互为基准，反复加工，以保证内外圆柱面的同轴度。又如，精度要求高的齿轮，也采用了以齿面和内孔互为基准进行精磨，保证齿轮分度圆与孔的同轴度精度。

（5）便于装夹原则 所选精基准应能保证工件定位准确、稳定，夹紧方便可靠。精基准应该是精度较高、表面粗糙度值较小、支承面积较大的表面。

无论是粗基准还是精基准的选择，上述原则都不可能同时满足，有时甚至互相矛盾，因此选择基准时，必须具体情况具体分析，权衡利弊，保证零件的主要设计要求。

三、表面加工经济精度和加工方法的选择

零件表面的加工方法，主要根据零件结构及其加工表面的结构特点、加工技术要求、材料及硬度、生产类型、生产率和经济性、企业的设备条件等，经分析比较后择优选择的。一个表面达到同样加工质量要求的加工过程及最终加工方法往往有多种方案，而在不同的方案

中，工序间的加工余量、工序尺寸及公差是不同的，因而生产率和加工成本也不同。因此，在选择零件从粗到精的加工方法及过程时，要综合考虑各方面的因素。

1. 根据加工表面的加工精度和表面粗糙度要求确定最终的加工方法

选择表面加工方法时，应根据每个加工表面的技术要求，先选择最终加工方法。所选择的最终加工方法的经济精度和表面粗糙度必须能可靠地保证加工要求。一般情况下，最终加工方法对加工前表面的尺寸精度和表面粗糙度有一定要求，因此，大多数表面在终加工之前需要进行必要的预加工。如孔加工时，精铰前需要粗铰，而粗铰前一般需要钻、扩。终加工和预加工可提出多个方案进行分析比较后，择优选用。

例如，加工一直径为 $\phi30H7$、表面粗糙度 $Ra = 1.6\mu m$ 的孔，可有三种方案：钻孔→扩孔→粗铰→精铰；钻孔→拉孔；钻孔→粗镗→半精镗→精镗。可以根据零件及加工表面的结构特点和产量等条件，决定采用哪一种方案。

又如，加工除淬火钢以外的各种金属材料的外圆柱面，当公差等级为 IT11～IT13、表面粗糙度值 Ra 在 $12.5～50\mu m$ 之间时，采用粗车的方法即可；当公差等级为 IT7～IT8、表面粗糙度值 Ra 在 $0.8～1.6\mu m$ 之间时，可采用粗车→半精车→精车的加工方案；如采用磨削加工方法，则成本较高，不经济。反之，在加工公差等级为 IT6 的外圆柱表面时，需在车削后进行磨削，如不用磨削只采用车削，则需仔细刃磨刀具、精细调整机床、采用较小的进给量等，加工时间较长，也不经济，而且还难以保证其精度要求。故在选择各种表面加工方法和加工方案时，如现场加工条件许可，均应选择与该加工表面的精度等级相适应的加工方法和加工方案，以保证在满足加工精度和表面粗糙度要求的同时，生产率较高、经济性较好。

必须指出，经济精度的数值不是一成不变的，随着科学技术的发展，工艺的改进，设备与工艺装备的更新，加工经济精度会逐步提高。

为了能正确地选择加工方法和加工方案，应了解生产中各种加工方法和加工方案的特点及其经济加工精度和经济表面粗糙度。

表5-3、表5-4、表5-5 分别摘录了外圆柱面、平面、孔的加工方法、加工方案及其经济精度和经济表面粗糙度，供选用时参考。

表 5-3　外圆柱面加工方法

序号	加工方法	加工经济精度（公差等级表示）	经济表面粗糙度值 $Ra/\mu m$	适用范围
1	粗车	IT11 以下	12.5～50	适用于淬火钢以外的各种金属
2	粗车—半精车	IT8～IT10	3.2～6.3	
3	粗车—半精车—精车	IT7～IT8	0.8～1.6	
4	粗车—半精车—精车—滚压（或抛光）	IT7～IT8	0.025～0.2	
5	粗车—半精车—磨削	IT7～IT8	0.4～0.8	主要用于淬火钢，也可用于未淬火钢，但不宜加工非铁合金
6	粗车—半精车—粗磨—精磨	IT6～IT7	0.1～0.4	
7	粗车—半精车—粗磨—精磨—超精加工（或轮式超精磨）	IT5	0.012～0.1	
8	粗车—半精车—精车—精细车（金刚车）	IT6～IT7	0.025～0.4	主要用于要求较高的非铁合金加工
9	粗车—半精车—粗磨—精磨—超精磨	IT5 以上	0.006～0.025	极高精度的外圆加工
10	粗车—半精车—粗磨—精磨—研磨	IT5 以上	0.006～0.1	

表5-4　平面加工方法

序号	加工方法	加工经济精度 （公差等级表示）	经济表面粗糙 度值 $Ra/\mu m$	适用范围
1	粗车	IT11 ~ IT13	12.5 ~ 50	
2	粗车—半精车	IT8 ~ IT10	3.2 ~ 6.3	端面
3	粗车—半精车—精车	IT7 ~ IT8	0.8 ~ 1.6	
4	粗车—半精车—磨削	IT6 ~ IT8	0.2 ~ 0.8	
5	粗刨（或粗铣）	IT11 ~ IT13	6.3 ~ 25	一般不淬硬平面（端铣表面 粗糙度值较小）
6	粗刨（或粗铣）—精刨（或精铣）	IT8 ~ IT10	1.6 ~ 6.3	
7	粗刨（或粗铣）—精刨（或精铣）—刮 研	IT6 ~ IT7	0.1 ~ 0.8	精度要求较高的不淬硬平 面，批量较大时宜采用宽刃 精刨方案
8	以宽刃精刨代替上述刮研	IT7	0.2 ~ 0.8	
9	粗刨（或粗铣）—精刨（或精铣）—磨 削	IT7	0.2 ~ 0.8	精度要求高的淬硬平面， 或不淬硬平面
10	粗刨（或粗铣）—精刨（或精铣）—粗 磨—精磨	IT6 ~ IT7	0.25 ~ 0.4	
11	粗铣—拉削	IT7 ~ IT9	0.2 ~ 0.8	大量生产，较小的平面 （精度视拉刀精度而定）
12	粗铣—精铣—磨削—刮研	IT5 以上	0.006 ~ 0.1	高精度平面

表5-5　孔加工方法

序号	加工方法	加工经济精度 （公差等级表示）	经济表面粗糙 度值 $Ra/\mu m$	适用范围
1	钻	IT11 ~ IT12	12.5	用于未淬火钢及铸铁的实 心毛坯，也可用于加工非铁 合金（但表面粗糙度值较 大，孔径小于15 ~ 20mm）
2	钻—扩	IT9	1.6 ~ 3.2	
3	钻—粗铰—精铰	IT7 ~ IT8	0.8 ~ 1.6	
4	钻—扩	IT10 ~ IT11	6.3 ~ 12.5	同上，但孔径大于15 ~ 20mm
5	钻—扩—铰	IT8 ~ IT9	1.6 ~ 3.2	
6	钻—扩—粗铰—精铰	IT7	0.8 ~ 1.6	
7	钻—扩—机铰—手铰	IT6 ~ IT7	0.1 ~ 0.4	
8	钻—扩—拉	IT7 ~ IT9	0.1 ~ 1.6	大批大量生产（精度由拉 刀的精度而定）
9	粗镗（或扩孔）	IT11 ~ IT12	6.3 ~ 12.5	
10	粗镗（粗扩）—半精镗（精扩）	IT8 ~ IT9	1.6 ~ 3.2	除淬火钢外各种材料，毛 坯有铸出孔或锻出孔
11	粗镗（粗扩）—半精镗（精扩）—精镗 （铰）	IT7 ~ IT8	0.8 ~ 1.6	
12	粗镗（粗扩）—半精镗（精扩）—精镗 —浮动镗刀精镗	IT6 ~ IT7	0.4 ~ 0.8	

（续）

序号	加工方法	加工经济精度 （公差等级表示）	经济表面粗糙 度值 $Ra/\mu m$	适用范围
13	粗镗（扩）—半精镗—磨孔	IT7～IT8	0.2～0.8	主要用于淬火钢，也可用 于未淬火钢，但不宜用于非 铁合金
14	粗镗（扩）—半精镗—粗磨—精磨	IT6～IT7	0.1～0.2	
15	粗镗—半精镗—精镗—金刚镗	IT6～IT7	0.05～0.4	主要用于精度要求较高的 非铁合金加工
16	钻—（扩）—粗铰—精铰—珩磨 钻—（扩）—拉—珩磨 粗镗—半精镗—精镗—珩磨	IT6～IT7	0.025～0.2	主要用于精度要求很高的 孔
17	以研磨代替序号16中的珩磨	IT6以上		

2. 考虑工件材料的性质

加工方法的选择，常受工件材料性质的限制。例如，淬火钢的精加工要用磨削，而有色金属的精加工为避免磨削时堵塞砂轮，不宜用磨削加工，常采用金刚镗（精细镗）或高速精细车等加工方法。

3. 考虑工件的结构形状和尺寸

零件的结构和表面特点不同，所选择的加工方法也不同。例如，小孔一般采用钻、扩、铰的方法；大孔常采用镗削的加工方法。箱体零件的端平面，通常用铣削加工，小孔通常用钻削加工；回转体零件上较大直径的孔和端平面通常用车削或磨削加工。

4. 考虑生产类型和经济性

选择加工方法要与生产类型相适应。除保证加工质量外，还要满足生产率和经济性的要求。不同的加工方案，其生产率也不同；采用的设备和刀具不同，经济效果也不一样。例如，在大批大量生产中可采用专用的高效生产设备，选用生产率高和质量稳定的加工方法，某些零件的平面和孔加工可采用拉削加工代替铣削平面和镗孔等；单件小批生产则应选择设备和工艺装备易于调整，准备工作量小，工人便于操作的加工方法。

5. 考虑企业具体生产条件

选择加工方法，不能脱离本厂实际，应充分利用现有设备和工艺手段，发挥技术人员的创造性，挖掘企业潜力，重视新技术、新工艺的推广应用，不断提高工艺水平。

6. 特殊要求

有些加工表面可能会有一些特殊要求，如表面纹路方向的要求，而不同加工方法的纹路方向有所不同，如铰削和镗削的纹路方向和拉削的纹路方向就不同，选择加工方法时应考虑加工表面的特殊要求。

四、加工阶段的划分及原因

1. 加工阶段的划分

当零件的加工质量要求较高时，通常将零件及其表面加工的工艺过程划分为几个阶段，加工时由粗到精，各阶段顺序进行。为保证零件的加工质量和合理地使用设备、人力，机械加工工艺过程一般可划分为粗加工、半精加工和精加工三个阶段。如果零件的加工精度要求特别高，尤其表面粗糙度值要求特别小时，还需要安排精整、光整加工阶段。各阶段的主要任务如下：

（1）粗加工阶段　粗加工是从毛坯上切除较大加工余量的加工阶段。在此加工阶段中，需要高效地切除零件主要表面及一些加工余量较大表面上的大部分加工余量，使毛坯在形状和尺寸上接近成品。

（2）半精加工阶段　半精加工的任务是切除主要表面粗加工后留下的误差，为主要表面的精加工作好准备，并完成一些精度要求不高表面的终加工。在此阶段中，一般先进行零件主要表面的半精加工，然后加工次要表面（如键槽、紧固用的螺栓孔及螺纹孔等）。此外，对一些有装合要求的零件（如连杆体与连杆盖），装合面的加工及装合工序也在此阶段完成。

（3）精加工阶段　精加工阶段的任务是从工件上切除少量余量，保证各主要表面达到零件图样规定的加工质量和技术要求。

（4）精整、光整加工阶段　对于加工质量要求很高（尺寸公差等级 IT6 以上、表面粗糙度 $Ra \leqslant 0.2 \mu m$）的零件，需在精加工后增加精整、光整加工阶段。精整、光整加工是精加工后从工件表面上不切除或切除极薄金属层，用以提高加工表面的尺寸及形状精度，减小表面粗糙度值或用以强化表面的方法。例如汽车发动机凸轮轴轴颈及凸轮表面、曲轴轴颈、制动盘端面等均需精整、光整加工。

2. 划分加工阶段的原因

（1）保证零件加工质量　粗加工时切除的金属层较厚，会产生较大的切削力和切削热，所需的夹紧力也较大，因而工件会产生较大的弹性变形和热变形；另外，粗加工后由于内应力重新分布，也会使工件产生较大的变形。划分阶段后，粗加工造成的误差将通过半精加工和精加工予以消除。

（2）有利于合理使用设备　粗加工时可使用功率大、刚度好而精度较低的高效率机床，以提高生产率。而精加工则可使用高精度机床，以保证加工精度要求。这样既充分发挥了机床各自的性能特点，又避免了以粗干精，延长了高精度机床的使用寿命。

（3）便于及时发现毛坯缺陷　由于粗加工切除了各表面的大部分余量，毛坯的缺陷如气孔、砂眼、余量不足等可及早被发现，及时修补或报废，从而避免继续加工所造成的浪费。

（4）避免损伤已加工表面　将精加工安排在最后，可以保护精加工表面在加工过程中少受损伤或不受损伤。

（5）便于安排必要的热处理工序　划分阶段后，于适当的时机在机械加工过程中插入热处理，可使冷、热工序配合得更好，避免因热处理带来的变形。

应该指出，加工阶段的划分不是绝对的，在应用时要灵活掌握。例如，对于刚性好的重型零件，由于装夹及运输很费时，常在一次装夹下完成粗、精加工。为弥补不分阶段带来的缺陷，可在粗加工工步后松开夹紧机构，让工件有变形的可能，然后用较小的力来重新夹紧工件，继续进行精加工。对批量较小、形状简单及毛坯精度高而加工要求低的零件，也可不必划分加工阶段。

五、加工工序的安排

零件的加工工序包括机械加工工序、热处理工序及辅助工序。在拟订工艺路线时，应把三者全面综合加以考虑。

1. 机械加工工序的安排原则

（1）基准先行　即先加工基准表面，后加工其他表面。选作精基准的表面，应安排在起始工序先进行加工，再以加工出的表面定位，加工其他表面。例如，对于箱体零件，一般是以主要孔为粗基准加工平面，再以平面为精基准加工孔系；对于轴类零件（如汽车发动机曲轴、凸轮轴等），首先是以外圆为粗基准铣端面、钻中心孔，再以中心孔为精基准粗、精加工其他表面。但须注意的是，为保证精度要求，精加工开始之前，应先修整中心孔，再安排其他表面的精加工、精整和光整加工。

（2）先主后次　即先加工主要表面，后加工次要表面。零件的主要表面一般都是指加工精度或表面质量要求较高的表面，通常为零件的装配基准（基面）及主要工作面。它们的加工质量好坏对整个零件的质量影响很大，其加工工序往往也比较多，因此应先安排它们的加工工序，再将其他次要表面（如无配合尺寸的表面、键槽、紧固用的光孔或螺孔等）的加工适当安排在它们中间穿插进行。

注意，由于某些总成的结构特点，其工件的最后精加工必须安排在总成（合件或组件）装配之后进行。如发动机连杆总成需在连杆体与连杆盖装配后精磨两端面，再细镗和珩磨大、小头孔。

（3）先粗后精　即先安排粗加工，后安排精加工。通过划分加工阶段，各个表面应按粗加工→半精加工→精加工→精整、光整加工的顺序依次安排各表面的加工，从而逐步提高表面的加工精度与表面质量。

（4）先面后孔　即先加工平面，后加工孔。对于孔和面均需加工的工件，如箱体、支架、连杆等零件，因为平面的轮廓平整、面积大，先加工与孔有位置精度要求的平面，再以平面定位加工孔，既能保证加工时孔有稳定可靠的定位基准，又有利于保证孔与平面间的位置精度要求，同时还可避免在毛坯面上镗孔、钻孔、扩孔时刀具不易定心，刀具易磨损、打刀等现象的发生。

2. 热处理工序的安排原则

（1）预备热处理　预备热处理的目的是消除毛坯制造过程中产生的内应力、改善金属材料的切削加工性能、为最终热处理做好组织准备。正火和退火常安排在粗加工之前，以改善切削加工性能和消除毛坯的残余应力；对于复杂铸件（如发动机气缸体、气缸盖等），应在粗加工之前安排去应力退火或高温时效。调质一般安排在粗加工与半精加工之间进行，有利于消除粗加工所产生的残余应力对工件的影响，为最终热处理作组织准备；时效处理的目的是消除内应力、减少工件变形，一般安排在粗加工之后、精加工之前；对于精度要求较高的零件可在半精加工之后再安排一次时效处理。

（2）最终热处理　最终热处理的目的是提高金属材料的力学性能，如提高零件的硬度和耐磨性等。属于最终热处理的有淬火-回火、渗碳淬火-回火、渗氮等。对于仅仅要求改善力学性能的工件，有时正火、调质等也作为最终热处理。最终热处理一般应安排在粗加工、半精加工之后，精加工之前；变形较大的热处理，如渗碳淬火、调质等，应安排在精加工之前进行，以便在精加工时纠正热处理的变形；变形较小的热处理，如渗氮等，允许安排在精加工之后进行。

（3）表面处理　为了表面防腐或表面装饰，有时需要对表面进行涂镀或发蓝、发黑等处理。涂镀是指在金属、非金属基体上沉积一层所需的金属或合金的过程。发蓝、发黑处理是指将钢件放入一定温度的碱性溶液中，使零件表面生成蓝色或黑色的氧化膜的工艺，也称为煮黑处理。表面处理通常安排在工艺过程的最后。

3. 辅助工序的安排

辅助工序包括工件的检验、去飞边、清洗、去磁和防锈等。辅助工序也是机械加工的必要工序，安排不当或遗漏，会给后续工序和装配带来困难，影响产品质量甚至机器的使用性能。例如，未去飞边的零件装配到产品中会影响装配精度或危及工人安全，机器运行一段时间后，飞边变成碎屑后混入润滑油中，将影响机器的使用寿命；用磁力夹紧过的零件如果不安排去磁，则可能将微细切屑带入产品中，也必然会严重影响机器的使用寿命，甚至还可能造成不必要的事故。因此，必须十分重视辅助工序的安排。

检验是最主要的辅助工序，它对保证产品质量有重要的作用。检验工序应安排在：

1）粗加工阶段结束后。

2）转换车间的前后，特别是进入热处理工序的前后。

3）重要工序之前或加工工时较长的工序前后。

4）特种性能检验，如磁力探伤、密封性检验等之前。

5）全部加工工序结束之后。

六、工序的集中与分散

在选定了零件上各表面的加工方法及加工阶段的划分以后，还需考虑各工序完成的加工内容及其内容的安排问题。制订工艺路线可以采用两种不同的原则：工序集中与工序分散。它决定了设备类型的选择。

1. 工序集中与工序分散的概念

工序集中是指将工件的某些加工内容集中在一道工序内、在一台设备上完成。因此，每道工序的加工内容较多。工序集中又可分为：采用技术措施集中的机械集中，如采用多刀、多刃、多轴或数控机床加工等；采用人为组织措施集中的组织集中，如卧式车床的顺序加工。

工序分散是指将工件的加工内容分散在较多的工序内、在不同的机床上完成。每道工序的加工内容很少，有时甚至每道工序只有一个工步。

2. 工序集中与工序分散的特点

（1）工序集中的特点

1）采用高效率的专用设备和工艺装备，生产效率高。

2）减少了装夹次数，易于保证各表面间的相互位置精度，还能缩短辅助时间。

3）工序数目少，机床数量、操作工人数量和生产面积都可减少，节省人力、物力，还可简化生产计划和组织工作。

4）工序集中通常需要采用专用设备和工艺装备，使投资增大，设备和工艺装备的调整、维修较为困难，生产准备工作量大，转换新产品较麻烦。

（2）工序分散的特点

1）设备和工艺装备简单、调整方便、工人便于掌握，容易适应产品的变换。

2）可以采用最合理的切削用量，减少基本时间。

3）对操作工人的技术水平要求较低。

4）设备和工艺装备数量多、操作工人多、生产占地面积大。

3. 工序集中与工序分散的选择

工序集中与工序分散各有利弊，如何选择，应根据企业的生产规模、产品的生产类型、现有的生产条件、零件的结构特点和技术要求、各工序的生产节拍，进行综合分析后选定。具体选择原则如下：

1）一般说来，单件小批生产采用工序集中，以便简化生产组织工作；批量生产应尽可能采用高效机床，使工序适当集中；大批大量生产中，工件结构较复杂，适用于采用工序集中的原则，可以采用各种高效组合机床、自动机床等加工，对结构较简单的工件，如轴承和刚度较差、精度较高的精密工件，也可采用工序分散的原则。

2）产品品种较多，又经常变换，适合采用工序分散的原则。

3）工件加工质量要求较高时，一般采用工序分散原则，可以用高精度机床来保证加工质量的要求。

4）对于重型工件，易于采用适当集中原则，减少工件装卸和运输的工作量。

随着科学技术的进步，先进制造技术的发展，目前的发展趋势是倾向于工序集中。

第三节　工序设计内容

一、加工余量、工序尺寸及公差的确定

工艺路线确定之后，还需确定各工序的具体内容，主要包括：加工余量及工序尺寸、设备及工艺装备、切削用量和时间定额等。

1. 加工余量的确定

（1）加工余量的概念　加工余量是指在加工中从加工表面切除的材料层厚度。加工余量分为工序余量和加工总余量之分。

1）工序余量。是指同一被加工表面相邻两工序尺寸之差。

①平面的加工余量是单边余量，它等于实际切除的材料层厚度。

对于外平面，如图5-8a 所示

$$Z = a - b$$

对于内平面，如图5-8b 所示

$$Z = b - a$$

式中　Z——本工序的加工余量；

　　　a——前工序的工序尺寸；

　　　b——本工序的工序尺寸。

②回转表面（外圆和内孔）的加工余量是在直径方向上对称分布的，称为双边余量，其实际切除的材料层厚度是加工余量的一半。

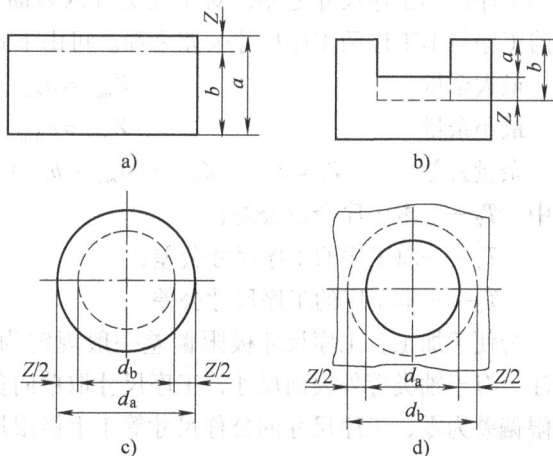

图5-8　加工余量

对于外圆表面，如图 5-8c 所示

$$Z = d_a - d_b$$

对于内圆表面，如图 5-8d 所示

$$Z = d_b - d_a$$

式中　Z——本工序直径上的加工余量；

　　　　d_a——前工序的加工直径；

　　　　d_b——本工序的加工直径。

由于毛坯制造和各工序尺寸都有误差，故各工序实际切除的余量值是变化的。所以加工余量又分为公称余量（或基本余量）、最大余量和最小余量。相邻两工序的公称尺寸之差即是公称余量。最小余量是保证该工序加工表面的精度和质量所需切除的最小金属层厚度。该工序余量的最大值则称为最大余量。余量公差即加工余量的变动范围（最大余量与最小余量之差值）。工序余量与工序尺寸的关系如图 5-9 所示。

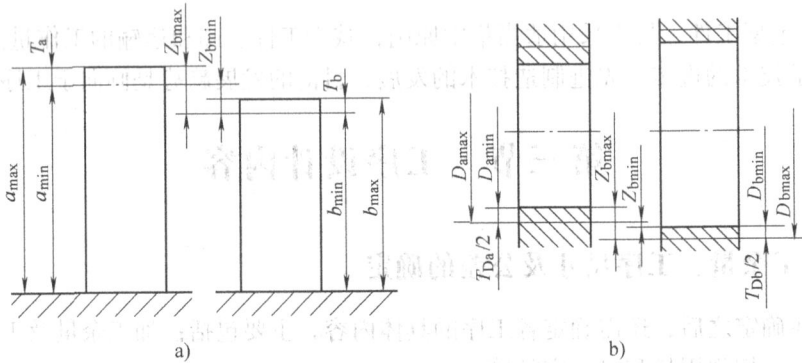

图 5-9　最大余量、最小余量和余量公差

对于轴类等外表面（被包容面）尺寸，公称余量是前工序和本工序公称尺寸之差，最小余量是前工序最小工序尺寸和本工序最大工序尺寸之差，最大余量是前工序最大工序尺寸和本工序最小工序尺寸之差，对于孔类等内表面（包容面）尺寸来说则相反。余量公差等于前工序与本工序两工序尺寸公差之和。可由下式表示：

最大余量　　　　　　$Z_{max} = a_{max} - b_{min}$

最小余量　　　　　　$Z_{min} = a_{min} - b_{max}$

余量公差　　$T_Z = Z_{max} - Z_{min} = (a_{max} - b_{min}) - (a_{min} - b_{max}) = T_a + T_b$

式中　T_Z——本工序余量公差；

　　　　T_a——前工序的工序尺寸公差；

　　　　T_b——本工序的工序尺寸公差。

为便于加工，工序尺寸极限偏差一般规定为"注向体内"方向（又称"入体原则"）标注。对于轴类等外表面尺寸，工序尺寸取单向负偏差（按 h 标注），即工序尺寸公差取上极限偏差为零，工序尺寸的公称尺寸等于上极限尺寸；对于孔类等内表面尺寸，工序尺寸极限偏差取单向正偏差（按 H 标注），即工序尺寸公差取下极限偏差为零；而毛坯尺寸公差按双向标注，即上、下极限偏差均不为零。

2）加工总余量。是指工件由毛坯到成品的整个加工过程中某一表面被切除金属层的总厚度，即

$$Z = Z_1 + Z_2 + \cdots + Z_n = \sum_{i=1}^{n} Z_i$$

式中 Z_i——第 i 道工序的工序余量；

n——该表面总加工的工序数。

（2）影响加工余量的因素 加工余量的大小对于零件的加工质量、生产率和生产成本均有较大的影响。余量过大，会造成浪费工时，增加生产成本；余量过小，会造成废品。

影响加工余量的因素主要有以下几个方面：

1）上工序的表面质量。本工序必须把上工序留下的表面粗糙度和缺陷层全部切除。

2）上工序的尺寸公差。本工序的加工余量值应比前工序的尺寸公差值大。

3）上工序的几何公差。本工序应纠正上工序留下的几何误差。这里的几何误差是指不由尺寸公差所控制的几何误差。

4）本工序加工时的装夹误差。包括定位误差、夹紧误差和夹具在机床上的装夹误差。这些误差会使工件在加工时位置发生偏移，所以加工余量还必须考虑装夹误差的影响。例如，用自定心卡盘夹紧工件外圆磨削内孔时，若由于装夹误差使工件加工中心与机床回转中心偏移了距离 e，从而会使内孔加工余量不均匀，为了能磨出内孔表面，磨削余量要增大 $2e$ 才能保证。

（3）加工余量的确定方法 确定加工余量的原则是在保证加工质量的前提下，越小越好。实际工作中，确定加工余量的方法有以下三种：

1）查表法。根据有关手册提供的加工余量数据，再结合本厂生产实际情况加以修正后确定加工余量。

2）经验估计法。根据工艺人员本身积累的经验确定加工余量。一般为了防止余量过小而产生废品，所估计的余量总是偏大。常用于单件、小批量生产。

一般情况下，查表法和经验估计法是各工厂广泛采用的方法。

3）分析计算法。根据理论公式和一定的试验资料，对影响加工余量的各因素进行分析、计算来确定加工余量。这种方法较合理，但需要全面可靠的试验资料，计算也较复杂。一般只在材料十分贵重或少数大批、大量生产的工厂中采用。

2. 工序尺寸及公差的确定

工序尺寸是指某一工序加工应达到的尺寸，其公差即为工序尺寸公差，各工序的加工余量确定后，即可确定工序尺寸及其公差。

在确定工序尺寸及公差时，存在工序基准与设计基准重合和不重合两种情况。

（1）基准重合时工序尺寸及其公差的计算 当加工某一表面的各道工序都采用同一个工序基准或定位基准，并与设计基准重合时，其计算顺序是：先确定各工序的加工方法，然后确定该加工方法所要求的加工余量及其所能达到的精度，再由最后一道工序逐个向前推算，即由零件图上的设计尺寸开始，一直推算到毛坯图上的尺寸。工序尺寸的公差都按各工序的经济精度确定，并按"入体原则"确定上、下极限偏差。

例 5-1 某主轴箱体主轴孔的设计要求为 $\phi100H7$，$Ra = 0.8\mu m$。其加工工艺路线为：毛坯—粗镗—半精镗—精镗—浮动镗。试确定各工序尺寸及其公差。

解：从机械工艺手册查得各工序的加工余量和所能达到的精度，具体数值见表 5-6 中的第二、三列，计算结果见表 5-6 中的第四、五列。

表 5-6 主轴孔工序尺寸及公差的计算

工序名称	工序余量/mm	工序的经济精度	工序公称尺寸/mm	工序尺寸及公差/mm
浮动镗	0.1	H7 ($^{+0.035}_{0}$)	100	$\phi 100^{+0.035}_{0}$，$Ra = 0.8\mu m$
精镗	0.5	H9 ($^{+0.087}_{0}$)	100 − 0.1 = 99.9	$\phi 99.9^{+0.087}_{0}$，$Ra = 1.6\mu m$
半精镗	2.4	H11 ($^{+0.22}_{0}$)	99.9 − 0.5 = 99.4	$\phi 99.4^{+0.22}_{0}$，$Ra = 6.3\mu m$
粗镗	5	H13 ($^{+0.54}_{0}$)	99.4 − 2.4 = 97	$\phi 97^{+0.54}_{0}$，$Ra = 12.5\mu m$
毛坯孔	8	(±1.2)	97 − 5 = 92	$\phi(92 \pm 1.2)$

（2）基准不重合时工序尺寸及其公差的计算 加工过程中，工件的尺寸是不断变化的，由毛坯尺寸到工序尺寸，最后达到零件性能要求的设计尺寸。一方面，由于加工的需要，在工序图以及工艺卡上要标注一些专供加工用的工艺尺寸，工艺尺寸往往不直接采用零件图上的尺寸，而是需要另行计算；另一方面，当零件加工时，有时需要多次转换基准，因而引起工序基准、定位基准或测量基准与设计基准不重合。这时，需要利用工艺尺寸链原理来进行工序尺寸及其公差的计算，计算过程相对比较复杂（可参考《公差配合与技术测量》中的相关内容）。

二、机床（设备）和工艺装备的选择

机床（设备）和工艺装备的选择是工艺规程制订中的重要环节之一，它是保证工件加工质量和达到一定生产率的基础条件，并对零件加工的经济性也有重要影响。为了合理地选择机床（设备）和工艺装备，必须对各种机床（设备）的规格、性能和工艺装备（尤其是刀具、量具和夹具）的种类、规格等有较详细的了解，并准备必要的技术资料。

1. 机床（设备）的选择

在拟订工艺路线时，当工件加工表面的加工方法确定以后，各工种所用机床类型就已基本确定。但每一类型的机床都有不同的形式，其工艺范围、技术规格、加工精度及表面粗糙度、生产率及自动化程度等都各不相同。在合理选用机床时，除应对机床的技术性能有充分了解之外，还要考虑以下几点：

（1）机床（设备）的精度应与工件要求的加工精度相适应 机床的精度过低，满足不了加工质量要求；机床的精度过高，又会增加零件的制造成本。单件小批生产时，如果没有高精度的设备来加工高精度的零件时，为充分利用现有机床，可以选用精度低一些的机床，而在工艺上采用措施来满足加工精度的要求。

（2）机床（设备）的技术规格应与工件的尺寸相适应 小工件选用小机床加工，大工件选用大机床加工，做到设备合理利用，避免盲目增大或减小机床规格而出现"大马拉小车"或"小马拉大车"的现象。

（3）机床（设备）的生产率和自动化程度应与零件的生产纲领相适应 单件小批生产应选择工艺范围较广的通用机床，大批大量生产尽量选用生产率和自动化程度较高的专门化或专用机床。

（4）机床（设备）的选择应与现有生产条件相适应 应尽量充分利用现有机床（设

备），如果没有合适的机床可供选用，应合理地提出专用设备设计或旧机床改装的任务书，或提供购置新设备的具体型号。

（5）合理选用数控机床、加工中心等先进设备　下列情况需考虑数控机床或加工中心：

1）采用普通机床需要设计制造复杂的专用机床夹具或加工效率低、手工操作劳动强度大的加工。

2）轮廓形状复杂、加工精度要求较高的复杂曲线或曲面的加工。

3）准备以后多次改型设计的零件加工。

4）当工序集中程度较高，如需在一次装夹中完成钻、镗、铰、锪、攻螺纹、铣削平面等加工内容的箱体类零件的加工时，可采用加工中心。

2. 工艺装备的选择

工艺装备选择的合理与否，将直接影响工件的加工精度、生产效率和经济效益。应根据生产类型、具体加工条件、工件结构特点和技术要求等选择工艺装备。

（1）夹具的选择　夹具的选择主要考虑生产类型。单件、小批生产应尽量采用通用夹具和机床附件，如卡盘、机用平口虎钳、分度头等。

汽车生产属于成批、大量生产，各工序所使用的机床夹具，除车床、外圆磨床等少数机床使用通用机床夹具外，大多数采用高效专用机床夹具。为满足多品种、小批量的柔性化生产要求时，可采用可调夹具或成组夹具。

夹具的精度应与工件的加工精度相适应。

（2）刀具的选择　刀具的选择（种类、规格、材料、精度）主要取决于表面的加工方法、加工表面的尺寸、工件材料、切削用量及工序的加工要求等。在选择时尽量采用标准刀具。在组合机床及其自动线上加工时，由于需要工序集中，可采用专用复合刀具，如相同工艺的复合刀具（复合扩孔钻等）和不同工艺的复合刀具（钻—扩—铰复合刀具等）。不仅可以提高加工精度和生产率，而且经济效果也很明显。

（3）量具的选择　量具的选择应根据生产类型和要求的检验项目及其精度而定。单件、小批生产应广泛采用通用量具，如游标卡尺、百分表和千分尺等。大批、大量生产时应尽量选用效率较高的专用量具，如各种极限量块、专用检验夹具和测量仪器等。量具的量程和精度要与工件的尺寸和精度相适应。

三、切削用量的确定

合理选用切削用量是科学管理生产、提高生产效率、保证加工质量和刀具寿命，获得较高技术经济指标的重要前提之一。切削用量选择不当会使工序加工时间增多，设备利用率下降，工具消耗增加，从而增加产品成本。

确定切削用量时，应在机床、刀具、加工余量等确定之后，综合考虑工序的具体内容、加工精度和表面粗糙度、零件的生产纲领、刀具的材料及使用寿命等因素。选择切削用量的一般原则是保证加工质量，在规定的刀具使用寿命条件下，使机动时间少、生产率高。切削用量的选择次序依次为背吃刀量 a_p、进给量 f 和切削速度 v_c。

1. 背吃刀量 a_p 的选择

选择背吃刀量主要考虑工件的加工余量和工艺系统的刚度。半精加工、精加工工序的背吃刀量由相应的加工方法所需的加工余量确定，粗加工工序的背吃刀量应尽量将粗加工余量一次切除。如果余量太大，不能一次切除时，也应尽量减少工作行程次数，按先多后少的方案分几次切除。

2. 进给量 f 的选择

粗加工时，进给量的选择主要考虑工艺系统的刚度与强度，如机床进给系统的刚度与强度、刀杆尺寸、刀片厚度及工件尺寸等因素。在工艺系统的刚度和强度允许时，应尽量选取较大的进给量。精加工时的进给量主要根据工件的加工精度和表面粗糙度要求来选择。

3. 切削速度 v_c 的选择

背吃刀量和进给量确定之后，可在保证合理刀具寿命的前提下，确定切削速度。切削速度可根据切削原理的公式计算，或者从根据已知的加工条件得出的标准切削速度表格中选取。切削速度 v_c（m/min）计算公式为

$$v_c = \frac{\pi d_w n_w}{1000}$$

式中 d_w——车刀切削刃选定点工件的回转直径（mm）；

n_w——工件（或刀具）的转速（r/min）。

单件小批生产时，为了简化工艺文件，常不具体规定切削用量，而由操作者根据具体情况自行确定。批量较大时，特别是组合机床、自动机床及多刀加工工序的切削用量，应科学、严格地确定。在采用组合机床、自动机床等多刀具同时加工时，其加工精度、生产率和刀具的寿命与切削用量的关系很大，为保证机床正常工作，不经常换刀，其切削用量要比采用一般机床加工时低一些。在确定切削用量的具体数据时，可凭经验，也可查阅有关手册中的表格，或在查表的基础上，再根据经验和加工的具体情况，对数据作适当的修正。

四、时间定额

时间定额是指在一定的生产条件下，规定每个工人完成单件合格产品或完成一道工序所必需的时间。时间定额不仅是衡量劳动生产率的指标，也是安排生产计划，计算生产成本的重要依据，还是新建或扩建工厂（或车间）时计算设备和工人数量的依据。时间定额必须正确制订，应该具有平均先进水平，过高或过低都不利于促进生产。

时间定额由下列部分组成：

1. 基本时间 T_b

基本时间是指直接改变生产对象的尺寸、形状、相对位置、表面状态或材料性质等工艺过程所消耗的时间。对机械加工而言，就是切除工序余量所消耗的时间（包括刀具切入、切出的时间）。基本时间可以根据切削用量和行程长度来计算。

2. 辅助时间 T_a

辅助时间是指为实现工艺过程所必须进行的各种辅助工作所消耗的时间。如装卸工件、开停机床、改变切削用量、试切和测量工件、进刀和退刀等所需的时间。

基本时间与辅助时间之和称为作业时间 T_B。它是指直接用于制造产品或零、部件所消耗的时间。

3. 布置工作场地时间 T_s

布置工作场地时间是指为使加工正常进行，工人管理工作场地（如更换和调整刀具、润滑和擦拭机床、清理切屑、修整砂轮、收拾工具等）所消耗的时间。T_s 不是直接消耗在

每个工件上，而是消耗在一个工作班内的时间，再折算到每个工件上的。一般按作业时间的 $\alpha = 2\% \sim 7\%$ 计算。

4. 生理和自然需要时间 T_r

生理和自然需要时间指工人在工作班内为恢复体力和满足生理需要等消耗的时间。也是按一个工作班为计量单位，再折算到每个工件上的。对由工人操作的机械加工工序，一般按作业时间的 $\beta = 2\% \sim 4\%$ 计算。

以上四部分时间的总和称为单件时间 T_p，即

$$T_p = T_b + T_a + T_s + T_r = (T_b + T_a)\left(1 + \frac{\alpha + \beta}{100}\right)$$

5. 准备与终结时间 T_e

准备与终结时间简称为准终时间，指工人在加工一批工件时进行准备和结束工作所消耗的时间。加工开始前，通常都要熟悉工艺文件，领取毛坯、材料、工艺装备，调整机床，安装刀具和夹具，选定切削用量等；加工结束后，需送交产品，拆下、归还工艺装备等。准终时间对一批工件来说只消耗一次，零件批量越大，分摊到每个工件上的准终时间 T_e/n 就越小，其中 n 为工件的数量。

因此，单件或成批生产的单件计算时间 T_c 应为

$$T_c = T_p + T_e/n = T_b + T_a + T_s + T_r + T_e/n$$

大批大量生产中，由于 n 的数值很大，$T_e/n \approx 0$，即可忽略不计。

第四节　提高机械加工生产率的工艺途径

生产率是指一个工人或一台机床（设备）在单位时间内生产出合格产品的数量。它是衡量生产效率的一个综合性技术经济指标。提高生产率不仅是一个工艺问题，还涉及其他一系列的工作，如产品设计、企业管理、劳动组织、员工素质等。其中，与提高机械加工生产率有关的一些工艺途径如下。

一、缩短单件加工时间定额的工艺措施

机械加工的生产率与时间定额互为倒数，故缩短单件加工时间定额中的每个组成部分，都可提高生产率，可从以下几方面考虑。

1. 缩短基本时间

（1）提高切削用量　使用新型刀具材料是目前提高切削用量的主要途径。新型刀具材料的出现，使切削速度得到了很大提高。目前涂层硬质合金刀具的切削速度可达 5m/s，陶瓷刀具的切削速度可达 10m/s，立方氮化硼和人造金刚石刀具的切削速度甚至高达 10 ~ 20m/s。

在磨削加工中，采用高速和强力磨削可大幅度提高生产率。高速磨削的砂轮线速度可达 90 ~ 120m/s；强力磨削的磨削深度可达 6 ~ 12mm，可取代铣削等加工方法进行表面粗加工。

（2）缩短工作行程长度　使用多刀同时加工一个表面或多个表面，可缩短工作行程长度，缩短基本时间。如图 5-10 所示的多刀同时镗削同轴线两孔的加工，工作行程长度只为镗削较长孔的工作行程长度。

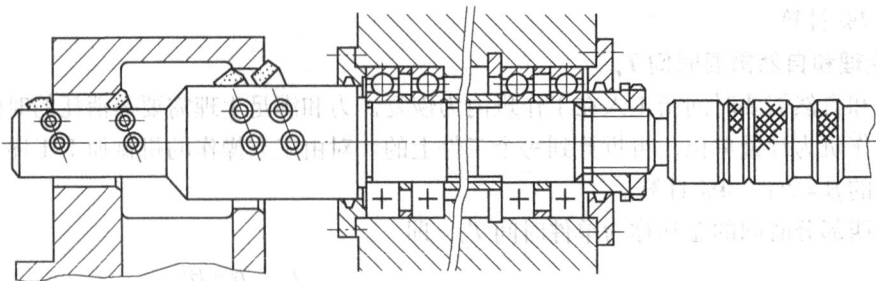

图 5-10 多刀镗孔实例

（3）采用多件加工，也可以缩短工作行程长度 如图 5-11 所示的三种形式。

1）顺序多件加工。图 5-11a 所示为工件按进给方向一个接一个装夹，减少了刀具切入和切出时间，从而降低了分摊到每个工件的基本时间。多用于滚齿、平面磨削和各种铣削加工等。

2）平行多件加工。图 5-11b 所示为在一次工作行程中，同时加工几个并排的工件，多件加工的基本时间重合，从而降低了每个工件的基本时间。多用于铣削、平面磨削等加工。

3）平行顺序加工。图 5-11c 所示为上述两种方式的综合，适用于工件尺寸较小、批量较大的工件加工，如垫圈等。多用于立轴平面磨削和铣削加工。

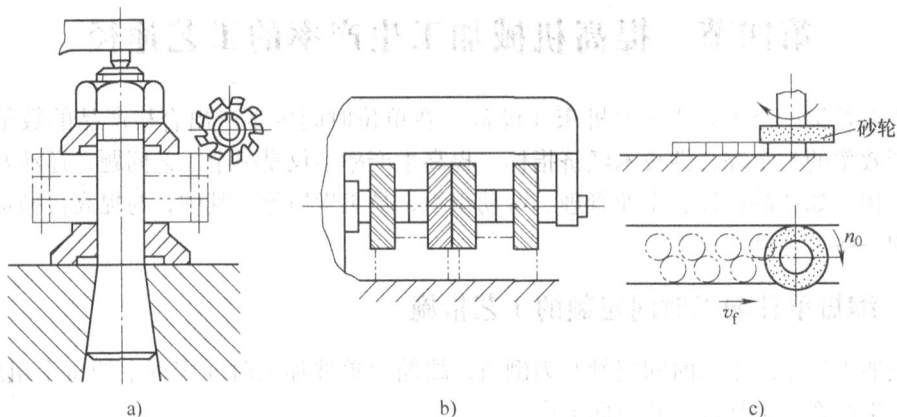

a)   b)   c)

图 5-11 多件加工形式
a）多件顺序加工 b）多件平行加工 c）多件顺序、平行加工

2. 缩短辅助时间

缩短辅助时间的主要方法是使辅助动作实现机械化和自动化，或使辅助时间与基本时间部分或全部地重叠。

（1）采用先进专用机床夹具，缩短装夹工件时间 例如，在大批大量生产中采用高效的气动、液压夹具；单件小批生产中，推行成组工艺，采用成组夹具和可调整夹具。也可采用多工位夹具或回转工作台，使辅助时间与基本时间重叠。如图 5-12 所示的多工位夹具和连续回转工作台，就是使装卸工件的辅助时间与基本时间重叠的实例。

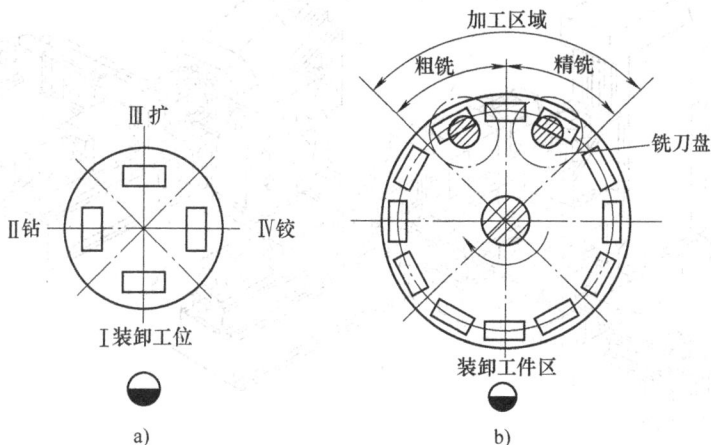

图 5-12　多工位夹具和回转工作台连续加工实例

（2）采用自动测量系统，减少加工中停机测量的辅助时间　自动测量系统在加工过程中自动显示测量工件的实际尺寸，并能根据测量结果控制机床的自动循环，节省了辅助时间。

（3）减少准备终结时间　在成批生产中，加大零件批量可以减少分摊到每个零件的准备与终结时间。在中、小批生产中，可把结构相似的零件组织到一起来进行加工，在更换另一种零件加工时，机床夹具和刀具可以不调整或只需少量调整，就可进行加工，减少了准备时间。

二、采用高效和自动化加工

1. 高效机床加工

在汽车生产中，由于零件批量大，生产稳定，广泛使用各种高效机床进行加工。高效机床与普通机床相比，其主要特点是功率大，可同时用多把刀具对工件进行多面加工，其效率可相当于多台普通机床。此外，高效机床的自动化程度普遍较高，减少了各种人为因素的影响，加工质量稳定。

汽车生产中广泛应用的高效机床有：多轴自动机床，多刀自动、半自动机床，液压仿形机床，凸轮多刀车床，曲轴主轴颈及连杆轴颈多刀车床，曲轴铣床，曲轴车-拉机床，多工位或多面组合机床等。

2. 自动生产线加工

自动生产线（简称自动线）是用工件自动输送装置及自动控制系统，把按加工工艺过程排列的若干台自动机床（设备）连接起来的流水生产线。

操作工人的主要工作只是装上工件和卸下成品，并监视机床和自动线工作是否正常。自动线在汽车制造业中应用非常广泛。

图 5-13 所示的自动线采用了一台立式组合机床、两台卧式双面组合机床、固定式机床夹具及输送工件的步伐式棘爪输送带等组成。为了完成工件各表面上孔的加工，自动线设有水平转位台和回转鼓轮；此外，还设有切屑排出装置等。

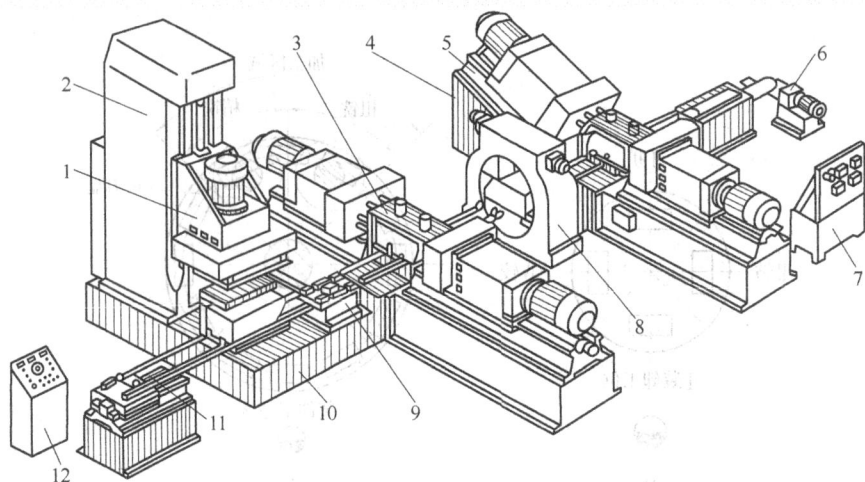

图 5-13　组合机床自动线的组成

1—动力头　2—立柱　3—夹具、夹紧液压缸　4—侧底座　5—滑座　6—排屑装置　7—液压站
8—回转鼓轮　9—水平转位台　10—底座　11—工件输送装置　12—操纵台

本 章 小 结

1. 机械加工工艺规程的概念、作用。
2. 机械加工工艺过程卡片格式，机械加工工序卡片格式。
3. 机械加工工艺规程制订的原则、步骤和内容。
4. 粗基准的选择原则，精基准的选择原则。
5. 加工方法的选择。
6. 加工阶段的划分：粗加工、半精加工、精加工、光整加工。
7. 加工工序（包括机械加工工序、热处理工序、辅助工序）的安排原则。
8. 工序集中与分散的概念、特点及选择。
9. 加工余量的概念及确定。
10. 确定设备、工艺装备、切削用量时应考虑的问题。
11. 时间定额的概念及组成。
12. 提高机械加工生产率的主要工艺途径。

思考与练习题

一、名词术语解释

机械加工工艺规程，工艺路线，粗基准，精基准，工序集中，工序分散，加工余量，工序余量，加工总余量，公称余量，最大余量，最小余量，余量公差，入体原则，时间定额，基本时间，辅助时间，布置工作场地时间，准备与终结时间，生产率，自动化生产线。

二、单项选择题

1. 粗基准是指（　　）。

A. 未经加工过的毛坯表面作定位基准　　B. 已加工表面作定位基准

C. 粗加工时的定位基准　　　　　　　　D. 精加工时的定位基准

2. 轴类零件加工中，为了实现基准统一原则，常采用（　　）作为定位基准。

A. 精度高的外圆　　　　　　　　　　　B. 一个不加工的外圆

C. 两端中心孔　　　　　　　　　　　　D. 一个中心孔和一个不加工的外圆

3. 下列加工工序中（　　）不是自为基准加工的。

A. 浮动镗刀镗孔　　　　　　　　　　　B. 无心磨床磨外圆

C. 齿轮淬火后磨齿面　　　　　　　　　D. 浮动铰刀铰孔

4. 有一铜棒外圆公差等级为 IT6，表面粗糙度要求 $Ra = 0.8\mu m$，则合理的加工路线为（　　）。

A. 粗车→半精车→精车

B. 粗车→半精车→粗磨→精磨

C. 粗车→半精车→精车→金刚石车

D. 粗车→半精车→精车→磨→研磨

5. 在安排工艺路线时，为消除工件内应力的热处理工序应安排在（　　）。

A. 粗加工之前　　　　B. 精加工之前　　　　C. 精加工之后　　　　D. 都对

6. 工序集中有利于保证各加工表面的（　　）。

A. 尺寸精度　　　　　B. 相互位置精度　　　C. 形状精度　　　　　D. 表面粗糙度

7. 领用夹具并安装在机床上属于单位时间哪部分（　　）。

A. 基本时间　　　　　　　　　　　　　B. 辅助时间

C. 生理和自然需要时间　　　　　　　　D. 准终时间

三、简述题

1. 机械加工工艺规程制订的原则和步骤是什么？

2. 粗基准、精基准的选择原则有哪些？如何处理在选择时出现的矛盾？

3. 选择工件表面的加工方法和加工方案时，要考虑哪些因素？

4. 如何划分加工阶段？每个加工阶段的任务是什么？

5. 安排切削加工工序的原则是什么？为什么要遵循这些原则？

6. 工序集中和工序分散有何不同？在拟订工艺路线时如何选择？

7. 提高机械加工生产率的工艺途径主要有哪些？

四、计算题

一小轴，毛坯为热轧棒料，大量生产的工艺路线为粗车→精车→淬火→粗磨→精磨，外圆设计尺寸为 $\phi 30_{-0.013}^{0}$ mm，已知各工序的加工余量和经济精度，试确定各工序尺寸及偏差，并填入下表：

工序名称	工序余量/mm	经济精度/mm	工序尺寸及偏差/μm	工序名称	工序余量/mm	经济精度/mm	工序尺寸及偏差/μm
精磨	0.1	0.013（IT6）		粗车	6	0.21（IT12）	
粗磨	0.4	0.033（IT8）		毛坯尺寸		±1.2	
精车	1.5	0.084（IT10）					

第六章

汽车典型零件制造工艺

【学习目标】

1. 了解齿轮机械加工工艺及主要表面的加工方法。
2. 了解曲轴机械加工工艺及主要表面的加工方法。
3. 了解连杆机械加工工艺及主要表面的加工方法。
4. 了解箱体零件机械加工工艺及主要表面的加工方法。
5. 理解箱体零件主要加工表面的机械加工工序安排原则。

第一节 齿轮制造工艺

齿轮在汽车上应用较多，其功用是改变传动比，扩大驱动轮的转矩和变速范围，以适应汽车经常变化的行驶条件。齿轮结构形式多样，加工、装配、传动要求高，因此，对齿轮的结构工艺性有较高的要求。

一、齿轮结构特点及结构工艺性

齿轮结构和加工工艺较为复杂。按其结构特点，汽车齿轮可分为五大类，如图 6-1 所示。

1. 汽车齿轮结构特点及分类

（1）单联齿轮和多联齿轮　如图 6-1a、b 所示，孔的长径比 $L/D > 1$，又称筒形齿轮，内孔一般为光孔、花键孔或键槽孔。

（2）盘形齿轮　如图 6-1c 所示，孔的长径比 $L/D < 1$，结构分为平板式和轮毂式，内孔为光孔或键槽孔。当齿轮较小时，一般制成平板式，当齿轮较大时，为减轻质量和减少机械加工量，一般将端面制成凹槽（槽较宽时还在辐板上制有穿孔）的轮毂式。

（3）齿圈　如图 6-1d 所示，孔的长径比 $L/D < 1$，无轮毂，内孔多为光孔。常用过盈配合或螺栓或铆钉与其他零件连接。

（4）轴齿轮　如图 6-1e 所示，其轴上具有一个或多个齿轮，是轴和齿轮的组合体。

2. 齿轮结构工艺性

（1）产品及零件的工艺性　所谓工艺性，是指所设计的产品、零部件在满足使用要求的前提下，制造、维修的可行性和经济性。换句话说，即所设计的产品、零部件，在一定的生产条件和保证使用性能要求的前提下，能以最高的生产效率、最少的劳动量和材料消耗、最低的成本制造出来。

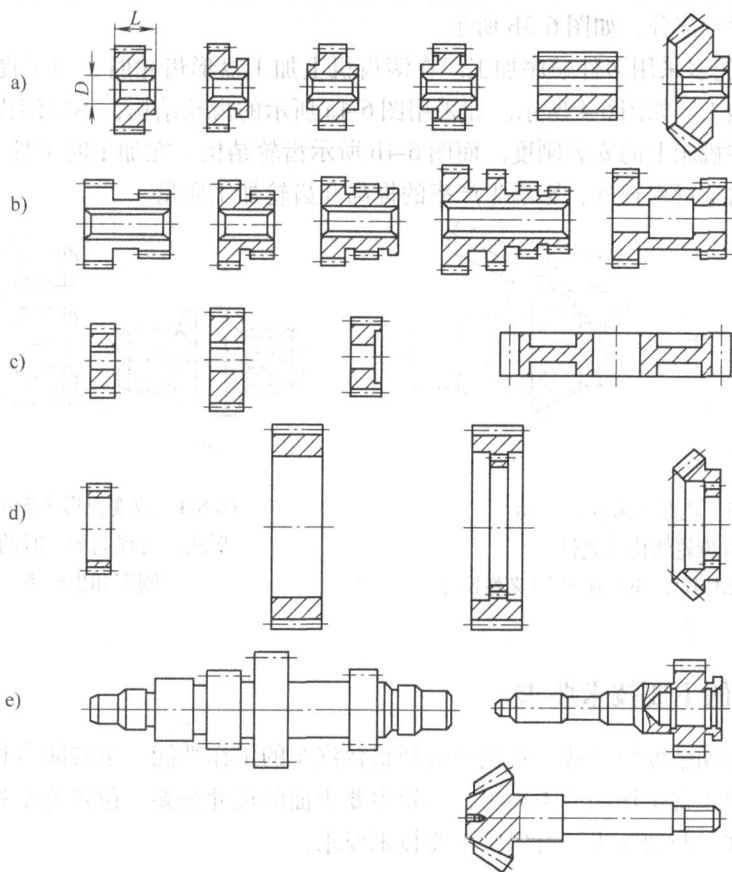

图 6-1　汽车常用齿轮结构类型

a）单联齿轮　b）多联齿轮　c）盘形齿轮　d）齿圈　e）轴齿轮

产品及零件的工艺性包括：毛坯的制造、热处理、机械加工、装配和维修的结构工艺性及原材料和毛坯的选择、制造方法、质量和技术要求、选用标准、生产类型和批量等。

（2）齿轮结构工艺性　齿轮结构形状直接影响齿轮的加工工艺性。齿轮结构工艺性和齿轮齿面的加工方法有直接关系。对齿轮零件机械加工工艺，除应进行通常的结构工艺性分析外，在采用传统的加工方法时，还需考虑以下问题。

1）双联齿轮之间的距离应足够大。用齿轮滚刀加工双联齿轮的小齿轮时，大、小齿轮之间的距离 B 应足够大，以免加工时滚刀碰到大齿轮的端面。如图 6-2 所示，B 的大小和滚刀直径 D_0、滚刀切削行程及滚刀安装角等有关。

2）锥齿轮的锥度应合理。汽车主减速器主动锥齿轮结构有悬臂式和骑马式两种。悬臂式主动锥齿轮的两个支承轴颈位于齿轮的同一侧，如图 6-3a 所示；骑马式主动锥齿轮的两个支承轴颈位于齿轮的两侧。设计骑马式主动锥齿轮时，应考虑铣齿或刨齿时切削刃不应伤

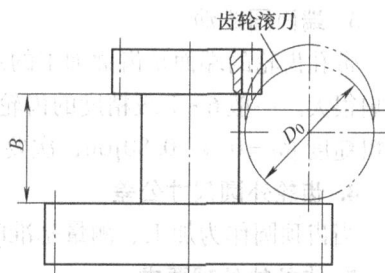

图 6-2　用齿轮滚刀加工双联齿的小齿轮时，两轮间应有足够距离

着小头一侧的轴颈部分，如图6-3b所示。

3）盘形齿轮多采用多件顺序加工。在滚齿机上加工盘形齿轮时，为了提高生产率，常采用多件顺序加工，如图6-4所示。如采用图6-4a所示的齿轮结构，不仅滚齿生产率高，而且增强了工件在机床上的安装刚度。而图6-4b所示齿轮结构，在加工时工件支承刚度较差，并增加了滚刀的空行程长度，影响生产率的提高和齿轮加工质量。

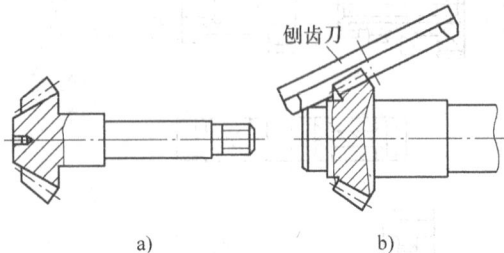

图6-3　汽车主减速器主动
锥齿轮结构工艺性
a）悬臂式工艺性较好　b）骑马式工艺性较差

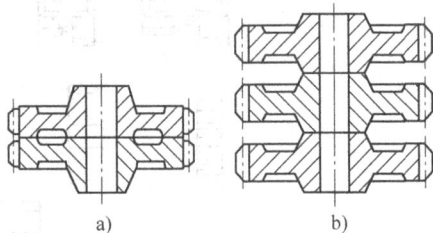

图6-4　改变盘形齿轮的端面
形式，可提高加工时的支承
刚度和生产率

二、齿轮的主要技术要求

汽车齿轮传动精度的高低，直接影响到整台汽车的工作性能、承载能力和使用寿命。为了保证汽车齿轮正常工作和便于加工，齿轮主要表面的尺寸公差、位置公差和表面粗糙度均应达到国家标准。归纳起来，有以下主要技术要求：

1. 齿轮的精度和齿面粗糙度

一般中、重型货车及越野车变速器齿轮精度为7～9级，表面粗糙度 $Ra = 3.2\mu m$；轿车微型车变速器齿轮精度为6～8级，表面粗糙度 $Ra = 1.6\mu m$。汽车驱动桥主减速器中的主动锥（圆柱）齿轮、从动锥（圆柱）齿轮的精度为8～9级，表面粗糙度 $Ra = 3.2\mu m$。

2. 齿轮孔或齿轮轴颈尺寸公差和表面粗糙度

齿轮孔或齿轮轴颈是加工、测量和装配时的基准面，故要求有较高的加工精度和较小的表面粗糙度。一般6级精度的齿轮，其内孔尺寸公差等级为IT6，轴颈为IT5；7级精度的齿轮，其内孔尺寸公差等级为IT7，轴颈为IT6；表面粗糙度 $Ra = 0.4 \sim 0.80\mu m$。

3. 端面圆跳动

带孔齿轮的端面是齿廓加工的定位基准，端面对内孔在分度圆上的跳动对齿轮加工精度影响很大。一般6～7级精度的齿轮，规定端面圆跳动量为 $0.011 \sim 0.022mm$，基准端面的表面粗糙度 $Ra = 0.4 \sim 0.80\mu m$，次要表面的表面粗糙度 $Ra = 6.3 \sim 25\mu m$。

4. 齿轮外圆尺寸公差

当齿顶圆作为加工、测量基准时，其尺寸公差等级为IT8，否则一般为IT11。

5. 齿轮热处理要求

对低碳合金钢材料的齿轮，其齿面必须进行一定深度的表面渗碳和淬火热处理，硬度为56～64HRC，心部淬火硬度为32～45HRC；对中碳钢或中碳合金钢齿面淬火硬度不低于53HRC。

三、齿轮材料及毛坯

1. 齿轮常用材料的选择

汽车传动齿轮常用材料多为低碳合金钢，少量使用低合金中碳钢，如 20GrMnTi、20GrNiMo、20MnVB、40Gr、40MnB 等，非传力齿轮可用不淬火碳钢、铸铁、夹布胶木、尼龙、工程塑料等材料制造。

2. 齿轮毛坯的成形

汽车齿轮的毛坯通常都采用锻造毛坯。中、小批量生产时，常采用胎膜锻成形工艺；大批量生产时常采用模锻工艺成形。当孔径大于 25mm，长度不大于孔径的两倍时，内孔一般直接锻出（在卧式锻造机上，还可以锻出孔的长径比大于 5 的深孔）。

图 6-5 所示为汽车变速器齿轮的毛坯锻件图。钢材经模锻后，内部金属纤维对称于轴线且不被切断，可提高材料的强度，如图 6-6 所示。

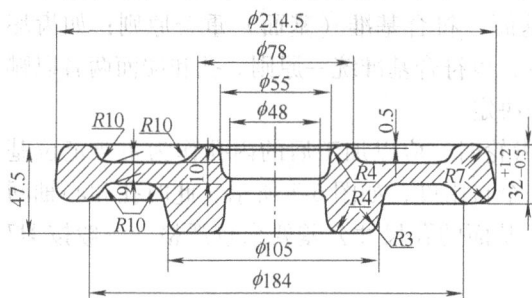

图 6-5 汽车变速器齿轮锻件毛坯图

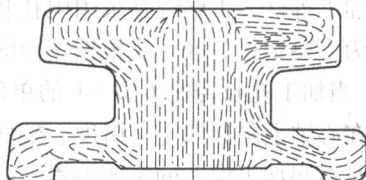

图 6-6 模锻齿轮毛坯材料纤维排列

为了减少机械加工量，对于小尺寸、形状复杂的齿轮可用精密铸造、压力铸造、精密锻造、粉末冶金锻造、塑性镦锻工艺成形（热轧、冷轧）等精化工艺制造出具有轮齿的齿坯。

对尺寸较大的从动圆柱（锥）齿轮坯体可采用碾环成形工艺；对于精度要求低的齿轮，采用精密锻造成形后可直接锻出轮齿，齿面不需要机械加工，只是内孔和端面留有适当的加工余量。

粉末冶金锻造齿轮属于少、无切削加工工艺。采用粉末冶金锻造齿轮生产汽车行星齿轮毛坯，只要模具尺寸公差等级不低于 IT11，除了钻油孔、精磨内孔和球形端面外，轮齿齿面不需机械加工就能满足使用要求。

上述齿轮毛坯成形工艺，既节约材料、精化锻件，又可提高生产率，降低生产成本。

3. 齿轮的热处理

根据齿轮使用要求的不同，常安排两种热处理工序。

（1）毛坯的热处理 齿轮锻件毛坯加工前后应安排预备热处理，如正火、等温退火或调质等。其目的是消除锻造及粗加工时引起的残余应力，减少被加工齿轮在渗碳和淬火时的变形，使毛坯的金相组织和晶粒细密而均匀，改善材料的切削加工性能和综合力学性能。例如，对于 20CrMnTi 材料的齿轮，多采用正火处理，以消除锻件的内应力和提高材料的切削加工性。

（2）齿面热处理　齿轮轮齿加工后，为提高齿面硬度和耐磨性，对中碳钢或中碳合金钢制造的齿轮进行高频淬火和低温回火热处理；对低碳合金渗碳钢齿轮进行渗碳淬火热处理。

四、齿轮的机械加工工艺

齿轮的机械加工工艺应根据齿轮的材料、毛坯和热处理要求、结构形式和尺寸大小、精度要求、生产类型和本企业现有设备条件等来制订。齿轮的机械加工工艺过程主要包括：定位基准的选择，主要表面加工工序的安排，齿形加工方法的选择，热处理的安排等内容。

1. 齿轮加工定位基准的选择

齿轮加工时，定位基准与设计基准应尽量遵循"基准重合"原则，以避免产生基准不重合误差。具体为：

（1）加工带孔齿轮时定位基准的选择　常采用齿坯已加工出的内孔（光孔或花键孔）及端面定位。因为以这些表面作为定位基准（基面）符合基准（基面）重合原则；如齿坯和齿面加工等许多工序都是采用内孔和端面定位，也符合基准统一原则。孔和端面两者以哪一个作为主要定位基准，要根据定位的稳定性来决定。

1）当加工孔长径比 $L/D>1$ 的单联或多联齿轮时，应以加工后的内孔作为主要定位基面，装在心轴上限制四个自由度、端面只限制一个自由度，如图6-7所示。此时孔和心轴间的间隙是引起加工误差的主要因素，故作为定位基面的孔尺寸公差要求较严格，一般按H7加工。

为了消除孔和心轴间的间隙的影响，精车齿坯时，常用过盈心轴或小锥度心轴（锥度为1/4000～1/6000）；预加工齿面时，可采用能自动定心的可胀心轴或分组的小间隙心轴装夹。

2）当加工孔长径比 $L/D<1$ 的齿圈或盘形齿轮时，应以加工后的端面和内孔作为定位基准（基面），如图6-8a所示。

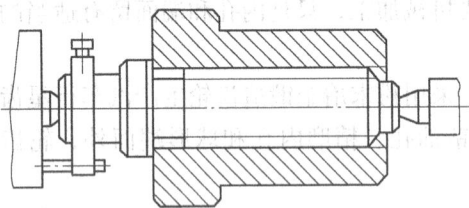

a)　　　　　b)

图6-7　孔长径比 $L/D>1$ 的
筒形齿轮的定位

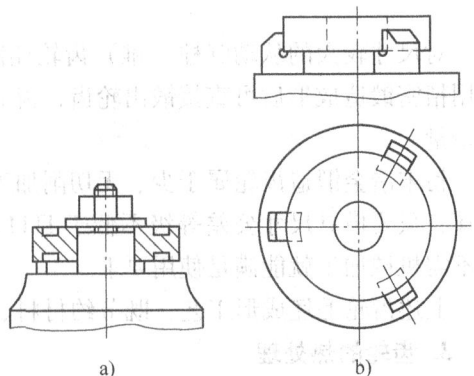

图6-8　孔长径比 $L/D<1$ 的
盘形齿轮的定位

为使作为定位基面的孔和端面具有较高的垂直度，在加工这两个表面时，应以外圆和另一端面定位在一次装中加工完成，如图6-8b所示。在数控车床上加工齿坯时，也可以采用外圆及端面作为定位基准（基面）使用自定心卡盘定位夹紧，加工外圆、端面、内孔及沟槽等表面。而加工齿面时采用内孔及端面定位。

（2）加工轴齿轮时定位基准的选择 当加工轴齿轮中轴的外圆表面、外螺纹、圆柱齿轮齿面和花键时，常选择轴两端的中心孔作为定位基准，把工件安装在机床的前、后（或上、下）两顶尖之间进行加工。如以工件两端中心孔定位不方便或安装刚度不足时，有的工序可采用磨削过的两端轴颈定位。例如汽车主动锥齿轮，加工轴端锥齿轮齿面时，常用两轴颈定位，装夹在精密的弹性夹头中进行加工。若在轴上钻径向孔、铣键槽等，则常以两轴颈在两个 V 形块上定位夹紧进行加工。

用中心孔在机床两顶尖定位时，定心精度高；用两轴颈在弹性夹头内定位时，受夹头结构精度的影响，定心精度比用中心孔在机床两顶尖间定位低些，但夹紧力较大，安装刚度高。

2. 齿轮主要表面加工工序的安排

在大批大量生产条件下生产汽车齿轮，可分为粗加工和精加工两个大的阶段。齿轮机械加工工序安排为：齿坯加工→齿形加工→齿面热处理→热处理后的精加工。

（1）齿坯加工 主要为轮齿齿面加工准备好定位基准（基面），如齿轮的内孔和端面、轴齿轮的中心孔、轴颈外圆和端面，以及外圆和一些次要的表面，如沟槽、倒角、螺纹及其他非定位用的端面等。因此，确定齿坯的加工方案，主要是确定内孔、外圆、端面等表面的加工方法及其加工顺序。

成批大量生产中，加工中等尺寸的盘形齿轮齿坯时，常采用"车（或钻）→拉→多刀车削"工艺方案。首先以毛坯外圆及端面作为粗基准定位进行车（钻）孔、扩孔，再在拉床上以端面定位拉孔，然后以内孔定位在多刀半自动车床上粗、精加工外圆、端面、车槽及倒角。该工艺方案适合生产效率高的流水线或自动线生产。根据产品的特点和生产批量的大小，具体的齿坯加工工艺过程不尽相同。

（2）齿形加工方案 齿坯加工好后，齿形加工则是整个齿轮加工的关键工序。虽然齿轮机械加工工序很多，但都是为最终获得符合精度要求的齿形加工服务的。齿形加工方案的选择，主要取决于齿轮精度等级、结构特点、生产类型及热处理方案等。常用的齿形加工方案如下：

1）对于 8 级精度以下的软齿面传动齿轮（多采用调质），只需用插齿或滚齿成形就能直接满足使用要求；而硬齿面传动齿轮，则采用滚（或插）齿→剃齿或冷挤→齿端加工→淬火→校正孔的加工方案。

2）对 6~7 级精度的硬齿面传力齿轮，可采用滚（或插）齿→齿端加工→表面淬火→校正基准→磨齿（蜗杆砂轮磨齿）。也可采用滚（或插）齿→剃齿或冷挤→表面淬火→校正基准→内啮合珩齿的加工方案。

3）对于 5 级以上精度的齿轮，一般采用粗滚齿→精滚齿→表面淬火→校正基准→粗磨齿→精磨齿的加工方案。在大批量生产时也可采用滚齿→粗磨齿→精磨齿→表面淬火→校正基准→磨削珩齿的加工方案。

3. 齿形加工方法的选择

1）对于齿圈或盘形圆柱齿轮的齿形加工，采用展成法在滚齿机或插齿机上利用齿轮滚刀或齿轮插刀的相对运动进行切削加工，如图 6-9 所示。

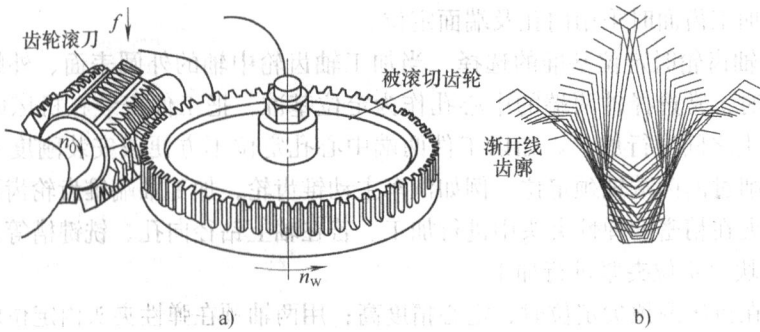

图 6-9 齿轮滚刀滚切圆柱齿轮示意图

a）齿轮滚刀滚切齿轮及其运动 b）若干包络线形成的渐开线齿廓

2）对于多联齿轮，当两齿轮间距足够大时，采用在滚齿机上滚切加工；当两齿轮间距较小或为内齿时，在插齿机上进行插削加工，如图 6-10 所示。

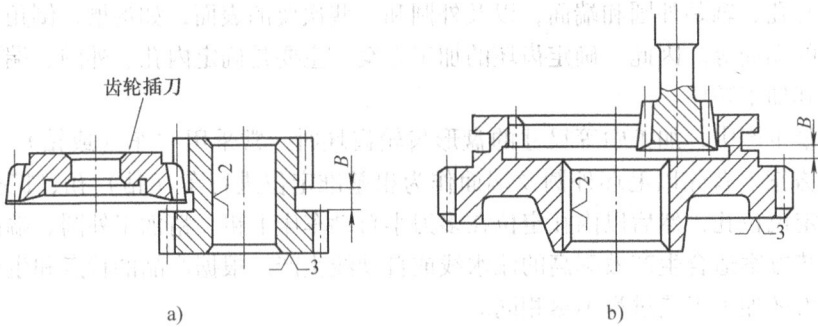

图 6-10 插削双联齿轮和内齿轮

a）插削小间距齿轮 b）插削内齿轮

3）齿端加工，其内容有倒圆、倒棱和去飞边等，其目的是使齿轮沿轴向移动时容易进入啮合状态。一般在齿轮倒角机上进行加工，如图 6-11 所示。

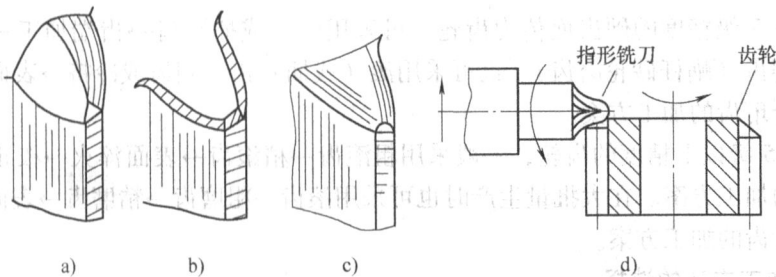

图 6-11 齿端形状及加工

a）倒尖角 b）倒棱 c）倒圆角 d）齿端倒圆加工

4. 热处理的安排

齿轮局部淬火主要采用中频或高频感应加热淬火，这种热处理齿轮变形小。淬火后的齿轮应进行回火，以消除内应力。齿面的热处理应安排在轮齿初加工之后，精磨之前进行。

由于热处理工序会产生变形，所以齿轮热处理后还需对定位基面和装配基准（内孔、基准端面、轴齿轮的中心孔、轴颈等）进行修整。内孔和端面一般使用内圆磨床磨削，花键孔的大径和侧面如需修整，可根据情况用推刀加工，或用电镀金刚石（或立方氮化硼）拉刀加工，或用电解成形等方法修整。轴齿轮中心孔的修整，需采用硬质合金顶尖加上磨料进行研磨，或用60°锥形砂轮磨削。中心孔修整后，再精磨轴颈外圆、支承端面、花键轴的外圆（大径）、小径和侧面。

弧齿锥齿轮轮齿齿面的最后加工，采用主、从动锥齿轮在研齿机上成对的进行对研，对研后打上记号，装配时成对装配。目前弧齿锥齿轮轮齿齿面热处理后的精加工已开始使用数控磨齿机进行磨齿。

五、典型汽车齿轮机械加工工艺过程

1. 大量生产倒车齿轮的加工工艺过程

倒车齿轮零件简图如图6-12所示；其工艺过程见表6-1。齿轮坯所有表面的加工可在两台立式六轴半自动车床上，分两个工序多个工位加工完成；第一工位是将工件以毛坯外圆及端面定位装夹在自定心卡盘中，先粗、精加工内孔、端面及倒角；然后以加工过的内孔和端面作定位精基准装夹在心轴上，再粗、精加工外圆以及另一端面、切槽和倒角等。

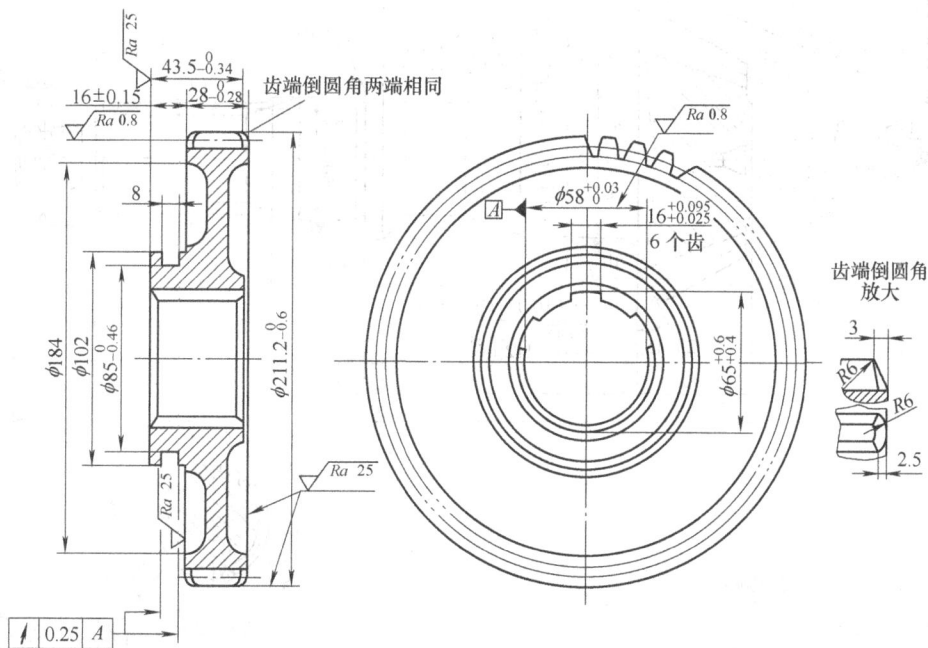

图6-12 倒车齿轮零件简图

表 6-1　大量生产倒车齿轮的工艺过程

工序号	工序内容	设备	工序号	工序内容	设备
1	扩孔	立式钻床	10	剃齿或冷挤齿	剃齿机或挤齿机
2	车轮毂及端面	六轴半自动车床	11	修花键槽宽	压床
3	精车另一端面	六轴半自动车床	12	清洗	清洗机
4	车齿坯	六轴半自动车床	12J	中间检验	
5	拉花键孔	拉床	13	热处理	
5J	中间检验		14	对滚	专用对滚机
6	去飞边		15	磨内孔	内圆磨床
7	滚齿	双轴滚齿机	16	珩磨齿	蜗杆式珩齿机
8	倒齿端圆角	齿轮倒角机	17	清洗	清洗机
9	清洗	清洗机	18	修理齿面	
9J	中间检验		19	最终检验	

2. 大量生产汽车后桥主减速器主动锥齿轮的加工工艺过程

汽车主动锥齿轮零件简图如图 6-13 所示；其加工工艺过程见表 6-2。

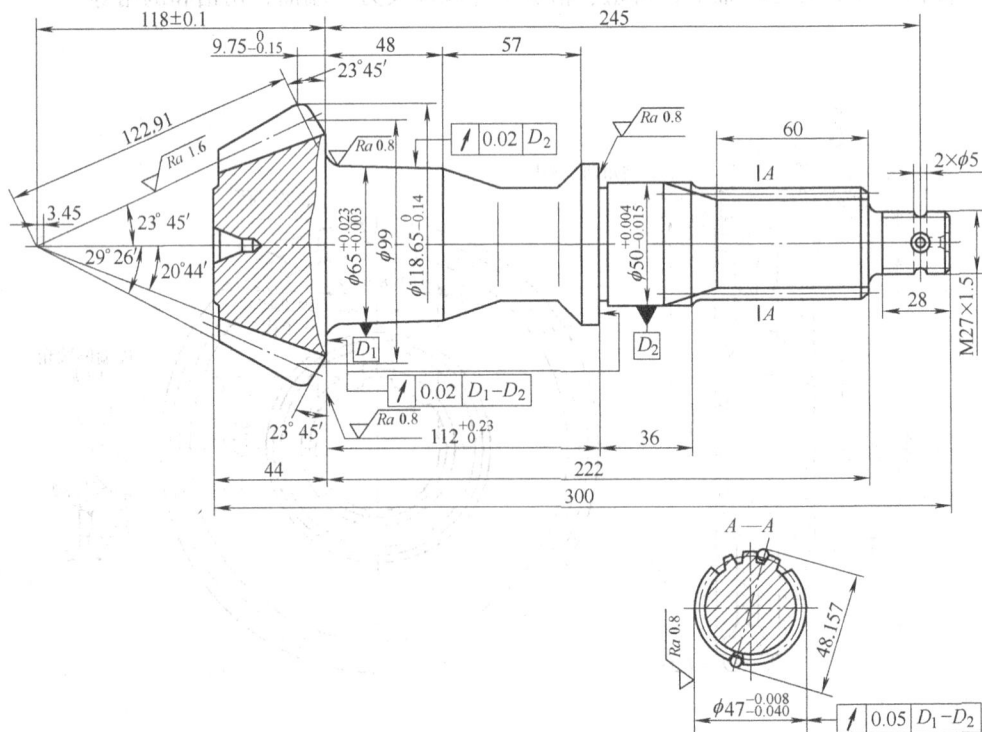

图 6-13　汽车主减速器主动锥齿轮零件简图

表6-2 大量生产汽车主减速器主动锥齿轮的工艺过程

工序号	工序内容	设备
1	铣两端面、钻两端中心孔	双面铣、钻专用机床和夹具
2	粗、精车轴颈外圆和前、背锥及端面	液压仿形车床（或数控车床）
3	铣花键	花键铣床
4	粗磨轴颈外圆、花键外圆及端面	端面外圆磨床
5	钻十字孔 $\phi 5$mm	台钻
6	锪孔 $\phi 5$mm、孔口 $90°$	台钻
7	车（或铣）铣螺纹	车床或螺纹铣床
7J	中间检查	
8	粗切齿	弧齿锥齿轮铣齿机
9	精切齿凸面	弧齿锥齿轮铣齿机
10	精切齿凹面	弧齿锥齿轮铣齿机
11	齿端倒角	齿轮倒角机
12	清洗	清洗机
12J	中间检验	
13	热处理（渗碳、淬火）	
14	修复中心孔	
15	精磨轴颈、花键外圆及端面	端面外圆磨床
16	校正螺纹	螺纹样板
16J	最终检验	

（1）两端面及定位基准中心孔的加工 采用双工位专用机床夹具在专用机床上先加工好，如图6-14所示。

（2）主动锥齿轮外圆表面的车削加工 常采用液压仿形车床进行加工，如图6-15所示。近年来已开始采用数控或程控车床加工，可显著缩短基本时间和辅助时间，提高生产效率。

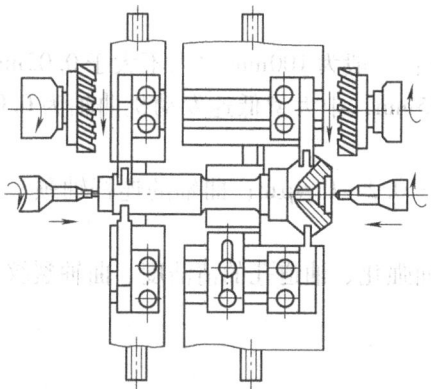

图6-14 双面铣端面、钻中心孔

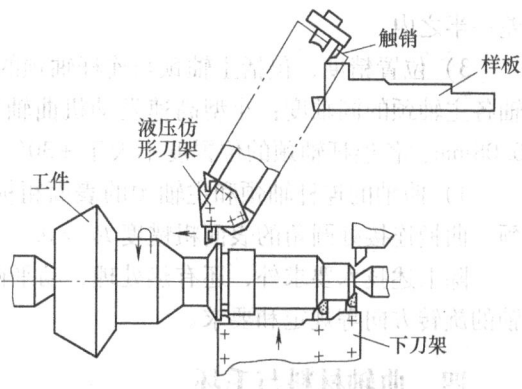

图6-15 液压仿形车床加工
汽车主动锥齿轮示意图

第二节　曲轴制造工艺

曲轴是汽车发动机中最重要的零件之一。其作用是把活塞连杆组传来的气体压力转变为转矩并输出功率，同时还驱动配气机构和其他附属装置（如发电机、水泵、空调压缩机、空压机、冷却风扇等）。曲轴工作条件较差，受力情况复杂，装配要求严格，因此，对其结构工艺性和加工质量要求都比较高。

一、曲轴的工作特点

发动机工作时，活塞每秒要往复 100～200 个行程。一台行驶 16 万 km 的发动机大约完成做功行程 2 亿次，曲轴转速可达到 6000r/min。发动机每个工作行程都有很大的燃气压力通过活塞、连杆突然作用到曲轴上，以每秒 100～200 次的频率反复冲击曲轴；此外曲轴还受到往复、旋转运动的惯性力和力矩的作用。这些周期性变化的载荷在曲轴各部分产生弯曲、扭转、剪切、拉压等复杂的交变应力，也造成曲轴的扭转振动和弯曲振动，使曲轴易产生疲劳破坏。

曲轴的主轴颈和连杆轴颈及其轴承副在高压下高速旋转，易造成磨损、发热和烧损。所以，曲轴一旦发生故障，可能对发动机有致命的破坏作用。

二、曲轴的结构特点

如图 6-16 所示，曲轴的结构与一般轴不同，它由主轴颈、连杆轴颈、连接主轴颈和连杆轴颈之间的曲柄组成，其结构细长多曲拐，刚性较差，要求精度高。

三、曲轴的主要技术要求

1）主轴颈、连杆轴颈本身的精度，即直径尺寸公差等级通常为 IT6～IT7；主轴颈的宽度极限偏差为 ±0.05mm；曲拐半径极限偏差为 ±0.05mm；曲轴的轴向尺寸极限偏差为（±0.15～±0.50）mm。

2）轴颈长度公差等级为 IT9～IT10。轴颈的形状公差，如圆度、圆柱度控制在尺寸公差一半之内。

3）位置精度，包括主轴颈与连杆轴颈的平行度：一般为 100mm 之内不大于 0.02mm 曲轴各主轴颈的同轴度：小型高速发动机曲轴为 0.025mm，中大型低速发动机曲轴为 0.03～0.08mm；各连杆轴颈的位置度不大于 ±30′。

4）曲轴的连杆轴颈和主轴颈的表面粗糙度 $Ra = 0.2～0.4\mu m$；曲轴的连杆轴颈、主轴颈、曲柄连接处圆角的表面粗糙度 $Ra = 0.4\mu m$。

除上述技术要求外，还有热处理、动平衡、表面强化、油道孔的清洁度、曲轴裂纹、曲轴的旋转方向等规定和要求。

四、曲轴材料与毛坯

曲轴工作时要承受很大的转矩及交变弯曲应力，容易产生扭振、折断及轴颈磨损，因此，要求所用材料应有较高的强度、冲击韧度、疲劳强度和耐磨性。

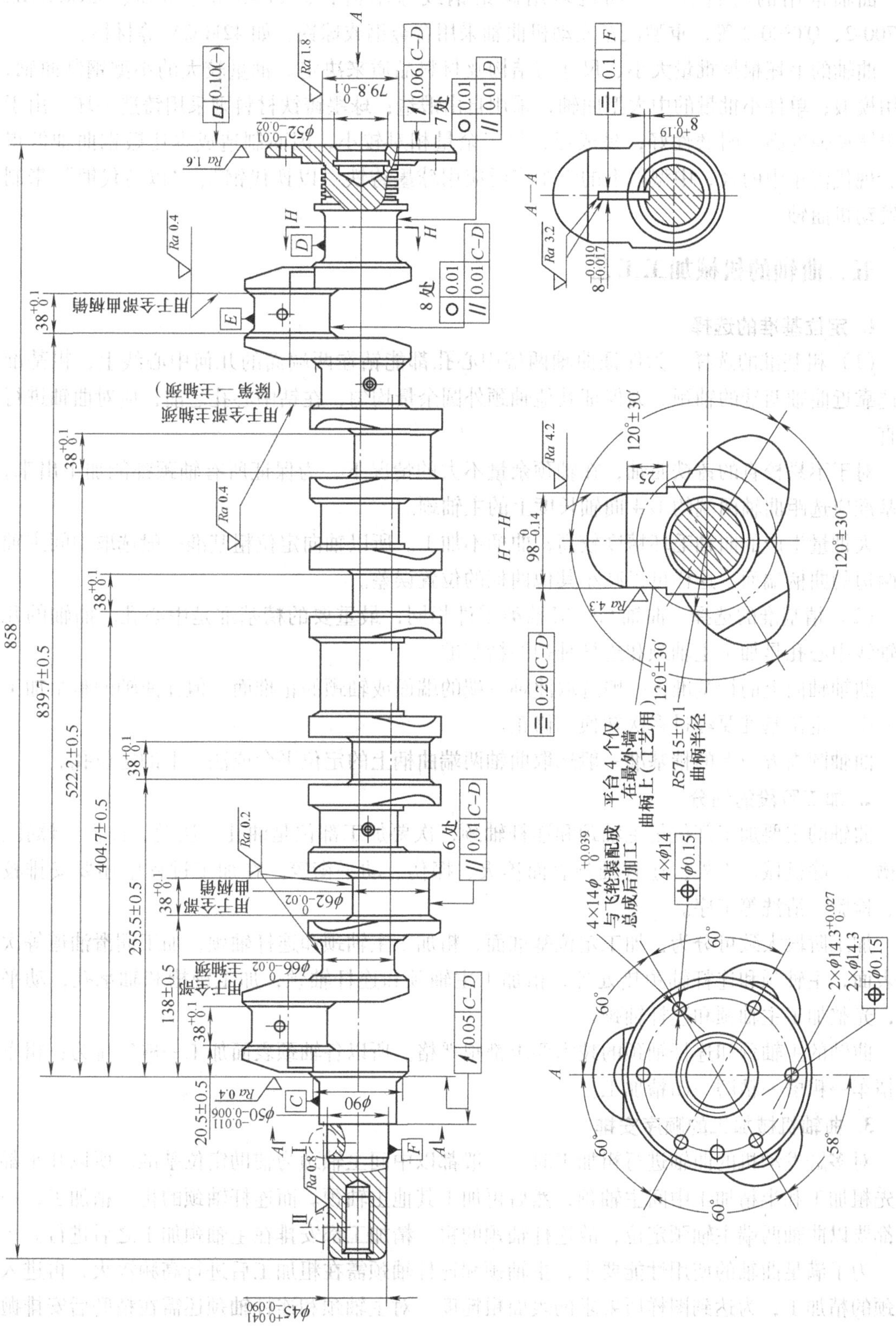

图 6-16 六缸汽油机曲轴结构简图

曲轴常用的材料有：汽油机多用碳素钢或球墨铸铁，如 45 钢、40Cr、35CrMoAl、QT700-2、QT800-2 等；重型汽车发动机曲轴采用合金钢或球铁，如 42Mn2V 等材料。

曲轴的毛坯根据批量大小、尺寸与结构及材料品质来决定。批量较大的小型钢制曲轴，采用模锻；单件小批量的中大型曲轴，采用自由锻造；球墨铸铁材料则采用铸造毛坯。由于球墨铸铁强度高，耐磨性好，易成形，加工余量相对较小，因而制造成本比锻钢曲轴低得多。现代汽车中的轻、中型以上的汽车广泛应用球墨铸铁"以铁代钢"、"以铸代锻"来制造发动机曲轴。

五、曲轴的机械加工工艺

1. 定位基准的选择

（1）粗基准的选择　为保证曲轴两端中心孔都能钻在两端面的几何中心线上，粗基准应选靠近曲轴两端的轴颈。为保证其他轴颈外圆余量均匀，在钻中心孔之前，应对曲轴进行校直。

对于不易校直的铸铁曲轴，在轴颈余量不大的情况下，为保证所有轴颈都能加工出来，粗基准应选距曲轴两端约 1/4 曲轴长度上的主轴颈。

大批量生产的曲轴毛坯精度较高，曲柄不加工。所以轴向定位粗基准一般选取中间主轴颈两边的曲柄端面，这样可以减小其他曲柄的位置误差。

（2）精基准的选择　曲轴与一般轴类零件相同，最重要的精基准是中心孔。曲轴的几何轴线中心孔是加工主轴颈和连杆轴颈的精基准。

曲轴轴向上的精基准，一般选取曲轴一端的端面或轴颈的止推面。但在曲轴的整个加工过程中，定位基准要经过多次转换和修正。

曲轴圆周方向上的精基准一般选取曲轴两端曲柄上的定位平台或法兰上的定位孔。

2. 加工阶段的划分

曲轴的主要加工部位是主轴颈和连杆轴颈，次要加工部位是油孔、法兰、曲柄、螺孔、键槽等。除机械加工外，还有轴颈表面淬火、探伤、动平衡等。在加工过程中还要安排校直、检验、清洗等工序。

加工阶段大致可分为：加工定位基准面，粗加工主轴颈和连杆轴颈，加工润滑油道等次要表面，主轴颈和连杆轴颈热处理，精加工主轴颈和连杆轴颈，加工键槽和轴承孔，动平衡，光整加工主轴颈和连杆轴颈。

曲轴的主轴颈和连杆轴颈的技术要求都很严格。所以各轴颈表面加工一般安排为：粗车→精车→粗磨→精磨→超精加工。

3. 曲轴机械加工的顺序安排

对多缸发动机的曲轴进行粗加工时，一般都以中间主轴颈为辅助定位基准。所以几乎都是先粗加工和半精加工中间主轴颈，然后再加工其他主轴颈。而连杆轴颈的粗、精加工，一般都要以曲轴两端主轴颈定位，故连杆轴颈的粗、精加工都安排在主轴颈加工之后进行。

为了满足曲轴的使用性能要求，主轴颈和连杆轴颈需在粗加工后进行高频淬火，再进入轴颈的精加工；为达到图样所要求的表面粗糙度，对主轴颈和连杆轴颈还需在精磨后安排抛光或研磨光整及圆角处的滚挤压加工等工序。

4. 大量生产汽车曲轴的机械加工工艺过程示例

在汽车发动机的制造中，曲轴的加工多属于大批量生产，按工序分散原则安排工艺过程。表6-3所列为大量生产的六缸汽油机曲轴的机械加工工艺过程。表中，主轴颈的精磨分别在工序23、24、26、29四道工序中完成，并广泛采用先进工艺和高生产率专用机床，实现零件机械加工、检验和清洗等工序的自动化。

表6-3　大量生产的六缸汽油机曲轴机械加工工艺过程

工序号	工 序 内 容	工 序 设 备
1	铣端面，钻中心孔	铣钻组合机床
2	粗车第4主轴颈	曲轴主轴颈车床
3	校直第4主轴颈摆差	压油机
4	粗磨第4主轴颈	双砂轮架外圆磨床
5	车削第4主轴颈以外所有的主轴颈	曲轴主轴颈车床
6	校直主轴颈摆差	压油机
7	粗磨第1主轴颈与齿轮轴颈	双砂轮架外圆磨床
8	精车第2、3、5、6、7主轴颈、油封轴颈和法兰	曲轴车床
9	粗磨第7轴颈	双砂轮架外圆磨床
10	粗磨第2、3、5、6主轴颈	双砂轮架外圆磨床
11	在第1、第12曲柄上铣定位面	曲轴定位面铣床
12	车6个连杆轴颈	曲轴连杆轴颈车床
13	清洗	清洗机
14	在连杆轴颈上球窝	球形钻孔机
15	在第1、第6连杆颈上钻油孔	深孔组合钻床
16	在第2、第5连杆颈上钻油孔	深孔组合钻床
17	在第3、第4连杆颈上钻油孔	深孔组合钻床
18	在主轴颈上油孔口处倒角	交流两相电钻
19	去飞边	风动砂轮机
20	高频感应加热淬火部分轴颈表面	曲轴高频感应加热淬火机
21	高频感应加热淬火另一部分轴颈表面	曲轴高频感应加热淬火机
22	校直曲轴	压油机
23	精磨第4主轴颈	双砂轮架外圆磨床
24	精磨第7主轴颈	双砂轮架外圆磨床
25	车回油螺纹	曲轴回油螺纹车床
26	精磨第1主轴颈与齿轮轴颈	双砂轮架外圆磨床
27	精磨带轮轴颈	双砂轮架外圆磨床
28	精磨油封轴颈与法兰外圈	双砂轮架外圆磨床
29	精磨第2、3、5、6主轴颈	双砂轮架外圆磨床
30	粗磨6个连杆轴颈	曲轴磨床
31	精磨6个连杆轴颈	曲轴磨床

（续）

工序号	工序内容	工序设备
32	在带轮轴颈上铣键槽	键槽铣床
33	加工两端孔	两端孔组合机床
34	检查曲轴不平衡量	曲轴动平衡自动线
35	在连杆轴颈上钻去重孔	特种去重钻床
36	去飞边	风动砂轮机
37	校直曲轴	压油机
38	加工轴承孔	曲轴轴承专用车床
39	精车法兰断面	端面车床
40	去飞边	风动砂轮机
41	粗抛光主轴颈与连杆轴颈	曲轴磨石抛光机
42	精抛光主轴颈与连杆轴颈	曲轴砂带抛光机
43	清洗	清洗机
44	最后检查	

六、曲轴主要表面的机械加工方法

1. 曲轴中心孔的加工

铣端面钻中心孔，是曲轴加工的第一道工序。中心孔是后续加工工序的主要工艺基准，它的精度对后续工序影响很大，特别是对动平衡和各加工表面余量分布影响更大。

曲轴有几何中心和质量中心两根轴线，如在普通铣端面钻中心孔机床上以曲轴两端主轴颈外圆定位，钻出的中心孔是几何中心孔，所形成的轴线是几何中心轴线，被广泛采用。而曲轴的质量中心轴线是自然存在的。如在动平衡钻中心孔机床上钻出的孔称为质量中心孔，所形成轴线称质量中心轴线，但目前使用较少，原因是机床价格太高。

小批量生产中，曲轴的中心孔一般在卧式车床上加工。在大批量生产中，曲轴几何中心孔一般在专用的铣端面钻中心孔机床上进行。

2. 曲轴主轴颈的粗、精加工

（1）主轴颈的粗加工　小批量生产时，一般在卧式车床上粗加工主轴颈；大批量生产时，在多刀半自动车床上采用成形车刀车削。由于这种车削属于多刀车削，切削条件较差。

为了提高主轴颈的相对位置精度，常采用两次车削工艺。第二次精车时，主要保证轴颈宽度和轴颈相对位置。为了减小曲轴加工时的扭曲，机床采用两端传动或中间驱动。

为了减少切削时径向切削力引起的曲轴变形，车削主轴颈时，采用较窄的刀具。也可采用大直径盘铣刀或立铣刀铣削曲轴主轴颈，并在专门设计的铣床上进行。当曲轴很长时，需将中间主轴颈事先加工好，用以安放中心架，以提高曲轴的刚度。

（2）主轴颈的精加工　曲轴主轴颈及其曲柄端面的精加工可在普通外圆磨床上完成。

3. 曲轴连杆轴颈的粗、精加工

连杆轴颈的粗加工可采用多种工艺方法，主要有车削、铣削、车-拉削等方法。

（1）小批量生产时连杆轴颈的粗加工　一般采用车削法，即在卧式车床上安装专用偏心卡盘分度夹具（实际为改装的曲轴车床），利用已粗加工过的主轴颈在偏心卡盘分度夹具中定位，使连杆轴颈的轴线与机床主轴转动轴线重合并进行加工。

连杆轴颈之间的角度位置精度靠夹具上的分度装置保证，加工多拐曲轴时，依次加工同一轴线上的连杆轴颈及曲柄端面，工件通过在夹具体上的分度板与分度定位销分度，如图6-17所示。

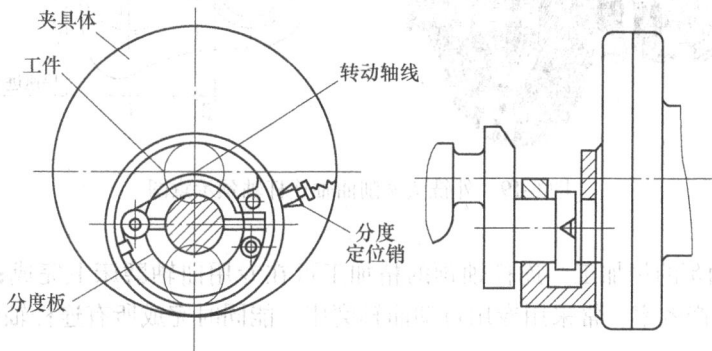

图 6-17　偏心卡盘分度夹具车削连杆轴颈

曲轴偏心装夹，卡盘上装有平衡块，以避免产生振动，车床主轴转速应适当减小。

此加工方法的优点是设备投资不大；缺点是无法同时加工多个连杆轴颈，生产率低。

（2）成批大量生产时连杆轴颈的粗加工　有车削和铣削两种方法。

1）车削法加工。为了提高生产效率，常采用专用半自动曲轴车床，工件能在一次装夹下（仍以主轴颈定位）同时车削所有连杆轴颈，该车床的刀架数与被加工的连杆轴颈数相等。这种机床生产率很高，适用于单一品种的大批量生产。因切削力很大，车削时应将曲轴的主轴颈支承在机床的中心架上；为减小曲轴扭转变形，机床采用两端驱动。若中心架刚性不够，易失去精度。

2）铣削法加工。连杆轴颈的铣削加工分为内铣与外铣，两种都用于多品种大批量生产。

①内铣法。连杆轴颈内铣有曲轴旋转和曲轴不旋转两种。曲轴旋转时，定位夹紧与外铣大致相同。其加工原理如图6-18所示。高速旋转的内铣刀径向进给到连杆轴颈规定的尺寸后，曲轴低速绕主轴颈轴线旋转一周，铣刀跟踪连杆轴颈作切向进给运动，完成一个连杆轴颈的加工。

曲轴不旋转时，内铣加工所用铣刀不仅绕自身轴线自转，还绕连杆轴颈公转一周。

②外铣法。以曲轴两端主轴颈径向定位，轴向定位用止推面。高速旋转的铣刀径向进给到连杆轴颈规定的直径尺寸后，曲轴低速绕主轴颈轴线旋转一周，铣刀跟踪曲轴连杆轴颈铣削，即可完成连杆轴颈的加工。其加工原理如图6-19所示。

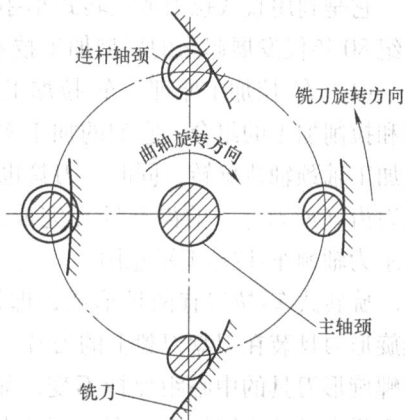

图 6-18　内铣法铣削曲轴连杆轴颈示意图

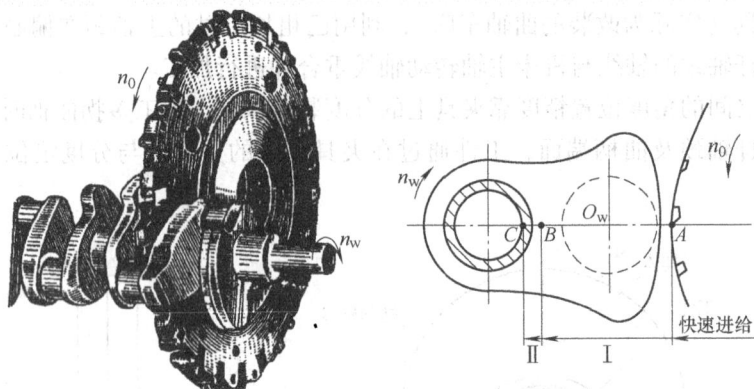

图 6-19 外铣法铣削曲轴连杆轴颈示意图

（3）连杆轴颈的精加工 连杆轴颈的精加工可在专用曲轴磨床上完成；对于大批量生产，为了提高生产效率，常采用专用自动曲轴磨床，能同时完成所有连杆轴颈的磨削加工。

七、曲轴加工新技术

随着汽车工业的发展，要求加工曲轴不仅产量大，而且质量要好。为此，国内外的专业制造企业采用了一些曲轴加工新技术。

1. 轴颈质量中心孔加工技术

由于毛坯上几何形状误差和质量分布不匀等原因，一般几何中心和质量中心不重合。前述曲轴加工工艺多采用几何中心孔。但是利用几何中心孔作为定位基准进行车削或磨削加工时，工件旋转会产生离心力，这不仅影响加工质量，而且加工后余下的动不平衡量较大，在装配前的动平衡校验工序中，需多次反复测量、去重（钻孔）才能达到要求，影响生产效率。现在一些国家大都采用了质量中心孔技术，可基本解决采用几何中心孔产生的问题。我国一些曲轴加工企业也已采用了质量中心孔技术。

2. 轴颈车-拉削加工技术

它是利用直线拉刀或旋转式车-拉刀对曲轴轴颈进行车、拉削加工的工艺方法。这是 20 世纪 80 年代发展起来的新型加工技术，目前已在大批量曲轴生产加工中得以应用。

（1）车-拉加工原理 车-拉加工是利用直线拉刀或旋转式刀具车、拉轴颈，实际上是车削和拉削加工的组合，它们的加工实质都是车削加工。车-拉加工时，被加工曲轴以高速绕被加工轴颈轴线旋转，同时，刀具也作直线或以慢速绕车拉刀具中心作旋转运动，并依靠刀具刀齿（或刀片）的齿升量 f_z 完成径向切入进给。车-拉加工原理如图 6-20 所示；图 6-21 所示为轴颈车-拉加工示意图。

旋转式车-拉刀有两种形式，即螺旋形车-拉刀和圆柱形车-拉刀，如图 6-20b、c 所示。螺旋形刀具装在刀盘刀毂上的刀片，沿圆周呈螺旋线布置。车-拉加工时，被加工曲轴轴颈与螺旋形刀具的中心距保持不变，靠刀齿（或刀片）具有一定的半径尺寸差 f_z（齿升量）实现径向进给；圆柱形车-拉刀是在数控装置控制下随刀盘旋转和径向进给。

车-拉刀具结构如图 6-22 所示。它是一直径为 $\phi400 \sim \phi700mm$ 的圆盘形刀具，在刀具轮毂的外圆周上装有多组扇形刀块，扇形刀块上镶有加工曲轴曲柄臂侧平面、轴颈轴肩、轴颈外圆的刀夹和硬质合金刀片或刀齿。故车-拉削加工时，在一次装夹中可完成曲柄臂侧平面、轴颈轴肩、轴颈外圆、圆角等的车削加工。

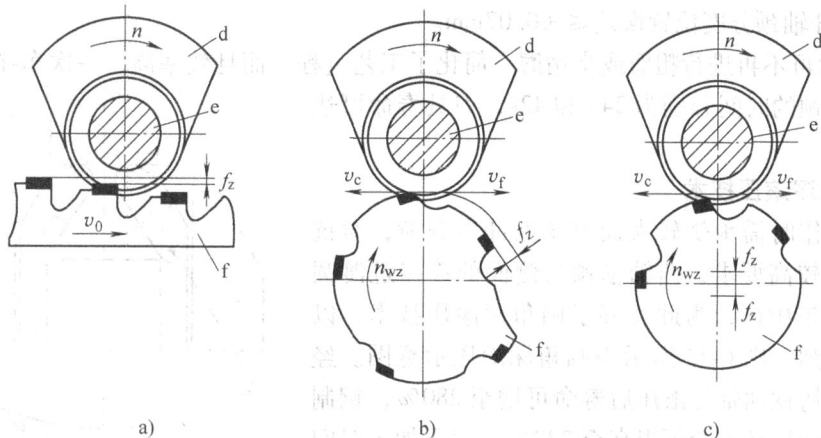

图 6-20 车-拉加工原理

a）直线式车-拉 b）旋转式车-拉（螺旋形刀具） c）旋转式车-拉（圆柱形刀具）

d—曲柄臂 e—连杆轴颈 f—刀具 f_z—齿升量 n—曲轴转速 n_{wz}—刀具转速

v_0—切削速度 v_f—进给速度

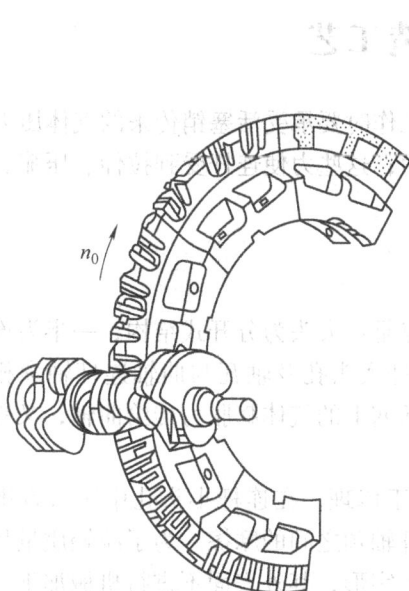

图 6-21 曲轴轴颈车-拉削加工示意图

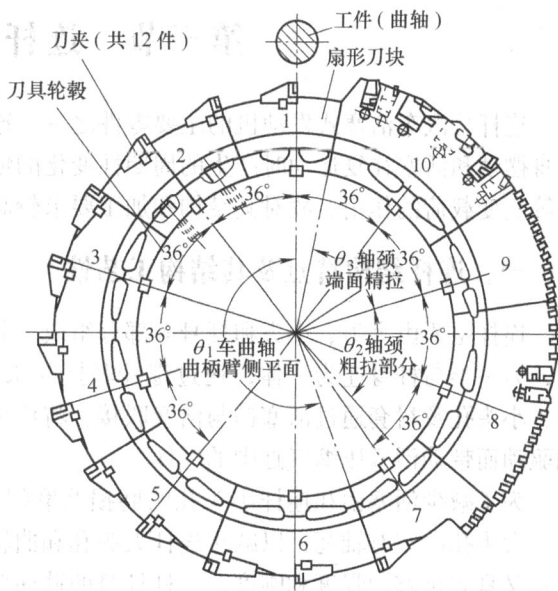

图 6-22 车-拉刀具结构

（2）车-拉加工技术的特点 它能在一道工序中同时加工出多缸发动机曲轴的全部主轴颈、连杆轴颈、曲柄臂、平面、台肩等，加工工时短，效率高；在任何时间内都只有一个刀齿和工件接触，热负荷和机械负荷低，刀具寿命长，机床传动功率小；加工精度高，表面粗糙度值小，可取消粗磨轴颈工序；对大、小批量和多品种生产均适用。

据有关厂测定，车-拉后的曲轴尺寸参数：

1）主轴颈直径误差 ≤ ±0.04mm。

2）主轴颈宽度误差 ≤ ±0.04mm。

3）连杆轴颈回转半径误差 ≤ ±0.05mm。

4）连杆轴颈分度位置误差 ≤ ±0.07mm。

车-拉后可不再进行粗磨或半精磨，简化了工艺过程，而且效率高，一次车-拉同一相位角的连杆轴颈的时间分别为 24s 和 42s，刀具寿命可达 2000 件。

3. 圆角深滚压技术

曲轴工作时需承受较大而复杂的冲击载荷，对抗疲劳强度有较高要求，曲轴轴颈与侧面的连接过渡圆角处为应力集中区，为此发展了圆角深滚压技术，以代替成形磨削。图 6-23 所示为圆角深滚压示意图。经测定，球墨铸铁曲轴经滚压后寿命可增至 280%，钢制热处理曲轴滚压后寿命可提高至 237%，滚压加工时间只需 24~30s。但要注意，若半成品因加工或热处理原因存在残余应力时，滚压后必须安排校直工序，或滚压前安排去应力工序，方可保证稳定的加工质量。

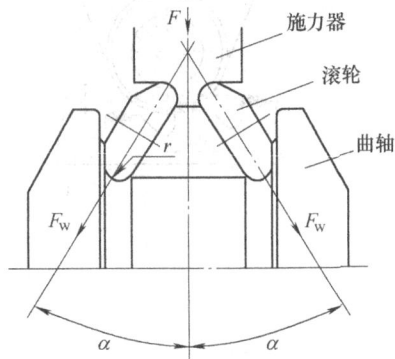

图 6-23　曲轴圆角甚滚压示意图

第三节　连杆制造工艺

连杆是汽车活塞式发动机的主要零件之一。连杆工作时要承受活塞销传来的气体压力及自身摆动和活塞往复运动时产生的周期性变化的惯性力；这些力使连杆受到拉伸、压缩、弯曲等交变载荷的作用。故对其结构和加工要求较高。

一、连杆结构特点及其结构工艺性

连杆主要由大头、小头和杆身等部分组成。其特点是：大头为分开式结构，一半为连杆盖，另一半与杆身连为一体，通过螺栓联接起来。连杆大头孔及轴瓦与曲轴连杆轴颈相配合，小头孔及衬套通过活塞销与活塞联接，将作用于活塞上的气体膨胀力传给曲轴，又受曲轴驱动而带动活塞压缩气缸中的气体。

为了减少活塞销和连杆小头孔的磨损及磨损后便于修理，在连杆小头孔中压入青铜衬套。大头孔内装有轴瓦，以减小连杆大头孔和曲轴连杆轴颈之间的摩擦。为了减轻质量且使连杆又具有足够的强度和刚度，连杆杆身的截面多为工字形，其外表面不进行机械加工。汽车发动机连杆结构如图 6-24 所示。

大多数汽油发动机的连杆都是以垂直于杆身轴线的平面作为连杆体和连杆盖的接合面，称为直剖式或平切口连杆。有些柴油发动机的曲轴，为满足高强度、刚度和减小轴承比压的需要，增大了连杆轴颈，致使连杆大头的外部尺寸略大于气缸直径，连杆大头不能从气缸孔中抽出。为了便于装卸，将连杆大头的接合面做成与连杆杆身轴线成 45°或 30°的斜面，如图 6-25b、c、d 所示，称为斜剖式或斜切口连杆。

连杆的大头和小头的端面一般与杆身对称中心平面对称，有些连杆在结构上设计出工艺凸台、中心孔等，作为机械加工时的辅助基准。

连杆的结构工艺特点是：外形较复杂，不易定位；大、小头是由细长的杆身连接，刚度差，容易变形；尺寸、形状和位置公差要求很严，表面粗糙度值小等。

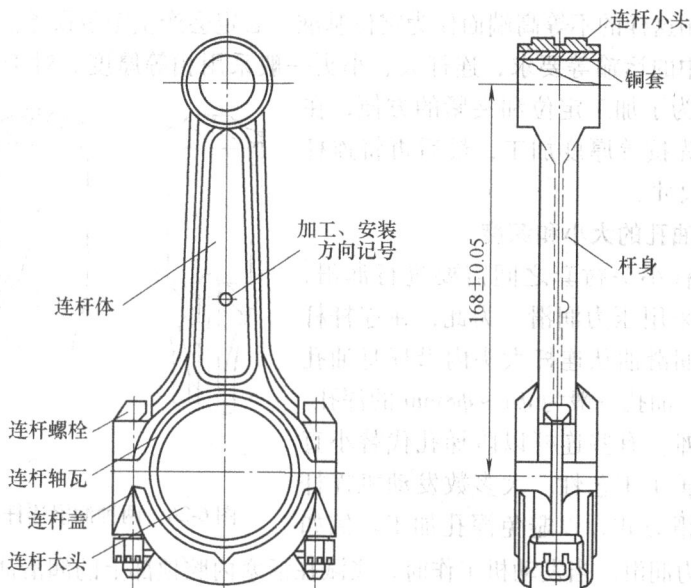

图6-24　汽车发动机连杆结构简图

1. 连杆盖和连杆体的连接定位方式

连杆盖和连杆体的定位方式，主要有连杆螺栓、套筒、齿形和凸肩等四种，如图6-25所示。

1）用连杆螺栓定位。螺栓和螺栓孔的尺寸公差都较小，螺栓孔尺寸公差一般为 H7，$Ra = 1.6\mu m$。

2）用套筒定位。连杆体、连杆盖与套筒配合的孔，尺寸公差为 H7，$Ra = 1.6\mu m$。

3）用齿形或凸肩定位。定位精度高，接合稳定性好，制造工艺也较简单，连杆螺栓孔为自由尺寸，接合面上的齿形或凸肩可采用拉削方法加工，适用于大批大量生产；成批生产时，可用铣削方法加工。

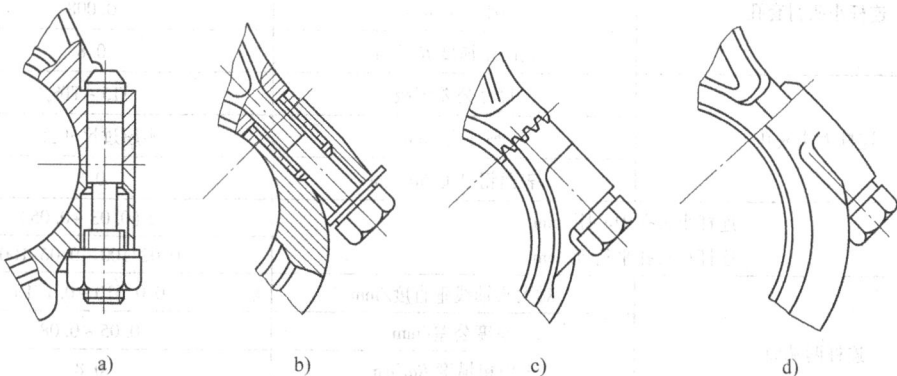

图6-25　连杆盖与连杆体连接的定位方式

a）螺栓定位联接　b）套筒定位连接　c）齿形定位连接　d）凸肩定位连接

2. 连杆大、小头厚度

连杆大、小头端面对称分布在杆身对称平面的两侧。若大、小头厚度不等,两端面就不在一个平面上,用这样的不等高端面作为定位基准,必定会产生定位误差。因此,考虑到加工时定位、加工中的运输等要求,连杆大、小头一般采用相等厚度。对于不等厚度的连杆(小头比较薄),为了加工定位和夹紧的方便,在加工工艺过程中先按等厚度加工,最后再将连杆小头加工至所需尺寸。

3. 连杆杆身油孔的大小和深度

活塞销与连杆小头衬套之间需要进行润滑,有些发动机连杆采用压力润滑。为此,在连杆杆身上钻有油孔,润滑油从连杆大头内沿杆身油孔通向小头衬套孔。油孔一般为 $\phi 4 \sim \phi 8mm$ 的深孔。由于深孔加工困难,有些连杆以阶梯孔代替小直径通孔,从而改善了工艺性。大多数发动机连杆可以通过改变润滑方式,以避免深孔加工。例如

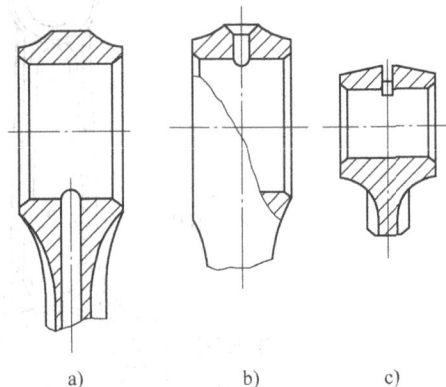

图6-26 两种润滑连杆小头孔的结构

改压力润滑为重力润滑。当发动机工作时,飞溅在活塞内腔顶部上的润滑油,由于自重落到连杆小头油孔或开口槽内,再经衬套上的小孔或槽流到活塞销的摩擦表面。这种润滑方式只需在连杆小头铣一开口槽或钻一小孔,因而避免了深孔加工,如图6-26所示。

二、连杆的主要技术要求

连杆的主要技术要求见表6-4。

表6-4 连杆主要技术要求

主 要 项 目		技 术 要 求
连杆小头底孔	尺寸公差等级	IT7
	圆柱度/mm	0.01
	表面粗糙度 $Ra/\mu m$	1.6
连杆小头衬套孔	尺寸公差等级	IT5 ~ IT6
	圆柱度/mm	0.008
	表面粗糙度 $Ra/\mu m$	0.8
连杆大头底孔	尺寸公差等级	IT5 ~ IT6
	圆柱度/mm	不超过尺寸公差
	表面粗糙度 $Ra/\mu m$	0.8
连杆小头孔中心距/mm		$\pm (0.03 \sim 0.05)$
连杆小头孔平行度/mm		0.02/100 ~ 0.06/100
连杆两端面	对大头轴线垂直度/mm	0.0/610 ~ 0.1/10
	厚度公差/mm	0.05 ~ 0.08
	表面粗糙度 $Ra/\mu m$	0.8
	平面度/mm	0.05
连杆质量公差/g		$\pm 3 \sim \pm 8$

三、连杆材料及毛坯

1. 连杆材料

一般采用 45 钢或 45Cr、35CrMo，并经调质处理，以提高其强度及抗冲击能力。也有采用非调质钢如 35MnVS，或采用 55 钢或球墨铸铁制造连杆的。使用非调质钢制造连杆可免去调质工艺，节约了工时和能源。

2. 连杆毛坯及其成形工艺

钢制连杆一般采用锻造方法制造毛坯，球墨铸铁采用砂型铸造方法制造毛坯。在大批大量生产中采用模锻。模锻时，一般分两个工序进行，即初锻和终锻，通常在切边后进行热校正。中、小型连杆，其大、小头端面常进行精压，以提高毛坯精度和减小加工余量。模锻生产率高，但需要较大吨位的锻造设备。

有的连杆采用辊锻—模锻工艺，其工艺过程为：辊锻制坯→热模锻（预锻、终锻）→切边、冲孔。自 20 世纪 80 年代以后，大批量生产的连杆采用粉末冶金锻造法在汽车发动机上相继应用。粉末冶金锻造连杆的特点是力学性能优良，尺寸精度高，质量较轻及质量偏差很小等。

3. 连杆毛坯类型

发动机连杆的毛坯主要有两种类型：一是连杆体与连杆盖合在一起的整体式锻件，二是连杆体、连杆盖分开的分开式锻件。分开锻造的连杆，金属纤维是连续的，因此具有较高的强度。整体锻造的连杆要增加切断连杆的工序，切断后连杆盖的纤维是断裂的，因而削弱了强度。但整体式连杆因为具有节材节能、锻造工艺简单且节省锻造模具以及接合面机械加工量小等特点而被广泛采用。尤其是裂解技术被采用后，整体式连杆毛坯得到了更广泛的应用。

四、连杆的机械加工工艺

1. 定位基准的选择

（1）粗基准的选择 为保证大头孔与端面垂直及杆身中心平面与两端面的对称，在大批量生产时，应选择杆身与孔垂直方向的两侧面作为粗基准，采用铣削或磨削加工方法，首先加工出连杆大、小头两端面，为后续的工艺凸台和大、小头孔的加工提供精基准。

（2）精基准的选择 加工大、小头孔时，应以已加工的一固定的大、小头端面和大头孔或小头孔以及零件图中规定的工艺凸台作为定位精基准。为区分作为定位基准的端面，通常在非定位端面的杆身和连杆盖上各锻造出一个凸点，作为标记（图 6-24）。

不同工艺凸台的连杆结构如图 6-27 所示。图 6-27a 所示为小头侧面有工艺凸台的连杆，它是用端面、大头孔和小头工艺凸台作为定位基准加工小头孔。图 6-27b 所示为大头侧面有工艺凸台的连杆，它是用端面、小头孔和大头工艺凸台作为定位基准加工接合面。图 6-27c 所示为大、小头侧面和小头顶面有工艺凸台的连杆，它是用端面和大、小头工艺凸台作为定位基准加工大头孔（或小头孔），也可以同时加工大、小头孔。这种定位方式便于在自动线上的随行夹具中定位。

2. 连杆主要表面加工的工序安排

连杆的主要加工表面为大、小头孔、端面、连杆盖与连杆体的接合面和连杆螺栓孔；次要加工表面为油孔、锁口槽等。辅助基准为工艺凸台或中心孔。非机械加工面的技术要求有探伤和称重。此外，还有检验、清洗、去飞边等工序。

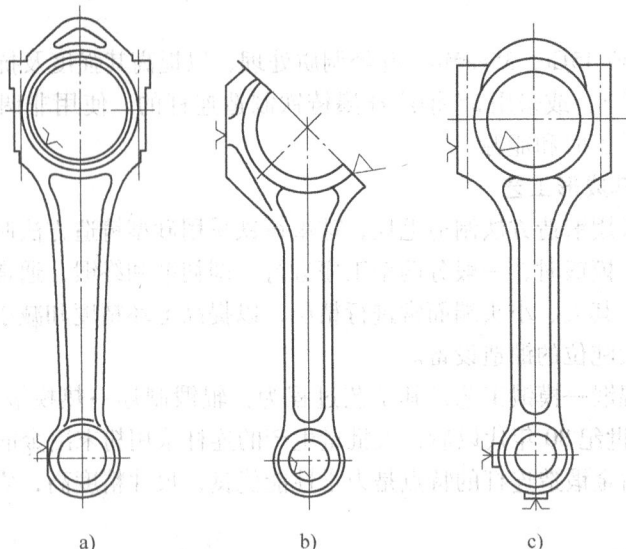

图 6-27　不同工艺凸台的连杆结构

（1）连杆主要表面的加工方案

1）连杆大、小头两端面的加工方案，一般采用粗铣→粗磨→半精磨→精磨。

2）连杆小头底孔的加工方案，一般采用钻孔→拉孔→镗孔或钻孔→扩孔→铰孔；压入青铜衬套后，多以金刚镗（细镗）衬套内孔作为最后加工。

3）连杆大头底孔的加工方案，一般采用粗镗→半精镗→金刚镗→珩磨。

大头的连杆螺栓孔一般采用钻孔、扩孔、铰孔加工。为保证连杆主要表面的加工精度和表面粗糙度要求，连杆在机械加工时，粗加工、精加工和光整加工工序分阶段进行。

（2）各表面的加工顺序　根据连杆的结构特点及机械加工要求，各表面的加工顺序大致如下：加工大、小头端面→加工定位基准孔（大、小头孔）和工艺凸台→粗、半精加工主要表面（包括大头孔、接合面及螺栓孔等）→把连杆盖和连杆体装配在一起，精加工连杆总成，校正连杆质量→对大、小头孔进行精加工和精整、光整加工。

3. 大量生产连杆的机械加工工艺过程示例

连杆的加工工艺过程与采用的设备、生产纲领、技术要求、生产条件等有很大关系。表 6-5 所示为某种连杆采用整体模锻毛坯，在企业年生产能力为 30～40 万件条件下所采用的连杆主要机械加工工艺过程。

表 6-5　大量生产连杆的机械加工工艺过程

工序号	工 序 内 容	设 备
1	磨大、小头第一端面	立式单轴圆台磨床
2	磨大、小头第二端面	立式单轴圆台磨床
3	拉削大头两侧面、小头工艺凸台	立式拉床
4	钻、镗小头孔并双面倒角；粗镗大头上半孔并双面倒角；粗镗大头下半孔并双面倒角（镗头移位）	组合镗床（加工小头孔采用钻镗复合刀具）

（续）

工序号	工 序 内 容	设　　备
5	切断	切断机床
6	同时拉削接合面、螺母座面	立式拉床
7	钻、扩、铰螺栓孔；铣轴瓦锁口槽；钻小头油孔	自动线（随行夹具同时装夹连杆体和连杆盖）
8	测量接合面及螺栓孔	综合自动测量仪
9	装配连杆及连杆盖、拧紧螺栓	全自动拧紧机
10	精磨大、小头两端面	立式双轴圆台平面磨床
11	称重、去重	称重、去重机
12	精镗连杆小头底孔；压倒套、打标记号；同时精镗小头钢套孔及大头孔	三工位组合机床
13	端面，大、小头孔及去重块处去飞边	全自动去飞边机
14	检查大、小头孔的孔径尺寸、圆度、圆柱度、平行度及大头端面的厚度	综合自动测量仪

五、连杆主要表面的机械加工方法

1. 连杆大、小头端面的加工

连杆大、小头端面的加工是连杆机械加工中的主要定位基准，应首先加工出该平面。根据连杆毛坯的尺寸精度和加工余量大小，可采用铣削或磨削加工方法。

（1）成批生产时的加工　由于毛坯精度较低及加工余量较大，一般采用铣削加工方法，可在立式组合铣床或立式圆工作台平面铣床上使用硬质合金可转位面铣刀进行铣削加工。在立式圆工作台平面铣床上加工时，因为连续转动的圆形工作台上可安装多套铣床夹具，铣削是连续的，装夹工件和铣削加工又是同时进行的，所以生产率较高。但是铣削时铣刀切削是间断的，易发生振动，对加工质量有一定影响。

（2）大批量生产时的加工　由于连杆毛坯精度高，加工余量较小，所以多采用端面磨削方法直接磨削连杆大、小头端面。连杆大、小头端面的磨削加工方式有两种：

1）在立轴多砂轮圆形工作台平面磨床上磨削。这种平面磨床具有双砂轮或三砂轮或五砂轮布置形式，其圆形工作台上可以安装多套磨床夹具。图6-28所示为立式五轴圆形工作台平面磨床磨削连杆大、小头端面的示意图。砂轮1、2、3磨削连杆大头端面，砂轮4和5磨削小头端面。这种方法可磨削等厚和不等厚大、小头端面。

分两个工步进行磨削。第一工步是以无凸点标记的一侧端面（非定位基准面）作为定位基准，加工有凸点标记一侧的端面；第二工步将连杆翻转180°，以有凸点标记一侧端面定位，加工无凸点标记的一侧端面。磨削时圆形工作台连续

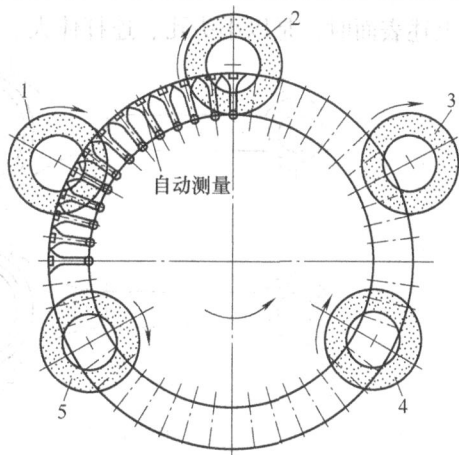

图6-28　立式五轴圆形工作台平面磨床磨削连杆大、小头端面的示意图

1、2、3、4、5—砂轮

回转，被加工连杆随工作台回转两周，经一次翻转，完成大、小头两端面的磨削。因圆形工作台上装有多套磨床夹具，并且磨削加工与装卸工件时间重合，所以生产率很高。

2）在卧式对置双砂轮平面磨床上同时磨削。图6-29所示为卧式对置双砂轮同时磨削连杆大、小头两端面的示意图。在这种平面磨床上，中间有一个大直径的轮毂转盘，在轮毂转盘上装有多套磨床夹具。由于被加工连杆在一次装夹中由两边对置的砂轮同时磨削连杆大、小头两端面，而且磨削端面与装卸工件时间重合，因此这种磨削具有更高的生产率和两端面间的平行度精度。为保证大、小头两端面对杆身对称中心平面的对称，在磨削端面之前，以连杆杆身定位，加工出中心孔；在磨削大、小头端面时，将已加工中心孔的连杆安装在转盘的磨床夹具上，在接近砂轮时自动夹紧，在接近卸件位置时自动松开。

2. 连杆辅助基准及其他平面的加工

辅助基准主要指连杆上的工艺凸台和连杆侧面。其他平面指的是连杆盖与连杆体的接合面和连杆盖、连杆体与螺栓头、螺母的支承面等。虽然这些表面的加工面积不大，但其加工部位分散、数量多，影响生产效率。这些表面常用铣削或拉削加工，接合面的精加工一般用磨削。

图6-29 卧式对置双砂轮同时磨削连杆大、小头两端面的示意图

在拉削中，有在双滑枕立式外拉床和卧式连续式拉床上拉削两种方式。在双滑枕立式外拉床上拉削时，为提高生产率和保证各加工表面的位置精度，常将几个表面组合起来同时进行拉削。根据连杆结构的不同，有不同的组合加工方式。图6-30所示为分开锻造的毛坯，对连杆大头侧面、半圆孔和接合面等表面的组合拉削方式。连杆体侧面、半圆孔、接合面和螺栓头支承面有两种组合拉削方式，如图6-30a、b所示，每种方式都由两个工步完成。加工上述表面时，是以小头孔、连杆体大、小头端面和大头外形表面定位的。

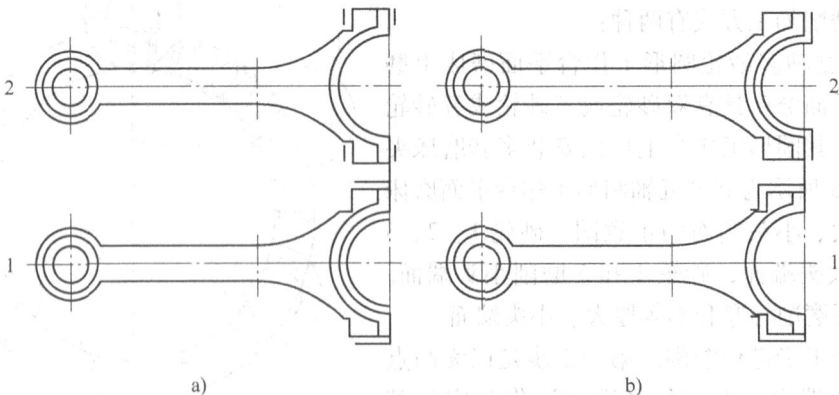

a)   b)

图6-30 同时拉削连杆体各表面的组合方式

图6-31所示为卧式连续拉床示意图。电动机9通过传动带使主传动链轮11旋转，刀具6连接在链条8上，组合式拉刀安装在刀具盖板7内。当链条带动装有工件的夹具在床身和

拉刀刀齿间通过时，就逐渐地对工件进行拉削。加工时，被拉削的连杆放在夹具上，首先通过工件校正装置3，校正连杆的位置；然后经过毛坯检验装置4，如果连杆安装的位置不正确或余量过大，连杆外表面就会碰到毛坯检验装置4，作用于微动开关，使机床运动停止，以防止拉刀和拉床损坏；夹具通过时，夹紧用撞块5使连杆得到夹紧。拉削完毕，夹具碰到松开用撞块10，将连杆松开；当夹具在翻转状态时，连杆从夹具中脱落，进入下料机构12。

用连续式拉床加工，装卸工件的时间与拉削时间重合，并能实现多工件顺序拉削，所以生产率高。单连续式拉床的机床导轨容易磨损，传动链条容易松动，使机床的可靠性受到影响。

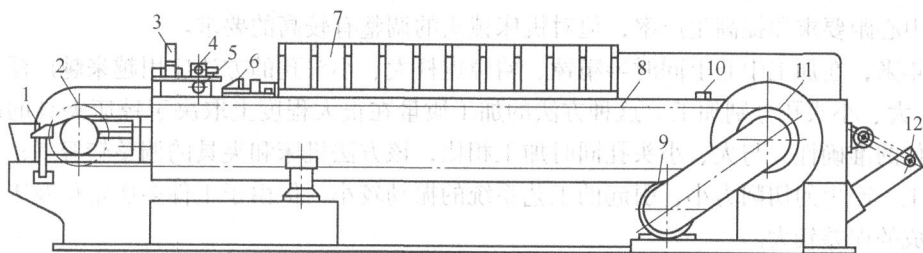

图6-31　卧式连续拉床示意图

1—电器按钮站　2—张紧链轮　3—工件校正装置　4—毛坯检验装置　5—夹紧用撞块
6—刀具　7—刀具盖板　8—链条　9—电动机　10—松开用撞块　11—主传动链轮　12—下料机构

3. 连杆大、小头孔的加工

连杆大、小头孔是连杆加工中对精度和表面粗糙度要求最高的，也是连杆机械加工的重要工序。连杆大、小头孔的加工可分为粗加工、半精加工和精整加工三个阶段。

（1）连杆大、小头孔的粗加工和半精加工　在连杆端面加工后，接着进行小头孔的粗加工和精加工，使孔的精度达到H7，以满足作为定位基准的需要。如果毛坯已冲出孔，则以扩孔作为粗加工。尺寸小的连杆毛坯没有预制孔，需要先钻孔、扩孔，然后铰孔或拉孔。

成批生产时，用转台式多工位组合机床完成小头孔的钻或扩孔、铰孔或镗孔及孔口倒角。小批生产时，用立式钻床在一个工序中完成钻、扩、铰孔。加工时，用小头非加工外圆定位以保证孔的壁厚均匀。大量生产时，用钻（或扩）、拉完成小头孔的粗加工和半精加工。生产率高，且精度易保证。

对整体式连杆毛坯，大头孔的粗加工，可在切开连杆盖前或在切断连杆盖后进行。若在切断前进行加工，要通过偏心扩孔或偏心镗孔加工出椭圆孔。多数情况下，大头孔是在切断连杆盖后，并和连杆体合并在一起进行加工的。生产量较大时，用多轴镗头和多工位夹具或多工位机床进行加工。大量生产时，可在连杆盖切断后，在连续式拉床上将大头侧面、螺栓头及螺母的支承面，切断连杆盖和拉削连杆盖，以及连杆体的接合面、半圆孔。

近年来，加工中心和由加工中心组成的柔性生产线在连杆大、小头孔加工方面的应用越来越广泛，以满足柔性生产的需要。

（2）连杆大、小头孔的精加工和精整、光整加工　连杆大头孔半精加工、精加工和精整加工、光整加工是在连杆体和连杆盖组装后进行的；而小头孔因为在组装前已加工到一定的尺寸精度，所以组装后直接进行精加工。

一般小头底孔和衬套孔采用金刚镗（细镗），大头孔多采用金刚镗（细镗）及珩磨加工。此外，有的连杆小头底孔拉削后，不再进行金刚镗孔，仅金刚镗大头孔；有的连杆小头底孔、大头孔均经珩磨；有的则以脉冲式滚压代替珩磨；有的连杆直接利用双轴精密镗床对大、小头孔进行精加工。此类设备带有自动检测、自动补偿系统，可在一次加工中保证各项精度，比珩磨效率高、废品率低。

（3）连杆大、小头孔的精加工方案　一般有两种方案：

1）大、小头孔同时加工。大、小头孔同时加工可在专用的卧式双轴金刚镗床或精度镗床上进行。加工时连杆以大、小头端面、小头孔和大头侧面定位，小头孔内的定位销在工件夹紧后抽出，即可同时对大、小头孔进行加工。这种加工依靠机床和镗床夹具来保证大、小头孔的中心距要求和提高生产率，但对机床镗头的调整有较高的要求。

近年来，在加工中心上同时半精镗、精镗连杆大、小头孔的方法应用越来越广泛。

2）大、小头孔分别加工。这种方法的加工质量在很大程度上取决于镗床夹具的制造精度和定位的准确性。与大、小头孔同时加工相比，该方法机床和夹具的调整较容易；由于是单孔加工，产生的切削力小，引起的工艺系统的振动较小。但由于工件多次定位及工件夹紧变形造成的误差较大。

六、连杆体和连杆盖整体精锻、撑断工艺（也称裂解工艺）

连杆体、连杆盖整体精锻和撑断工艺是近些年发展起来的新工艺技术，已逐步在汽车发动机连杆生产中被采用。如图 6-32 所示，在半精加工后将连杆盖与连杆体撑断的方法，使撑断面产生凸凹不平，连杆盖与连杆体再组装时只有唯一的位置。因此，连杆盖与连杆体之间只需用螺栓联接，即可保证相互位置精度。

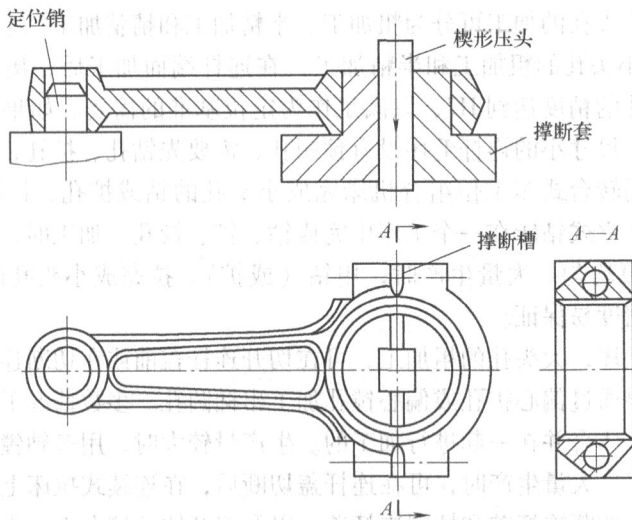

图 6-32　连杆撑断工艺示意图

与传统加工工艺相对比，连杆撑断加工能保证连杆盖与连杆体的装配精度，接合面精确地定位相接，以整体加工代替了接合面的分体加工，减少了加工工序，简化了连杆螺栓孔的结构设计，降低了对螺栓孔的加工要求，省去了螺栓孔的精加工和加工设备，并且具有节材省能、产品质量高、生产成本低等优点。

连杆撑断可在专用撑断设备上完成。

1. 撑断连杆所用的材料

连杆撑断加工对连杆材料要求较高，要求其塑性变形小、强度较好、脆性适中。目前用于撑断连杆的主要材料为粉末烧结材料、高碳微合金非调质钢、球墨铸铁及可锻铸铁等，其中高碳微合金非调质钢和粉末烧结材料应用最广。

2. 撑断加工连杆的主要工艺过程

粗磨连杆两端面→粗镗及半精镗大、小头孔→钻、攻螺纹孔→加工撑断槽→撑断→装配螺栓→压衬套并精整、光整加工衬套→精磨连杆两端面→半精镗及精镗大、小头孔→铰珩小头孔→清洗→检验。

第四节　箱体零件制造工艺

箱体零件是机器或部件的基础件，它把有关零件包容连接成一个整体，使各零件保持正确的相对位置，彼此能协调地工作。因此，箱体零件的结构工艺性、机械加工精度，将直接影响机器或部件的工作质量，进而影响整机的使用性能和寿命。

一、箱体零件的结构特点及其结构工艺性

1. 箱体零件结构特点及分类

箱体零件结构的主要特点是：结构形状复杂，尺寸较大，壁厚较薄，刚度较低，需要加工多个精度要求较高的平面和孔系。此外，还要加工较多供联接用的螺纹孔等。

箱体零件结构的分类：

1）箱体零件按其结构形状可分为两大类：一类是带有法兰的回转体型零件，如汽车水泵壳体、差速器壳体、后桥壳体等；另一类是方平面型箱体零件，如汽车发动机气缸体，变速器壳体等。

2）箱体零件按功用可分为：主轴箱、变速箱、操纵箱等。

2. 箱体零件的结构工艺性

（1）不同形式孔的工艺性　如图6-33所示，通孔的结构工艺性好，交叉孔工艺性差，不通孔工艺性最差，短通孔工艺性最好，长孔工艺性较差，环槽通孔工艺性较差，斜端面通孔工艺性差，阶梯通孔的工艺性较差。

（2）同轴线孔的工艺性　如图6-34所示，其孔径排列方式有三种：其中图6-34a所示为孔径大小向一个方向递减，且相邻孔径之差大于孔的毛坯加工余量，故工艺性好；图6-34b所示为孔径大小由两边向中间递减，加工时刀杆可从两端进入，这样既缩短了镗杆长度，提高了镗杆刚度，还为双面同时加工创造了条件，故工艺性好；图6-34c所示为孔径大小无规则排列，其工艺性最差，应尽量避免。

（3）箱体上孔中心距大小的工艺性　当为单件小批生产时，孔的中心距大小一般不受限制，因为各孔可用一把镗刀逐个进行加工。如为成批大量生产时，孔中心距不能太小，因为大批量生产中，常采用组合镗床加工。如孔的中心距太小，不便在多轴主轴箱上布置刀轴和安装多把刀具，也就不能在一次工作行程中将同一平面上的全部孔加工完成。例如在箱体上同时钻2个φ10mm以下的孔，其两孔最小中心距应大于24mm，否则只能分开先后加工。

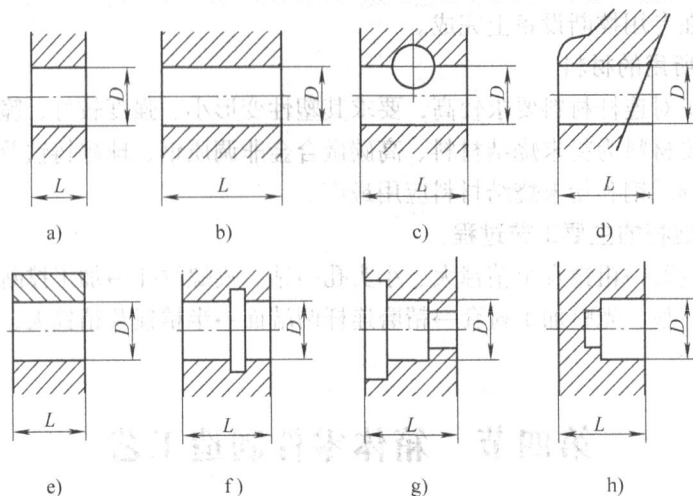

图6-33　箱体零件主要孔的基本形式

a）短通孔　b）长通孔　c）交叉通孔　d）斜端面通孔　e）多边形通孔

f）环槽通孔　g）阶梯通孔　h）不通孔

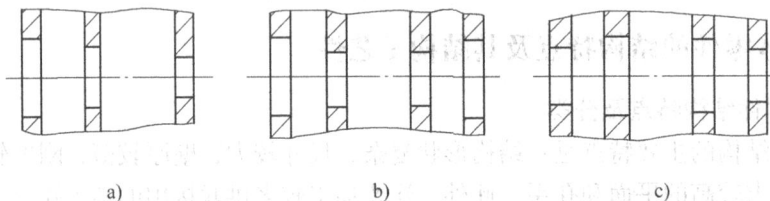

图6-34　同轴线上孔径大小及其工艺性比较

a）、b）工艺性好　c）工艺性差

（4）箱体端面的工艺性　有两种情况：箱体外端面加工工艺性好，箱体内端面加工工艺性差。其中，内端面尺寸小，刀具易穿过孔或从箱体开口伸入加工的工艺性较好；反之，工艺性差。

二、箱体零件的主要技术要求

汽车上箱体零件的技术要求，除了对毛坯进行规定（如铸件的硬度、起模斜度、圆角半径以及对气孔、沙眼、裂纹等毛坯缺陷的限制）外，对主要孔和平面均有较高的技术要求，归纳起来包括：主要孔孔径的尺寸公差、形状公差和表面粗糙度；主要孔之间的中心距、平行度、同轴度、垂直度；主要平面的尺寸公差、平面度和表面粗糙度；主要孔与平面之间的位置公差（孔与平面的垂直度）等。一般箱体主要技术要求如下：

1）主要孔的尺寸公差等级不低于 IT7。

2）孔与孔、孔与面之间有较高的平行度、垂直度、圆跳动的公差要求。

3）主要孔中心距的极限偏差为 ±0.05mm。

4）主要孔的表面粗糙度 $Ra = 1.6\mu m$；前、后端面及两侧面的表面粗糙度 $Ra = 6.3\mu m$。

三、箱体零件的材料和毛坯

汽车上的箱体类零件，形状较为复杂，毛坯通常采用铸造成形方法。铸铁具有成形容易，加工性良好，吸振性好，成本低等优点，故灰铸铁毛坯采用较多。近年来随着汽车轻量化技术的发展和成熟，轿车上的一些箱体零件已采用铝合金或镁合金，用压力铸造方法获得毛坯。

轻、中型汽车气缸体、变速器壳体材料一般为HT200；中、重型汽车一般为HT250、HT300；轿车、微型车气缸体、变速器壳体一般用压铸铝合金YL104、YL105等。毛坯在机械加工前需进行消除内应力热处理。

四、箱体零件的机械加工工艺

1. 定位基准的选择

加工箱体类零件时，粗、精基准之间必须有一定的尺寸联系，以保证各轴承座孔的加工余量基本均匀，并使装入箱体内的所有零件（轴、齿轮等）与不加工的箱体内壁要有足够的间隙。加工时，要尽可能使基准重合及基准统一，减小定位误差和累积误差，以保证箱体零件的加工精度。

（1）粗基准的选择　最常见的有两种方案：

1）先利用前、后两端面上的两个同轴线轴承座孔和另一轴承座孔作为粗基准加工顶面，如图6-35所示；再利用变速器箱体内壁作粗基准（以加工后顶面作精基准）加工顶面上的两个工艺孔E，如图6-36所示；最后再利用顶面和已加工的两个工艺孔作精基准进行其他表面的加工，这样就可保证轴承座孔的均匀加工余量和箱体内装零件与内壁有足够的间隙。大批量生产中常采用此方案。此方案有加工顶面时的夹具结构复杂，装夹不便，工件稳定性较差的缺点。

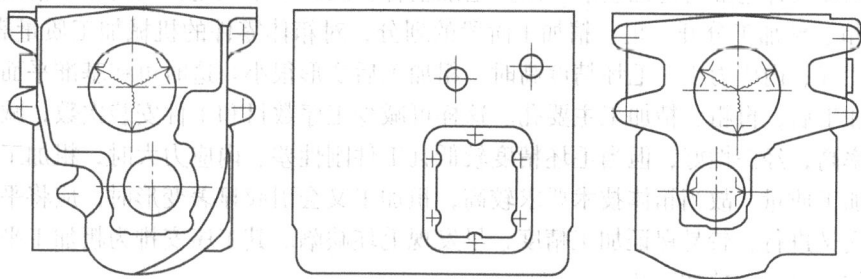

图6-35　加工变速器箱体顶面时的粗基准

2）在变速器箱体的毛坯件的侧面铸出专门的工艺凸台，以该工艺凸台作为加工顶面的粗基准，如图6-37所示，而加工两工艺孔的定位基准选择与第一种方案相同。此方案可保证主要加工平面及轴承座孔有足够而且较均匀的加工余量，并且使工件定位稳定，夹紧可靠。

（2）精基准的选择　最常见的也有两种方案：

1）利用一个平面和该平面上的两个工艺孔定位，即一面两孔定位。

2）利用三个互相垂直的平面作定位基准，如图6-38所示。此方案适用于不具备一面两孔作定

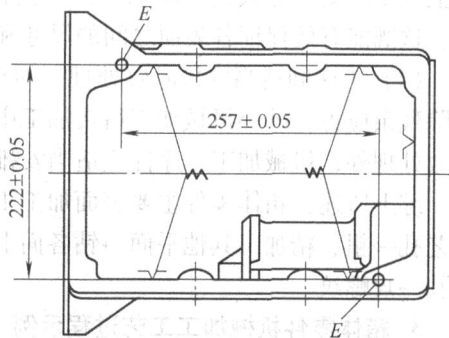

图6-36　以变速器箱体内壁作粗基准，以加工后的顶面作精基准加工工艺孔E

位基准条件的一些箱体件，可避免工序较多情况下造成工艺孔损坏而影响加工精度。

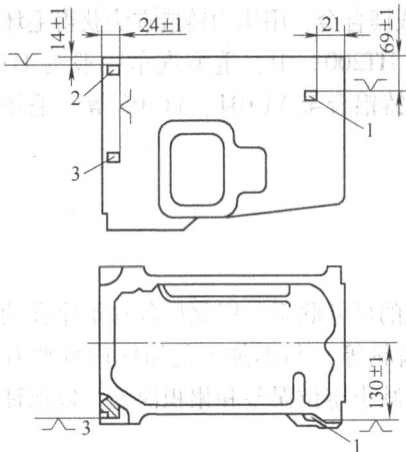

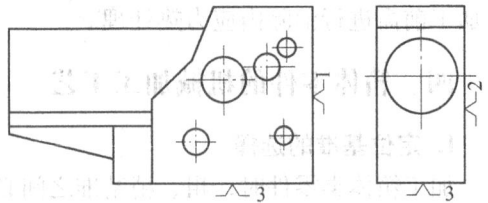

图 6-37 变速器箱体粗基准选择示意图　　图 6-38 以三个相互垂直的平面作定位基准
1、2、3—工艺凸台

2. 箱体零件主要加工表面的机械加工工序安排

对箱体零件的主要加工表面进行加工时，一般应按以下过程安排其工序：

（1）先面后孔 加工平面型箱体零件时，一般先加工平面，然后以平面定位再加工其他表面。因为平面面积较大，定位稳固可靠，可减少装夹变形，有利于提高加工精度。同时使装配基准和设计基准与定位基准、测量基准重合，减少积累误差，提高加工精度。

（2）粗、精加工分开 粗、精加工阶段的划分，对箱体零件的机械加工质量影响很大。当工件刚性好、内应力小、毛坯精度高时，粗加工后变形很小。这时可在基准平面及其他平面粗、精加工后，再粗、精加工主要孔。这样可减少工序数目和工件安装次数，减少加工余量；生产率高，经济性好；但当毛坯精度较低且工件刚性差、内应力大时，粗加工后变形很大，影响加工质量。故当箱体技术要求较高，粗加工又会引起显著变形时，应将平面加工和孔的加工交叉进行，较易保证加工精度，早发现毛坯缺陷。其工序安排为粗加工平面→粗加工孔→精加工平面→精加工孔。

（3）工序集中安排 在成批大量生产箱体零件的流水生产线上，广泛采用多轴龙门铣床、组合磨床等专用机床，各主要孔的加工则采用多工位组合机床、专用镗床等。在生产安排上以工序集中方式进行加工，将一些相关的表面加工集中于同一工位或同一台机床上进行。这既能有效保证各表面之间的尺寸和位置精度，又能显著提高生产效率。

（4）工序间适当安排时效处理 对于精度较高、形状复杂、壁厚不均的箱体零件，为消除残余应力，减小机械加工后或加工中的变形，保证精度的稳定，除毛坯铸造之后需安排时效处理外，机械加工工序件应适当安排时效处理（人工时效或自然时效）。

综上所述，箱体零件主要表面加工工序的顺序一般为：加工定位用的平面及其上的两个工艺孔→粗、精加工其他平面→钻各面上的螺纹底孔→粗镗主要孔→钻、铰其余孔→精镗主要孔→攻螺纹。

3. 箱体零件机械加工工艺过程示例

随生产类型与所用设备不同，同一种箱体的机械加工工艺过程也有差别。图 6-39 所示为某汽车变速器箱体零件简图。大批量生产时其机械加工工艺过程见表 6-6。

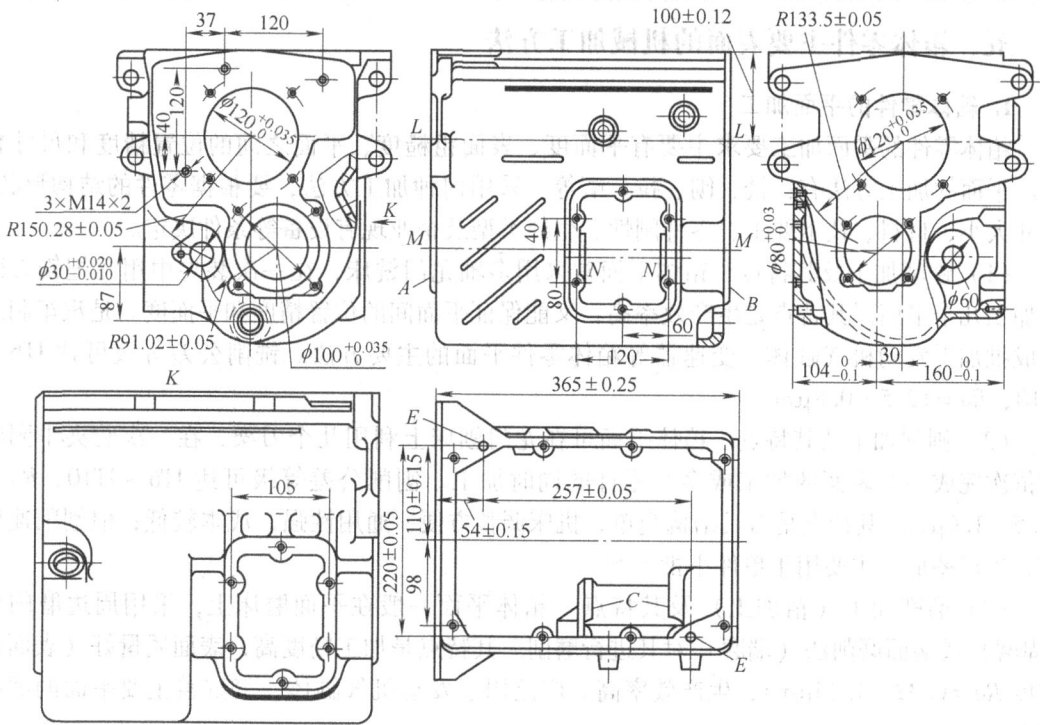

图 6-39　某汽车变速器箱体零件简图

表 6-6　大量生产时变速器箱体的机械加工工艺过程

工序号	工序内容		基准面	设备
1	粗、精铣顶面			
2	在顶面上钻、铰两个定位孔			
3	粗铣左、右两侧面			
4	粗铣前、后面		前后端面三个铸孔	双轴转台式铣床
5	钻孔(左、右、后面)		顶面、箱体内壁	立式钻床
6	钻孔(前、后面及倒车齿轮轴孔)		顶面及其工艺孔	双轴组合铣床
7	自动线加工		顶面及其工艺孔	双轴组合铣床
	工位1	铣倒车齿轮轴孔处两内侧面及钻放油孔	顶面及其工艺孔	组合机床
	工位2	粗镗孔及扩孔	顶面及其工艺孔	组合机床
	工位3	攻螺纹(放油孔)		
	工位4	精镗孔及铰孔		
	工位5	攻螺纹(顶面、前面)		
8	精铣端面			
9	精铣左右两侧面			组合铣床
10	攻螺纹(左、右、后面)		顶面及其工艺孔	双轴组合铣床
11	清洗		前端面及两主要孔	组合机床
12	最终检查			清洗机

五、箱体零件主要表面的机械加工方法

1. 箱体零件的平面加工

箱体零件的平面加工要求主要有平面度、表面粗糙度、平面之间的位置精度和尺寸精度。平面的加工方法有：铣、刨、拉、磨等。采用何种加工方法，要根据零件的结构形状、尺寸大小、材料、技术要求、零件刚性、生产类型及企业现有设备等条件决定。

（1）铣削加工及其特点 箱体平面常采用多轴龙门铣床，在一次装夹中用几把铣刀同时加工几个平面。其特点是生产效率高，又能保证平面间的位置精度和平面度。是汽车制造业成批加工发动机气缸体、变速器等箱体零件平面的主要方法。铣削公差等级可达 IT6 ~ IT10，$Ra = 12.5 ~ 0.8 \mu m$。

（2）刨削加工及其特点 箱体平面可在龙门刨床上利用几个刀架，在一次装夹中同时或依次完成多个表面的加工或多个零件的同时加工。刨削公差等级可达 IT6 ~ IT10，$Ra = 12.5 ~ 1.6 \mu m$。其特点是刀具结构简单，机床调整方便，通用性强，成本较低；但刨削速度低，生产率低，主要用于单件小批生产。

（3）磨削加工（精加工）及其特点 箱体平面一般在平面磨床上，采用周边磨削法（周磨）或端面磨削法（端磨）对其进行磨削。其特点是加工精度高，表面质量好（表面粗糙度 $Ra = 0.32 ~ 1.25 \mu m$），生产效率高。广泛用于发动机气缸体、气缸盖主要平面的磨削加工。

周磨：散热好，质量高，效率低。

端磨：刚性好，面积大，质量低，效率高。

2. 箱体零件的孔及孔系的加工

（1）箱体零件孔加工要求 对孔本身的尺寸精度、表面粗糙度，孔的形状（如圆度、圆柱度等）及孔与其他表面间的位置（如中心距、同轴度、平行度、垂直度等）的公差均要求较高，否则，不能保证装配精度和运转精度要求。

（2）孔及孔系的加工方法和设备 加工方法主要有：钻孔、扩孔、镗孔、磨孔、珩磨孔等。选择加工方法时，要根据毛坯材料及制造方法、零件的结构特点、孔径尺寸大小、加工精度和表面粗糙度要求、生产类型和生产条件等因素而定。

汽车箱体零件上的孔，按其使用功能和加工精度要求，可分为主要孔和次要孔。次要孔如螺纹底孔及油孔等，这类孔公差较大，一般为 IT11 ~ IT12，通常在普通立式钻床、摇臂钻床或多轴组合钻床上便可加工完成。主要孔如发动机气缸体、差速器壳体、主减速器壳体、变速器壳体等零件上的气缸孔、轴承座孔，精度要求较高，一般为 IT7 ~ IT9。对于这些平面型箱体上的孔，多在镗床类机床（如金刚镗床、卧式镗床、坐标镗床、组合镗床、加工中心）上进行加工。

此外，在箱体上可能有加工比较困难的深孔（如气缸体的油孔），会影响生产率的提高。在大批大量生产中，常使用特殊刀具和分级进给机构，以改善排屑和刀具冷却的条件。目前在数控深孔钻床上采用枪钻加工深孔，已获得良好效果。

箱体零件上由多个轴承座孔形成的孔系，它们不仅本身的尺寸精度要求高，而且各个轴承座孔之间的位置精度要求也较严格，加工时比较难以保证，因此孔系加工是箱体零件加工中最关键的工序。汽车上箱体零件的孔系加工，一般在组合机床、专用金刚镗床和加工中心

上进行。

在成批大量生产中，多在组合机床上用钻模和镗模加工孔系，可保证孔系加工的中心距、位置精度和提高生产率。镗模应在保证加工质量的前提下尽可能简单。

在组合机床上用镗模法加工孔系，其孔的中心距及孔轴线与基准平面间的位置误差可控制在 ± （0.025～0.05）mm 之间。其位置误差主要取决于镗模的精度，同时也与工件加工余量的大小及其均匀性、切削用量等因素有关。

1）镗模法加工孔系。如图 6-40 所示。

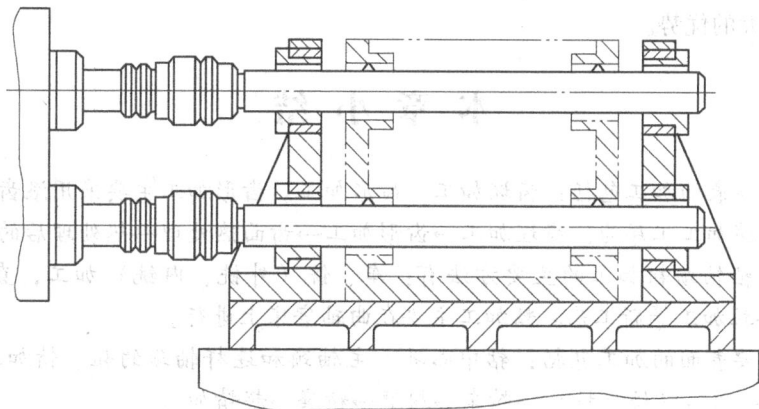

图 6-40　镗模法加工孔系

采用镗模法加工，轴承座孔的尺寸精度和位置精度与镗套和镗杆的配合精度有关。镗套和镗杆之间的间隙一般为 0.01～0.05mm，如过小，镗套和镗杆容易卡死。因此，该方式不能保证较高的尺寸和位置精度。当孔的尺寸和位置精度要求较高时，采用刚性主轴的金刚镗床进行加工。

2）在加工中心上加工箱体上的孔及孔系。首先要进行工艺处理，把孔的位置尺寸转换成两个相垂直的坐标尺寸，然后编制数控程序，通过程序控制刀具与工件的相对位移，在所需的坐标位置定位，进行孔的加工。

加工中心的加工精度高，沿各坐标轴移动的定位精度高，能获得很高的尺寸精度和相互位置精度。在加工中心上加工箱体时，工件在一次装夹后不仅能完成孔系中各孔的粗、半精、精加工，还能完成平面铣削，钻、扩、铰孔，攻螺纹等加工，减少了由工件多次装夹引起的误差，进一步提高了孔的位置精度。

3. 变速器箱体机械加工生产线的方案

在大批量生产箱体零件时，过去多采用由专用机床组成的生产线进行加工，以提高生产率。近年来，越来越多地使用加工中心或由加工中心组成的柔性生产线进行加工，以快速适应不断变化的市场对产品量大且多样化的需求。

（1）在专用机床生产线上加工　由专用机床组成的生产线，生产效率高，机床设备简单，但使用机床设备多、工序多、生产线长。其最大缺点是产品固定不变，适应性差，若产品略作修改，则生产线就需要改造，限制了产品的更新换代，不适应多品种、成批量按订单生产模式的需要。

（2）在加工中心或柔性生产线上加工　在加工中心上，以不同的加工程序来适应不同零件几何形状的变化，只要更换机床夹具就可以完成多种箱体零件的加工，具有很大的柔性。加工中心刀库中一般具有数十把乃至上百把不同的刀具，很容易完成箱体零件的粗、精铣和镗削，以及钻、扩、铰、攻螺纹等加工，有时一台加工中心就相当于一条生产线。在卧式加工中心上，可利用工作台的转动来实现多工位对不同方向表面的加工，节约了机床夹具的使用，更大程度地提高了柔性。

加工中心或由其组成的柔性生产线加工范围广，占用生产面积小，操作工人少，工人劳动强度低；虽然设备昂贵、投资大，但由于节约了产品转型时的重新投资，在多品种成批生产中可发挥巨大的优势。

本 章 小 结

1. 齿轮主要表面加工包括：齿坯加工，齿形加工。齿形加工主要采用滚齿或插齿。

2. 齿轮机械加工工序为：齿坯加工→齿形加工→齿面热处理→热处理后的精加工。

3. 汽车曲轴轴颈粗加工的主要方法有：车、铣（外铣、内铣）加工，直线式车-拉加工，旋转式车-拉加工等新工艺。精加工主要在曲轴磨床上进行。

4. 曲轴主要表面的加工包括：钻中心孔，主轴颈和连杆轴颈的粗、精加工。各轴颈表面加工顺序为：粗车（铣、拉）→精车→粗磨→精磨→超精加工。

5. 汽车连杆主要表面的加工包括：大、小头孔及其端面的加工；连杆盖与连杆体接合面的加工；为避免连杆盖与连杆体接合面的加工，现已应用撑断新工艺。

6. 大批量生产时，连杆大、小头孔端面在立轴多砂轮圆形工作台平面磨床上或在卧式对置双砂轮平面磨床上磨削加工；连杆盖与连杆体接合面的加工常采用拉削。

7. 连杆大头孔的加工工艺方案多为：粗镗→半精镗→金刚镗→珩磨；小头孔多为：钻孔→拉孔→镗孔或钻孔→扩孔→铰孔，压入青铜衬套后，多以金刚镗（细镗）衬套内孔作为最后加工。

8. 箱体类零件主要表面的加工包括：各平面的加工，各孔系及其端面的加工；其加工难度较大的就是如何保证孔与各平面的位置精度及孔的尺寸精度。

9. 箱体零件主要加工表面的工序安排原则为：先面后孔，粗、精加工阶段分开，工序集中安排，工序间安排时效处理。

10. 箱体零件主要加工工序顺序一般为：加工定位用的平面及其上的两个工艺孔→粗、精加工其他平面→钻各面上的螺纹底孔→粗镗主要孔→钻、铰其余孔→精镗主要孔→攻螺纹。

思考与练习题

一、名词术语解释

车-拉削加工，内铣法，外铣法。

二、单项选择题

1. 汽车主减速器主动锥齿轮采用 20CrMnTi 低合金钢制造，在机械加工工序中需进行的表面渗碳、淬火热处理工序应安排在（　　　）。

A. 齿坯粗、精加工之前

B. 齿廓面粗、半精（精）加工之后，齿廓面粗、精磨之前

C. 齿坯粗、精加工之后

D. 齿廓面粗磨之后，精磨之前

2. 连杆大、小头孔和端面的加工应（　　　）。

A. 先加工孔，再加工端面　　　B. 先加工端面，再加工孔　　　C. 谁先谁后都可以

三、简述题

1. 齿轮的机械加工主要分为哪几个阶段？

2. 齿轮主要表面的机械加工主要采用哪些方法？

3. 曲轴轴颈粗加工的主要工艺方法有哪些？各有何特点？

5. 连杆主要表面加工采用哪些方法？加工工序顺序如何安排？

6. 什么是连杆接合面的撑断工艺？与传统加工方法相比较，该工艺有何特点？

7. 箱体零件主要加工表面的工序应如何安排？

8. 箱体零件机械加工时，粗、精基准应如何选择？

第七章

汽车装配工艺基本知识

【学习目标】

1. 了解装配、装配精度的概念。
2. 掌握汽车装配精度与零件精度的关系。
3. 了解产品装配的工艺结构性。
4. 掌握汽车装配的方法及适用范围。
5. 掌握汽车总装的工作内容。
6. 了解汽车装配的流程。

第一节　装配的基本知识

汽车装配是汽车制造的最后阶段，汽车质量最终是由装配来保证的。装配质量对汽车的使用性能和使用寿命影响很大，即使所有汽车零件都合格，但如果装配不当，也难以获得符合质量要求的汽车产品；反之，如果少数零件的加工尺寸有较小超差，往往可以采用适当的装配方法使产品合格。只有不断提高装配技术水平，提高劳动生产率，降低产品成本，保证用户对汽车产品的质量要求，才能适应整个汽车工业的发展。

一、装配的基本概念

1. 装配的概念

装配是指按产品规定的精度和技术要求，将机器的若干零件、组件、部件（总成）进行配合与连接，使之成为半成品或成品的工艺过程。它包括：零部件的组装、调试、检测、试验、涂装、包装等，使之成为合格产品的全过程。

将零件、组件装配成部件（总成）的过程称为部件装配；将零件、组件、部件（总成）装配成最终产品的过程称为总装配。

装配是决定产品质量的关键环节，也是对产品设计、制造过程的验证过程。通过装配能够发现设计、制造环节中存在的问题，甚至能够发现未来使用阶段存在的隐患。因此，研究装配工艺，选择合适的装配方法，制订合理的装配工艺规程，不仅是保证汽车装配质量的手段，也是提高生产效率与降低制造成本的有力措施。

2. 装配精度及其意义和内容

装配精度是指产品装配后的实际几何参数、工作性能与理想几何参数和工作性能的符合程度。

正确地规定机器和部件的装配精度是产品设计的重要环节之一，它不仅关系到产品质量，也影响到产品制造的经济性。装配精度是制订装配工艺规程的主要依据，也是选择合理的装配方法及确定零件的尺寸公差和技术条件的主要依据。国家有关部门对各类通用机械产品（包括汽车产品）都制订了相应的装配精度标准。

装配精度的内容包括：零部件间的相互位置精度、相对运动精度和相互配合精度。

（1）相互位置精度　相互位置精度是指产品中相关零部件间的位置尺寸精度和位置精度。

1）零部件间的位置尺寸精度。是指相关零部件间的距离尺寸精度，如车床主轴箱的主轴轴线和尾座顶尖孔轴线的等高度；汽车发动机缸体各气缸中心距尺寸精度等。

2）零部件间的位置精度。是指相关零件之间的同轴、平行、垂直及各种跳动等精度要求，如钻模中钻套轴线对夹具底面的垂直度；汽车发动机缸体各气缸轴线与曲轴主轴承座孔轴线的垂直度等。

（2）相对运动精度　相对运动精度指相对运动的零部件间在运动方向和运动速度上的精度。

1）运动方向上的精度。是指零部件间相对运动的直线度、平行度和垂直度等。如牛头刨床滑枕往复直线运动对工作台面的运动平行度；发动机活塞与曲轴连杆轴颈的运动垂直度等。

2）运动速度上的精度。是指内传动链的传动精度，即内传动链首末两端件的实际运动速度关系与理论值的符合程度。

（3）相互配合精度　零部件间的相互配合精度包括配合表面的配合精度和接触精度。

1）零部件间的配合精度。是指配合面间达到规定间隙或过盈要求的程度。它关系到配合性质和配合质量。由国家标准《公差和配合》确定。例如，轴和孔的配合间隙或配合过盈的变化范围。

2）零部件间的接触精度。是指两相互接触、相互配合的表面接触点数和接触点分布情况与规定值的符合程度。它影响到接触刚度和配合质量。例如，导轨接触面、曲轴轴瓦与轴颈的接触面、锥体配合面、齿轮啮合等，均有接触精度要求。

3. 装配精度与零件精度间的关系

机械及其部件都是由若干零件组成的，产品的装配精度和零件特别是关键零件的加工精度有着密切的关系。零件精度是保证装配精度的基础，但装配精度不仅取决于零件的加工精度，还取决于装配方法实际达到的精度。采用的装配方法不同，对各零件的精度要求也不同。即使零件的加工精度很高，采用的装配方法不当，也无法保证装配后的产品满足高品质的要求。因此，装配精度是由相关零件的加工精度和合理的装配方法共同保证的。

装配精度如完全靠装配链中各组成零件自身加工精度直接保证，那么对零件的加工精度要求就会很高而导致零件加工困难或甚至无法加工。因此，将以经济精度加工的相关零部件，通过采取一系列的装配工艺措施（如选择、修配和调整等），形成不同的装配方法来保证装配精度。

二、装配工艺规程

1. 装配工艺规程及其意义

装配工艺规程是指规定产品的装配工艺过程和装配方法的工艺文件。它是指导装配工作的技术文件，也是制订装配生产计划和技术准备的依据。装配工艺规程对保证装配质量、装配生产效率、缩短装配周期、减轻工人劳动强度、装配生产线的布置和缩小装配占地面积、降低成本、新建或改扩建厂房等有着重要影响。

2. 制订装配工艺规程的基本原则

1）保证和提高产品装配质量，以延长产品的使用寿命。

2）合理安排装配顺序和工序，尽量减少钳工手工装配劳动量，缩短装配周期，提高装配效率。

3）尽量减少装配占地面积，提高单位面积的生产率和利用率。

4）尽量减少装配工作所占的成本。

3. 装配工艺规程的内容

1）制订产品装配工艺过程，包括：装配工艺系统图、装配方法和工艺规程卡片。

2）拟订装配顺序，划分装配工序。

3）确定装配组织形式。

4）确定装配设备和工装夹具。

5）计算装配时间定额。

6）确定各工序的装配技术条件、质量检查方法和检测工量具。

7）确定装配零部件的运送方法和运输工具。

4. 制订装配工艺规程的依据及所需的原始资料

1）产品装配图及重要件的零件图和验收技术标准。它们是制订装配工艺规程的首要依据。

2）产品的生产纲领。它决定了产品的生产类型。生产类型不同，装配的生产组织形式、工艺方法、工艺过程的划分、工艺装备的多少、手工劳动的比例等也有很大不同。

汽车属大批量生产的产品，应尽量选择专用装配设备和工具，采用流水线装配方法。有的装配区段还需采用机器人，组成自动装配线。

3）现有生产条件。当在现有条件下制订装配工艺规程时，应了解本厂现有的装配工艺装备、工人技术水平、装配车间面积等。如果是新建厂，则应适当选择先进的装备和工艺方法。

5. 制订装配工艺规程的步骤和内容

（1）研究分析产品装配图　了解产品的技术要求及验收内容和方法。审核产品图样的完整性、正确性、分析审查产品的结构工艺性。

（2）确定装配方法与装配组织形式　装配方法与装配组织形式的选择，主要取决于产品结构特点（如质量大小、尺寸及复杂程度）、生产纲领和现有生产条件。装配的组织形式主要分固定式和移动式两种。

1）固定式装配。是全部装配工作在一个固定的地点或装配台架上进行，又可分为集中式和分散式两种，多用于单件小批生产或重型产品的成批生产。

2）移动式装配。是将零部件用输送带或移动小车按装配顺序由各装配点完成一部分工作，全部装配点的总和则完成了产品的全部装配工作，它又可分为连续移动和间歇移动两种。移动式装配常用于大量生产时组成流水作业线或自动线，如汽车、拖拉机、仪器仪表、家用电器等产品的装配。

（3）划分装配单元，确定装配顺序　将产品划分为可进行独立装配的单元是制订装配工艺规程中的最重要步骤，对于大批大量生产结构复杂的产品时特别重要。只有划分好装配单元，才能合理安排装配顺序和划分装配工序。

无论哪一级装配单元都要选定某一零件或比它低一级的单元作为装配基准件。一般应选体积或质量较大，有足够支承面的能够保证装配时稳定性的零件、组件或部件作为装配基准件，如汽车总装配则是以车架部件作为装配主体和装配基准部件；发动机气缸体零件是发动机总成的装配主体和装配基准件；机床床身零件是床身组件的装配基准件；床身组件是床身部件的装配基准组件；床身部件是机床产品的装配基准部件。

划分好装配单元并确定装配基准零件后，即可安排装配顺序。确定装配顺序的要求是保证装配精度，以及使装配连接、调整、校正和检验工作能顺利进行，前面工序不影响后面的质量等。为了清晰地表示装配顺序，常用装配单元系统图来表示。它是表示产品零、部件间相互装配关系及装配流程的示意图。装配顺序一般原则是：先难后易、先内后外、先下后上，预处理工序要安排在前面。

（4）装配工序的划分与设计　装配工序确定后，则可将工艺过程划分成若干个工序，并进行具体装配工序的设计。装配工序的划分主要是确定工序集中与工序分散的程度。工序的划分通常和工序设计同时进行。工序设计的主要内容有：

1）制订工序操作规范。如过盈配合所需压力、变温装配的温度值、紧固螺栓联接的预紧扭矩、装配环境等。

2）选择设备与工艺装备。若需要专用装备与工艺装备，则应提出设计任务书。

3）确定工时定额，协调各工序内容。在大批量生产时，要平衡工序的节拍，均衡生产，实施流水装配。

（5）编制装配工艺文件　单件小批生产时，通常只绘制装配系统图，装配时按产品装配图及装配系统图实施。成批生产时，通常需制订部件、总装的装配工艺卡；写明工序顺序，简要工序内容，设备名称，工装夹具名称及编号，工人技术等级和时间定额等项目。

6. 制订产品检验与试验规范

1）检测和试验的项目及检验质量指标。

2）检测和试验的方法、条件与环境要求。

3）检测和试验所需工艺装备的选择和设计。

4）质量问题分析方法和处理措施。

三、产品结构的装配工艺性

产品设计结构的正确性是保证产品质量的先决条件，零件的加工质量是产品质量的基础，装配工艺是产品质量的最终保证。因为装配过程并不是将合格零件简单地连接起来的过程，而是根据各级部装和总装的技术要求，通过校正、调整、平衡、配作及反复检验来保证的复杂过程。若装配不当，即使零件的制造质量都合格，也不一定能装配出合格的产品；反之，当零件的质量不是十分良好，只要在装配中采取合适的工艺措施，也能使产品达到或基本达到规定的要求。

根据汽车装配工艺的需要，对产品结构的装配工艺性有以下基本要求。

1. 产品应能分成若干个独立的装配单元

装配单元是指装配中能进行独立装配的部件。

将产品划分为装配单元是制订装配工艺规程中最重要的一个步骤。只有将产品合理分解为可以进行独立装配的单元后，才能合理安排装配顺序和划分装配工序，组织装配生产。

装配单元一般可划分为五级，即零件、套件、组件、部件和产品，如图 7-1 所示。

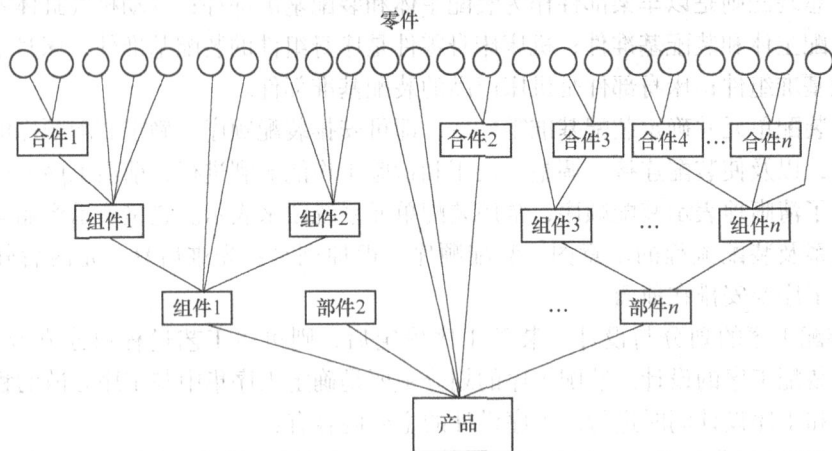

图 7-1　装配单元的划分

（1）零件　组成机器的最小单元，一般预先装成套件、组件、部件后才安装到机器上。

（2）合件　也称结合件，在一个基准零件上装上一个或若干个零件，就构成一个合件。它是最小的装配单元。是结合成的不可拆卸（如焊接件）的整体件及利用"合并加工修配法"装在一起的几个零件。为形成合件而进行的装配工作称为合装（也称套装），如某些发动机连杆小头孔和衬套的装配件等。

（3）组件　在一个基准零件上装上若干个套件及零件，就构成一个组件。为形成组件而进行的装配工作称为组装，如轴和装配在该轴上的齿轮以及轴承等。

（4）部件　在一个基准零件上装上若干个组件、套件及零件，就构成一个部件。它是能完成某种功能的组合体，如车床的主轴箱、进给箱。

在装配时，以某一个零件（或套件、部件）为基础，这个零件（或套件、部件）即称为基础件，其余的零件或套件及组件或部件按一定的顺序装配到基础件上，成为下一级的装配单元。

常用产品装配单元系统图如图 7-2 所示，以反映装配单元的划分、装配顺序的安排和装配工艺方法。

2. 要有正确的装配基准

无论哪一级装配单元，都要选定一个装配基准。如发动机的装配，气缸体是装配基准件，各装配单元在其上都有装配基准。

如同工件在机械加工时的定位一样，零件在装配单元上的正确位置，是靠零件装配基准（基面）间的配合和接触来实现的。因此，要使零件正确定位，就应有正确的装配基准，且装配时的零件定位应符合六点定位原则。

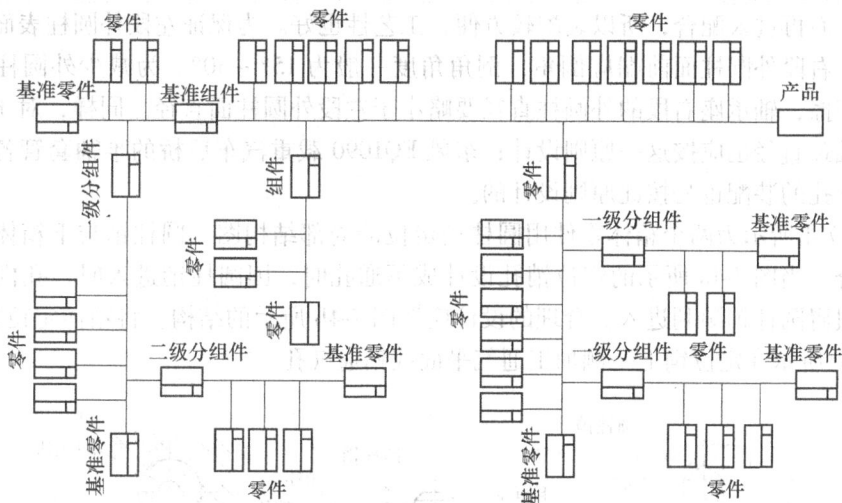

图 7-2　产品装配单元系统图

图 7-3 所示为汽车车桥主动锥齿轮轴承座组件的装配图，两种方案都是以轴承座 2 的两段外圆和法兰端面为其装配基面装入到后桥壳 1 的两轴承座孔内，便被限制了五个自由度，绕轴线旋转的自由度由螺钉限制，因此，轴承座在壳体内就有了正确定位。

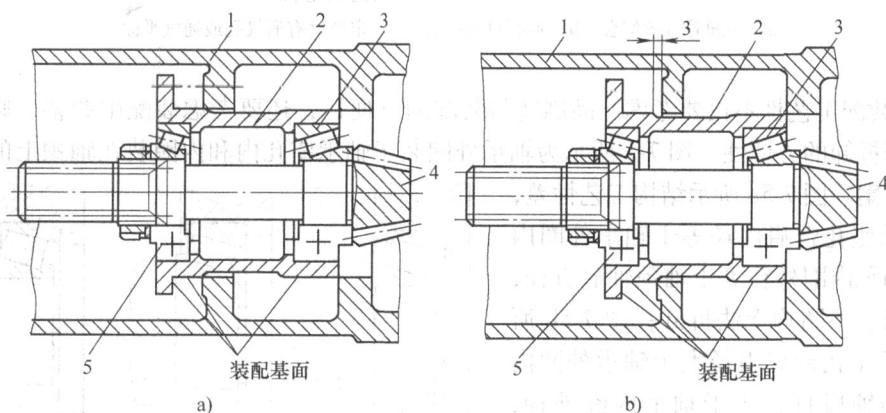

图 7-3　轴承座组件装配基准面及两种设计方案
1—壳体　2—轴承座　3、5—圆锥滚子轴承　4—主动锥齿轮轴

3. 应便于装配和拆卸

装配过程中如发现问题或进行调整时，常需要进行中间拆装。具有正确的装配基准是便于拆装的前提条件。此外，应注意组件的几个表面不应该同时装入基准零件（如箱体）的配合孔中，而应先后依次进入装配。

下面以便于拆装和调整的实例加以说明。

1）如图 7-3a 所示的轴承座组件的装配中，轴承座的两段外圆柱表面（装配基准）同时进入壳体的两个配合孔中，由于不易同时对准两圆柱孔，使装配较为困难。当改为图 7-3b 所示结构后，轴承座右端外圆柱表面先进入壳体的配合孔中 3mm，并且有良好的导向后，左端外圆柱面再进入配合，所以装配较方便，工艺性也好。为保证左段外圆柱表面容易引入壳体内孔，右段外圆柱面前端应倒角，倒角角度一般为 15°~30°。为减少外圆柱面与内孔配合时的摩擦，轴承座右段的外圆柱直径要略小于左段外圆柱面直径。同样，对于主动锥齿轮轴两段轴颈直径也应按这一原则设计；东风 EQ1090 载重汽车后桥的半轴套管各轴颈与后桥壳内各座孔的装配也是按此原则设计的。

2）图 7-4 所示为两个箱体零件用圆柱销定位的局部结构图，圆柱销与下箱体定位销孔为过盈配合。当图 7-4a 所示的定位销孔设计成不通孔时，因圆柱销进入时，孔内空气不能逸出，会阻碍圆柱销顺利进入。合理的设计应按图 7-4b 所示的结构，将箱体定位销孔钻通，或按图 7-4c 所示在定位销上一侧加工通气平面或钻通气孔。

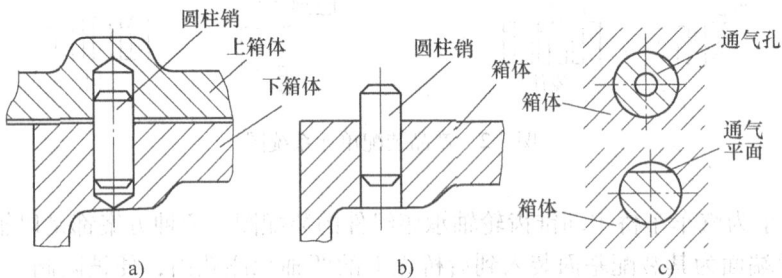

图 7-4　两箱体零件用圆柱销定位
a）不通孔过盈配合　b）通孔过盈配合　c）定位销有通气孔或通气平面

3）装配工艺性不仅要考虑产品制造与装配的方便性，还要考虑装配中调整、修配和使用中维修拆卸的方便性。图 7-5 所示为轴承外圈装于轴承座孔内和内圈装在轴颈上的三种装配结构方案。图 7-5a 所示结构工艺性差，因为轴承座孔台肩内径等于轴承外圈内径，而轴承内圈外径等于轴颈轴肩直径，故轴承内、外圈均无法拆卸；图 7-5b 所示的轴承座孔台肩内径大于轴承外圈内径，轴颈轴肩直径小于轴承内圈外径，或者如图 7-5c 所示，当轴承座孔台肩直径等于轴承外圈内径时，可在座孔台肩处做出 2~4 个缺口，则轴承内、外圈都便于拆卸。

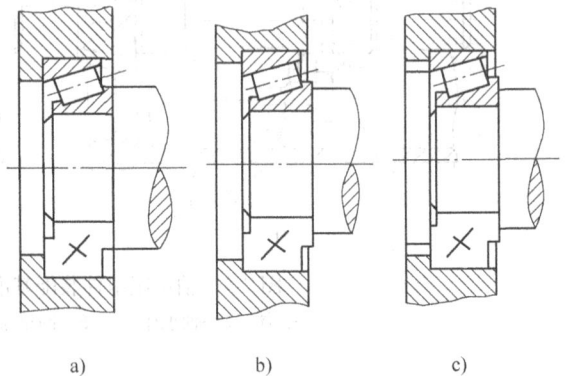

图 7-5　轴承座孔台肩与轴颈轴肩

4. 正确选择装配方法

装配精度是靠正确选择装配方法和零件制造精度来保证的。装配方法对部件的装配生产率和经济性有很大影响。设计结构时，应使结构简单，尽可能采用完全互换法装配，便可提高生产率。因此，在装配精度要求不高，零件的尺寸公差在采用经济性加工方法保证时，都应采用完全互换法装配。只有当装配精度要求较高，才考虑采用其他装配方法。如在采用补偿法（调整装配法和修配装配法）装配时，应合理地选择补偿环。补偿环的位置应尽可能便于调节，或便于拆卸。

5. 应尽量减少装配时的修配和机械加工

装配中减少修配工作量，首先要减少不必要的配合面。配合面过大、过多，零件机械加工则困难，同时使装配时的手工修配量增加。

装配中减少机械加工工步，否则影响装配工作的连续性，延长装配周期，增加装配车间机械加工设备和占地面积，造成装配工作杂乱。此外，机械加工所产生的切屑易残留在装配的总成中，极易增加机件的磨损，甚至会产生严重事故而损坏整台机械产品。

对某些需要装配时进行机械加工的结构，设计者可以考虑修改设计，以避免装配时的机械加工。

图7-6所示为齿轮轴向定位的两种方案。其中，图7-6a所示中间齿轮与花键轴是用两个锁紧螺钉固定的。装配时需按已加工好的齿轮的螺孔位置配钻花键轴上装锁紧螺钉的孔。

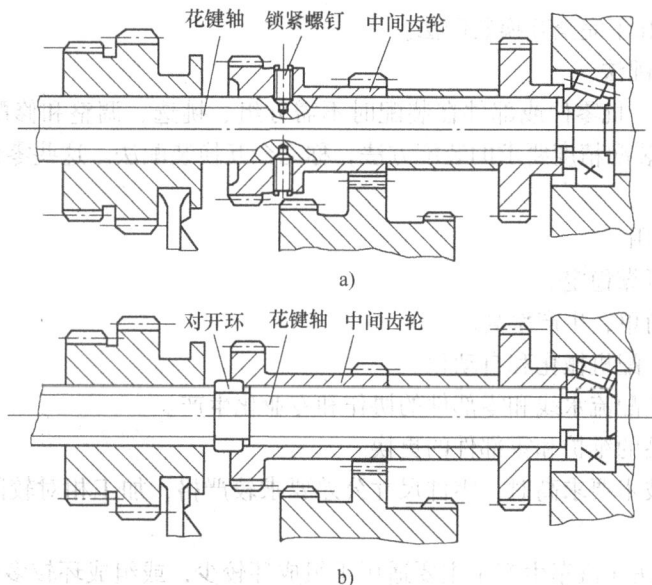

图7-6 齿轮轴向定位的两种方案
a）结构工艺性不好 b）结构工艺性好

如将图7-6a所示的结构改成图7-6b所示的结构，用对开环作轴向定位，就可以避免装配时的机械加工，因此，图7-6b所示结构的工艺性较好。

第二节 保证装配精度的装配方法

合理选择装配方法是装配工艺的核心问题。

应根据产品的结构特点和装配精度要求，结合不同的生产类型、生产条件等选择恰当的装配方法，以达到良好的技术、经济效果。在汽车制造中，常用的装配方法有：互换装配法、选择装配法、修配装配法、调整装配法。

装配方法的选择，一般应遵循以下原则：

1）优先选择互换法装配。

2）当封闭环的精度要求较高，而组成环的环数较少时，可考虑选择装配法。

3）在采用上述装配方法而使零件加工困难或不经济时，特别是在单件小批生产中才宜选用修配装配法或调整装配法。

一、互换装配法

互换装配法是指在装配过程中，零件互换后仍能达到装配精度要求的装配方法。产品采用互换装配法时，装配精度主要取决于零件的加工精度。

其特点是装配时不经任何调整和修配，就可以达到精度。比如汽车在使用中某零件磨损，再买一对新的同类零件更换上去即可正常使用。

互换法的实质是控制零件的加工误差来保证产品的装配精度。按其互换程度不同，又分为完全互换装配法和不完全互换装配法。

1. 完全互换装配法

（1）概念 若一批零件或部件在装配时不需分组、挑选、调整和修配，直接按装配关系连接就可以达到装配精度要求的装配方法，称完全互换装配法。这些零件或部件属于完全互换。

（2）特点及应用

1）装配质量可靠稳定。

2）装配工作简单，生产率高。

3）易于实现装配机械化和自动化。

4）易于组织装配流水线和零部件的协作和专业化生产。

5）有利于产品的维护和零部件的更换。

6）当零件的技术要求高时，零件尺寸公差要求较严格，加工相对较困难，使零件制造成本增加。

完全互换装配法在汽车生产中主要适用于组成环较少，或组成环较多但装配精度要求较低的各种生产类型。

2. 不完全互换装配法（大数互换装配法）

（1）概念 若一批零件装配时，绝大部分零件不需挑选或修配，装配后即能达到装配精度要求的装配方法，称不完全互换装配法。

在正常情况下，零件的加工尺寸成为极限尺寸（零件尺寸正好达到上极限偏差值或下极限偏差值时）的可能性较小；而在装配时，各零、部件的误差遇到同时为最大或最小或上极限偏差的轴与下极限偏差的孔碰对的可能性更小。采用不完全互换装配法有利于零件的经济加工，使绝大多数产品能保证装配精度。

（2）特点及应用 和完全互换装配法的特点相似，只是互换程度要偏低一些。也就是说，采用不完全互换装配法，装配时有少量的组件、部件或零件不合格，需留待以后分别处理。其特点是：

1）可以放大零件的制造公差，有利于零件的经济加工，降低零件制造成本。

2）装配过程和完全互换装配法一样简单、方便，生产率高。

3）部分零件需进行返修。

不完全互换装配法适用于大批量生产中装配精度要求较高，组成环又多的场合。

一般情况下，使用要求与制作水平、经济效益不产生矛盾时，可采用完全互换装配法，反之采用不完全互换装配法。不完全互换装配法通常用于部件或机构的制造厂内部的装配，而厂外协作往往要求完全互换。

二、选择装配法

选择装配法是指将零件的制造公差适当放宽到经济可行的程度，然后挑选其中尺寸合适的零件进行装配，以保证装配精度的装配方法。

此种装配方法经常应用于装配精度要求高而组成环数又较少的成批或大批量生产中。选择装配法又分为：直接选择装配法、分组互换装配法和复合选择装配法三种。

1. 直接选择装配法

是指在装配时，由装配工人凭经验直接从待装配的零件中，挑选合适的零件进行装配，然后检测是否达到装配精度要求的装配方法。这种方法需要技术较熟练的工人，装配精度在很大程度上取决于工人的技术水平，同时装配时间较长，又不稳定。这种装配方法适用于封闭环公差要求不严、产品产量不大或生产节拍要求不严格的小批生产。

2. 分组互换装配法

（1）概念　装配时，选择相同公差组别的零件进行装配，保证同组零件具有互换性的一种装配方法。这种装配方法在发动机装配中应用较多，如活塞销与活塞销孔，活塞销与连杆小头衬套孔，柴油机精密偶件中的喷油器偶件、柱塞副偶件等均采用分组互换装配法进行装配。

下面以图7-7所示的汽车发动机中活塞销与活塞销孔的装配为例，说明分组互换装配法的原理与装配过程。

按技术要求：活塞销直径 d 与活塞销孔直径 D 的公称尺寸为28mm，在冷态装配时应保证过盈量 $Y = 0.0025 \sim 0.0075$mm，即

$$Y_{max} = d_{max} - D_{min} = 0.0075\text{mm}$$
$$Y_{min} = d_{min} - D_{max} = 0.0025\text{mm}$$
$$T_Y = T_d - T_D = 0.005\text{mm}$$

如果采用完全互换法装配，则活塞销与活塞销孔的平均公差仅为0.0025mm。由于销轴是外尺寸按基轴制（h）确定极限偏差，则

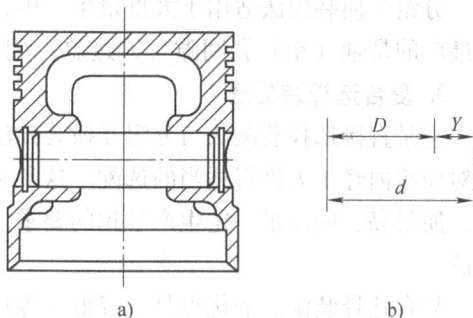

图7-7　发动机活塞销与活塞销孔的配合

$$d = 28_{-0.0025}^{0}\text{mm}, \quad D = 28_{-0.0075}^{-0.005}\text{mm}$$

显然，制造这样高精度的销轴与销孔既困难又不经济。在实际生产中，采用分组装配法就可将销轴与销孔的制造公差在相同方向上放大4倍，即

$$d = 28_{-0.01}^{0}\text{mm}, \quad D = 28_{-0.015}^{-0.005}\text{mm}$$

这样，活塞销可用无心磨削加工，活塞销孔用金刚镗床加工，然后用精密量具测量其实际尺寸，并按尺寸大小分为4组并涂不同颜色以示区别，之后同颜色的零件相配合。

具体分组情况见表7-1。

表 7-1　活塞销与活塞销孔直径分组尺寸　　　　　（单位：mm）

组　别	标志涂颜色	活塞销直径 $d = \phi28^{\ 0}_{-0.0100}$	活塞销孔直径 $D = \phi28^{-0.0050}_{-0.0150}$	配 合 情 况	
				最小过盈	最大过盈
Ⅰ	红	$\phi28^{\ 0}_{-0.0025}$	$\phi28^{-0.0050}_{-0.0075}$		
Ⅱ	白	$\phi28^{-0.0025}_{-0.0050}$	$\phi28^{-0.0075}_{-0.0100}$	0.0025	0.0075
Ⅲ	黄	$\phi28^{-0.0050}_{-0.0075}$	$\phi28^{-0.0100}_{-0.0125}$		
Ⅳ	绿	$\phi28^{-0.0075}_{-0.0100}$	$\phi28^{-0.0125}_{-0.0150}$		

正确地采用分组选配法的关键，是保证分组后各对应组的配合性质和配合公差满足装配精度的要求。

（2）特点及应用

1）对零件制造精度要求不高，但却可获得高的装配精度。

2）零件尺寸公差可以放大，但零件配合表面的形状公差和表面粗糙度值不能放大，仍需按分组公差确定。

3）同组别零件的分组公差应相等，否则会改变配合性质。

4）装配时，要求各组别的零件数量相等，否则导致不配套而造成浪费。

5）零件加工完成后，需使用精密量具或仪器进行测量分组，并分组存放，增加了部分制造成本。

分组互换装配法适用于大批量生产中，装配组成环少而装配精度要求高的装配结构。应用最广的是轴（销）孔间隙（或过盈）配合。

3. 复合选择装配法

它是直接选择装配法与分组互换装配法的复合，即零件加工后先检测分组，装配时，在各对应组内经工人进行适当的选配。这种装配法的特点是配合件公差可以不等，装配速度较快，质量高，能满足一定生产节拍的要求。如汽车发动机气缸与活塞的装配多采用此种装配方法。

复合选择装配法的优点是：降低了零件的加工精度要求，但仍能获得很高的装配精度，同组内的零件具有完全互换的优点。缺点是：增加了零件的测量、分组工作，增加了零件存储量，并使零件的存储、运输工作复杂化。

复合选择装配法应用于精密偶件的装配、精密机床中精密件的装配和滚动轴承的装配。

上述几种装配方法，无论是完全互换装配法、不完全互换装配法，还是分组互换装配法，其特点都是零件能够互换，这一点对于大批大量生产的装配来说，是非常重要的。

三、修配装配法

1. 基本概念

修配装配法是将影响装配精度的各个零件按经济加工精度制造，装配时，各零件产生较大的累积误差，通过去除指定零件上预先的修配量来达到装配精度的方法。

修配装配法和调整装配法原则上是相似的，都是通过调整件来补偿累积误差，仅仅是具体方法不同。

一般适用于产量小的场合，如单件小批生产或产品试制。采用修配装配法时，关键是正确选择修配件（补偿环）和确定其尺寸及极限偏差。

选择修配件应满足如下要求：

1）要便于装拆，易于修配。通常选形状较简单，修配面较小的零件。

2）尽量不选公共组成环。因为公共组成环难于同时满足几个装配要求。

2. 修配装配法的种类

（1）单件修配装配法 单件修配装配法就是选定某一固定的零件作为修配件，在装配过程中用去除金属层的方法改变其尺寸，以满足装配精度的要求。图7-8所示，是高压油泵喷油器体与轴针偶件装配图及其装配尺寸链。选定轴针为修配件，装配时通过修磨轴针轴肩 H 面改变其尺寸，以保证间隙要求。

（2）合并加工修配装配法 合并加工修配装配法就是将两个或多个零件合装在一起进行加工修配，以减少累积误差，减少修配量，但合并加工的零件不再具有互换性，必须做好标记以免错用。

如汽车发动机气缸体与离合器壳体总成，装配时要求离合器壳体后端面（与变速器壳体连接）与气缸体曲轴轴承座孔轴线垂直，生产中一般将离合器壳体与气缸体合装在一起，精加工离合器壳体后端面，以直接保证垂直度要求，从而可以放宽气缸体端面与轴承座孔轴线垂直度和离合器壳体两端面平行度要求。

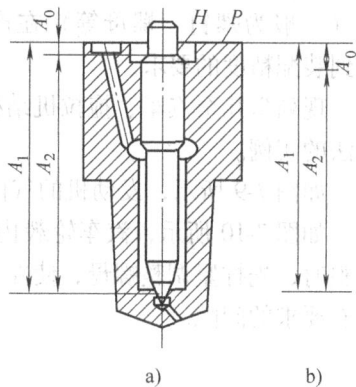

图7-8 高压油泵喷油器体与轴针偶件及其装配尺寸链

（3）偶件加工修配装配法 如柴油机精密偶件，柱塞与套筒、针阀与阀体的互研。

（4）自身加工修配装配法 这种方法主要用于机床制造，能保证较高的位置精度。

在机床制造中，有些装配精度要求较高，若单纯依靠限制各零件的加工误差来保证，对各零件的加工精度要求很高，甚至无法加工，而且不易选择适当的修配件。此时，在机床总装时，用自己加工自己的方法来保证这些装配精度更方便。这种装配方法称为自身加工法。如卧轴矩台平面磨床工作台面与进给方向不平行时，可用平面磨床本身的砂轮磨削工作台。

3. 修配装配法在汽车制造中的应用

如汽车、拖拉机中主减速器或中央传动的主、从动锥齿轮要求有较高的啮合要求，在用调整装配法保证轴向位置精度之前，应先把主、从动锥齿轮进行直接选配研磨，打上标记，然后成对地送去装配。这时的选配，不预先分组而是直接选择装配，选配后的研磨，实质上就是修配装配法。

又如，柴油机高压油泵中的精密偶件——喷油泵的栓塞副和喷油器偶件等，是用分组选配再研磨的方法保证装配精度的。选配后的研磨，也是修配装配法。

以上两例的修配工作均是在装配之前进行的，故能克服修配装配法的缺点，使之在成批生产的汽车、拖拉机制造厂中获得应用。

四、调整装配法

1. 基本概念

调整装配法是用改变调整零件的相对位置或选用合适的调整件来达到装配精度的方法。对于组成件数比较多，而装配精度要求又高的场合，宜采用调整装配法。根据调整方法的不同，调整装配法可分为：可动调整装配法、固定调整装配法。这里介绍可动调整装配法。

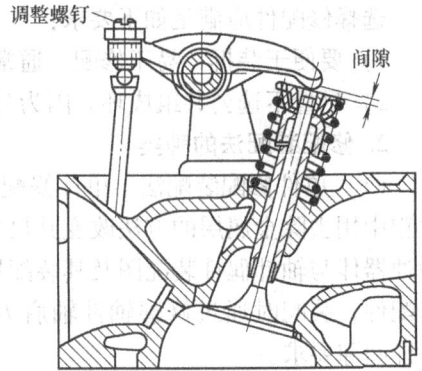

图 7-9　发动机气门间隙的调整

2. 可动调整装配法

可动调整装配法是用来改变预先选定的可调整零件（一般为螺钉、螺母等）在产品中的相对位置来达到装配精度的要求。

现列举几个汽车、拖拉机结构中采用可动调整装配法的实例。

如图 7-9 所示，发动机的气门间隙就是通过调整螺钉来保证的。

如图 7-10 所示，汽车轮毂内两个圆锥滚子轴承的间隙是用螺母作为调整件来保证的。调整时，先拧紧调整螺母，使左右轴承无间隙，然后再将调整螺母退回几分之一圈，使轴承内有要求的间隙。

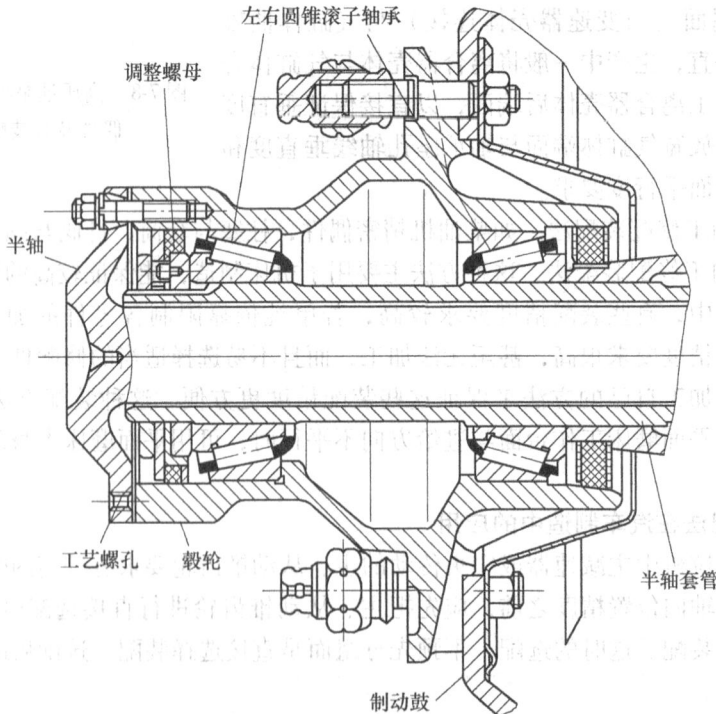

图 7-10　汽车中轮毂轴承间隙的可动调整装配

如图 7-11 所示，轿车中用波形套作为调整件调整主动锥齿轮轴承的预紧力。调整时拧动调整螺母，迫使波形套塑性变形，以补偿尺寸链各组成环累积的误差，直至满足轴承的预紧力要求。这种方法不是更换调整件，而是改变调整件的尺寸，所以也是可动调整装配法。调整时，不必拆下部分零件，具有较高的生产率，能稳定可靠地保持预紧力，是一种较先进的调整装配方法。

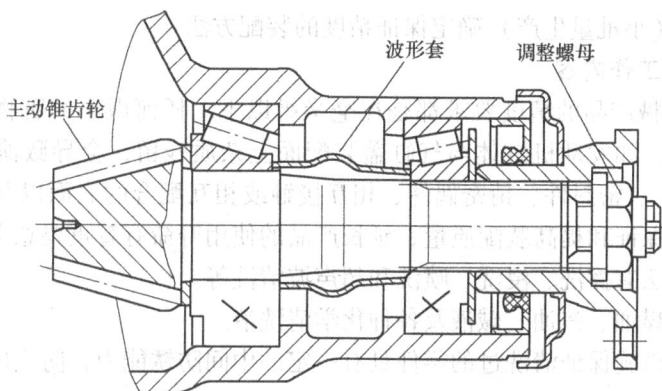

图7-11　用波形套调整汽车主动锥齿轮的轴承预紧力

上述几种保证装配精度的方法，都是在加工与装配的矛盾中产生的，选择装配方法要考虑多种因素，主要是装配精度、结构特点、生产类型、生产条件及生产组织形式等，要根据具体情况综合分析确定。选择装配方法的原则如下：

1）在大批大量生产中，只要组成零件的加工经济可行，应优先选用完全互换法。

2）在单件小批生产中，装配精度要求较高且零件数较少，若采用互换法使零件加工困难，应选择修配法。

第三节　汽车总装配工艺过程

当汽车所有零件的材料质量、加工质量（包括加工精度、表面质量、热处理性能等）都合格的前提下，汽车的整车质量最终还取决于总装配质量，而总装配质量必须要有先进合理的装配工艺予以保证，否则也难以获得符合质量要求的汽车产品。由于汽车总装配所花费的劳动量很大，占用时间多、场地大，故其对整车生产任务的完成、企业劳动生产率及生产成本与资金周转、市场营销等都有直接影响。因此，必须高度重视汽车整车的总装配工作。

一、总装配的主要工作内容

1. 物流系统的准备

1）组织好外协件（协作厂或配套厂生产的零件）、外购件。

2）必要的物资储备（合理的安全库存量）。

2. 生产计划进度的制订

1）按滚动法制订生产计划。

2）进度跟踪和统计反馈。

3. 装配工艺规程的制订

1）划分装配单元。

2）制订装配工艺流程。

3）制订调整、检测标准。

4）设计装配中的夹具及工位器具。

5）通过调试（小批量生产）确定保证精度的装配方法。

4. 装配的基本工作内容

（1）清洗　机械产品的精度要求都是在毫米级以下。任何微小的脏物、杂质都会影响到产品的装配质量。如发动机缸体与气缸盖装配面上杂质残留，会导致泄漏（漏气、漏水等）。尤其是对轴承、密封件、精密偶件、相互接触或相互配合的表面以及有特殊清洗要求的零件，清洗对于保证和提高装配质量、延长产品的使用寿命有着重要意义。

零件的清洗方法有擦洗、浸洗、喷洗和超声波清洗等。

清洗液一般用煤油、汽油、碱液及各种化学清洗液。

同时还要采取措施保证清洗过的零件具有一定的中间防锈能力，防止出现装配前因清洗而产生锈蚀。

（2）连接　将两个或两个以上的零件接合在一起的工作称为连接。

连接的方式一般有可拆卸和不可拆卸两种。

常见的可拆卸连接有螺纹联接和销联接。可拆卸连接的特点是相互连接的零件可多次拆装且不损坏任何零件。其中用得最多的是螺纹联接。

1）螺纹联接。汽车结构中广泛采用螺纹联接，对螺纹联接的要求是：

①螺栓杆部不产生弯曲变形，螺栓头部、螺母底面与被联接件接触良好。

②被联接件应均匀受压，互相紧密贴合，联接牢固。

③根据被联接件的形状，螺栓的分布情况，应按一定顺序甚至规定力矩逐次（一般为2～3次）拧紧螺母，例如气缸盖与气缸体的联接；曲轴主轴承盖与钢铁的联接等。

螺纹联接的质量对装配质量影响很大。如拧紧的次序不对，施力不均会使零件发生变形，降低装配精度，并会造成漏油、漏水、漏气等，如缸体与缸盖的连接。运转机件上的螺纹联接，若拧紧力达不到规定值，就会在热态或运转过程中松动，影响装配质量，严重时会造成事故，如连杆与连杆盖的联接等。

2）过盈连接。常见的不可拆卸连接有过盈配合连接、焊接、铆接、粘接等。

不可拆卸连接的特点是连接后不再拆开，若要拆开就会损坏某零件。其中过盈配合常用于轴与孔的连接，连接方法有压入法（用于过盈量不太大时）、热膨胀法和冷缩法（用于过盈量较大或重要、精密的机械）。

（3）校正、调整与配作

1）校正是在装配过程中通过找正、找平及相应调整来确定相关零件的相互位置关系。

2）调整是调节相关零件的相互位置，除配合校正过程所作的调整之外，还有各运动副间隙如轴承间隙、齿轮啮合间隙等的调整。

3）配作是指配钻、配铰、配刮以及配磨等在装配过程中所附加的一些钳工和机加工工作。例如，连接两零件的销钉孔，就常采用先找准两零件位置在一起后钻铰销钉孔，然后打入定位销钉，以此来保证其相互位置的确定。

值得注意的是，配作是在校正、调整的基础上进行的。调整、校正、配作虽有利于保证装配精度，但却会影响生产率，不利于生产流水线装配作业。

（4）平衡处理　对于转速高、运转平稳性要求高的机器（如内燃机、发动机），为了防止在使用过程中因旋转件质量不平衡产生的离心力而引起振动，装配时必须对所有旋转零件进行平衡检验，必要时还要进行整机的平衡。

旋转体机件的平衡有静平衡和动平衡两种检验方法。对于盘状旋转体零件，如带轮、飞轮等，通常只进行静平衡；对于长度大的旋转机件，如发动机曲轴、汽车传动轴等，必须进行动平衡检验。发动机曲轴的动平衡是在动平衡机上，检测出曲轴运转中的不平衡质量的。

不平衡的质量可采用以下方法平衡：

1）加重法。用补焊、粘接、螺纹联接等方法加配质量。例如汽车传动轴，多为无缝钢管制造，由于其承受很大的转矩，不允许采用减重法钻孔方式来平衡质量，故将另贴在传动轴质量小的方向上的薄钢板实施焊接。

2）减重法。用钻、锉、铣、磨等机加工方法去除质量。例如曲轴的不平衡质量，则是根据检测出的不平衡质量，采取在曲轴某方向的曲柄上钻孔的方式去除多余的质量。

3）调节法。在预制的槽内改变平衡块的位置和数量。例如在曲轴车床上车削曲轴连杆轴颈时，则在偏心卡盘上不平衡的方向安装可调整位置和数量的平衡块来平衡曲轴偏心车削时的不平衡量。

（5）验收试验　产品装配好后，应根据其质量验收标准进行全面的检测、试验和验收。各项验收项目满足要求后，才允许入库。

二、汽车总装配工艺过程

汽车总装配是将各种汽车零、部件按规定的技术要求，选择合理的装配方法进行组合、调试、最终形成可以正常行驶的汽车产品的过程。汽车总装配的工艺过程大致可分为装配、调整、路试、装箱、重修、验收入库等环节。

1. 装配工艺过程

（1）装配　指按一定的技术要求，将各种汽车零、部件进行组合形成整车；同时，对需要润滑的部位加注润滑剂，对冷却系加注冷却液，基本达到组合后的汽车可以行驶的过程。

（2）调整　指通过调整来消除装配中暴露的质量问题，使整机、整车处于最佳工作状态的过程。

（3）路试　指调整合格的汽车需经过 3～5km 的路面行车试验，进行实际运行情况下的各种试验并发现所暴露的质量问题，以便及时消除的过程。

（4）装箱　经过路试合格的汽车装配车箱后，完成汽车的最终装配。

（5）重修　若调整和路试中暴露出质量问题，又不能在其各自的节奏时间内消除，就需要进行重修。所谓重修，并不是采用特殊技术措施对有质量问题的零、部件进行修复，通常都是更换新的零件或部件予以解决。

（6）验收入库　经以上各环节并经最终验收合格的汽车，方能入库待发。

2. 汽车总装配的一般技术要求

（1）装配的完整性　按照工艺规程，所有零、部件和总成必须全部装上，不得有漏装现象。

（2）装配的完好性　按工艺规定，所装零、部件和总成不得有凹痕、弯曲、变形等机械损伤及锈蚀现象。

（3）装配的牢固性　按工艺规定，螺栓等联接件必须达到规定的转矩要求，不得有松动及过紧现象。

（4）装配的润滑性　按工艺规定，凡润滑部位必须加注定量的润滑油或润滑脂。

（5）装配的密封性　按工艺规定，气路、油路接头不允许有漏气、漏油现象，气路接头处必须涂胶密封。

（6）装配的统一性　各种变型车应按生产计划配套生产，不允许有误装、错装现象。

3. 汽车总装配的工艺路线

随着世界汽车工业和零部件工业的发展，我国汽车装配技术水平也有了很大的提高。国内对直接影响汽车产品质量及使用寿命和汽车产品生产最后环节的装配及出厂试验日趋重视，促进了我国汽车产品装配、试验工艺及装备技术水平的提高。

（1）总装配线的构成　汽车装配生产线一般是指由输送设备（空中悬挂输送设备和地面输送设备）和专用设备（如举升、翻转、润滑油加注、助力机械手、检测、螺栓螺母的紧固设备等）构成的有机整体流水线。

1）强制流水线装配。采用先将车架反放在装配线上，先装上前桥、后桥及传动轴等总成，然后翻转车架再装配其他总成与零件的方案。车架及底盘装配常用的底盘翻转器如图7-12所示。

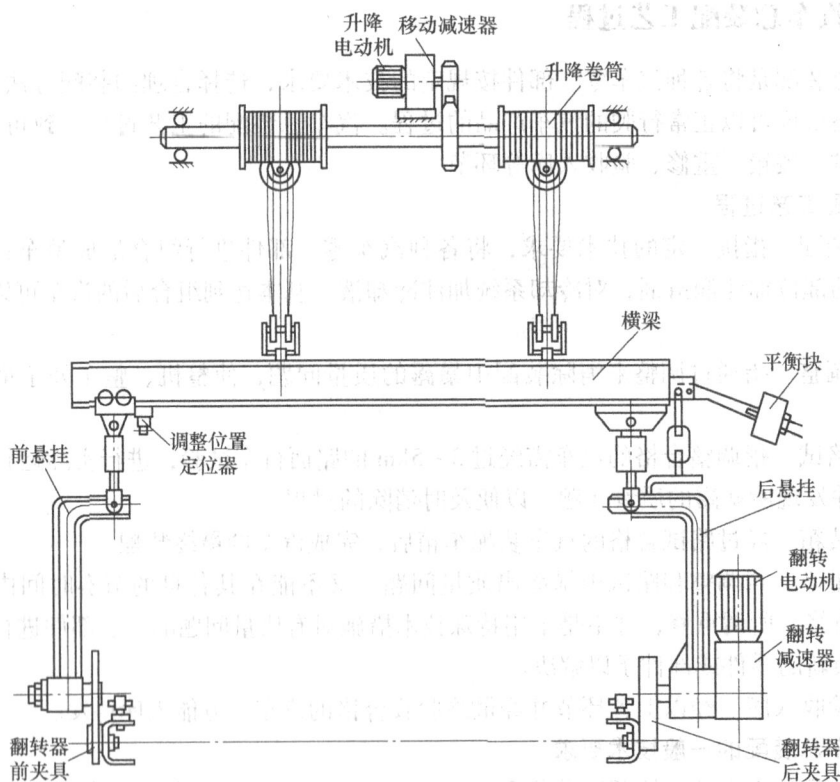

图 7-12　汽车底盘翻转器结构示意图

2）悬链式输送系统。总装配中，主要总成均由悬置在空中的输送链运输至装配地点、工位，如前桥输送链、后桥输送链、发动机输送链、驾驶室输送链、车轮输送链等。

3）地面输送链式输送系统。由高出地面的桥式链或与地面齐平的板式链等组成。装配中，主要总成（部件）均由地面输送链运输至装配地点、工位。输送链由调速电动机驱动，速度由减速器控制。

4）在线检测系统。总装配车间设置汽车在线检测系统，整车通过在线检查，基本能完成要求的路试项目，达到有效监测产品质量的目的。

（2）主要装配设备与工艺装备 先进的装配工艺需要先进的装配设备、工艺装备及工艺装备设计制造水平，是汽车装配技术水平的标志。

汽车装配工艺设备和装备主要分为六大类：输送设备、加注设备、螺栓紧固设备、专用装配设备和助力机械手、检测设备、质量控制设备等。下面以轿车（承载式车身）工艺装备为例说明。

1）输送设备。典型的轿车装配线包括内饰、底盘、最终装配三大主线和一些离线的模块分装线，如车门、仪表板、动力总成合装等组成。

2）加注设备。防冻液、制动液、助力转向液、制冷剂等在轿车装配中，普遍采用具有抽真空、自动检漏、自动定量加注等功能的加注机，其他如燃油、洗涤液、机油等采用普通定量加注机。

3）螺栓紧固设备。关键部件的螺栓一般采用电动拧紧机，可以有效地控制拧紧力矩，监控拧紧过程。

4）专用设备。包括大量使用的助力机械手和机器人，既降低工人的劳动强度，又保证了装配质量。应用范围包括拆装车门、前后悬架安装、天窗安装、仪表板安装、座椅安装、轮胎安装、风窗玻璃自动涂胶等。

5）检测设备。按照国家规范，出厂检测线一般由侧滑试验台、转向试验台、前照灯检测仪、制动试验台、车速表试验台、尾气分析仪、底盘检查等设备组成。

6）质量控制设备较常见的是声光多媒体多重自动化控制系统。系统最大的优点是一旦发生问题，操作员可以在工作站拉一下绳索或者按一下按钮，触发相应的声音和点亮相应的指示灯，提示监督人员立即找出发生故障的地方以及故障的原因。大大减少了停工时间，同时又提高了生产效率。

（3）汽车总装配工艺流程 图7-13所示为某载货汽车总装配工艺流程。

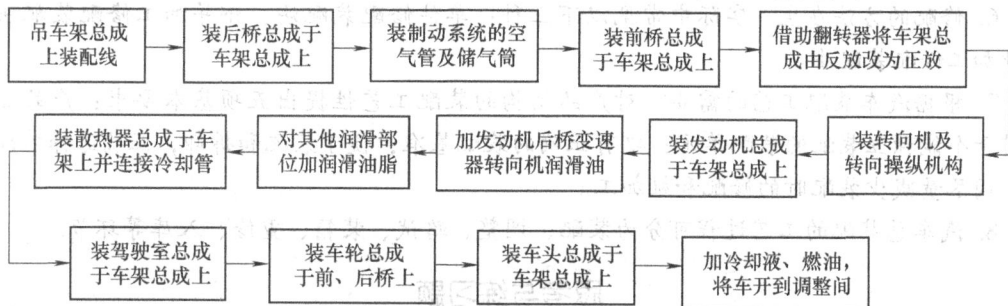

图7-13 某载货汽车总装配工艺流程

（4）汽车总装生产线 图7-14所示为某汽车总装生产线平面示意图。

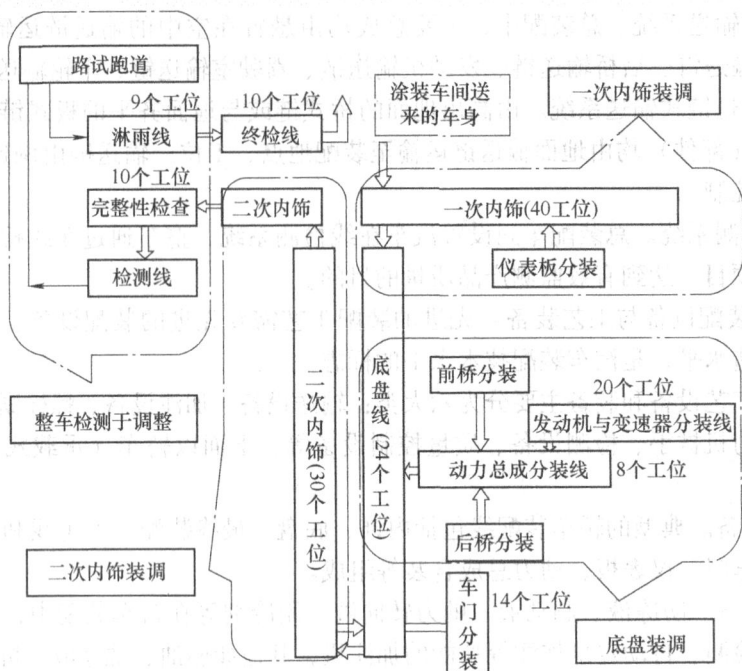

图 7-14 某汽车总装生产线平面示意图

本 章 小 结

1. 汽车装配是汽车制造的最后一个阶段。汽车质量最终由装配来保证。装配工作的主要内容包括清洗、连接、校正调整与配作、平衡、验收试验。

2. 汽车制造中常用的保证装配精度的装配方法有互换装配法、选择装配法、调整装配法和修配装配法。

3. 互换装配法的实质就是通过控制零件的加工误差来保证装配精度。

4. 选择装配法按其形式的不同，可分为三种：直接选择装配法、分组互换装配法和复合选择装配法。

5. 根据调整件的不同，调整装配法又分为可动调整装配法和固定调整装配法。

6. 修配的方法在生产实际中常见以下三种：单件修配装配法、合并加工修配装配法和自身加工修配装配法。

7. 根据汽车装配工艺的需要，对产品结构的装配工艺性提出五项基本要求：产品能分成若干个能独立装配的装配单元；要有正确的装配基准；便于装配和拆卸；正确选择装配方法；因尽量减少装配时的修配和机加工。

8. 汽车总装配的工艺过程可分为装配、调整、路试、装箱、重修、入库等环节。

思考与练习题

一、名词术语解释

装配精度，装配工艺规程，装配工艺性，完全互换装配法，选择装配法，修配装配法，调整装配法。

二、单项选择题

1. 在机械结构设计上，采用调整装配法取代修配装配法，可以使修配工作量从根本上（　　）。

A. 增加　　　B. 减少　　　C. 既不增加也不减少

2. 所谓划分成独立的装配单元，就是要求（　　）。

A. 机械加工车间有独立的装配区间　　　B. 机械结构能划分为独立的结构、部件等

3. 机械结构的装配工艺性是指机械结构能保证装配过程中相互连接的零件不用或少用（　　）。

A. 机械加工　　　B. 修配　　　C. 修配和机械加工

4. 将装配尺寸链中组成环的公差放大到经济可行的程度，然后按要求进行装配，以保证装配精度，这种装配方法是（　　）。

A. 完全互换法　　　B. 修配装配法　　　C. 调整装配法　　　D. 选择装配法

5. 组成汽车的最小单元是（　　）。

A. 零件　　　B. 合件　　　C. 部件　　　D. 组件

6. 汽车的整车质量最终是通过（　　）保证的。

A. 装配　　　B 零件的加工精度　　　C. 设计方案　　　D. 材料性能

三、简述题

1. 何谓装配？装配工作的基本内容有哪些？

2. 举例说明装配精度与零件精度之间的关系。

3. 完全互换装配法有何特点？举例说明其应用场合。

4. 不完全互换装配法与完全互换装配法有何异同？应用于何种场合？

5. 分组互换装配法有何特点？举例说明其应用场合。

6. 采用分组互换装配法时，为何相配合零件的制造公差及分组公差应该相等？

7. 调整装配法有何特点？应用于何种场合？为何在汽车的传动机构和易磨损的机构中常采用调整装配法？

第八章

汽车车架、车轮制造工艺

【学习目标】

1. 了解汽车车架结构类型和材料。
2. 熟悉汽车车架制造工艺过程。
3. 了解汽车车轮的结构类型和材料。
4. 熟悉汽车车轮制造工艺过程。

第一节　汽车车架结构及材料

一、车架及其结构类型

1. 车架的功用

车架俗称"大梁",它是汽车的装配基体,汽车发动机、变速器、传动轴、前后桥、车身等绝大多数零部件、总成都要安装在车架上。此外,车架不仅承受各零部件、总成的载荷,还要承受汽车行驶时来自路面各种复杂载荷的作用力,如汽车加速、制动时的纵向力,汽车转弯、侧坡行驶时的侧向力,不良路面传来的冲击等。

车架的功用可以概括为两点:一是支承、连接汽车各零部件、总成;二是承受车内、外各种载荷的作用。

2. 车架的类型和基本构造

汽车上采用的车架有边梁式车架、中梁式车架、综合式车架和无梁式车架等。目前汽车上多采用边梁式车架和无梁式车架。

(1) 边梁式车架　边梁式车架如图 8-1 所示,它由两根纵梁和若干根横梁构成。纵梁和横梁之间通过铆接方法连接。其特点是:结构简单,便于整车布置,有利于改装变形车和发展多品种车型的需要,所以在各种类型的汽车上被广泛应用。

1) 纵梁结构形式。如图 8-2 所示,水平面内或纵向平面内做成弯曲、等截面或非等截面形状,前窄后宽结构、前宽后窄结构和前后等宽结构等形式,还有平行式结构和弯曲式结构形式。纵梁上设置有很多装置孔,用以安装脚踏板、车身、转向器、悬架总成及其支架等。水平纵梁便于零部件、总成的安装和布置;弯曲的纵梁可以降低汽车重心。

从断面形状上看,纵梁断面形式,有槽形、Z 字形、工字形、箱形等,如图 8-3 所示。这些形状主要为在满足质量小的前提下,使车架具有足够的强度和刚度,以承受各种载荷。横梁多为槽形断面。

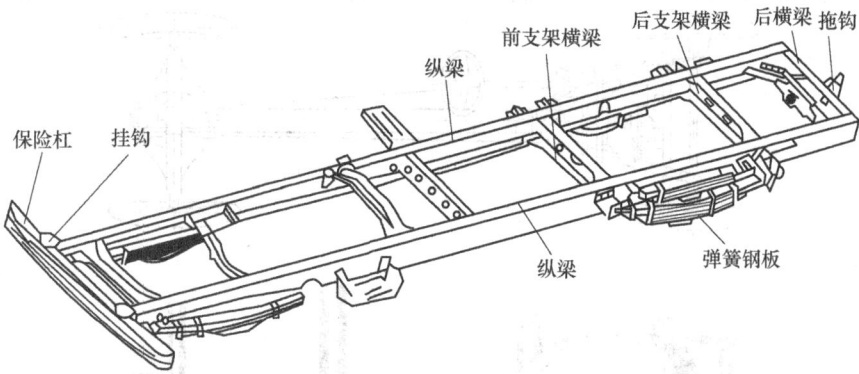

图 8-1　边梁式车架

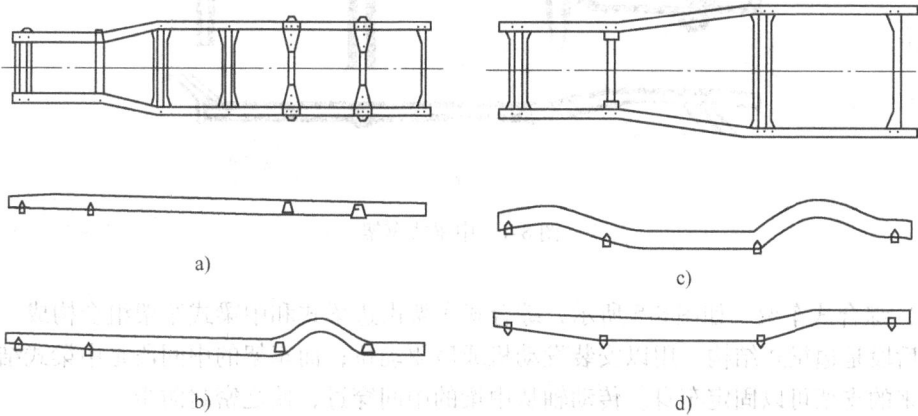

图 8-2　汽车车架结构形式

a）货车车架　b）公共汽车车架　c）轿车车架　d）轻型货车车架

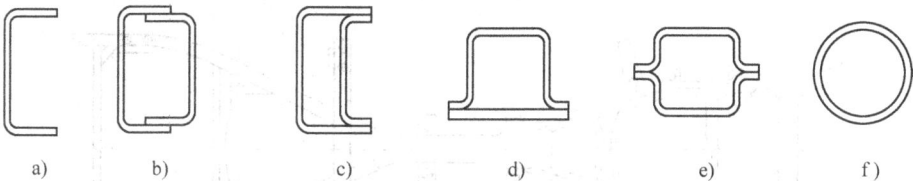

图 8-3　车架纵梁的断面形状

a）槽形　b）外叠槽形　c）内叠槽形　d）礼帽箱形　e）对接箱形　f）圆筒形

2）横梁的结构特点。横梁是保证车架扭转刚度并承受纵向载荷，同时支承汽车上的主要部件（总成），如散热器、发动机、驾驶室、传动轴中间支承、备胎架等，钢板弹簧的前、后支架位于横梁处。通常载货汽车有 5~8 根横梁。

（2）中梁式车架　如图 8-4 所示，中梁式车架只有一根位于中央而贯穿汽车全长的纵梁，也称为脊骨式车架。车架断面可做成管形、槽形或箱形。前端做成伸出支架，用以固定发动机，而主减速器壳通常固定在中梁的尾端，形成断开式后驱动桥。悬伸的托架用以支承汽车车身和安装其他机件。若中梁是管形的，传动轴可在管内穿过。

其特点是制造工艺复杂，精度要求高，总成安装困难，维护修理也不方便；横梁是悬臂梁，弯矩大，易在根部处损坏，故目前应用较少。

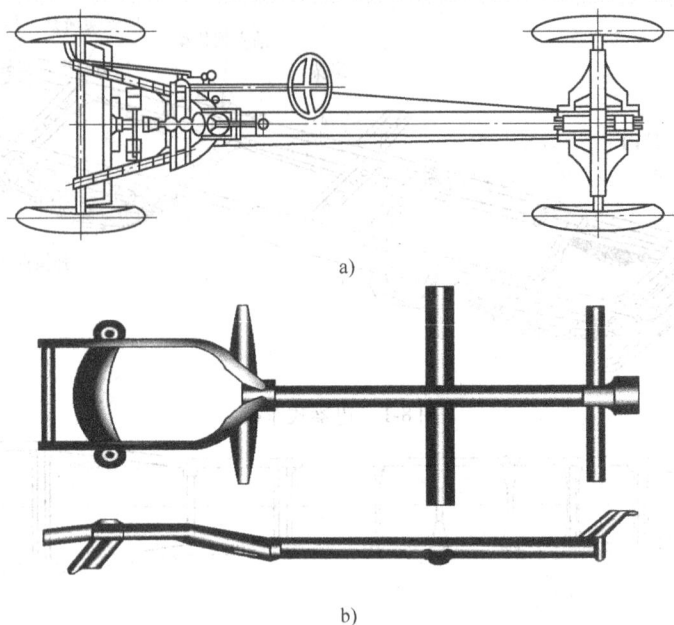

a)

b)

图 8-4 中梁式车架

（3）综合式车架 如图 8-5 所示，综合式车架由边梁式和中梁式车架组合构成。车架的前段或后段是边梁式结构，用以安装发动机或后驱动桥；而车架的中间段是中梁式结构，其悬伸出来的支架可以固定车身。传动轴从中梁的中间穿过，使之密封防尘。

由于安装车门门槛的位置附近没有边梁的影响，故可使地板的外侧高度有所降低。但中间梁的断面尺寸大，造成地板中部的凸起。另外，不规则的结构增加了车架的制造难度。

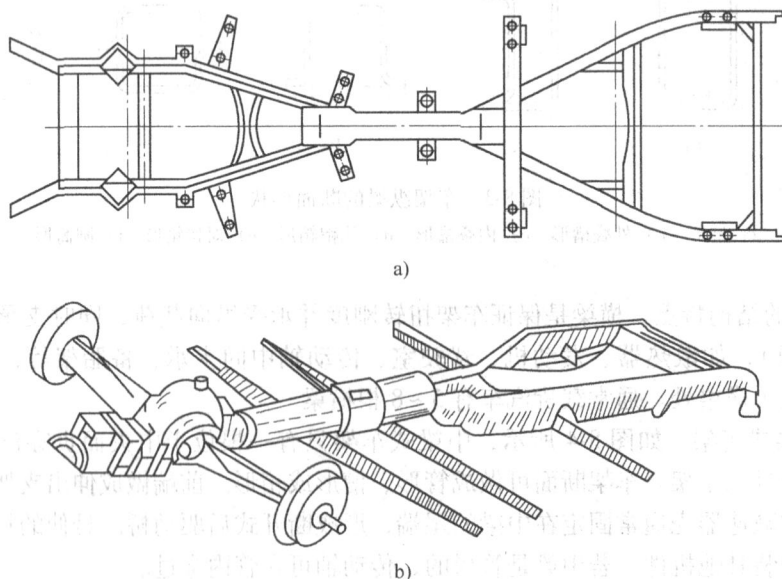

a)

b)

图 8-5 综合式车架

（4）无梁式车架　无梁式车架是用车身兼做车架作用，汽车所有零部件、总成都安装在车身上，载荷也由车身来承受，这种车架称为无梁式车架，也称为承载式车身。车身底板用纵梁和横梁进行加固，车身刚度较好，质量较轻，但制造要求高，目前广泛用于轿车和微型客车，如图 8-6 所示。

（5）带 X 形横梁的梯形车架　为了隔离发动机的振动和噪声，以提高汽车的舒适性，在发动机与车架之间采用了橡胶软垫，以取代原来的刚性连接。为克服刚度不足，轿车车架通常都在前部装置一根封闭截面大横梁（箱形截面梁或管形梁），在车架的中部则采用较长的 X 形横梁，如图 8-7 所示。

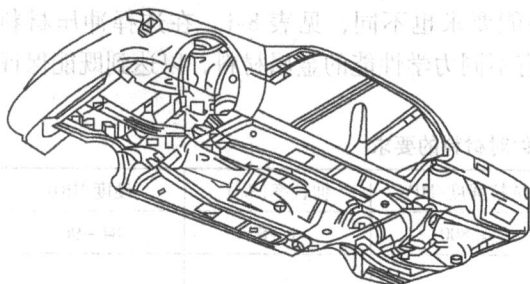

图 8-6　无梁式车架

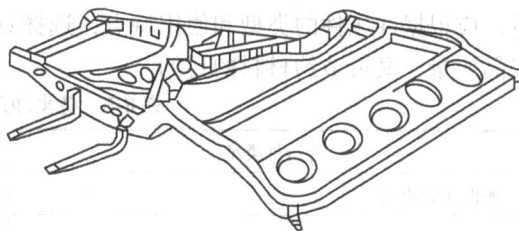

图 8-7　带 X 形横梁的梯形车架

二、汽车车架成形工艺及其对材料的要求

1. 板料冲压成形

板料冲压是利用冲模使板料产生分离或变形的加工方法，是金属材料塑性加工的基本方法之一。广泛应用于汽车、航空、电器、仪表及国防工业等。按板料是否加热可分为冷冲压和热冲压。

板料冲压工序可分为：分离工序和变形工序两大类。

（1）分离工序　是将坯料的一部分与另一部分分开的工序，如冲裁、修边、剪切等。

冲裁是使坯料按封闭轮廓分离的过程，包括落料和冲孔。落料是冲下的部分为成品，剩余部分为废料；而冲孔则相反。

（2）变形工序　是使坯料的一部分相对于另一部分产生塑性变形而不分离破坏的工序，如拉深、弯曲、翻边、成形等。拉深是利用模具使落料后的平板坯料变形成开口空心零件的过程。

板料冲压是汽车车架（车身覆盖件）的主要成形方法。汽车车架生产中常采用厚钢板冷冲压制成。冷冲压工艺不仅生产效率高，产品质量稳定，而且非常适合汽车工业多品种、大批量生产的需要。

冷冲压材料与冲压生产关系十分密切，材料的好坏不仅决定产品的性能，更直接影响到冲压工艺的过程设计，以及冲压产品的质量、成本、使用寿命和生产组织等。所以，合理选用车架冲压件材料是一个重要而复杂的工作。

通常在选择冲压材料时应遵循以下原则：首先应满足零件的使用性能要求，其次要有较好的工艺性能，最后要有较好的经济性。

2. 车架冲压件的使用性能对冲压材料性能的要求

所谓使用性能，是指机械零件在工作条件下所表现出来的力学性能、物理和化学性能。

使用性能是选材时要考虑的最主要因素。不同的零件所要求的使用性能也不一样，在选材时，首要任务是准确地判定零件所要求的主要使用性能。每个具体的汽车零部件的使用和工作条件不同，承受的负荷也不同，因此对选材的要求也有很大差异。

车架、车厢中的钢板及一些用于支承和连接的零部件，都是重要的承载件，大都采用模具成形工艺成形，故要求材料具有较高的强度和较好的塑性，以及疲劳耐久性、碰撞能量吸收能力和焊接性等。一般选用成形性能较好的高强度钢板、超细晶粒钢板和超高强度钢板。

3. 车架冲压工艺对冲压材料性能的要求

按加工工序要求，冲压件大致可分为冲裁件、弯曲件、拉延件、成形件和冷挤压件。

冲压件的结构类型不同，对材料的力学性能要求也不同，见表 8-1。在选择冲压材料时，应根据冲压件的类型和使用特点，选择具有不同力学性能的金属材料，以达到既能保证产品质量，又可节约材料的目的。

表 8-1　各类冲压件对材料的要求

冲压件类型	抗拉强度/MPa	伸长率(%)	硬度 HRB
平板件的冲裁	≤800	1~8	84~96
1. 冲裁 2. 大圆角($r \geqslant 2t$)的直角	≤610	4~16	75~86
1. 浅拉延和成形 2. 以圆角半径($r \geqslant t$)，作 180°垂直于轧制方向弯曲或作 90°平行于轧制方向弯曲	≤420	13~27	64~74
1. 深拉延成形 2. 以圆角半径($r < t$)作任何方向 180°弯曲	≤370	24~36	52~64
深拉延成形	≤330	33~45	48~52

注：表中 r 为冲压件的圆角半径，t 为冲压件的厚度。

第二节　车架零件的冲压及车架总成制造工艺

一、汽车用厚板冲压工艺特点

1. 车架钢板材料

汽车大梁不但要承受较大的静载苛，而且要承受一定的冲击、振动等，故要求钢板有一定强度和耐疲劳性能，且要求有较好的冲压性能和冷弯性能，以适应冷冲成形加工要求。

目前在汽车制造中，汽车车架使用最多的是用优质低碳合金钢 16MnL 厚钢板制造其纵梁和横梁等结构件。这种钢板具有良好的塑性加工性能、冲压性能、冷弯性能、拼焊性能，强度和刚度也能满足汽车车架使用要求，故在汽车上应用很广。

2. 车架厚板冲裁工艺特点

与薄板冲压成形工艺（如车身）比较，其显著区别特点之一是尽量在一次落料中完成冲裁，不能再弯曲或成形后再修边。因此，对展开较复杂的车架零件需用计算与使用试验相结合的方法，才能准确地确定其落料轮廓尺寸。

（1）落料坯料与成形工序的关系　在冲裁厚度为 5~10mm 的坯料时，会在断面上产生很大的塌角，为避免弯曲成翼板时在弯曲处形成裂纹，应将落料坯料轮廓的大端面向下放置在弯曲凹模上，如图8-8所示。

（2）模具结构与工作零件的要求　凹模、凸模均为镶块结构，由于冲裁厚板料，故模具工作零件应有很好的硬度和工作稳定性。凹模、凸模镶块应用工具钢制成，淬火硬度56～60HRC。为了降低冲裁力可采用波浪式刃口，模具应导向性好、刚性好。

（3）冲裁凹模、凸模间隙的选取　合理选择凹模、凸模间隙，对保证冲裁质量至关重要。根据实践经验，落料时凹模、凸模间的间隙一般取（0.08～0.12）t（板厚）；冲孔时凹模、凸模间隙取（0.05～0.08）t；同时冲孔凸模须有很高的坚固性和可靠的固定位置。

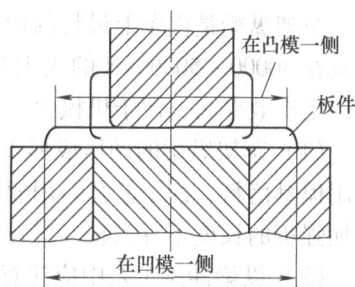

图8-8　落料坯件在成形模上的放置

3. 车架厚板弯曲成形的工艺特点

1）最小相对弯曲半径对产品质量影响较大。在对厚板（$t=5～10mm$）进行U形弯曲时，当成形时在弯曲半径区内会有很厚的金属包覆住凸模，如图8-9所示的$C—C$断面图和圆角的局部放大图。变形区发生变形为：外层受拉伸、内层受压缩并产生凸起，当相对弯曲圆角半径与板厚比（R/t）越小，则这两种变形程度就越大，有时还会在外侧产生裂纹。生产实践证明，对于汽车纵梁的弯曲成形，当板厚大于6mm时，最小相对弯曲半径与板厚比$R_{min}/t \geqslant 1.5$为宜，否则会产生弯曲裂纹。

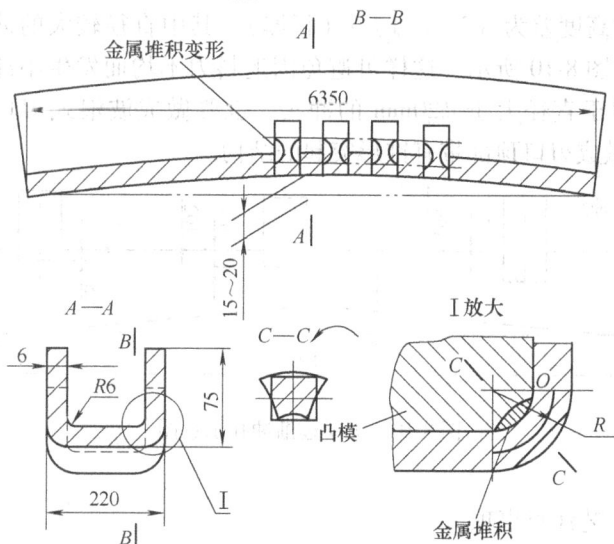

图8-9　U形纵梁弯曲变形情况

2）U形长弯曲件的长度方向易产生附加弯曲变形。当弯曲断面如图8-9中$A—A$所示的U形，且其纵向长度又很长（5～10m）的汽车纵梁时，因厚板强制弯曲，在圆角处发生的变形使靠弯曲凸模的圆角处发生多余的金属堆积，如图8-9中I部所示。卸去载荷后，这些多余的受压缩金属变形只能在沿长度方向上扩散并释放，因此导致弯曲件在长度方向上产生翘曲弦高达15～20mm的附加变形。

二、车架纵梁及横梁的冲压成形工艺

1. 车架纵梁冲压成形工艺

车架纵梁是汽车上最长的构件，在大批量生产中，纵梁都是采用低合金钢板并利用金属模具在 30000 ~ 50000kN 的大型压力机上冷冲压成形的。这种制造方法的优点是质量较稳定、生产效率高，便于机械化、自动化生产。

（1）车架纵梁的冲压成形工艺流程 车架纵梁的冲压成形工艺流程一般为：剪床下料→用模具落料、冲工艺孔→用模具压弯成形→冲腹板孔→冲翼板孔→装配→涂装。纵梁和纵梁加强板的长度不宜太长，应控制在 10000mm 左右。

（2）纵梁冲压工艺中应注意的问题

1）落料工序。因纵梁长度很长，板料厚，强度较高，故冲裁力很大。例如 EQ1090 和 CA1091 汽车纵梁均采用 16MnL 大梁钢，钢板厚 6mm。如果其落料凹模和所有冲孔凸模都按平刃口和等高度设计，则总冲裁力约为 90000kN。可是目前世界上还没有这样大吨位的冷冲压压力机。所以为了减少冲裁力，降低冲裁时的振动与噪声，在设计纵梁落料模时，采用波浪式凹模刃口，可将冲裁力减少 2/3 左右，于是采用 40000kN 的压力机便可对 6 ~ 8mm 厚的纵梁钢板进行落料。凹模波浪式刃口的高低之差为料厚的 3 ~ 3.5 倍，斜刃口与水平线的夹角为 3° ~ 3.5°。凹模镶块的长度一般为 350 ~ 400mm。

2）冲孔工序。为了降低冲孔力和防止冲孔冲模折断，应将所有一次冲制的冲头分成 3 种或 4 种高度，每种高度差为（2/3 ~ 1）t（板厚）。其中直径较大的冲头长度较长，直径较小的冲头最短，如图 8-10 所示。这样可避免因退料力不均而发生小冲头折断。为降低冲裁力和冲裁噪声，对于直径大于 $\phi 20$mm 的冲头，也要做成波浪式刃口；而直径为 $\phi 10$ ~ $\phi 15$mm 的冲头最好做成刃口顶部带有锥形突起的结构。

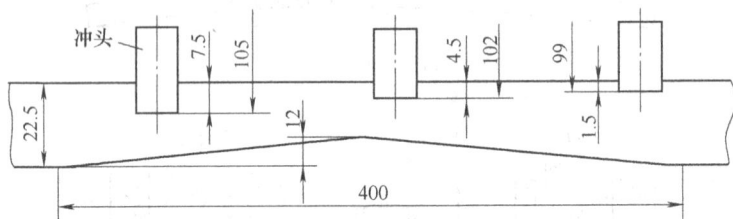

图 8-10 纵梁逐渐冲孔示意图

（3）纵梁压弯工艺注意事项

1）为保证两翼面上孔的对称性、准确性和弯曲高度的一致性，在弯曲成形时应注意导正销的数量和位置要求。对于长度为 4 ~ 5.5m 的纵梁应在腹板上布置 5 ~ 6 个导正销孔，6 ~ 8m 长的应布置 6 ~ 8 个导正销孔。

2）纵梁是汽车的重要承载零件，在弯曲成形后，不能有撕裂或裂纹。

3）纵向回弹（拱曲）与翼板弯曲属于厚料宽板弯曲，且翼板弯曲时相对弯曲半径较小，故弯曲成形时的质量问题主要是回弹与裂纹。回弹会影响到装配，而产生裂纹则影响到纵梁的承载能力和使用寿命。

弯曲成形结束时，弹性变形会恢复，使外层金属有趋向于纵向收缩，内层金属趋向于纵向伸长，故产生纵向拱起回弹。如图8-11b所示，其中部回弹拱起量可达15～20mm。

此外，对于不等断面的纵梁，在折弯处因坯料展开长度大于压弯后翼面的长度，其在压弯过程中翼面上有多余金属堆积，更加剧了纵梁的纵向回弹。这些多余的金属在弯曲成形中，一是有向横向断面展开的趋势，二是有增加板厚及沿着纵向展开的趋势，故当纵梁成形后卸载时，这部分能量便释放出来，于是发生较大的纵向回弹（拱曲）。

4）防止纵向回弹（拱曲）措施。利用"反变形原理"，将凹模沿长度方向上向下凹，将凸模沿长度方向上向下凸起，如图8-11c所示，可将弯曲后的回弹拱曲量减小至3mm以下，如图8-11d所示。

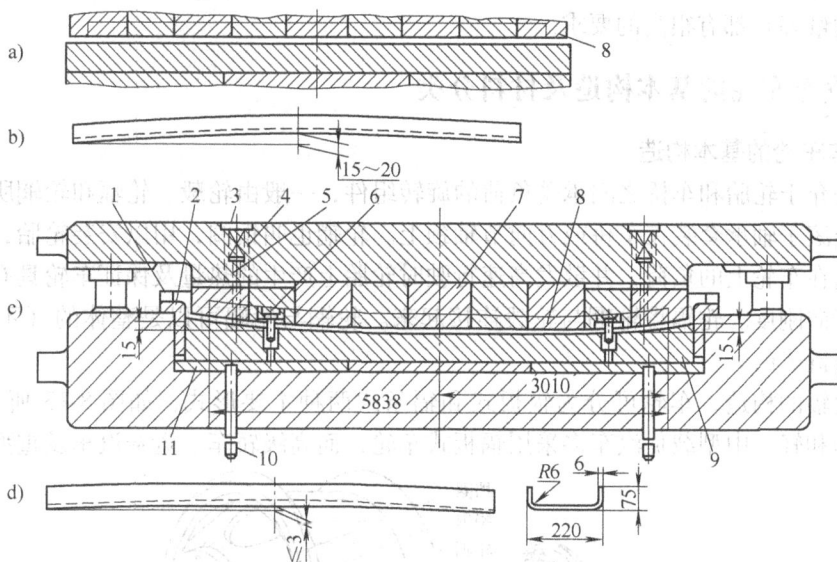

图8-11 纵梁弯曲模具的反变形设计

a）平直凸凹模 b）平直凸凹模压后的工件长度方向变形

c）非平直凸凹模 d）用非平直凸凹模压后的工件长度方向变形

1—角度定位样板 2—侧向定位板 3—螺钉 4—弹簧 5—顶杆 6—定位钉

7—镶块式垫板 8—凸模镶块 9—凹模镶块 10—顶杆 11—垫板

2. 车架横梁冲压成形工艺

商用车车架上一般有5～11根横梁，用途和结构各不相同。不同条件的汽车横梁其结构形式变化较大。目前，汽车车架上使用的横梁通常以槽形式和鳄鱼口式居多，如图8-12所示。槽形式横梁弯曲刚度和强度都较大，且便于制造；鳄鱼口式横梁具有较大的连接宽度，截面高度较低，可以让开下部空间。汽车横梁一般都是冲压加工成形的。

车架横梁成形过程与纵梁类似，只是长度比纵梁短得多，所需冲裁和弯曲力也小得多。其工艺流程一般为：剪床下料→用模具落料、冲工艺孔→用模具压弯成形→冲腹板孔→冲孔→装配→涂装。

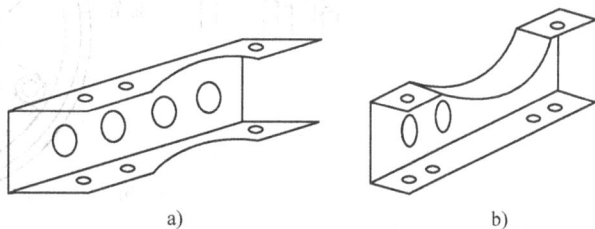

图8-12 车架横梁的结构形式

a）槽形式横梁 b）鳄鱼口式横梁

横梁由形状较复杂的厚板（3.5~5mm）成形，因此在选用钢板质量上，不但要满足高强度的要求，而且要满足冲压成形性要求。目前国内多选用16MnL、10Ti、08Ti等材料。

第三节　车轮（钢圈）的冲压工艺

车轮是汽车的重要承载件和安保件，它与轮胎组成车轮总成。它既要承受整车载荷（自重和货载）在恶劣的地面环境条件中运行，还要有足够的强度和可靠的使用寿命，以保证汽车高速行驶时的安全。车轮的工作特征对其结构形式和制造质量（如几何公差、动平衡、冲压质量等）都有很高的要求。

一、汽车车轮的基本构造及材料分类

1. 汽车车轮的基本构造

车轮是介于轮胎和车桥之间承受负荷的旋转组件，一般由轮毂、轮辐和轮辋所组成。轮毂通过圆锥滚子轴承套装在车桥或万向节轴颈上。轮辋也叫钢圈，用以安装轮胎，与轮胎共同承受作用在车轮上的负荷，并散发高速行驶时轮胎上产生的热量及保证车轮具有合适的断面宽度和横向刚度。轮辐将轮辋与轮毂连接起来。轮辋与轮辐可以是整体的（不可拆式），也可以是可拆式的。

按照轮辐的构造，车轮可分为辐板式和辐条式两种主要形式，如图8-13所示。目前，普通级轿车和轻、中型载货汽车多采用辐板式车轮，而高级轿车、竞赛汽车及重型汽车多采

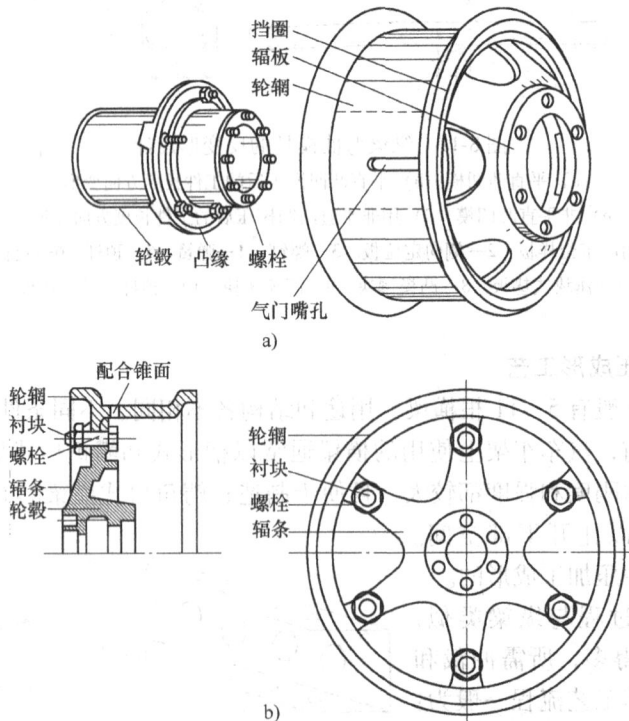

图8-13　车轮的基本构造
a）辐板式车轮　b）辐条式车轮

用辐条式车轮。

2. 汽车车轮材料分类

汽车车轮所用材料基本分为两种，即钢板或铝合金材料，这两种材料制造的车轮所占市场份额为95%。随着世界各国政府对节能、安全、环保的要求日趋严格，车轮材料的选择就成为一个焦点问题，一些新型材料也被用于制造汽车车轮。

（1）钢制车轮 长期以来，钢制车轮在汽车车轮中占主导地位，但是自20世纪80年代起，钢轮的市场份额逐步减小，被铝合金所代替。钢轮份额快速下跌的原因有多方面的因素，而外观吸引力是最主要的因素。钢制车轮在低成本和安全性方面较铝合金车轮具有很大的优势，因此，目前的载货汽车车轮大部分是钢材制造的。但钢制车轮的缺点也是非常明显的，钢材的加工成形性能和制造工艺决定了钢轮难以做到铝合金车轮那样的结构和外形多样化。同时，钢车轮质量大，制造和使用钢车轮的消耗都比铝合金车轮大得多。

（2）铝合金车轮 轿车使用铝合金车轮的比例高达90%以上。图8-14所示为某轿车铝合金车轮，与钢车轮相比，具有美观、舒适和节能等优势，同时非载荷质量小，从而提高了抓地性，表现出更为精确的转向动作和更好的转弯性能；惯性小，改善了加速性和制动性；铝合金具有良好的导热性能，提高了制动系统的散热性能，大幅度降低了由高热导致的制动失灵。

除此之外，铝合金车轮还有耐蚀性好、成形性好、减振性能好、轮胎寿命长、尺寸精确、平衡好、加工精准、材料利用率高等显著优点，符合现代汽车安全、节能、环保三大主题的要求。这对降低汽车自

图8-14 某轿车铝合金车轮

重、减少油耗、减轻环境污染与改善操作性能等有着重大意义，因此铝合金已成为汽车车轮的首选材料。

（3）镁合金车轮 镁在实用金属中密度最小，它带给汽车的好处：一是能减轻整车质量，减少油耗；二是强度高于铝合金和钢，刚度接近铝合金和钢，能够承受一定的负荷；三是具有良好的铸造性和尺寸稳定性，易加工，废品率低，降低了生产成本；四是具有良好的阻尼系数，减振量大于铝合金和铸铁，用作轮圈可以减少振动，提高汽车的安全性和舒适性。用镁合金制造车轮，是高档汽车发展的一个趋势。

（4）复合材料（塑料或碳纤维）车轮 一般用于赛车，质量更轻，强度高，但价格昂贵。

（5）钢铝组合车轮 轮辋为普通钢制轮辋，轮辐为铸造的铝合金轮辐，经过机械加工，借助嵌件与钢的轮辋装焊而成。它集中了钢制车轮与铝合金车轮的优点，并以其较低的价格占领了市场的一席之地。在美国，钢铝组合车轮已经通过了台架试验和道路试验，得到了广大用户的认可。在我国它还处在新生期，有待进一步研究。

3. 钢制车轮的结构形式及材料要求

目前普遍采用的车轮结构形式主要有两种，即由型钢轮辋制造的车轮和用钢板滚压成形的车轮。前者主要用于轻、中、重型商用车，后者主要用于轿车、面包车等乘用车。

（1）型钢车轮结构形式 目前国内外采用的型钢车轮结构形式有两件式、三件式、四

件式及五件式等，其中大量采用的是两件式和三件式，如图 8-15 所示。车轮轮辋、挡圈、锁圈的原材料均采用钢厂轧制的异型材，而轮辐则用厚钢板冲压成形。

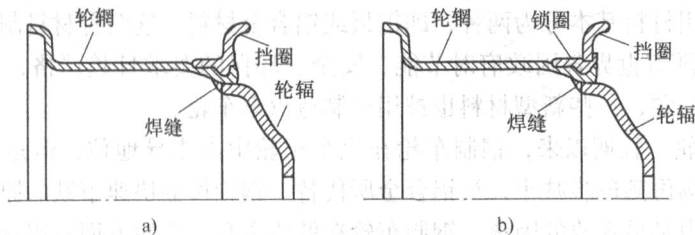

图 8-15　型钢车轮的结构形式

a) 两件式　b) 三件式

（2）滚压成形车轮结构形式　这种车轮的轮辋是用钢板经滚压加工成形的。为了适应装配子午线无内胎轮胎和提高乘用的舒适性，其制造精度，如径向、侧向跳动，安装面的平面度以及气密性等，均提出了比型钢车轮更为严格的要求。其结构形式如图 8-16 所示。

（3）钢制车轮对材料的要求　由于车轮产品的技术要求较高，其在制造过程中变形也较复杂，又要适应大批量流水生产的工艺要求，因此对制造车轮所采用的钢材也相应提出了严格的要求。

1）选用的钢材必须保证车轮有足够的强度和疲劳寿命。

2）选用的材料应能达到车轮结构的轻量化，以降低汽车油耗。为此，应在保证强度与寿命的前提下，钢材的力学性能指标应尽量提高。

3）选用的钢材应有良好的工艺性和可加工性，足够的延伸率，良好的可塑性和焊接性能。同时钢材应有较高的内在、外观质量。

4）商用车车轮常用的材料主要有：12LW、15LW、16Mn、Q235 等。

二、型钢车轮的制造工艺

如图 8-17 所示，型钢车轮的轮辋、挡圈的断面是异型断面，均采用由钢厂直接供应的型材进行弯曲成形，而轮辐则是用热轧钢板冲压成形，两者成形工艺截然不同。

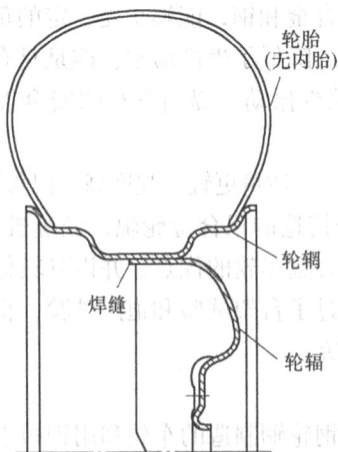

图 8-16　滚压成形车轮结构形式

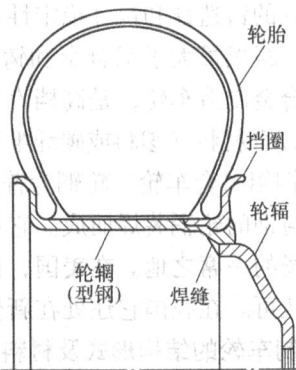

图 8-17　型钢车轮（两件式）断面形式

1. 型钢车轮轮辋的制造工艺

（1）型钢轮辋的制造工艺流程　如图 8-18 所示，中、重型商用车的轮辋制造工艺流程基本上由 15 道工序组成。其工艺流程为：①剪切下料→②酸洗除锈（图中未画出）→③在装用卷圆机上将轮辋卷圆→④旋压校形→⑤将圆筒状轮辋的两端头压平→⑥切口→⑦修正对口→⑧在对口焊机上对焊→⑨切除焊后的焊渣、焊瘤→⑩沿弧线校正轮辋并精修焊缝→⑪修磨焊缝→⑫从内侧方向清理并修光焊缝与对口→⑬扩胀轮辋→⑭按外形轮廓压缩外形→⑮精压缩外形。此工艺可由生产厂根据具体条件进行调整。

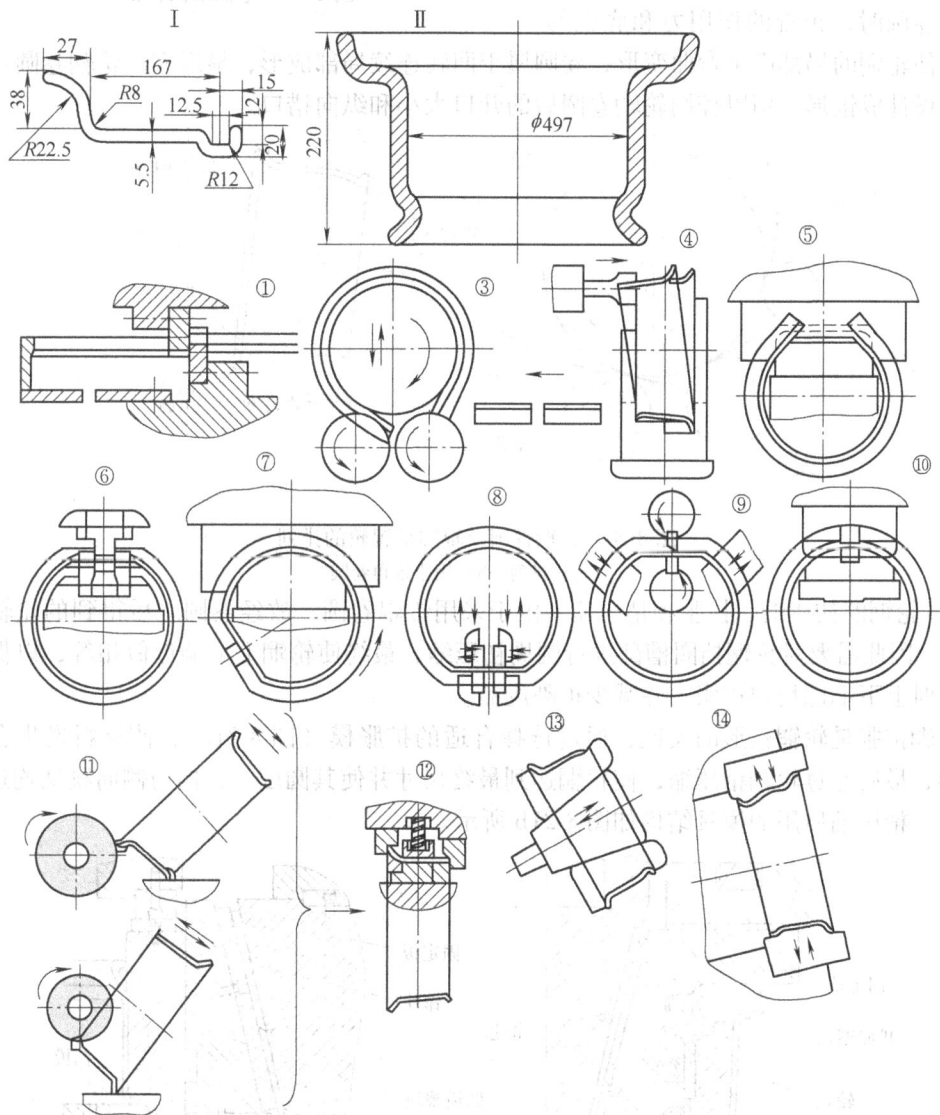

图 8-18　用型钢制造商用车轮辋的工艺流程

（2）型钢轮辋卷圆的重点工序说明

1）轮辋卷圆的难易部位。轮辋的异型断面如图 8-19 所示，其各段的厚度、刚度与形状均不相同，其中 A 段称为轮辋凸缘部分，类似于角钢结构，它主要承受汽车行驶中轮胎的侧向压力所形成的循环载荷，在卷圆时此段断面系数最大，成形也最困难；B 段是轮辋的直线腰部，可视为平板卷圆，容易成形；C 段为圈槽部分，承受弯矩较大且各处厚度不同，此段成形也较困难。

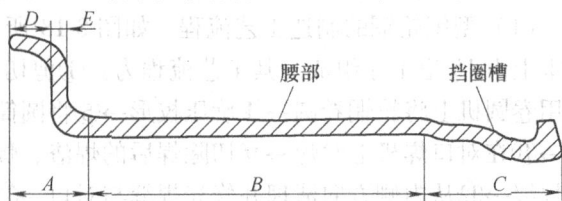

图 8-19　轮辋断面特征

2）轮辋卷圆的工艺设备。轮辋卷圆通常是在非对称排列的四轴专用卷圆机上进行的。卷圆机辊轴的排列如图 8-20 所示。卷圆时，顶辊的作用力和底辊的作用力使轮辋的局部产生弯曲变形；卷圆属于回转连续局部成形，最后完成轮辋卷圆。从动辊通常设计成锥形，用以控制轮辋卷圆后的开口大小和纵向错口。

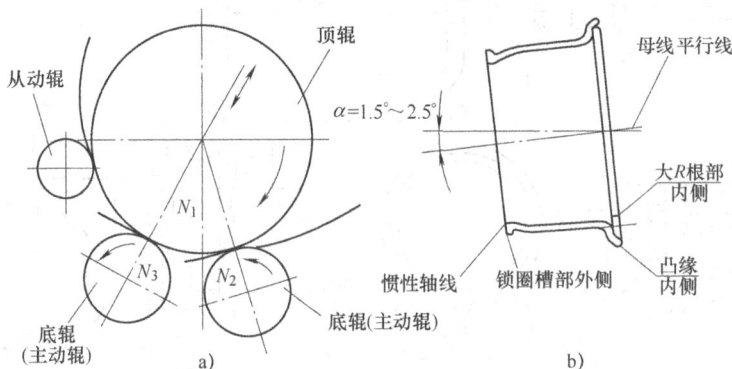

图 8-20　轮辋辊圆及辊圆机辊轮的排列

a）辊轮排列　b）用小锥角卷圆

3）轮辋的初压缩、扩胀和精压缩。由于采用锥辊卷圆，故经卷圆之后得到的轮辋也是锥体形，因此需要对轮辋挡圈槽部进行圆周初压缩，最终使轮辋上下端近似相等，以保证轮辋扩胀时上下端能均匀扩胀，并减少扩裂废品。

轮辋扩胀是轮辋整形的关键，通过选择合适的扩胀模（图 8-21a），使材料发生合理塑性变形，最后经过轮辋精压缩，使轮辋达到最终尺寸并使其圆度、径向与侧向跳动均达到技术要求。精压缩所用的模具结构如图 8-21b 所示。

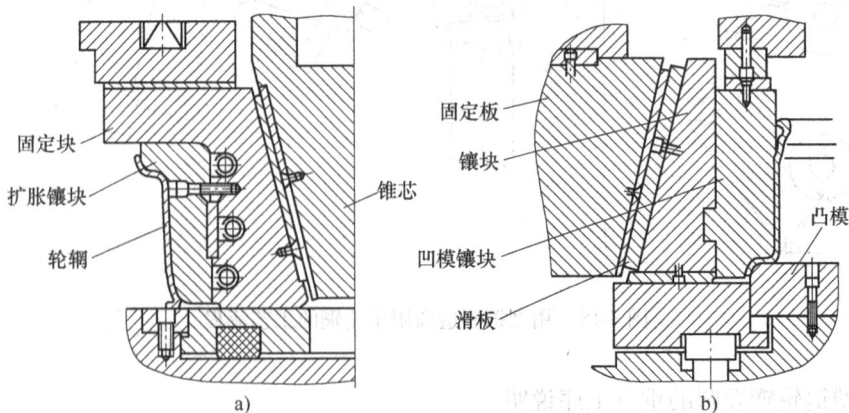

图 8-21　轮辋模具

a）轮辋扩胀模结构　b）轮辋精压缩模结构

2. 轮辐的制造工艺

轮辐也是车轮总成中的重要构件，它与车轮总成连成一体传递转矩。

（1）轮辐的制造工艺流程　工艺流程一般为：剪切下料→酸洗除锈→冲工艺孔并同时落料→冲压成形→冲中心孔及螺栓孔→冲通风孔→挤压通风孔飞边→校平轮辐底平面→车削轮辐外径→冲豁口。

上述工艺流程可根据产品结构与具体生产条件进行适当调整。如制造轻型车用的非整圆分瓣轮辐，可不用冲通风孔和挤压通风孔飞边工序。轮辐冲压工艺的关键工序是冲工艺孔并同时落料、冲压成形、冲中心孔及螺栓孔。

其中轮辐冲工艺孔及落料工序可在 25000～30000kN 压力机上用一套连续模来完成。为了保证后续加工的定位及同轴度要求，必须在成形前冲制定位工艺孔，一般可取直径为60mm。冲孔落料连续模的结构如图 8-22 所示。由于轮辐材料较厚（8～14mm），冲裁力较大，故冲工艺孔需采用 8000kN 以上的压力机，其凹模应采用波浪形刃口，以减小冲裁力。

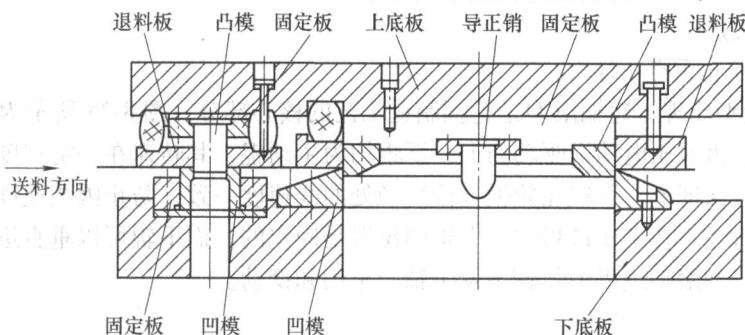

图 8-22　轮辐冲孔落料连续模

（2）等强度旋压轮辐的工艺流程　等强度轮辐是将板料通过强力旋压，在成形的同时还改变轮辐壁厚，减小轮辐受力最小部位的厚度，以获得等强度结构，既能节省材料及简化工艺，又能使轮辐具有最佳的力学性能。

1）等强度轮辐的工艺流程：剪床下料→酸洗除锈→落料→强力旋压成形→滚剪修边→冲通风孔→冲中心孔→冲螺栓孔→车外圆与中心孔并倒角→扩螺栓孔并倒角。

2）旋压成形工艺过程：如图 8-23 所示，机械手自动将带有中心孔（一般为 $\phi100mm$）的等厚轮辐坯料放于芯模前，尾顶进给并将坯料压紧后，芯模和两个旋轮高速旋转。由液压电动机驱动的两个旋轮以水平和垂直两个方向逼近旋转的坯料。第一个旋轮预旋压分布材料，第二个旋轮尾随其后，最终使材料贴住芯模并将侧壁厚度旋压至预定厚度。旋轮进给的路径由机床的计算机系统自动控制，因此旋压零件的精度较高，成形件的直径尺寸精度可在 0.05mm 以内。旋压成形

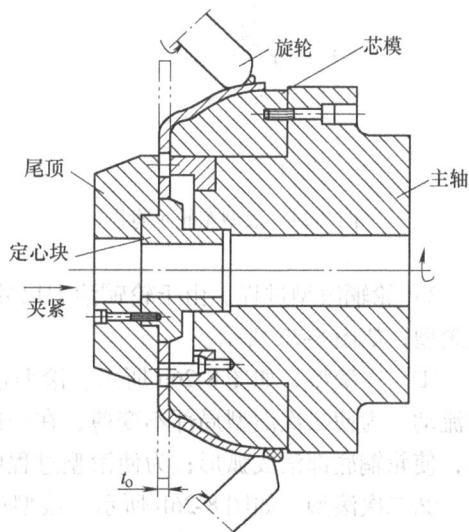

图 8-23　旋压轮辐示意图

结束后，由顶出器顶出工件并传送到滚边工序进行修边。整个过程均由计算机控制，故生产率较高，每小时可加工 90 ~ 120 件。

加工完的轮辐与加工好的轮辋压合在一起后，再用 CO_2 气体保护焊将其焊接在一起，最后经过电泳涂漆。到此一个完整的车轮则加工完成。

三、滚型车轮的制造工艺

滚型车轮是将轮辋、轮辐压配到一起，最后合成焊接而成的单件式车轮，如图 8-24 所示。此结构车轮主要用于乘用车上，为适应高速和安装子午线无内胎轮胎的需要，其制造精度远远高于型钢车轮，具有节油、耐磨、耐高温、质量轻、安全性好等优点。

1. 滚型车轮轮辋的制造工艺

（1）滚型车轮轮辋制造工艺流程　工艺流程为：剪条料→滚边压字→卷圆→压平→对焊→刨渣→滚压焊缝→切端头→水冷→压圆→扩口→一滚→二滚→三滚→扩张精整→冲气门孔→压气门孔飞边。

（2）滚型车轮重点工序

1）轮辋滚型原理。轮辋滚型是轮辋制造工艺的核心部分，图 8-25 所示为单端滚型机滚型原理示意图。由液压电动机驱动的上、下辊均为主动辊，其转速在一定程度上随外负荷的变化而变化，以保证上、下辊在轮辋理论直径处的线速度一致，防止因线速度差过大而造成圆角处减薄量过大。在工作过程中，上辊的位置是固定的，而下辊可以垂直进给。两个侧辊保证在下辊进给和滚型过程中轮辋不发生轴向窜动和摆动。

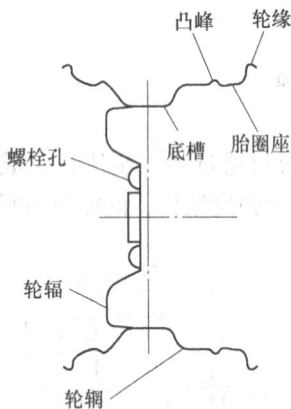

图 8-24　滚型车轮示意图

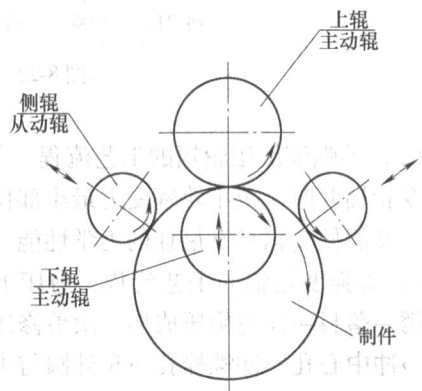

图 8-25　单端滚型机滚型原理示意图

2）轮辋滚型过程。由于轮辋滚型尺寸复杂，要使轮辋形状和尺寸达到要求，应采用三次滚型，如图 8-26 所示。

①一次滚型，如图 8-26a 所示。滚型过程中主要靠上辊 A 处向下运动，使金属向底槽部位流动。为使二次滚型局部不变薄，在一次滚型中底部应多储料，为此上辊顶部应设计出 R 形，使轮辋底部滚成弧形；为使滚型过程中金属流动顺利，在上辊 R_2、R_3 处应留出间隙。

②二次滚型，如图 8-26b 所示。滚型过程中主要靠一次滚形的底槽定位，成形除凸缘之外的其他部分。为防止在成形过程中局部减薄，在下辊 R_1 处应留出间隙。

③三次滚型，如图 8-26c 所示。以二次滚型形成的肩宽定位，成形凸缘部分。为防止成

形凸缘时因金属拉动使 A 处减薄，故 A 处上、下辊之间与金属料厚形成负间隙（即将 A 部分压紧）。

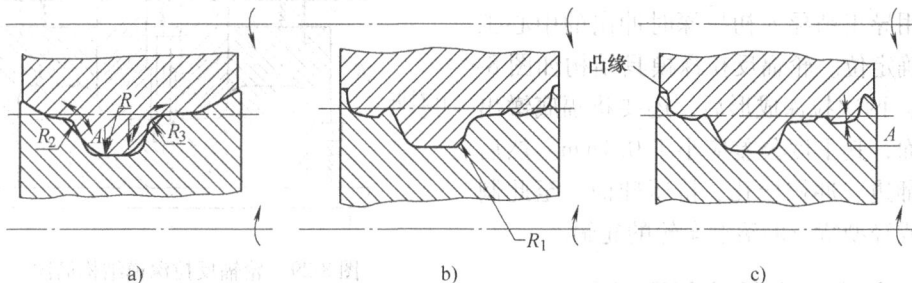

图 8-26　滚型车轮轮辋滚型过程示意图
a）一次滚型　b）二次滚型　c）三次滚型

3）轮辋的扩胀。滚型后的轮辋应通过扩胀使零件达到图样要求。轮辋的扩胀是通过扩胀模具来实现的，如图 8-27 所示。考虑到扩胀效果和扩胀模具制造与安装的难度，扩胀镶块一般由 8~12 块拼成为宜。

2. 滚型车轮轮辐的制造工艺

（1）滚型轮辐制造工艺流程　滚型轮辐制造工艺流程为：剪切→落料→初拉深并冲中心孔→反拉深→成形辐底→修边冲孔→翻边、冲孔、挤球面→冲通风孔→挤飞边→整径。

（2）拉深典型工艺与模具结构

1）初拉深成形工艺与模具结构。图 8-28 所示为轮辐初拉深模结构。初拉深的深度是为了给反拉深留下足够的金属。初拉深时的压边力应平稳，压力不能过大，速度不宜过快，否则会影响拉深件的质量。为此，最好采用液压机拉深，拉深垫采用气-液混合形式。

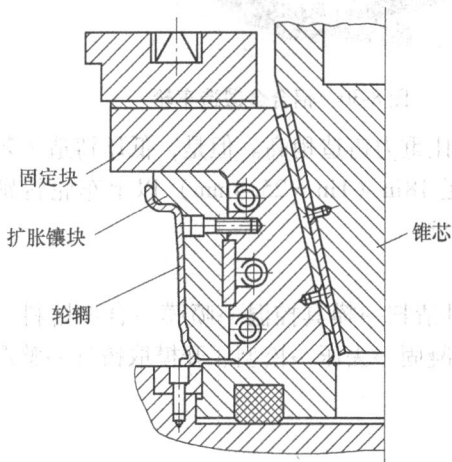

图 8-27　轮辋扩胀示意图

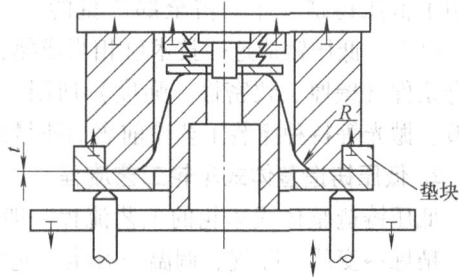

图 8-28　轮辐初拉深模结构简图

拉深过程中，应让材料有良好的流动但又不起皱；为此，可在上模底部增加与料厚相等的垫块，使上模与退料板之间形成与料厚相等的间隙。同时还要减小材料拉深时的摩擦阻力以防止拉裂；为此，除设计时考虑足够的圆角外，可在与板料接触的模具表面涂抹机油。

2）反拉深工艺与模具结构。反拉深时为保证零件不偏移，零件的定位很重要。首先在退料板上用初拉深件的外缘定位，在上模下行时再用导正销导入初拉深时冲出的中心工艺孔精确定位。轮辐反拉深模具结构如图8-29所示。两次拉深成形后，还要将辐底镦出安装平面，其平度公差应小于0.1mm。然后再进行翻边、冲螺栓孔、挤压球面。至此制成轿车或轻型货车的滚型车轮的轮辐。

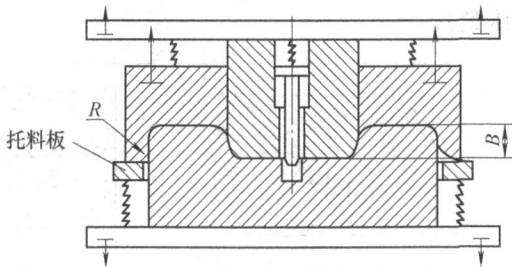

图 8-29　轮辐反拉深模结构简图

四、铝合金车轮的制造工艺

1. 整体式铝合金车轮成形工艺方法

整体式铝合金车轮的生产工艺主要有两种：一是铸造工艺成形，二是锻造工艺成形。图8-30所示为用锻造工艺成形的铝合金车轮。

目前最普遍的是铸造铝合金车轮，约占到产品总量的95%。锻造铝合金车轮比铸造铝合金车轮机械强度更高，抗疲劳性更好，但由于工艺投资大、成本高，其价格是钢车轮的3倍，因而还未能大量推广。

生产铝合金车轮的铸造工艺主要有低压铸造、重力铸造和压力铸造三种铸造形式。其中低压铸造是铝合金车轮铸造工艺中的主要铸造技术。目前世界铝合金车轮生产普遍采用低压铸造，我国大多数车轮制造厂家也都采用了低压铸造技术，占全部产量的

图 8-30　铝合金锻造车轮

80%以上。低压铸造这一技术已相当成熟，其成本比重力铸造稍高。但是，低压铸造工艺受本身条件（壁厚、致密性、强度）所限，较难满足18in（1in=25.4mm）以上车轮特别是电镀、抛光等特种涂装工艺涂前表面质量的处理要求。

2. 低压铸造整体式车轮工艺流程

低压铸造整体式车轮的工艺流程一般为：模具清扫→模具控温→喷膜→合型熔料→熔化、精炼→变质、除气、调温→升压→充型保压→凝固→去压→松型、开模取铸件→整形清理→初检。

本 章 小 结

1. 汽车车架的有边梁式、无梁式、中梁式、综合式四种结构，材料多用16MnL。
2. 汽车车架纵梁、横梁的制造采用冲压成形工艺，再将其铆接而成车架总成。
3. 汽车车轮按轮辐的构造，可分为辐板式和辐条式两种主要形式。
4. 按车轮轮辋成形方式分，主要有型钢轮辋制造的车轮和用钢板滚压成形的滚型车轮

两种结构形式，目前应用最广。前者主要用于轻、中、重型商用车，后者主要用于轿车、面包车等乘用车。

5. 汽车车轮材料有钢制车轮、铝合金车轮、镁合金车轮、复合材料（塑料或碳纤维）车轮和钢铝组合车轮。目前应用最多的是钢制车轮和铝合金车轮（主要用于轿车）。

6. 钢制车轮轮辋用型钢制造时，采用卷圆机卷圆成形工艺；滚型车轮轮辋采用钢板滚压成形工艺；铝合金车轮多采用低压铸造成形工艺。

7. 钢制车轮轮辐采用冲压、旋压、拉深等成形工艺。

8. 钢制车轮主要用材有12LW、15LW、16Mn、Q235等。

思考与练习题

一、名词术语解释

板料冲压，冲裁，拉深，型钢车轮，滚型车轮。

二、单项选择题

1. 目前乘用车上采用（　　）车架。

　A. 边梁式　　　　B. 无梁式　　　　C. 中梁式　　　　D. 综合式

2. 车架纵梁和横梁组合成车架时多采用（　　）。

　A. 焊接　　　　　B. 铆接　　　　　C. 螺塞联接　　　D. 粘接

3. 汽车车轮组成中不包括（　　）。

　A. 轮毂　　　　　B. 轮辐　　　　　C. 轮辋　　　　　D. 轴承

4. 一般轿车多采用（　　）车轮。

　A. 钢制　　　　　B. 铝合金　　　　C. 镁合金　　　　D. 塑料或碳纤维

5. 铝合金车轮多采用（　　）成形工艺。

　A. 砂型铸造　　　B. 低压铸造　　　C. 冲压　　　　　D. 模锻

三、简述题

1. 汽车车架的功用和结构形式有哪些？各有何特点？

2. 车架成形工艺对材料有哪些要求？

3. 简述车架纵梁的冲压成形工艺流程。

4. 制造汽车车轮的材料有哪些？目前应用最广的是哪两类？

5. 汽车车轮的结构形式及成形方法有哪些？

6. 简述滚型车轮轮辋的滚型工艺过程。

7. 简述钢制车轮轮辐的成形方式及工艺过程。

第九章

汽车车身制造工艺

【学习目标】

1. 了解汽车车身的结构分类和特点。
2. 了解常用汽车车身冲压件所用的材料类型、特点和性能。
3. 掌握汽车车身覆盖件冲压工艺并了解相关冲压模具。
4. 掌握汽车车身装焊工艺并了解装焊夹具与装焊生产线。
5. 掌握汽车车身涂装工艺并了解常用涂装方法和设备。

第一节　汽车车身结构及分类

汽车车身是驾驶员的工作场所，也是容纳乘客和货物的空间。随着新技术、新工艺、新材料的开发研究与应用，汽车车身正以多种多样的形式，不断满足安全、节油、舒适、耐用等技术要求。

尽管不同的生产厂家、不同系列、不同时期设计制造的车身结构和形式存在着差异，但汽车车身仍可分为轿车车身、客车车身、货车车身三大类。为了认识车身结构的本质，人们又以不同的分类方法进行了如下分类。

一、轿车车身

轿车车身形式非常多，可按车身承载方式、车身外形、车身壳体结构等对其进行分类。

（一）轿车按车身承载方式分类

轿车车身按承载方式可分为承载式车身和非承载式车身。

1. 承载式车身

承载式车身又称为整体式车身，如图9-1所示。其特点是前、后轴之间没有起连接作用的车架，车身是承担全部载荷的刚性壳体，直接承受从地面和动力系统传来的力。这类车身有利于减轻自身质量，使车身结构合理化、轻量化。现代轿车几乎都采用承载式车身。

承载式车身虽无独立车架，但由于车身主体与类似于车架功能的车身底板组焊制成了整体的刚性框架，使整个车身（底板、骨架、车顶、内外蒙皮等）都参与承载。这就使载荷分散开来作用于各个车身结构件上，车身整体刚度和强度同样能够得到保证。

（1）承载式车身的优点　质量小，生产性好，适合现代化大批量生产；采用薄钢板容易冲压成形，适合点焊工艺和多工位自动焊接等自动化生产方式，使车身组合后的整体变形小、生产效率高、质量易保证、结构紧凑、安全性好（当汽车发生碰撞事故时，对冲击能量的吸收性好)。

（2）承载式车身的缺点　底盘部件与车身结合部在汽车运动载荷冲击下，极易发生疲劳损坏；乘客室易受到来自汽车底盘的振动与噪声的影响。

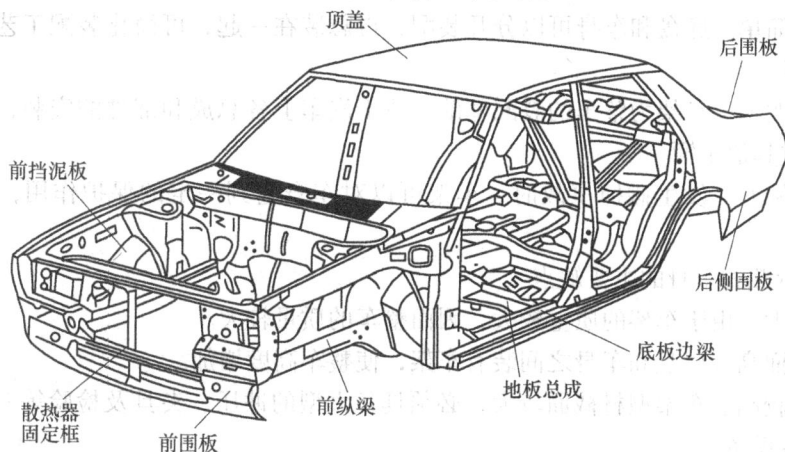

图 9-1　典型承载式轿车车身

2. 非承载式车身

非承载式车身也称为有车架式车身，如图 9-2 所示。其典型特点是车身下面有足够强度和刚度的独立车架，车身通过弹性支承紧固于车架上，施加于汽车上的力基本上都由车架来承受，车身壳体不承载或承载很小。

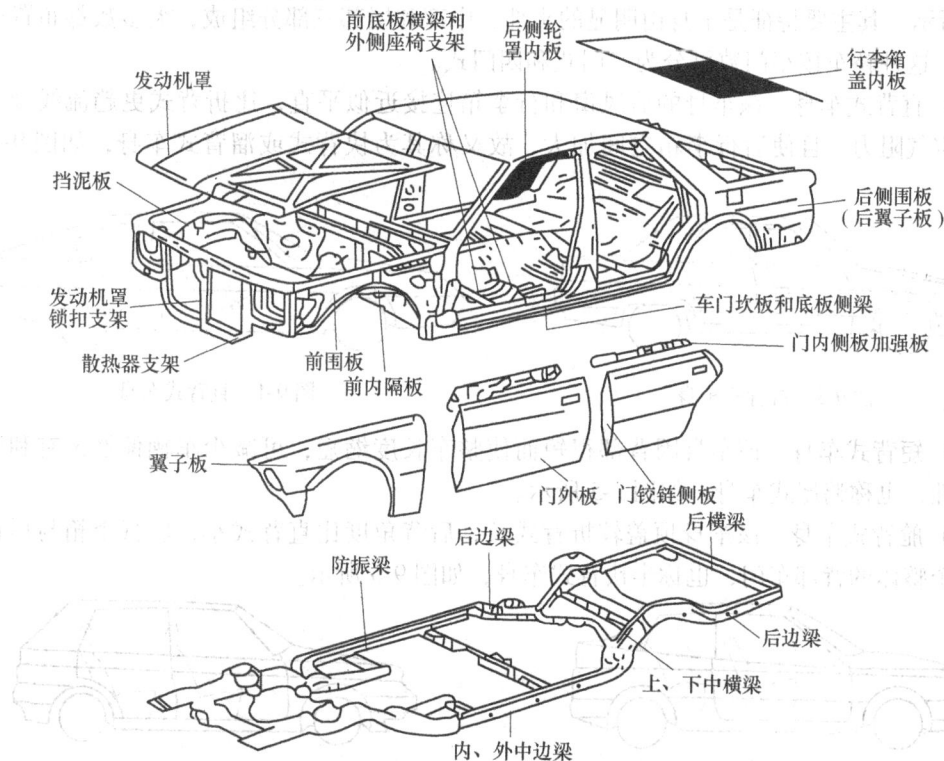

图 9-2　非承载式车身及车架

（1）非承载式车身的优点

1）减振性好。介于车身与汽车行驶系之间的车架，可以较好地吸收或缓和来自路面的冲击，降低噪声，减轻振动，从而提高乘坐舒适性。

2）工艺简单。底盘和车身可以分开装配，再总装在一起，可简化装配工艺，便于组织专业化生产线。

3）易于改型。车架为整车的装配基础，便于汽车上各总成和部件的安装，也易于改变车型和改装成其他车辆。

4）安全性好。发生碰撞事故时，车架可以对车身起到一定的保护作用，也保护了乘员。

（2）非承载式车身的主要缺点

1）质量大。由于车架的质量较大，因而整车的质量较大。

2）承载面高。底盘和车身之间装有车架，使整车高度增加。

3）成本较高。车架型材截面较大，必须具备大型的冲压、夹具及检验等一系列较昂贵而复杂的制造设备。

（二）轿车按车身外形分类

轿车车身的形状，主要由座椅位置和数量、车门数量、顶盖变化、发动机和备胎的布置等因素决定。

1. 按车身背部结构分类

（1）折背式车身　指车身背部有角折线条的车身形式，也称浮桥式或船形式车身，如图9-3所示。其主要特征是车身由明显的头部、中部和尾部三部分组成，大多数都布置有两排座位。这种轿车按车门数可分为二门式和四门式。

（2）直背式车身　该车身的后风窗和行李箱连接近似平直，比折背式更趋流线型，利于降低空气阻力，且使后行李箱空间加大，故又称其为快背式或溜背式车身，如图9-4所示。

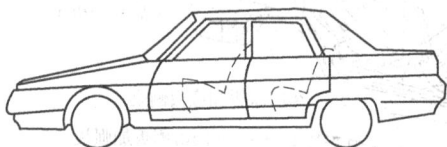

图9-3　折背式车身　　　　　图9-4　直背式车身

（3）短背式车身　该车身因背部很短而使整车长度缩短，可减少车辆偏摆，有利于提高稳定性，也称鸭尾式车身，如图9-5所示。

（4）舱背式车身　该车身顶盖较折背式长，后背角度比直背式小，后行李箱与后窗演变为一个整体的背部车门，也称半快背式车身，如图9-6所示。

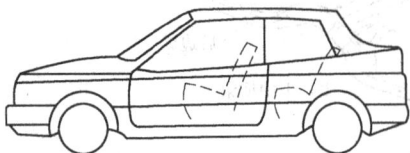

图9-5　短背式车身　　　　　图9-6　舱背式车身

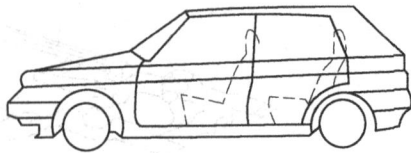

2. 按车身厢数结构分类

轿车根据车身厢体数结构可分为三厢式和两厢式轿车两种。

图 9-3 和图 9-5 所示为典型的三厢式轿车。其车身为封闭的刚性结构，有四个以上侧窗、两排以上座位和两个以上车门；因其发动机室、乘客室、行李箱分段隔开形成相互独立的三段布置而得名。

图 9-6 所示为典型的两厢式轿车。因其后部形状按较大的内部空间设计，将乘客室与行李箱布置于同一段而得名。

3. 按用途及车门数分类

轿车按用途及车门数可分为二门轿车、四门轿车；二门旅行车、四门旅行车；二门敞篷车；二门客货两用车（又称皮卡车）等。

（三）轿车按车身壳体结构分类

轿车车身具有安置发动机、装载乘员和行李的作用。其车身壳体可分为开式和闭式两种。

1. 开式壳体车身

这种车身壳体即指不带顶盖的敞篷式轿车，如图 9-7 所示。

2. 闭式壳体车身

这种车身壳体由板件构成一个封闭的系统，是轿车车身壳体最普遍的一种结构形式，呈现为由基本结构板件所构成的一个封闭的近似平行的六面体，如图 9-8 所示。

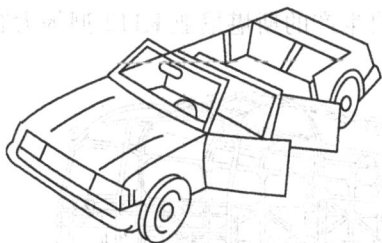

图 9-7　开式车身结构

图 9-8　闭式车身结构

二、客车车身

客车车身也有很多形式，可按其用途、承载结构形式分类。

（一）按客车车身用途分类

根据用途不同，可分为城市客车、长途客车、旅游客车等车身结构，其差别主要体现在外观和车室布置上。由于其用途不同，车身结构也存在一些差异。

1. 城市客车车身及其特点

城市客车是指在城市城区内运送乘客的客车。其车身特点是：站距短，乘客上下车频繁，因此底板离地高度一般较小，乘客门较多或尺寸较大；为了增大过道宽度和站立面积，座位多采用单双排座（1＋2）的布置形式，车内高度相对较大；为保证站立乘客的视野，车顶凸度一般较小；为缓解城市公共交通紧张，提高客车面积利用率，目前城市双层客车也逐渐增多。

2. 长途客车车身及其特点

长途客车是指在各省、市地区的城市之间运送远行乘客的客车。其特点是：旅客乘坐时间长，客流量比较稳定，故一般只有一道乘客门；为保证座椅的乘坐舒适性和人人有座，座椅布置较密集，采用高靠背；为使底板下有较大的行李空间，底板离地高度一般在1m以上。

另有一类长途客车为卧铺客车车身，它是为远地出行当天不能到达目的地而需在车上过夜设计的。其特点是：一般只设卧铺而不安装乘客座椅；为适当增加乘员，多为双层结构，因此车身较高；考虑行驶中的稳定性，车身下底板离地距离较小，以降低重心。

3. 旅游客车车身及其特点

旅游客车主要是为观光、旅游乘客设计的客车。其特点与长途客车无本质差别，但其外观、内饰更豪华和讲究，更注重乘客的舒适性，如车上附设卫生间，甚至烹调室和卧室等。为观光方便，旅游客车的视野也较开阔。

（二）按客车车身承载结构形式分类

按承载结构形式不同，可分为承载式、半承载式、非承载式三种客车车身。

1. 承载式车身及其特点

为进一步减轻客车自重并使车身结构更加合理，有些客车上采用无车架承载式结构。根据客车车身上下承载程度不同，又可将承载式结构分为整体承载式和基础承载式两种。

（1）整体承载式车身　如图9-9所示，其特点是：车身上下部结构形成一个统一的整体，整个车身均参与承载。当车身承受载荷时，各构件以强济弱，可使整个车身壳体达到稳定平衡状态。如美国通用公司生产的RST—2型、瑞典生产的斯堪尼亚K112型等大客车车身均属于此类。

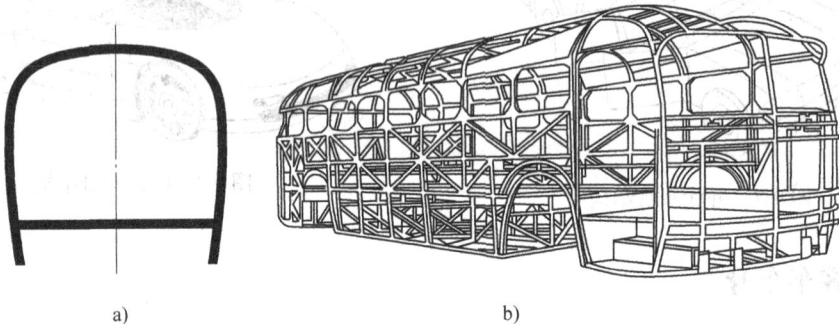

图9-9　大客车整体承载式车身

a）整体承载式车身示意图　b）整体承载式大客车车身骨架结构

（2）基础承载式车身　如图9-10所示，其特点是：车身侧围腰线以下部分，包括窗台梁以下到底板侧壁骨架和底部结构，设计成车身主要承载件，而其顶盖和窗柱均为非承载件。

该结构的底部纵向和横向构件可采用薄壁型钢或薄钢板冲压制造，其高度可达0.5m左右，故可充分利用车身底板下面的空间作为行李箱。但因底部结构截面高度较大，导致车身底板离地距离较大，故该结构的车身一般只用于长途客车或旅游客车上。如日本日野公司和日产公司生产的旅游大客车、德国生产的尼奥普兰客车、法国生产的雷诺客车等均属这种结构。

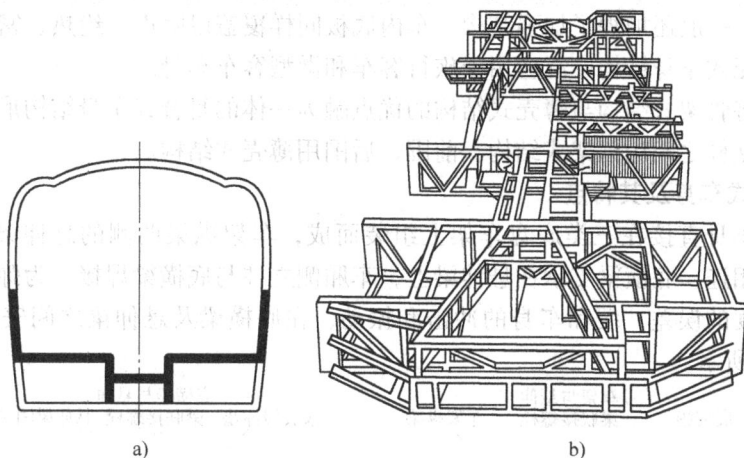

图 9-10　大客车基础承载式结构

a）基础承载式车身示意图　b）大客车基础承载式底架结构

基础承载式结构采用空间框架结构。其特点是采用凹形地板（通道平面离地高度约为 1.2m，乘客座椅下的平台比通道平面高出 150mm），因此当前后和两侧遭到撞击时，乘客均处于遭受冲击部位的上方，故其安全性较好。

2. 半承载式车身及其特点

半承载式客车车身如图 9-11 所示。该车身是一种过渡性结构，其下部保留有强度和刚度均比车架低的底架，车身骨架的立柱下端与底架纵梁两侧悬伸的横梁刚性相连，车身下部与底架组成一个整体。因此车身也能承担一部分弯、扭载荷，故称为半承载式。其优点是可以减少整车质量。

3. 薄壳式车身及其特点

面包车薄壳式车身如图 9-12 所示，又称为应力壳体式车身结构，是飞机机身薄壳结构的移植和运用。它无独立骨架，由板块式构件构成车身整体并承担结构应力。如顶盖、车底、侧板、前围、后围、车身构件等。

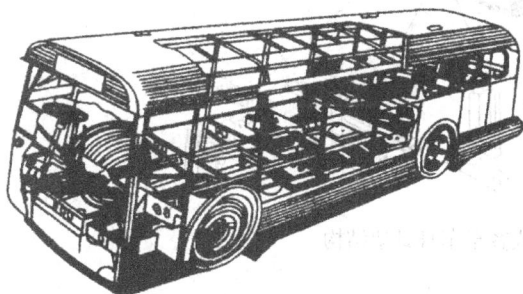

图 9-11　半承载式客车车身

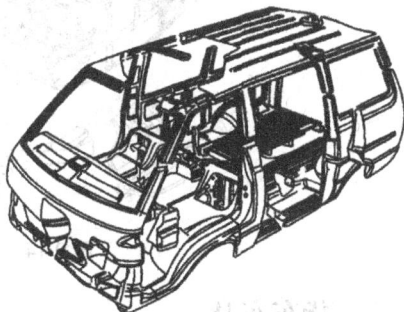

图 9-12　面包车薄壳式车身

薄壳式车身结构的特点：整体刚度好，材料消耗少，质量轻，工艺性好，生产效率高；但其承载能力要受车身整体尺寸的限制。

薄壳式客车车身的车底用优质钢板冲压而成。为保证车底承载能力和装配发动机及底盘各总成的需要,一般还加焊了加强结构。车内底板同样覆盖以隔声、绝热、密封为目的底板装饰材料。薄壳式车身结构广泛应用于旅行客车和微型客车车身。

也有采用将骨架式结构与薄壳式结构的优点融为一体的复合式车身结构形式,通常为第二立柱与最末立柱之间用框架式结构,前围、后围用薄壳式结构。

4. 非承载式车身及其特点

非承载式车身直接在三类底盘车架上组装而成,车架纵梁两侧的悬伸梁(俗称牛腿)用螺栓与纵梁相连,底横梁支承在悬伸梁上,车厢侧立柱与底横梁焊接。为弥补悬伸梁与车架纵梁上平面度的误差,缓和车身的冲击和振动,在底横梁及悬伸梁之间安装有橡胶缓冲垫,如图9-13所示。

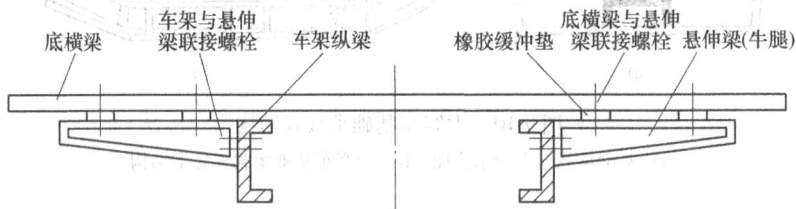

图9-13 悬伸梁与底横梁、车架的连接

这种结构的车身,载荷主要由车架承担,故车身是几乎不承载的。目前国产客车大多采用此结构,如图9-14所示。

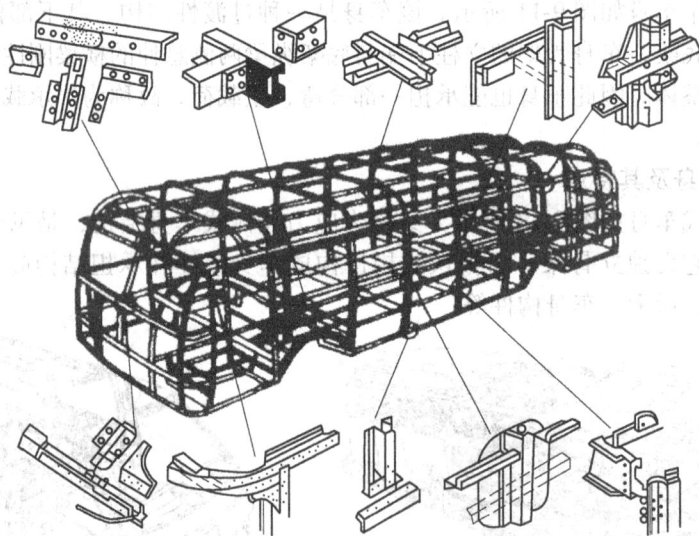

图9-14 非承载式客车车身骨架结构

三、货车车身

与轿车和客车相比,货车车身(驾驶室、货厢)的结构形式要简单得多,可按以下方法分类。

1. 按驾驶室与发动机相对位置分类

货车上的发动机一般都是前置的,发动机中置和后置常用于变形车,且极为少见。以发动机前置而言,按其与驾驶室的相对位置可分为长头式、短头式、平头式等形式。

(1) 长头式 该车身的发动机布置在驾驶室之前且有单独的发动机罩,如图9-15a所示。其优点是发动机维修方便,操纵机构较简单,汽车通过性较好;其缺点是轴距和汽车总长相对较大,视野较差。故长头式车身多用于中型货车。

(2) 短头式 该车身是将发动机的一部分置于驾驶室之前,一部分伸入到驾驶室内,驾驶室之前和驾驶室之内都有发动机罩,如图9-15b所示。其特点是轴距略为缩短,驾驶室内部较拥挤,发动机维修不如长头式方便。

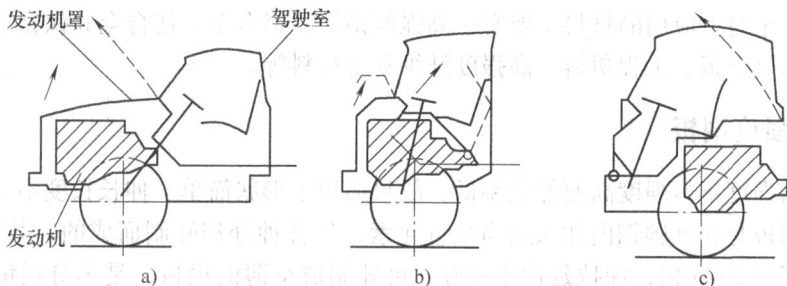

图9-15 货车车身结构类型

a) 长头式 b) 短头式 c) 平头式

(3) 平头式 该车身的驾驶室布置在发动机之上,发动机罩在驾驶室内,如图9-15c所示。其优点是汽车轴距和总长较短,机动性好,视野良好,面积利用系数(载货面积与总面积之比)高。缺点是夏天驾驶室内比较闷热,常采用隔热、通风、隔振和密封等措施解决。

由于结构上的不断改进,平头式车身的优点更加显著,因而在现代轻型、中型、重型货车及专用(特种)汽车上应用越来越广泛。

2. 按驾驶室与货厢的连接关系分类

货车车身几乎都属非承载式的。驾驶室、货厢与车架一般都采用弹性连接。通常按驾驶室与货厢的连接关系分为分体式和连体式两种。

(1) 分体式 绝大多数货车车身属此形式,驾驶室、货厢与车架各成一体。驾驶室常以三点支承在车架上,为减少驾驶室振动和车架歪扭变形对驾驶室的影响,其中两点多采用弹簧或橡胶衬垫的浮式连接。货厢大多为前栏板固定、侧栏板和后栏板可翻转的栏板式货台,栏板通常为钢板冲压件焊接组合而成。

(2) 连体式 驾驶室与货厢连为一体,微型和轻型货车车身属此结构形式。这类车多为轿车和小型客车变型而来,其车身一般也是由原形演变而来的薄壳式结构。

四、汽车车身的基本构造

汽车车身构造主要包括:车身壳体、车门、车窗、车前钣制件、车身内外装饰件和车身附件、座椅以及通风、暖气、冷气、空气调节装置等。在货车和专用汽车上还包括车厢和其他装备。

车身壳体是一切车身部件的安装基础,通常是指纵、横梁和支柱等主要承力元件及与它们相连接的钣件共同组成的刚性空间结构。客车车身多数具有明显的骨架,而轿车车身和货车驾驶室则没有明显的骨架。车身壳体通常还包括在其上敷设的隔声、隔热、防振、防腐、密封等材料及涂层。

车门通过铰链安装在车身壳体上，其结构较复杂，是保证车身使用性能的重要部件。钣制件形成了容纳发动机、车轮等部件的空间。

第二节　汽车车身材料

目前汽车车身上应用的材料主要有：高强度钢板、铝合金、镁合金和钛合金、泡沫合金板、蜂窝夹芯复合板、工程塑料、高强度纤维复合材料等。

一、高强度钢板

过去的高强度钢板强度高而伸长率低，故只适用于形状简单、伸长长度不大的零件。现在的高强度钢板是在低碳钢内加入适当微量元素，经各种处理轧制而成的，其抗拉强度高，是普通低碳钢的 2～3 倍，深拉延性能极好，可轧制成很薄的钢板，是车身轻量化的重要材料。

高强度钢板主要有：含磷高强度冷轧钢板、烘烤硬化冷轧钢板（BH 钢）、双相冷轧钢板（DP 钢）、超低碳高强度超深冲冷轧钢板（IF 钢）、镀锌钢板、轻量化迭层钢板等。

1. 含磷高强度冷轧钢板

含磷高强度冷轧钢板主要用于轿车外板、车门、顶盖和行李箱盖外板，也可用于载货汽车驾驶室的冲压件。其特点是强度较高，比普通冷轧钢板高 15%～25%；良好的强度和塑性平衡，即随着强度的增加，伸长率和应变硬化指数下降甚微；良好的耐蚀性，比普通冷轧钢板提高 20%；良好的点焊性能。

2. 烘烤硬化冷轧钢板（BH 钢）

经过冲压、拉延变形及烤漆烘烤热处理，屈服强度得以提高。这种简称为 BH 钢板的烘烤硬化钢板既薄又有足够的强度，是车身外板轻量化设计首选材料之一。

3. 双相冷轧钢板（DP 钢）

这种同时具备马氏体与铁素体两种晶相的钢，具有连续屈服、屈强比低和加工硬化高、兼备高强度及高塑性的特点，经烤漆后强度可进一步提高。适用于形状复杂且要求强度高的车身零件，如车门加强板、保险杠等。

4. 超低碳高强度超深冲冷轧钢板（IF 钢）

在超低碳钢（碳的质量分数不大于 0.005%）中加入适量钛（Ti）或铌（Nb），使钢中的碳、氮原子完全被固定成碳、氮化合物，不再有间隙固溶原子存在，故称为无间隙原子钢，简称 IF 钢，兼有高强度和良好的成形性，成为汽车特别是乘用车冷轧钢板的主要钢种之一。目前，世界 IF 钢产量已达数千万吨，主要用于车身外板和内板。

如在 IF 钢中添加适量的磷实现其固溶强化，还具有较好的烘烤硬化性能，故称为超低碳高强度烘烤硬化冷轧钢板。实现了深冲性与高强度、烘烤硬化的结合，特别适用于一些形状复杂而强度要求高的冲压零件。

IF 钢的品种有：一般电镀锌 IF 钢板、热镀锌 IF 钢板、高强度 IF 钢板、镀铝 IF 钢板等。现代轿车每辆车用 IF 冷轧钢板可达几百千克，约占钢板总用量的 2/5。

5. 镀锌钢板

从 20 世纪 70 年代开始，轿车车身钢板采用镀锌薄钢板。镀锌薄钢板广泛应用于汽车车身的内、外板，是因为它具有良好的耐蚀能力。德国奥迪轿车的车身部件绝大部分采用镀锌钢板（部分用铝合金板），美国别克轿车采用的钢板 80% 以上是双面热镀锌钢板，上海帕萨特车身的外覆盖件采用电镀锌工艺，内覆盖件内部采用热镀锌工艺，可使车身防锈蚀保质期长达 11 年。

6. 轻量化迭层钢板

迭层钢板是在两层超薄钢板之间压入塑料的复合材料，表层钢板厚度为 0.2 ~ 0.3mm，塑料层的厚度占总厚度的 25% ~ 65%；与具有同样刚度的单层钢板相比，只相当其质量的 57%；而且隔热防振性能良好。其主要用于发动机罩、行李箱盖、车身底板等部件。

二、铝合金

与汽车钢板相比，铝合金具有密度小（$2.7g/cm^3$）、比强度高、耐蚀性好、热稳定性好、易成形、可回收再生、技术成熟等优点。德国大众公司的奥迪 A2 型轿车，采用了全铝车身骨架和外板结构，比传统钢材料车身质量减轻了 43%，使平均油耗降至每百公里 3L 的水平。这种结构不仅使车身的扭转刚度提高了 60%，还比同类车型的钢制车身质量减少 50%，深受环保人士的欢迎。

根据车身结构设计的需要，采用激光束压合成形工艺，将不同厚度的铝板或者用铝板与钢板复合成形，再在表面涂覆耐蚀材料使其结构轻量化，且具有良好的耐蚀性。

三、镁合金和钛合金

镁的密度很小，仅为 $1.8g/cm^3$。但其比强度、比刚度高，阻尼性、导热性好，电磁屏蔽能力强，尺寸稳定性好，因此在航空工业和汽车工业中得到了广泛的应用。

镁合金可制成车门门框和耐碰撞的镁合金骨架、内板等，可以制造出形状复杂的薄壁镁合金车身零件，如前、后挡板等。

钛的密度为 $4.6g/cm^3$，约为钢的 60%，但强度和硬度超过了钢，且不易生锈。钛合金车身零件更轻、更坚固、更耐腐蚀。

四、泡沫合金板

泡沫合金板由粉末合金制成，其特点是密度小，仅为 $0.4 ~ 0.7g/cm^3$，弹性好，当受力压缩变形后，可凭自身的弹性恢复原来的形状。泡沫合金板种类繁多，有泡沫铝合金、泡沫锌合金、泡沫锡合金、泡沫钢板材等。由于泡沫合金板的特殊性能，特别是出众的低密度、良好的隔热吸振性能，深受汽车制造商的青睐。目前，用泡沫铝合金制成的零部件有发动机罩、行李箱盖等。

五、蜂窝夹芯复合板

蜂窝夹芯复合板是两层薄面板中间夹一层厚而极轻的蜂窝组成的。根据夹芯材料的不同，可分为纸蜂窝、玻璃布蜂窝、玻璃纤维增强树脂蜂窝、铝蜂窝等；面板可以采用玻璃钢、塑料、铝板和钢板等材料。由于蜂窝夹芯复合板具有质轻、比强度和比刚度高、抗振、隔热、隔声和阻燃等特点，故在汽车车身上应用较多，如车身外板、车门、车架、保险杠、座椅框架等。英国发明了一种以聚丙烯作芯、钢板作面板的薄蜂窝夹芯复合板，用以替代钢制车身外板，使零件质量减轻了 50%～60%，且易于冲压成形。

六、工程塑料

与通用塑料相比，工程塑料具有优良的力学性能、电性能、耐化学性、耐热性、耐磨性、尺寸稳定性等特点，且比金属材料轻、成型时能耗少；可实现汽车轻量化、节能和回收利用。

通常用于制造车身覆盖件、前围和后围、车身内外装饰件和散热器面罩、保险杠和车轮护罩等。

七、高强度纤维复合材料

复合材料是一种多相材料，是由有机高分子、无机非金属和金属等原材料复合而成的。目前玻璃纤维增强树脂复合材料和碳纤维增强树脂复合材料在汽车上已获得成功应用。

玻璃纤维增强树脂复合材料耐蚀性好、绝缘性好，有良好的可塑性，对模具要求较低，制造大型车身覆盖件的模具加工工艺较简易，生产周期短，成本低。在轿车和客车上，用玻璃纤维增强树脂复合材料制造的轿车车身覆盖件、客车前后围覆盖件和货车驾驶室等零部件。

第三节　汽车车身覆盖件冲压工艺

车身覆盖件是指汽车车身内、外表面的薄壳板件，如货车的驾驶室、轿车的车身等主要由覆盖件构成的。覆盖件是组成汽车内、外形体的重要零件，要求制造容易，维修方便、使用安全可靠、外形美观时尚。

车身覆盖件属特殊冲压件，在结构和质量要求、冲压工艺、冲模设计与制造等方面都有其独有的特点。

一、车身覆盖件的结构特点

与一般冲压件相比，车身覆盖件从结构形状及尺寸上看，具有以下特点：

1. 材料薄，相对厚度小

车身外覆盖件的板料厚度一般为 0.3～1.0mm，相对厚度 t/L（板厚 t 与坯料最大长度 L 之比）最小值可达 0.0003。

2. 轮廓尺寸大

如驾驶室顶盖的坯料尺寸可达 2800mm×2500mm。

3. 形状复杂

大多数为三维甚至多维空间曲面，且形状和轮廓不规则，难以用简单的几何方程来描述。

4. 轮廓内部常带有局部形状

如图 9-16 所示，有的覆盖件往往带有窗口、局部凸起或凹陷等形状。它们的成形往往会对整个冲压件的成形带来较大影响。

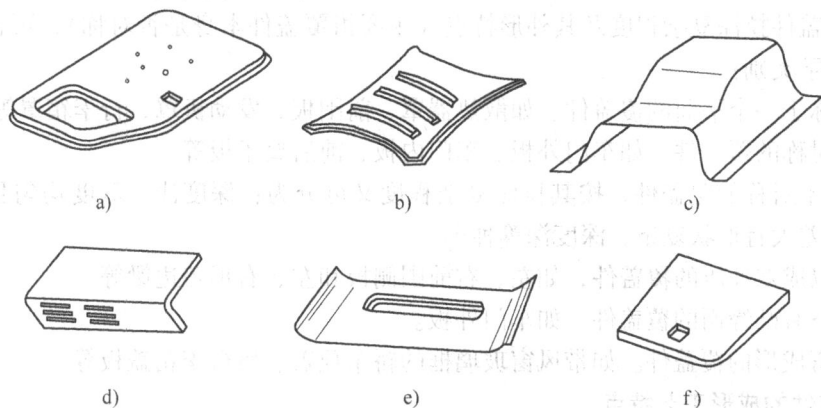

图9-16　汽车覆盖件内部局部形状示例

二、车身覆盖件的质量要求

1. 具有良好的表面质量

车身覆盖件尤其是外覆盖件的可见表面，一般有严格的外观装饰性要求，不允许有波纹、皱纹、凹痕、擦伤、边缘拉痕等有损表面完美的缺陷；覆盖件上的装饰棱线、装饰肋条，要求清晰、平整、光滑、左右对称及过渡均匀；装饰棱线在两个覆盖件的衔接处应吻合，不允许参差不齐。

2. 具有较高的尺寸精度和形状精度

覆盖件必须具有较高的轮廓尺寸、孔位尺寸、局部形状尺寸等精度，以保证焊装或组装时的准确性和互换性，便于实现车身冲压与焊接的自动化，保证车身外观形状的一致性和美观性。

车身外覆盖件的形状精度必须与主模相符合，两个以上的覆盖件相互衔接处的曲面形状也必须符合图样要求。否则将偏离车身总体设计，不能体现车身造型的艺术风格。

3. 具有良好的工艺性

覆盖件的工艺性，主要指冲压性能、焊接装配性能、操作安全性能、材料利用率及其要求等几方面。覆盖件的冲压性能关键在于拉深工艺性（指拉深的可能性与可靠性）的好坏。在确定覆盖件可以进行拉深后，则只需确定工序数和安排工序的先后顺序。

4. 具有足够的刚性

如覆盖件的刚性不够，汽车行驶时就会产生振动和噪声，使覆盖件发生早期损坏，缩短车身使用寿命。因此必须通过充分的塑性变形和合理的结构予以保证。

三、车身覆盖件的冲压成形工艺特点

1. 覆盖件的变形特点

由于覆盖件一般都具有复杂且不规则的空间曲面，因此使得冲压成形困难，而且容易产生回弹、起皱、拉裂、表面缺陷和平直度低等质量问题。成形时的变形不单纯是拉深，而是拉深和局部胀形、拉深和弯曲、拉深和翻边或拉深与冲孔等工序的交错混合。

2. 覆盖件成形工艺分类

根据覆盖件拉深复杂程度及其外形特点（主要指覆盖件本身是否对称），可将各种覆盖件归纳为以下类别：

1）对称于一个平面的覆盖件。如散热器罩、前围板、发动机罩、行李箱罩等。

2）不对称的覆盖件。如车门外板、车门内板、前后翼子板等。

对称或不对称的覆盖件，按其拉深复杂程度又可分为：深度浅、深度均匀且形状较复杂、深度相差大且形状复杂、深度深等种类。

3）可以成双冲压的覆盖件，如左、右前围侧板和左、右顶盖边梁等。

4）本身有凸缘面的覆盖件，如车门外板。

5）压弯成形的覆盖件。如带风窗玻璃框的轿车顶盖、后行李箱盖板等。

3. 覆盖件的成形工艺特点

1）成形工序多。覆盖件的冲压工序一般要 4 ~ 6 道甚至近 10 道工序才能完成。

2）常采用一次或多次拉深成形。

3）拉深工序过渡毛坯设计，不仅要考虑本工序的成形，还要为后续工序的定位创造条件。图 9-17 所示为拉深工序为修边工序考虑的定位结构。

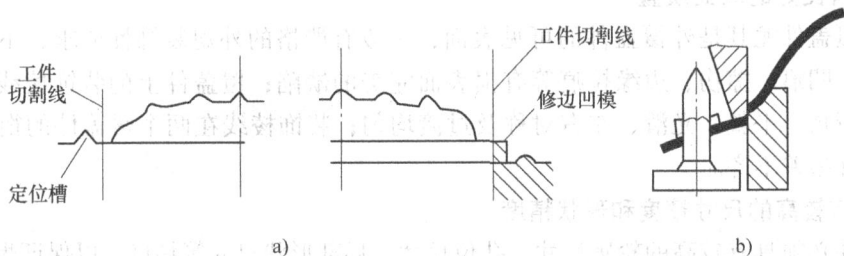

图 9-17 拉深工序为修边工序考虑的定位结构

a）翻边修边定位 b）工艺孔修边定位

4）覆盖件上与冲压方向相反的成形，主要靠局部拉深。一般采用大圆角和使侧壁成一定斜度的成形结构，且反成形的深度不应超过正成形的深度。如图 9-18 所示，中间反成形部分采用 30°斜度的侧壁，深度不大于 20mm。

5）覆盖件上的装饰棱线、装饰肋条、装饰凹坑、加强肋、躲避包等部分结构，主要靠局部拉深成形。为了防止开裂，应采取加大圆角，使侧壁成一定斜度、减小深度等措施。

6）两覆盖件间的装饰棱线、装饰肋条、凹坑等衔接与配合要尽量吻合一致、光滑过渡、间隙要小、不影响外观。

7）覆盖件凸缘的圆角半径一般取 8 ~ 10mm，当小于 5mm 时应增加整形工序。

8）对于形状对称，零件尺寸又不是太大的覆盖件，可通过增加工艺补充而设计成一个拉深件，冲压成形后再切开成两件，即"成双拉深法"，如图 9-19 所示。

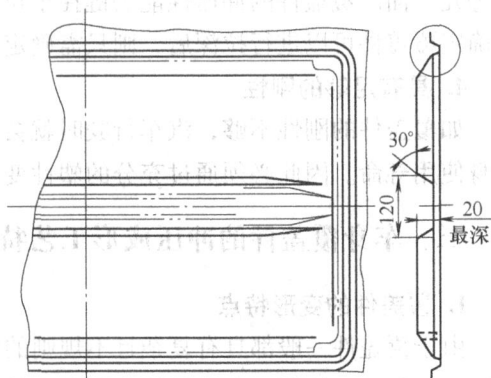

图 9-18 覆盖件的反成形

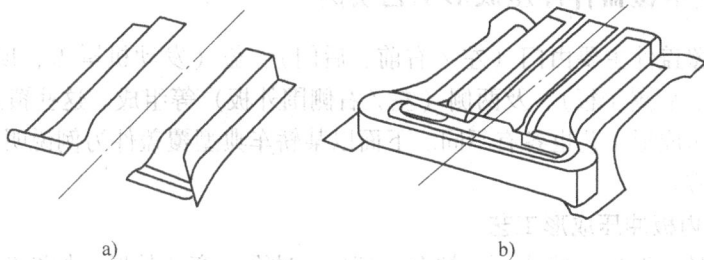

图 9-19　成双拉深的工艺补充

a）产品件示意图　b）拉深件示意图

9）覆盖件材料要求有较好的塑性变形性能，多为 08 或 09Al 等钢板。

10）对于特别浅的拉深件，要注意回弹的控制。

四、车身覆盖件冲压基本工序及其安排

1. 覆盖件冲压工艺的基本工序

覆盖件冲压工艺的基本工序有：落料、拉深、整形、修边、翻边、冲孔等。由于覆盖件形状复杂，轮廓尺寸大，故不可能在一两道冲压工序中制成，需要多道工序才能完成。根据实际生产需要及可能性，可将一些工序合并进行，如落料拉深、修边冲孔、修边翻边、翻边冲孔等。

2. 覆盖件冲压基本工序内容安排

（1）拉深工序　拉深工序是车身覆盖件冲压成形的关键工序，覆盖件的形状大部分主要是在拉深工序中形成的。在生产技术准备中，应优先考虑拉深工艺设计和拉深模具的设计、制造与调试。拉深毛坯件一般需经过整形和修边后方能成为拉深零件。

（2）落料工序　落料工序主要是获得拉深工序所需要的坯料形状和尺寸。由于覆盖件冲压成形很复杂，不可能计算出其准确的落料尺寸，故应在拉深工序试冲成功后，才能确定坯料的形状和尺寸。故在生产技术准备时，落料工序及落料模的设计应安排在拉深、翻边调试成功后再进行。

（3）整形工序　整形工序主要是将拉深工序中尚未完全成形的覆盖件形状成形出来。整形工序的变形性质一般是胀形变形，经常复合在修边或翻边工序中完成。

（4）修边工序　修边工序主要是切除拉深件上的工艺补充部分。这些工艺补充部分仅为拉深工序需要，拉深完成后要将其切除。

（5）翻边工序　翻边工序主要任务是将覆盖件的边缘进行翻边成形，安排在修边工序之后进行。

（6）冲孔工序　冲孔工序用以加工覆盖件上的各种孔洞。一般安排在拉深工序之后，也有的安排在翻边工序之后进行。若先冲孔，则会造成在拉深或翻边时孔的位置、尺寸、形状发生变化，影响以后的安装与连接。

五、车身典型覆盖件冲压成形工艺实例

轿车车身外覆盖件主要由门（左／右前、后门）、盖（发动机罩盖、顶盖、行李箱盖、两翼（左／右前、后翼子板）、及两侧（左／右侧围外板）等组成。这些覆盖件的形状结构各有特点，其冲压成形工艺也各有不同。下面以某轿车典型覆盖件为例说明其冲压成形工艺过程及其工艺内容。

1. 发动机罩内板冲压成形工艺

其工艺过程是：下料（冲裁）→拉深→切边→冲孔→弯曲整形，如图9-20所示。

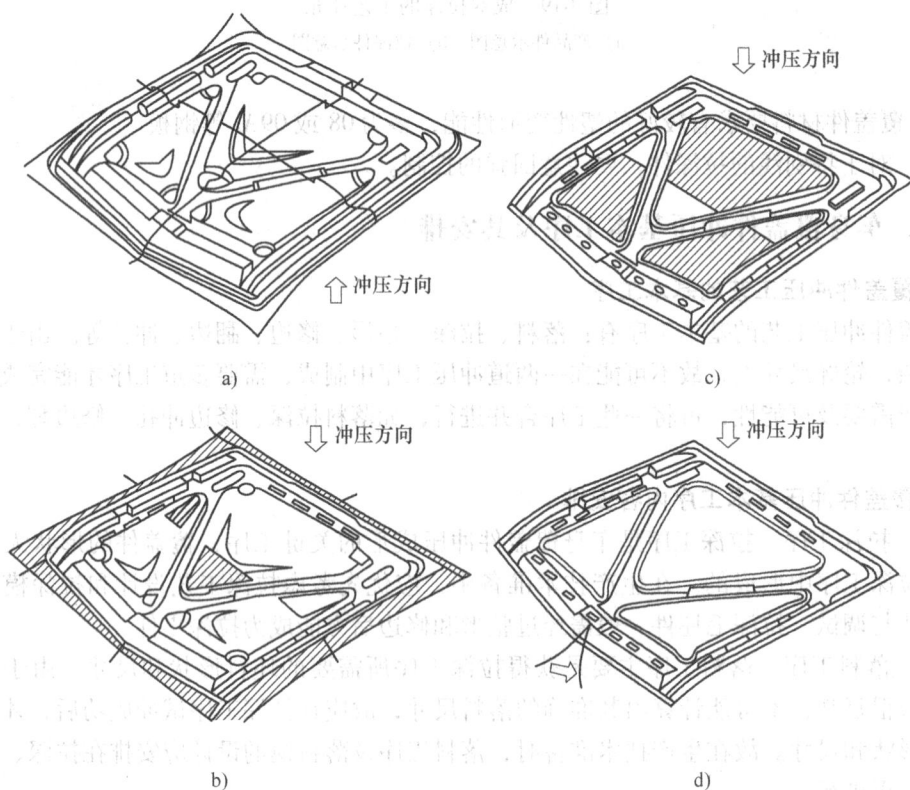

图9-20 发动机罩内板冲压加工工艺过程
a）拉深 b）切边 c）冲孔 d）弯曲整形

2. 轿车顶盖冲压成形工艺

其工艺过程是：下料（冲裁）→拉深及两侧切边→修边冲孔→整形翻边→翻边冲孔整形，如图9-21所示。

3. 轿车左／右侧围外板冲压成形工艺

其工艺过程是：下料并落料（1340mm×3175mm）→拉深→修边冲孔→翻边整形冲孔→翻边整形冲孔→修边冲孔→修边冲孔整形。图9-22所示为某轿车右侧围外板冲压工艺过程。

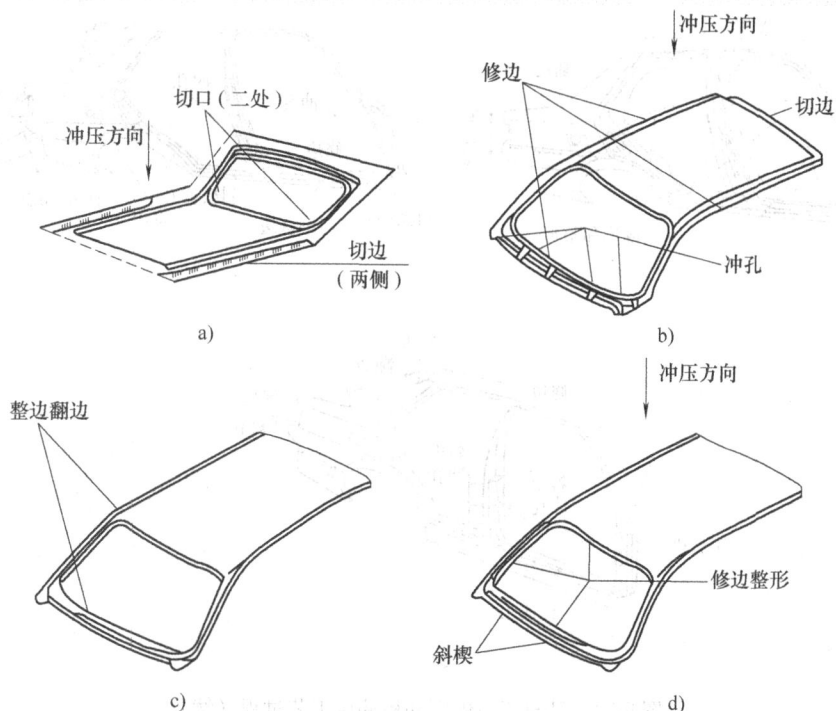

图 9-21 轿车顶盖冲压工艺过程

a) 拉深及两侧切边（2000t 双动压力机） b) 修边冲孔（1000t 单动压力机）

c) 整形翻边（1000t 单动压力机） d) 翻边冲孔整形（1000t 单动压力机）

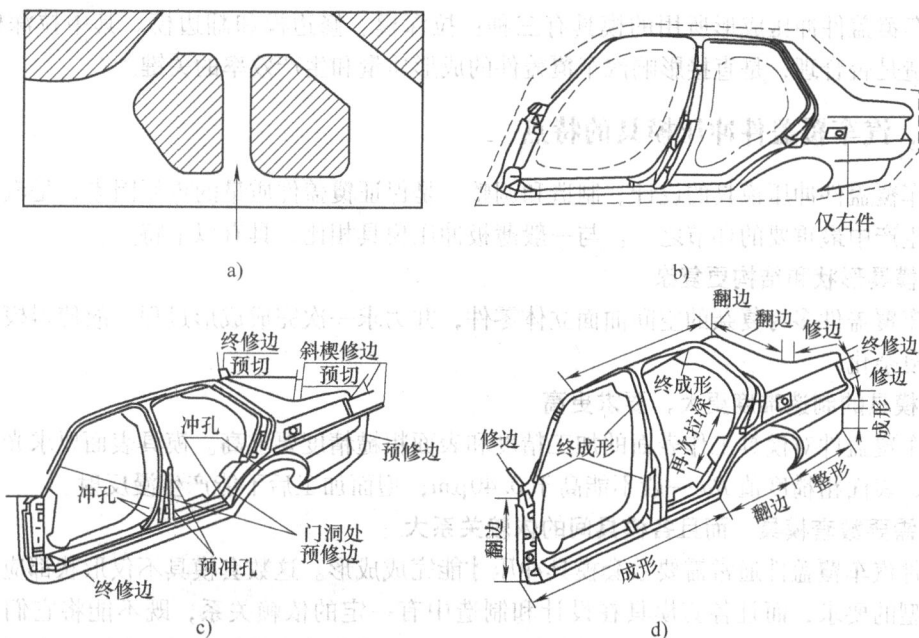

图 9-22 某轿车右侧围外板冲压工艺过程

a) 下料及落料 b) 拉深 c) 修边冲孔 d) 翻边整形冲孔

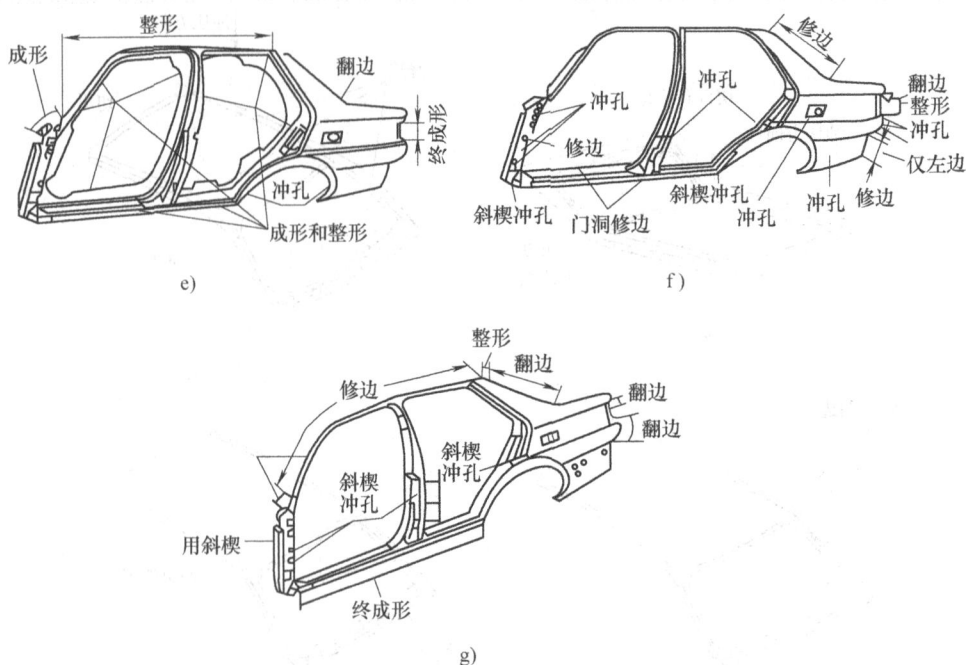

图 9-22　某轿车右侧围外板冲压工艺过程（续）
e）翻边整形冲孔　f）修边冲孔　g）修边冲孔整形

第四节　车身覆盖件冲压模具

汽车覆盖件冲压成形所用的模具有三种：拉深模、修边模和翻边模。其中拉深模的设计、制造是否合理，是直接影响汽车覆盖件的成形质量和生产效率的关键。

一、汽车覆盖件冲压模具的特点

汽车覆盖件冲压模具的设计、制造和调整，是保证覆盖件质量的重要因素，是汽车覆盖件冲压生产中最重要的环节之一。与一般薄板冲压模具相比，具有以下特点：

1. 模具形状和结构更复杂

汽车覆盖件多为复杂的空间曲面立体零件，并力求一次完成成形过程，故使得模具结构和形状复杂化。

2. 模具的制造难度更大，要求更高

汽车覆盖件对模具工作表面的加工精度和表面粗糙精度要求高。模具表面要求光整、棱线清晰；表面粗糙度值 Ra 一般不能高于 $0.40\mu m$；型面加工后不能产生漫反射。

3. 需要数套模具，而且各模具间的依赖关系大

一件汽车覆盖件通常需要数套模具冲压才能完成成形。这数套模具不仅形状都应符合同一主模型的要求，而且各套模具在设计和制造中有一定的依赖关系，既不能将它们同时加工，又不能按冲压工序的先后顺序进行加工，这就要求在确定模具设计和制造工艺时，应进行细致地综合考虑，制订出合理的模具加工路线。

4. 模具调试更加重要和复杂

模具调试是大规模生产能否顺利进行的至关重要的前提环节。国外汽车制造厂对大型复杂覆盖件成形模具的调试，一般需要 1～2 个月的时间，要使模具达到最佳工作状态，需制订出合适的工艺参数（如最大和最小的压料力值等）后，才将模具正式投入生产。

二、车身覆盖件拉深模及结构

覆盖件拉深模结构与拉深使用的机床有密切关系。目前生产以单动拉深模和双动拉深模为主，因双动拉深模压紧力大、拉深深度大、卸料板为刚性等优点而应用更多。

1. 单动拉深模

一般的浅拉深或形状对称的拉深件，都在单动压力机上采用单动拉深，凸模安装在下工作台面上，故称之为倒装拉深模。单动拉深模典型结构如图 9-23 所示。

2. 双动拉深模

当拉深形状复杂、深度较大的覆盖件时，因单动拉深模不能满足要求，故必须采用双动压力机进行双动拉深。

覆盖件拉深模结构由其所用的双动压力机而定。为实现双动拉深，其结构较简单，由主要的三大件或四大件组成，如图 9-24 所示（为四大件）。凸模通过固定座安装在双动压力机的内滑块上，压边圈则安装在双动压力机的外滑块上，凹模安装在双动压力机的下工作台面上。凸模和凹模分别与压边圈之间均采用导板导向。由于凸模安装在上方，故称之为正装拉深模。

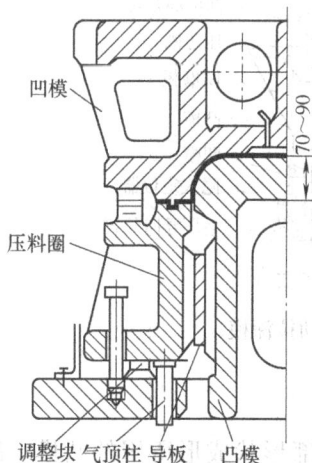

图 9-23　单动拉深模典型结构

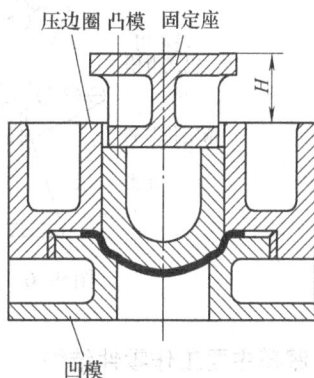

图 9-24　双动拉深模结构示意图

双动拉深模内、外滑块闭合高度差 H 与双动压力机结构有关。为便于安装，当拉深模在一般双动压力机上使用时，高度差 $H = 350～500 \text{mm}$。

3. 双动拉深模典型结构

根据导向方式的不同，双动拉深模主要有：凹模与压边圈导向的拉深模、凸模与压边圈导向的拉深模、凸模和凹模与压边圈都导向的拉深模三种典型结构形式。

（1）凹模与压边圈导向的双动拉深模　图 9-25 所示为该种模具结构简图。凹模与压边圈设计有背靠块（凸台与凹槽）进行导向，并在凹模与压边圈的导向面之间设置有防磨导板。防磨导板一般安装在背靠块凸台上，有的在凸台和凹槽上都安装防磨导板。该结构形式的模具多用于拉深断面形状较复杂，模具型面倾斜易产生侧向推力的场合。

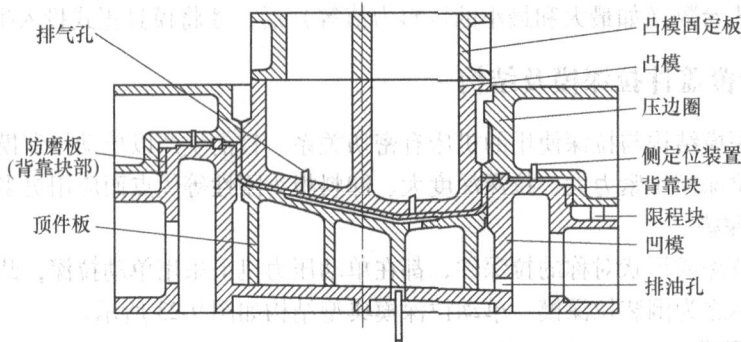

图 9-25　凹模和压边圈导向的双动拉深模

（2）凸模与压边圈导向的双动拉深模　图 9-26 所示为该种模具结构简图。其为大批量生产中采用的拉深模具。在凸模与压边圈的导向面之间，设有防磨导板以提高导向面的耐磨性和导向精度。防磨导板多设在凸模上，也有将防磨导板装在压边圈上或两者导向部位都装防磨导板的。因凹模与压边圈之间没有导向，故该结构形式的模具仅适用于断面形状较为平坦的浅拉深。

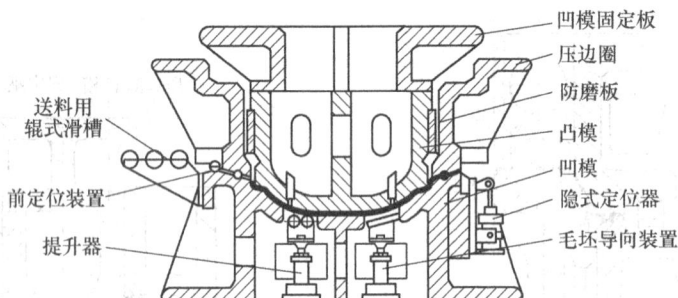

图 9-26　凸模和压边圈导向的双动拉深模

4. 拉深模主要工作零件结构

覆盖件拉深模的主要工作零件有：凸模、凹模及局部形状成形所用的凸模、凹模镶块等。

（1）拉深凸模结构　凸模是拉深成形中最主要的工作零件，其工作面形状与覆盖件内形相同。

双动拉深模的凸模结构有两种类型：一种是凸模加垫板直接与压力机的内滑块相连接的整体式结构；另一种是凸模先与固定座相连接，固定座加垫板再与压力机内滑块相连接的分体式结构。

由于覆盖件轮廓尺寸较大，凸模尺寸也较大，故一般采用实型铸造（FMS）成形，且为中空式的壳形结构。为提高其硬度和耐磨性，延长使用寿命，常采用合金铸铁（如铬钼钒铸铁、钼钒铸铁）铸制，并对凸模工作部分进行表面火焰淬火热处理。

覆盖件拉深件的形状，包括装饰棱线、肋条、凹坑、凸包等局部形状，一般都是在拉深模上一次成形的；拉深件中的局部反拉深形状也是在拉深凸模上成形的。因此，凸模工作面上必须具有成形这些特殊局部形状作用的凸模和凹模的局部形状。为防止局部形状成形时的变形和破裂，应加大成形局部形状用的凹或凸模处的圆角半径。

（2）拉深凹模结构　凹模的作用是形成凹模压料面和凹模拉深圆角及凹模洞口。与凸模配套完成覆盖件的拉深成形。

由于拉深件上的装饰棱线、肋条、凹坑、加强肋及装配凸包、凹坑等一般都是在拉深模上一次成形的，所以凹模结构除了有压料面和凹模圆角之外，在凹模型腔中也装有局部成形或反拉深用的凸模或凹模结构。

拉深凹模的结构分为闭口式拉深凹模结构、通口式拉深凹模两种。绝大多数采用闭口式凹模。

1）闭口式拉深凹模结构。图9-27所示为车身顶盖成形的闭口式拉深凹模实例。拉深凹模底部是封闭式型腔。

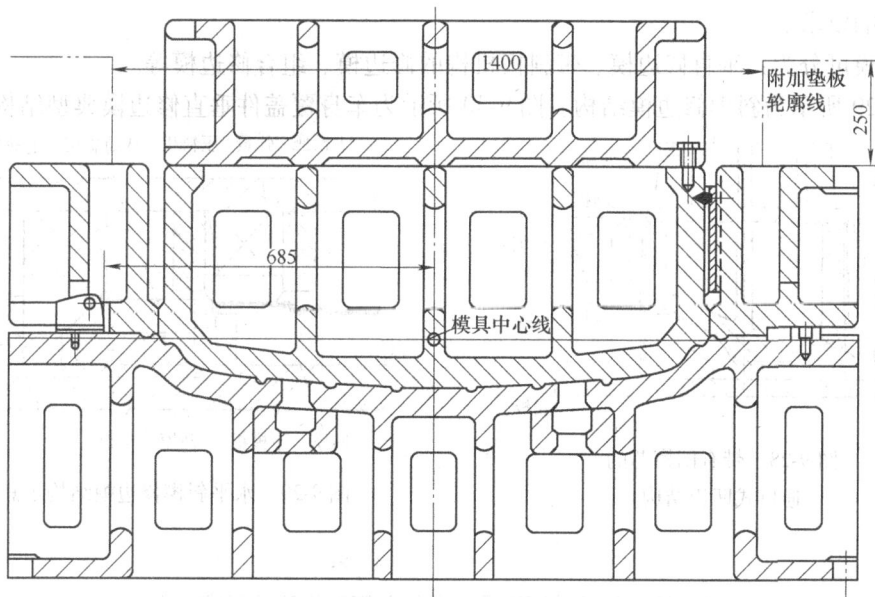

图9-27　车身顶盖成形的闭口式拉深凹模结构

当拉深件形状圆滑、拉深深度浅、没有直壁或直壁很短时，不需要顶出器，只需用顶件板或手工撬开方式就可取出拉深件。显然，这种凹模结构加工制造比较容易，故应用较广。

当拉深件拉深深度较大、直壁较长时，则需采用活动顶出器或压料圈将拉深件取出。如有装饰肋且较深时，若将成形装饰肋的凹模部分设计成整体，则加工装配比较麻烦；此外考虑到拉深后采用机械手取件，因此常将凹模型腔用于成形装饰肋的凹模设计成镶入式并兼作顶出器，下面用弹簧将顶出器托起，这样，取件就容易了。

闭口式拉深凹模结构适用于拉深件形状不太复杂，坑包、肋棱不多，镶件或顶出器安装孔轮廓简单，能够直接在凹模型腔立体曲面上划线加工的情况。

2）通口式拉深凹模结构。图9-28所示为带有凹模芯的通口式凹模结构。当拉深件形状比较复杂，坑包、肋棱较多，棱线要求清晰时，常采用通口式凹模结构。

通口式拉深凹模的型腔是贯通式的，下面加装底板，反拉深凹模底部固定在底板上形成凹模芯。

通口式拉深凹模的优越性主要体现在冲模制造工艺上。采用通口式凹摸结构便于在凹模的支持面上划线；凹模的内形可用插床准确加工，加工后的凹模、反拉深凸模和顶出器（如有时）便可以一起安在凹模座上用仿形铣床加工。

三、车身覆盖件修边模典型结构

覆盖件的修边一般是冲压加工中不可缺少的重要工序，通常在拉深成形后进行。覆盖件修边模是用于将拉深、成形、弯曲后的工件边缘及中间部分实现分离的冲裁模，与普通落料模、冲孔模有很大区别，主要体现在：覆盖件的修边线多为较长的不规则轮廓，工件经拉深变形后形状复杂，模具刃口冲切的部位可能是任意的空间曲面，而且冲压件往往有不同程度的弹性变形，冲裁分离过程通常存在较大的侧向力等。因此，对覆盖件修边模的设计制造提出了更高的要求。

修边模可分为：垂直修边模、带斜楔机构的修边模、组合修边模等。

图 9-29 所示为斜楔修边模结构。图 9-30 所示为车身覆盖件垂直修边模典型结构。

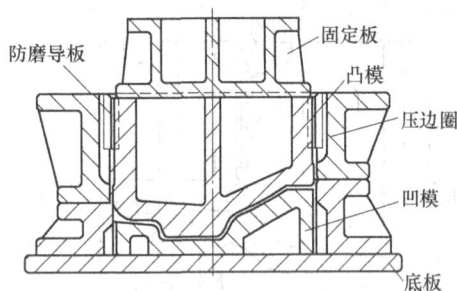

图 9-28 带有凹模芯的
通口式凹模结构

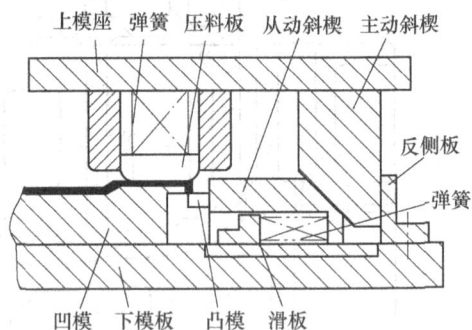

图 9-29 水平斜楔修边模结构示意图

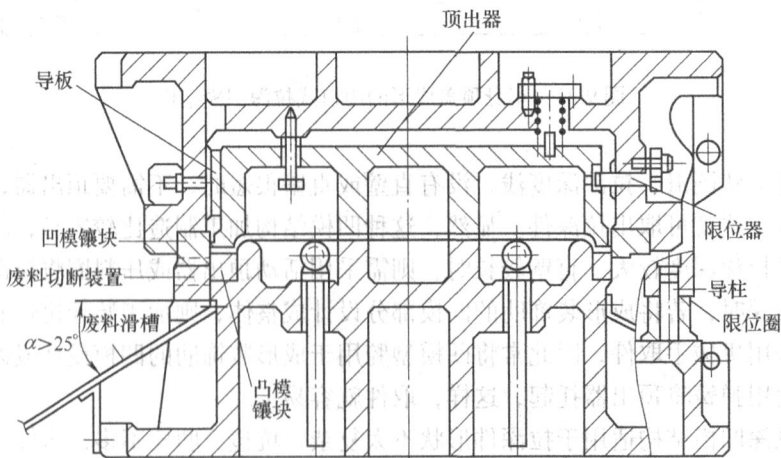

图 9-30 车身覆盖件垂直修边模典型结构

四、车身覆盖件翻边模结构

翻边一般是冲压成形的最后工序，翻边质量的好坏将直接影响汽车整车的装配精度和质量。翻边工序除了要满足覆盖件的装配尺寸要求外，还要改善修边工序造成的变形。

1. 覆盖件翻边模的种类

覆盖件翻边模有：垂直翻边模、斜楔翻边模、垂直斜楔翻边模三种。

（1）垂直翻边模　翻边凹模刃口沿上下方向垂直运动。

（2）斜楔翻边模　翻边凹模刃口沿水平或倾斜方向运动，需要斜楔机构将压力机滑块的垂直方向运动转变为凹模刃口沿翻边方向运动。

（3）垂直斜楔翻边模　凹模刃口既有上下垂直方向运动，又有水平或倾斜方向运动。

2. 覆盖件翻边模典型结构

覆盖件翻边通常包括轮廓外形翻边和窗口封闭内形翻边。由于翻边边缘呈不规则立体结构，仅靠一个方向的运动来完成翻边是不可能的，故翻边模一般由几组沿不同方向运动的凹模组合共同完成。各组凹模的局部结构形式，也如修边模一样采用镶块式结构。

（1）轮廓外形翻边凹模镶块结构　如图9-31所示。左边倾斜方向运动的凹模镶块必须先进行翻边，接着向下方运动的凹模镶块再进行翻边，避免了两者发生干涉，且在交接处经过两次翻边成形，拐角处压缩变形造成的积瘤被消除，可获得较好的翻边质量。

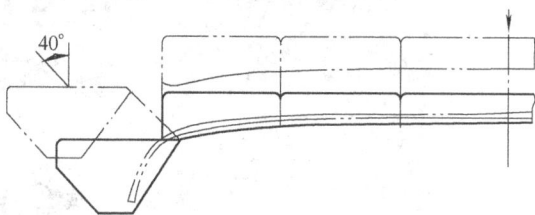

图9-31　发动机罩轮廓外形翻边凹模镶块结构

（2）轮廓外形翻边凸模扩张结构　如图9-32所示。工件翻边特别是水平或倾斜翻边后，因翻边凸缘的妨碍，工件可能取不出来，故通常要采用翻边凸模扩张结构，即在翻边凹模翻边时，翻边凸模先扩张成一个完整的刃口形状，而在翻边完成后，翻边凸模再缩小，让开翻边后的工件凸缘，使工件可以取出。翻边凸模扩张结构的动作一般由斜楔机构来实现。

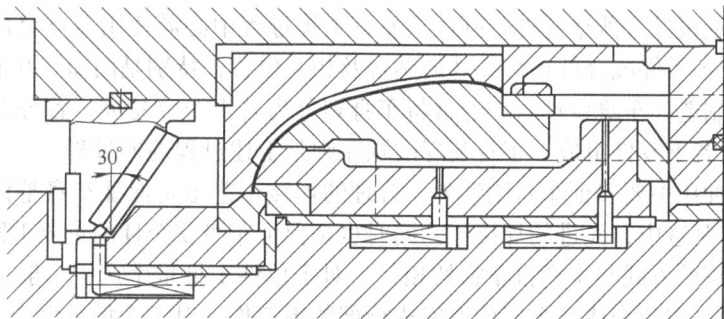

图9-32　后围上盖板轮廓外形翻边凸模镶块扩张结构

第五节　汽车车身装焊工艺

汽车车身壳体是一个由百余种、甚至数百种（如轿车）薄板冲压件，经焊接、铆接、机械连接及粘接等工艺装配连接而成的一个复杂而完整的车体结构件，这种车身壳体也称为

"白车身"。它严格按照装焊的要求进行结构设计和冲压，装焊是其成形的关键。装焊工艺是汽车车身制造工艺的重要组成部分。

一、汽车车身装焊工艺特点及程序

1. 车身装焊工艺特点

1）车身薄板冲压件的材料多为具有良好焊接性能的低碳钢。焊接是车身制造中应用最广泛的工艺方法。

2）车身制造中应用最多的是电阻焊，占整个焊接工作量的60%以上，有的几乎全部采用电阻焊。其次应用较多的是 CO_2 气体保护焊，主要用于车身骨架总成的焊接。

3）车身的装焊面几乎都沿空间分布，施焊难度大，故要求使用的装焊夹具的定位要迅速而准确，质量控制手段要完善，要应用先进的自动化生产线和大量焊接机器人，才能满足大批量生产的要求，如图9-33所示。

图9-33 自动化生产线上的大量焊接机器人焊接白车身

4）车身薄壁板件或薄壁杆件，刚性很差，装焊过程中必需使用多点定位夹紧的专用装焊夹具，以保证各零件或合件在焊接处的贴合及相互位置，特别是门窗、孔洞的尺寸等。

5）为便于制造，车身设计时，通常将车身划分为若干个分总成，各分总成又划分若干合件，合件又由若干零件组成。车身装焊的顺序则是上述过程的逆过程。

6）除了在冲压中要保证车身刚性外，合理的焊接工艺也是保证车身整体刚性的重要手段。在现代汽车制造中，先进的焊接工艺同时也是保证车身安全性的重要手段。

7）车身装焊的方式与生产批量密切相关。对于单件小批量生产，一般采用手工方式和少量的装焊夹具，在一个或几个工位上完成全部装焊工作。对于大批量生产，装焊工作则转为使用大量装焊夹具和焊接机器人及完善的质量控制手段保证的自动化生产线来完成。

2. 轿车白车身的装焊程序

轿车白车身主要由底板、前围、后围、左右侧围、顶盖、车门等分总成组成，而各分总成又由许多合件、组件及零件（大多为冲压件）组成，如图9-34所示。

汽车车身在装焊过程中的最大特点是具有明显的程序性。车身按位置的不同，常分为上下、左右、前后六大部分，车身壳体是唯一的总成。

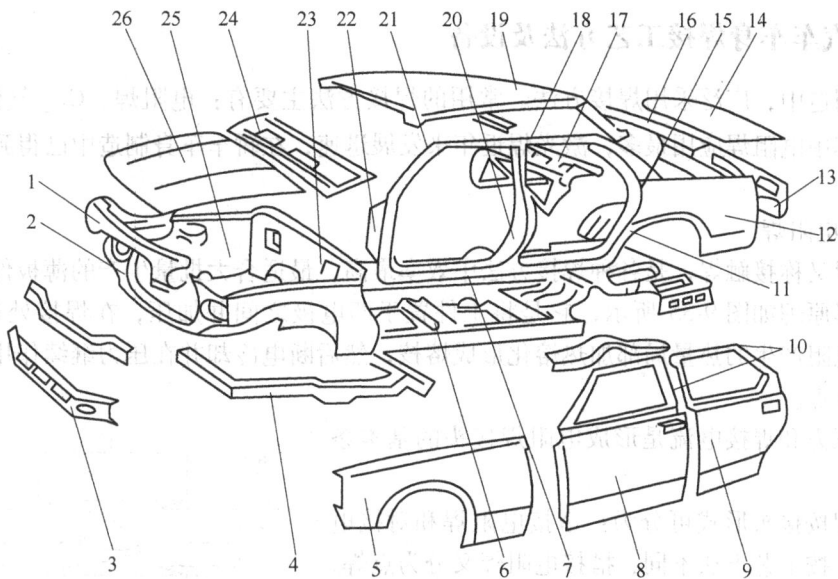

图 9-34 轿车白车身本体结构及覆盖件

1—发动机罩前支承板 2—散热器固定框架 3—前裙板 4—前框架 5—前翼子板 6—底板总成 7—门槛

8—前门 9—后门 10—门窗框 11—车轮挡泥板 12—后翼子板 13—后围板 14—行李箱盖

15—后立柱（C柱） 16—后围上盖板 17—后窗台板 18—上边梁 19—顶盖 20—中立柱（B柱）

21—前立柱（A柱） 22—前围侧板 23—前围板 24—前围上盖板 25—前挡泥板 26—发动机罩

　　轿车白车身装焊的一般程序是：零件→组件→合件→分总成→总成（白车身）。其程序内容组成如下：

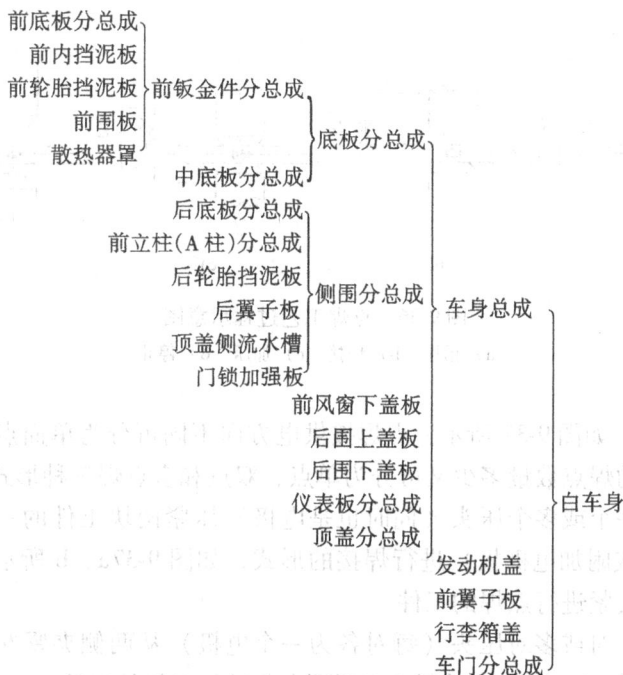

二、汽车车身焊接工艺方法及设备

车身制造中，广泛采用焊接方法。常用的焊接方法主要有：电阻焊、CO_2 气体保护焊、激光焊。其中电阻焊应用最多，激光焊近年来发展迅速，在轿车车身制造中已得到越来越多的应用。

（一）电阻焊

电阻焊又称接触焊，是各种焊接方法中效率最高，最适合大批量生产的薄板件焊接。

电阻焊原理如图9-35所示，它是将工件置于两电极之间并加压，在焊接处通以电流，利用工件电阻产生的热量局部加热熔化形成熔核，然后断电冷却并在压力继续作用下而形成牢固的结合点。

电极压力和焊接电流是形成电阻焊接头的基本条件。

电阻焊按接头形式可分为：搭接电阻焊和对接电阻焊两种；按工艺方法不同，搭接电阻焊又分为点焊、缝焊和凸焊三种；对接电阻焊分为电阻对焊和闪光对焊两种。

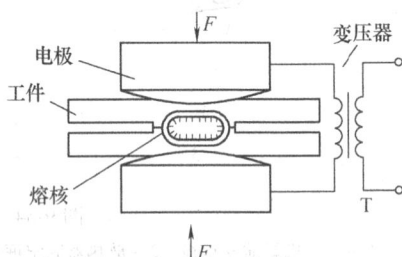

图9-35　电阻焊原理

1. 点焊

点焊是一种最具代表性的电阻焊，广泛使用固定摇臂式、压力机式、移动式点焊机。由于点焊具有焊接过程简单、不产生弧光、易实现机械化和自动化等优点，故是车身制造中应用最广泛最主要的焊接方法。

（1）点焊过程　如图9-36所示，焊点的点焊过程为：将焊件预压紧→通电熔化→加压→断电停止。

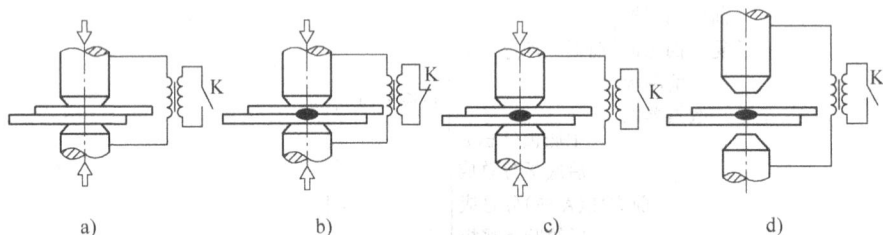

图9-36　点焊工艺过程示意图

a）预压　b）焊接　c）加压　d）停止

（2）点焊形式　如图9-37所示，点焊按供电方向不同可分为单面点焊和双面点焊两种形式；按同时完成的焊点数量多少又可分为单点、双点和多点焊三种形式。

单面点焊是指一个或多个压头（同时也是电极）压紧两块工件的一侧，而工件的另一侧接另一个电极（或附加电极板）进行焊接的形式，如图9-37a、b所示。该形式适用于一厚一薄或不能两面夹紧进行点焊的工件。

双面点焊是指一对或多对压头（每对各为一个电极）从两侧夹紧并焊接工件的点焊形式，如图9-37c、d所示。该形式适用于能两面夹紧进行点焊的工件。

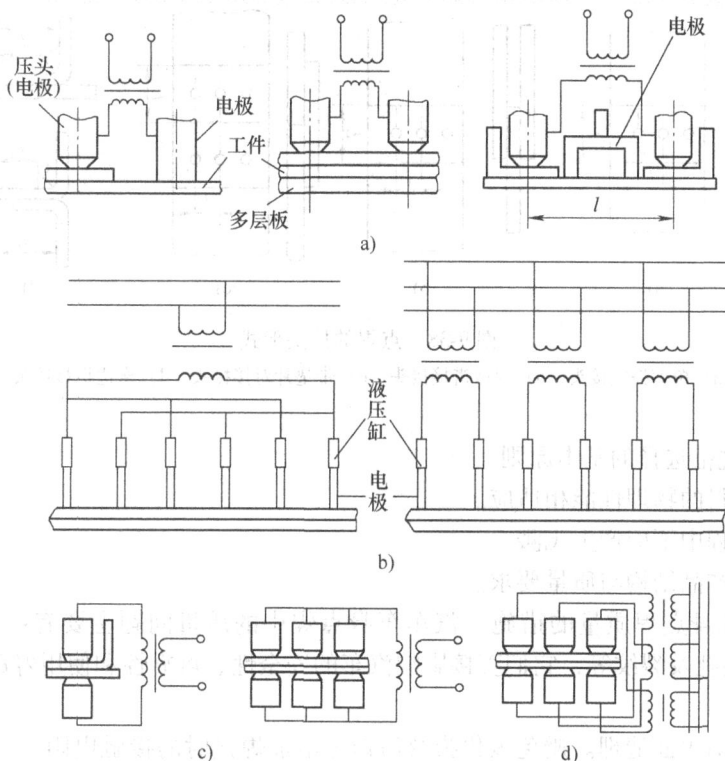

图 9-37 不同形式的单面点焊和双面点焊示意图

a) 不同形式的单面点焊 b) 单面多点焊 c) 双面单点焊

d) 双面多点焊（一个变压器，多个变压器）

（3）点焊工艺质量的影响因素 点焊结构是由单个或若干个焊点实现接头连接的，接头质量的好坏取决于焊点质量及其点距大小，而这些都必须依靠合理的工艺条件来保证。

1）焊点尺寸的影响。焊点尺寸是指焊点直径 d，也称焊点熔核直径，其大小对焊点质量有重要的影响。

2）焊点间距及焊点数目的影响。焊点间距是指相邻两焊点的中心距；焊点数目则用长度上的焊点数目表示。它们都将直接影响点焊板件接头的强度。间距越小，焊点越密集，接头强度越高。

实际生产中，焊点数目多少同时要考虑车身强度和刚度要求。如处于车身吸能区的焊点密度不能太大，若焊点过于密集，反而会使车身刚度变大，起不到吸能的作用。

3）点焊接头形式的影响。常见的点焊接头形式有单剪搭接接头、双剪搭接接头、带垫片的对接接头、弯边搭接接头等，如图 9-38 所示。其中，图 9-38a、d 所示形式接头应用最广泛。

4）点焊规范参数选择的影响。参数选择主要考虑焊点强度与通电时间的关系及焊接压力的影响。

通电时间延长，熔核会不断增大，焊点强度随之提高；但通电时间过长，反而使焊点压坑加深，接头强度减弱，表面质量变坏。所以要按规范参数控制通电时间。焊接压力（即电极压力）需根据被焊材料种类、厚度、焊接规范决定，并非越大越好。

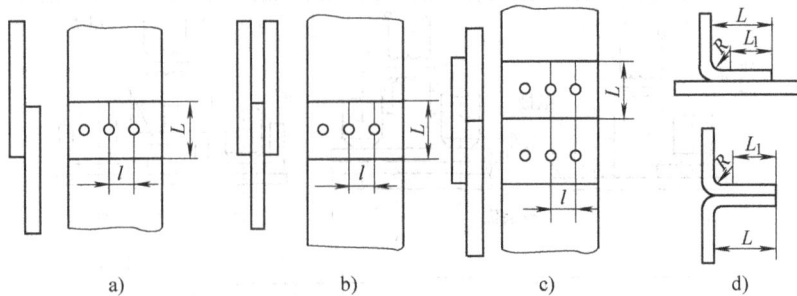

图 9-38 点焊的接头形式

a) 单剪搭接接头 b) 双剪搭接接头 c) 带垫片对接接头 d) 弯边搭接接头

（4）点焊规范选择的基本原则

1）应与材料的物理性能相适应。

2）焊接过程中不应产生飞溅。

3）应满足产品结构与质量要求。

（5）控制车身点焊质量的措施 汽车车身点焊中的质量问题主要有：未焊透、焊穿、飞溅、压痕、缩孔及裂纹等，它们直接影响汽车的安全性、可靠性和使用寿命。为此可采取以下措施解决：

1）焊件焊前表面清理。避免氧化膜及污物等增加焊接时的接触电阻。焊件表面清理分为机械清理和化学清理两种方法。机械清理包括喷砂、用铜丝刷、砂轮或砂纸抛光等，完工后再用高压空气吹去残留在焊件上的砂粒和灰尘；化学清理包括酸洗、碱洗和钝化等。

2）保证板件装配质量。要避免车身覆盖件装配时间隙过大或板件间位置的错移，否则会造成板件焊后翘曲变形或应力过大，而且增加了飞溅的倾向性，熔核尺寸和接头强度的波动加大，焊接区的变形也会增加。一般装配间隙不应大于 0.5～0.8mm，对于尺寸小而刚度大的焊件，应为 0.1～0.2mm。

3）合理选择焊点间距。在能保证连接强度的条件下，焊点间距尽量大一些。

4）合理调节不同厚度板和多层板的焊接电流。在车身点焊中，还需解决不同厚度板件的焊接问题。如在客车生产中将车身外蒙皮焊在骨架上，一般骨架零件的厚度比蒙皮零件的厚度大，厚度不同将造成两焊件电流场分布不对称，熔核偏向厚件，而不能形成实际有效的熔核。在焊接两个厚度不同的焊件时，焊接规范应以薄的焊件决定，再按厚板或平均厚度修正，然后将电流稍微增大，提高薄板发热量。

在实际生产中，如厚度差别太大（超过 1:3），这时焊点大约会在两焊件厚度之和的一半位置上形成，如图 9-39a 所示，焊点不能把焊件连接起来。为解决此问题，可采用硬规范，在薄板一侧使用小直径电极，同时将与厚板接触的电极直径加大，使向厚板方向的散热大于向薄板方向的散热，此时熔核向薄板方向偏移，如图 9-39b 所示，使两焊件可靠地连接。此外还可考虑从结构上解决，在薄板上冲工艺凸点以降低薄板的散热及增加薄板一边的电流密度。

在车身制造中，有时还会遇到如图 9-40 所示的三层板焊接情况。图 9-40a 所示中间为厚件，这时焊接规范由薄板决定，同时应将焊接电流值适当增大；图 9-40b 所示中间为薄板，厚板将薄板夹在中间，此时焊接规范由厚板决定，同时应适当减小焊接电流和缩短焊接时间。

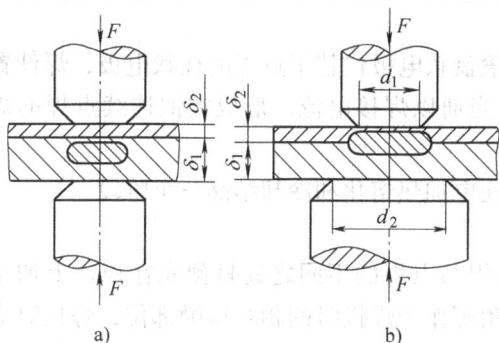

图 9-39 焊件厚度不同的点焊情况

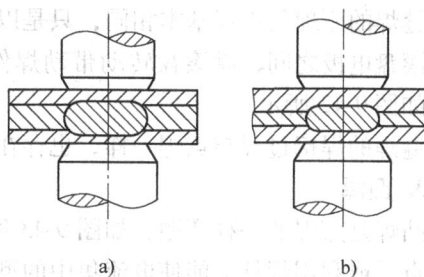

图 9-40 三层不同厚度板件的点焊情况

（6）点焊设备 焊件的点焊在点焊机上完成。点焊机按用途可分为通用点焊机和专用点焊机两大类。专用点焊机主要为多点点焊机；通用点焊机按安装方法又可分为固定式、移动式或悬挂式点焊机。

1）固定式点焊机。在车身焊接中主要用来点焊合件、分总成和一些较小的总成。焊接时焊机不动，焊完一个点后，由板件移动一个点距再焊下一个焊点。

2）移动式或悬挂式点焊机。车身覆盖件一般外形尺寸大，刚度较差、易变形，移动不便，不宜用固定式点焊机焊接，故在车身制造中广泛采用移动式点焊机。在车身装焊生产线上主要适用悬挂式点焊机。

悬挂式点焊机的特点是变压器和焊接工具（焊钳或焊枪）悬挂在空中，电极压力由电加压装置提供，用微动开关接通电路，移动方便灵活，适用于大型薄板件的装焊。而且可选配特殊形状的焊钳，使焊接点接近性更好，应用更灵巧。

悬挂式点焊机按变压器和焊接工具连接的方式又可分为有缆式和无缆式两种。有缆悬挂式点焊机如图 9-41a 所示，焊钳与变压器之间用特殊电缆连接，移动轻便，劳动强度低；缺点是二次回路长，功率损耗较大；无缆悬挂式点焊机如图 9-41b 所示，焊钳和变压器直接相连，二次回路中没有电缆损耗，可充分利用功率，缺点是对焊接位置适应性较差。

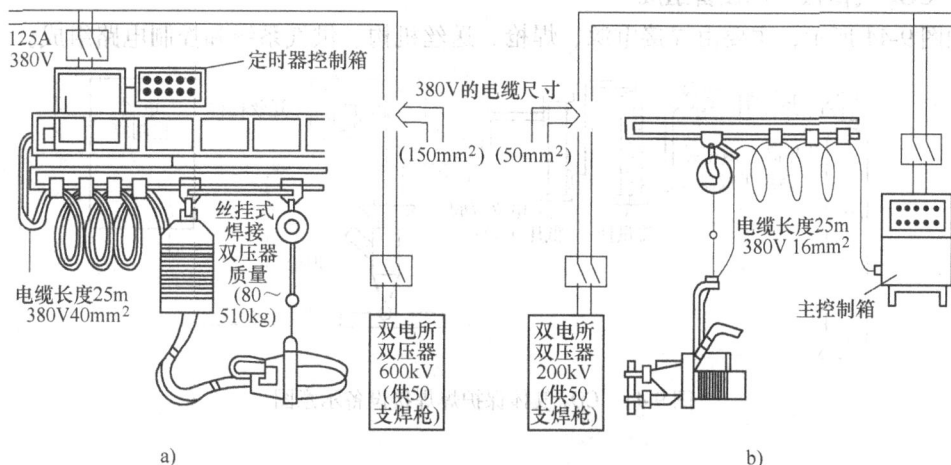

图 9-41 悬挂式点焊机
a）有缆式点焊机 b）无缆式点焊机

2. 缝焊

缝焊的原理与点焊基本相同，只是以旋转的滚盘状电极代替了点焊的柱状电极，焊件置于两滚盘电极之间，靠滚盘转动带动焊件移动。当通以焊接电流，形成类似连续点焊的焊缝，如图 9-42 所示。

缝焊的焊接过程与点焊一样，也存在加压、通电加热熔化和冷却结晶三个阶段。

3. 凸焊

凸焊是点焊的一种变型，如图 9-43 所示。凸焊与点焊的不同之处是预先在板件上加工出凸点，或利用焊件上能使电流集中的型面、倒角等作为焊接时的相互接触部位，焊接时靠凸点接触，提高了单位面积上的压力和电流密度，有利于将板件表面氧化膜压破，使热量集中，减小分流，一次可在接头处形成一个或多个熔核，提高了生产率，并减小了接头的翘曲变形。车身制造中，可将有凸点的螺母焊在薄板上。

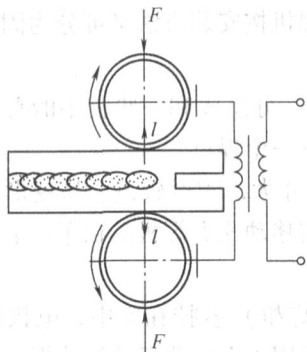

图 9-42　缝焊示意图　　　　　　　　　图 9-43　凸焊示意图

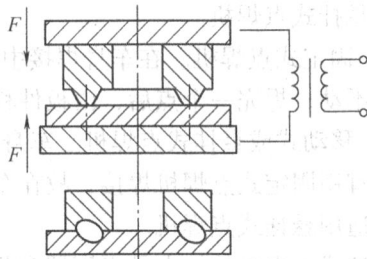

（二）CO_2 气体保护焊

CO_2 气体保护焊是以 CO_2 作为保护气体，利用焊丝与工件间产生的电弧熔化金属，并采用光焊丝作为填充金属的一种电弧焊接方法。

1. CO_2 气体保护焊设备组成

如图 9-44 所示，主要由焊接电源、焊枪、送丝机构、供气系统和控制电路组成。

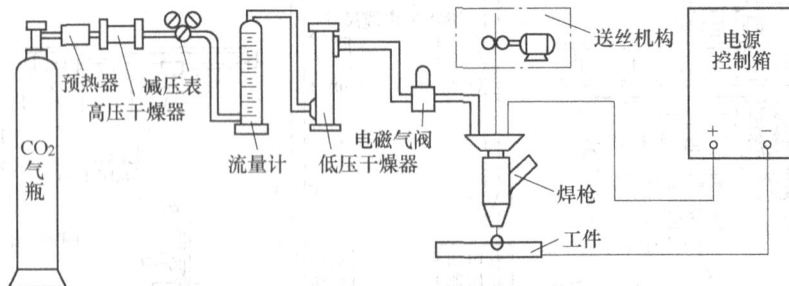

图 9-44　CO_2 气体保护焊焊接设备示意图

2. CO_2 气体保护焊焊接原理

如图 9-44 所示，焊丝由送丝机构送入焊枪导电嘴，进入焊接区与焊件接触并引燃电弧；

而此时气瓶中的 CO_2 气体经预热、干燥和减压后已提前以一定的流速由喷嘴喷出，使电弧及熔池与空气隔离，防止空气对熔化金属的氧化作用。焊丝不断地熔化到焊件的熔池里，从而形成连续的焊缝，焊接完成后再停止 CO_2 气体的供应。

由于 CO_2 气体保护焊具有焊接质量高、适用范围广、生产率高、成本低、操作性能好、抗锈能力强、易于实现机械化和自动化等优点，在汽车车身尤其是客车车身的制造中得以广泛应用。其不足之处是：受风的影响大，露天作业受到一定限制；弧光和热辐射较强；不能采用交流电。

（三）激光焊

激光焊属于特种焊的范畴，近年来发展迅速，尤其在轿车车身的制造中，激光焊已得到越来越多的应用。

激光技术采用偏光镜反射激光产生的光束，使其集中在聚焦装置中产生巨大能量束，如将焦点靠近工件，就会在几毫秒内使金属熔化和蒸发，所以这一效应可用于焊接工件。

激光焊接设备的关键是大功率激光器，主要有两大类：一类是固体激光器；另一类是气体激光器，又称 CO_2 激光器。

激光焊接有如下特点：

1）被焊接工件变形极小，几乎没有连接间隙，焊接深度与宽度比高，焊接质量比传统焊接方法好。是一门技术性非常强的先进制造工艺方法。

2）具有减少零件和模具数量、减少点焊数目、优化材料用量、减小零件质量、降低成本和提高尺寸精度等优点。

3）用激光焊接技术，工件连接之间的接合面宽度可以减少，既降低了板材使用量，也提高了车体的刚度。激光焊接的零部件，其焊接部位几乎没有变形，焊接速度快，而且不需要焊后热处理。

4）激光焊接十分灵活，与只能进行单调焊接的点焊相比几乎是无所不能。激光焊既可焊接连续的焊缝，也可焊接断续的焊缝，可以在计算机控制下沿任意轨迹焊接。而且与点焊工艺不同，激光焊接可以使两块钢板达到分子结合，也就是焊接后的钢板硬度相当于一块整钢板，从而将车身强度提升30%，车身的结合精度同样大大提高。

由于激光焊接技术的许多优点，在现代汽车工业中，已被许多大汽车制造商和配件供应商所采用。激光焊接主要用于车身拼焊、焊接和零件焊接。如前风窗玻璃框架、车门内板、车身底板、中立柱、顶盖、侧围等。

在车身框架结构的焊接中，如车身顶盖与侧围的焊接，传统电阻点焊的焊接方法已经逐渐被激光焊接所代替。目前已广泛应用于变速器齿轮、气门挺杆、车门铰链等的焊接。

三、汽车车身装焊夹具及装焊生产线

（一）装焊夹具

1. 车身的装焊过程

汽车车身一般是由内外覆盖件及骨架组合而成的一个复杂的空间薄板壳体结构。为便于装配和焊接，通常将车身划分为若干个分总成，各分总成又划分为若干个合件，各合件又由若干零件组成。因此，车身在装焊时，通常都是先将零件装焊成合件，再将合件装焊为分总成，最后将分总成装焊为车身壳体总成，此过程就是车身的装焊过程。

2. 车身装焊夹具

单独的板件自身刚度很差，需要利用一定的工具和装置进行定形、定位并夹紧，然后再利用焊接的方法使板件形成整体，这些工具和装置通常被称为装焊夹具。它有利于保证车身的质量要求，提高劳动生产效率，减轻劳动强度。

（1）装焊夹具的类型及作用　装焊夹具的种类繁多，按用途可分为以下几种。

1）装配夹具。其作用是按照车身图样和工艺要求，把焊件中各零件或部件的相互位置准确地固定下来，然后只在上面对焊件进行点固焊接（即点定焊），而并不完成所有焊接工作。

2）焊接夹具。其作用是使已点固好的焊件能够顺利完成所有焊缝的焊接。具有防止焊接变形，并使各种位置的焊缝都尽可能地调整到最有利于施焊位置的功能。

3）装焊夹具。其作用是能够完成整个焊件的全部装配和焊接工作，故其兼备了上述两种夹具的功能。汽车车身的大型装焊夹具一般就是这种类型。

按夹具施用对象不同可分为：合件装焊夹具、分总成装焊夹具和车身总成装焊夹具。

（2）装焊夹具的基本要求

1）保证焊件焊后能获得正确的几何形状和尺寸。夹具必须使零件或部件在装配时能够获得正确的位置和可靠的夹紧，且在焊接时能够防止焊件产生变形。

2）使用安全可靠。夹具必须具有足够的强度和刚度，能足以承受重力和因焊件变形所引起的各个方向的力。

3）便于施工操作。夹具应使装配和焊接过程简化，操作程序合理，工件装卸方便。采用结构良好且便于操作的翻转式装焊夹具，定位、夹紧和松开应省力而快捷，能使焊缝处于最方便的施焊位置，具有供焊枪、焊钳、焊剂进出和移动的空间及工人自由操作的位置，且便于进行中间质量检查。

4）制造简单、维修方便。夹具零部件应易于加工制作，尽量实现标准化和通用化；应便于易损零部件的修理或更换。

5）低成本和低能耗。尽量降低制造时的投资费用，减少使用时的能源消耗。

（3）装焊夹具的结构特点

1）定位元件工作面复杂，精度要求高，设计制造难度大，位置分散。车身制件多为空间曲面的覆盖件，形状复杂，刚性差，易变形。为保证车身的正确形状，夹具定位元件的工作表面必须与车身制件上相应的待定位表面形状一致。定位表面一般应选取车身各重要部位和便于测量的部位。因此，装焊夹具定位元件的工作表面的确定是选择夹具结构的关键，必须使其获得准确的形状和尺寸，才能保证车身的形状和尺寸精度符合设计要求。

2）夹紧机构常采用一些手动、气动或液压的快速夹紧装置。使装配焊接时操作方便，装夹时间短、速度快，能快夹快松。通常将车身制件逐件放入夹具，装焊完后再将已焊成整体的车身装焊件从夹具中整体取出。

3）车身总成装焊夹具（主焊台）是保证车身装焊质量的关键装备，其结构复杂。在制造和使用过程中，应能方便使用调整样架和其他方法进行检验、调整和校正，以保持其形状和位置精度。

4）装焊夹具具有很好的刚度、强度及较轻的质量。

3. 几种典型的车身装焊夹具简介

（1）合件、分总成装焊夹具 图9-45所示为驾驶室门支柱和内盖板点焊用的装焊样板夹具，用铝板制造，质量仅为1.6kg，是最简单的装焊夹具。

门支柱靠其外形及限位器固定座定位，内盖板靠其三面翻边定位。零件用手压紧，在固定式点焊机上进行焊接。样板中部开有孔洞，以便进行点焊和减轻样板质量。

大、中型客车的前、后围，两侧围及顶盖、地板六大片骨架总成的装焊夹具都属于分总成装焊夹具。这些夹具体积较大、结构简单。夹具体几乎都用型材焊制而成，上面布有许多螺旋夹紧器或快速铰链式夹紧器。工件大都用曲面外形定位，各梁在焊接部位必须夹紧。夹具装在两铰链支座上，可以旋转并固定在任何角度上，以便使焊接部位能处于最方便的位置。

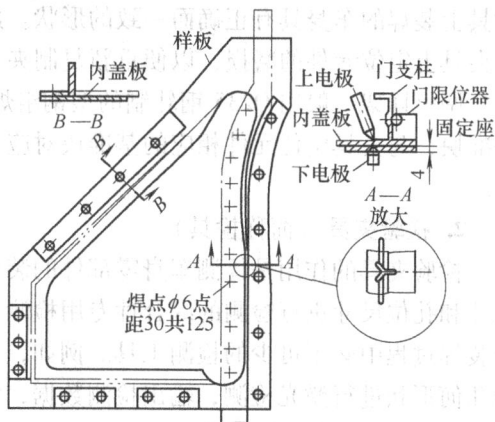

图9-45 驾驶室门支柱和内盖板
点焊装焊样板夹具

（2）车身总成装焊夹具 车身总成装焊夹具尺寸大，结构复杂，精度要求高。按照定位要求方式的不同，车身总成装焊夹具可以分为一次性装配定位夹具和多次性装配定位夹具两种。

1）一次性装配定位的总装夹具。其特点是车身总成的主要装配焊接工作是在一台总装夹具上完成的，车身装焊时的定位和夹紧只进行一次，容易保证车身装焊质量。

工作时，组成车身的零件、合件、分总成等依次装到总装夹具上进行定位和夹紧，直至车身总成的主要装配焊接工作完毕后，才从夹具上取下来。

根据车身生产批量可设置一台或数台同样的夹具。单台夹具可采用固定式的，多台夹具可配置在车身装焊生产线上，随生产线移动，故称为随行夹具，图9-46所示为用于驾驶室总装配线上的随行装焊夹具。

2）多次性装配定位的总装夹具。其特点是车身总成要经过两台或两台以上不同的总装夹具才能完成装焊。车身每通过一台总装夹具就要被定位一次，故要求不同夹具上的定位面应当一致，以减小装配误差。这类夹具制造简单，夹具数量较少，且不存在水、气和电源的连接问题，但增加了定位夹紧次数，易产生装配误差，质量稳定性较差。

多次性装配定位的总装夹具适用于有骨架的驾驶室总成的装焊。如在第一台夹具上完成内骨架的装焊，在第二台夹具上完成外覆盖件的装焊，这两台夹具均以底板上的悬置孔和门框作为定位基准。

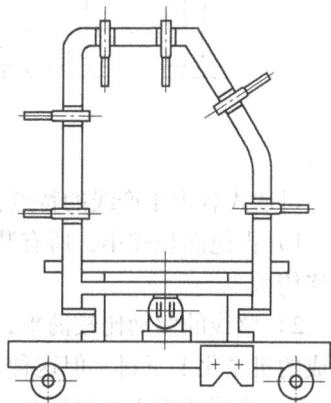

图9-46 驾驶室随行装焊夹具

（二）辅助工具

辅助工具主要包括：调整样架和检验夹具等，也是装焊过程中不可缺少的工艺装备。

1. 调整样架（简称样架）

调整样架的作用是保证装焊夹具有统一、精确的定位。它可以放到固定式装焊夹具的各个工位及各个随行装焊夹具上，使各夹具和各工位的定位块具有相同的空间位置，以保证各夹具上装焊的车身具有正确而一致的形状。此外，调整样架也可用于分析车身装焊质量，校正夹具上定位元件的磨损，以便重新复制夹具。

调整样架一般用 Q235 钢轧制的型钢组焊而成。它根据主模型框架的尺寸装配有精确的基准块，与夹具定位元件相应的基准块对应，这些基准块的空间位置由三坐标测量仪检验校准。

2. 检验夹具（简称检具）

检验夹具的作用是检测车身零部件的装焊质量和整个车身的质量，是对车身轮廓形状、尺寸和孔位尺寸进行检测的综合性专用检测工具。检验夹具应具有精确、高效的功能，是车身装焊过程中必不可少的检测工具。例如，车身在离开装焊线之前，可使用检验夹具对车身的几何形状进行激光检测，输出检测数据，实现在线检测，使制造质量得到严格控制。

（三）车身装焊生产线

对于较大批量生产的车身装配焊接，需要采用多工位流水生产线，以提高生产效率，降低经济成本。

车身装焊线的基本形式主要有：贯通式装焊生产线、环形装焊生产线、"门框"式装焊生产线等。

（1）贯通式装焊生产线　图 9-47 所示为其示意图。这种装焊生产线被广泛应用于汽车车身制造中，适用于专用焊机的配置和悬挂式点焊机手工操作等工艺方法。

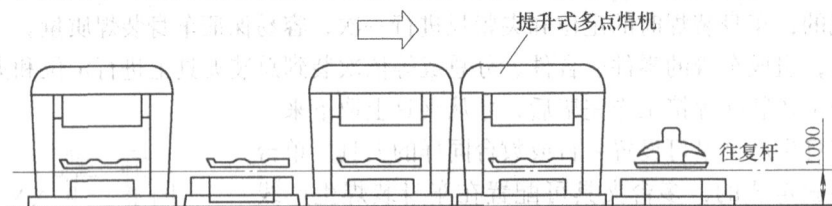

图 9-47　贯通式装焊线示意图

贯通式装焊生产线的特点：

1）占地面积较小，所有装夹焊接定位工装都分别固定在各自工位上，运行时仅工件作前移传送。

2）整线的驱动比较简单，工件靠贯通式往复杆传送。当车身横向输送时，更有利于分总成的机械化上下料。但这种装焊线只宜采用固定式夹具，而不宜采用随行夹具。

3）比较适用于车身底板、车门、行李箱盖、发动机盖等轮廓形状较简单、刚性较好、结构较完整、组成零件较少的分总成的装焊。

（2）环形装焊生产线　这种装焊生产线采用随行夹具，工件被装夹在随行夹具上，同随行具一起前移传送，依次完成各个工位的装焊，待全部装焊工作结束后，工件已具有一定的刚性，工件吊离随行夹具后，空的随行夹具返回原处待用。

由于每个工位都要有一个满足循环使用要求的夹具，故工位越多，所需的随行夹具数量就越多，因此这种装焊生产线投资较大。但因全部装焊工作都在随行夹具上进行，所以工件装焊质量能得到保证。比较适用于工件刚性较差、组成零件数较多（如前围板等），特别是尺寸精度要求较严格的部件、总成等的装焊。

环形装焊生产线分为：地面环形装焊线和地下环形装焊线两种形式。

1）地面环形装焊生产线。图9-48所示为其示意图。这种环形线装焊结束后随行夹具从地面环形线返回。这种装焊线的特点是占地面积较大，但整线的传动机构简单，它是通过链条带动拨杆运动，拨杆再推动大链条作地面环行，从而带动小车运行；当小车运动到预定工位时，一方面通过行程开关切断源，另一方面通过多点焊机上的定位油缸迫使夹具强行定位，再进行装配焊接。

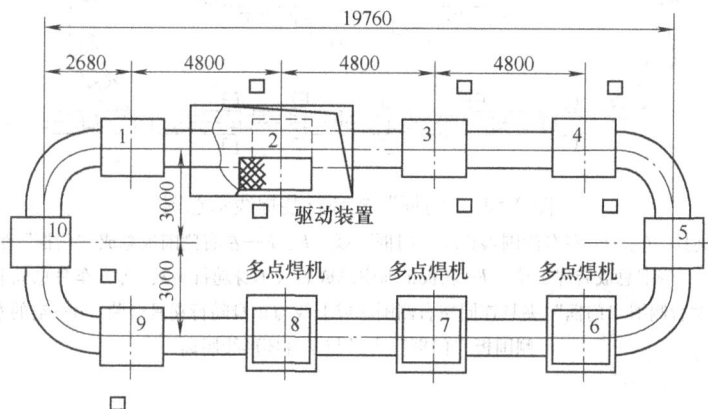

图9-48　地面环形装焊夹示意图

2）地下环形装焊生产线。图9-49所示为其示意图。这种环形线上的随行夹具在最后一个工位通过升降机构下降到地下，在地面以下的地坑里走完空行程，再通过端部的升降装置从地坑返回初始位置的第一个工位后，开始进行下一个工件的装焊。这种装焊线的特点是占地面积较小，有利于在装焊线上采用随行夹具，但其夹具和升降机构较复杂，且地坑的建筑工程量大。

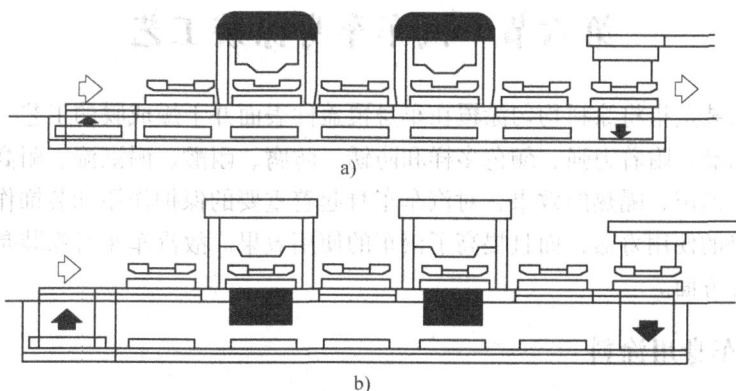

图9-49　地下环形装焊线示意图
a）采用提升多点焊机　b）采用托起式多点焊机

（3）"门框"式装焊生产线　图9-50所示为一种比较先进的"门框"式环行装焊线示意图。其特点是厂房面积利用比较合理，不需要在车身左右侧围分总成的中间留存放面积，效率高、成本低、柔性较强。图9-50中的左右侧围分总成各有一条装焊线，实为两条闭式循环的悬链，悬链下悬吊着一定数量的"门框"，一个"门框"就是一台悬吊式的装焊随行夹具。

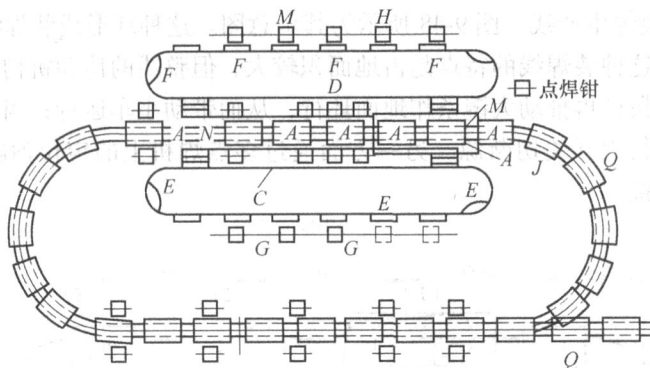

图 9-50　"门框"式环行装焊线示意图

A—随行夹具　C、D—左右侧围板总成"门框"线　E、F—左右侧围板总成"门框"装焊夹具
H、G—左右侧围总成装焊工位　J—底板带前端总成装入车身随行夹具　Q—车身总成下装焊线
M—左右侧围"门框"夹具连同左右侧围总成上线与车身随行夹具合装　N—空的左右
侧围板"门框"夹具与车身环形线脱离

如图9-50中车身左右侧围分总成先在 H、G 处依次将侧围零件装入"门框"内，定位夹紧后，各工位在吊架的左右侧围"门框"式装焊随行夹具内使用悬挂式点焊钳进行装焊。装焊后由 C、D 悬链传送到 M 点与车身环行随行夹具合装，经过若干装焊工位后，把左右侧围分总成焊接于车身底板上，放开左右"门框"夹具。到达 N 点后，空的左右"门框"夹具与车身随行夹具脱离，由悬链送回装焊起始位置。车身随行夹具带着焊有左右侧围分总成的车身底板继续前行，车身总成经一系列装焊工位后在 Q 点下线，送到其他装焊线。

第六节　汽车车身涂装工艺

汽车车身涂装是指将涂料均匀涂覆在车身覆盖件表面并干燥成膜的工艺。车身涂料的涂膜，具有坚韧耐磨、附着力强、颜色多样和防锈、防腐、耐酸、耐潮湿、耐高温等性能，有的还具有防振、消声、隔热的效果，对汽车车身起着重要的保护作用和装饰作用，不仅能大大提高汽车车身的使用寿命，而且提高了汽车的使用效果。故汽车车身涂装是汽车车身制造工艺的一个重要方面。

一、汽车车身用涂料

汽车涂料一般是指制造新汽车用的涂料、辅助材料及旧车修补用的涂料。由于量大（一般占涂料总产量的20%以上），品种多（满足客车、货车、军用车等各种车型需求），要求高（涂膜需具备很强的保护作用和装饰作用），独特的施工性能（能适应高速流水线生产要求）等而成为一种专用涂料。车身涂料又是汽车涂料中用量最大，要求最高（特别是装饰性）的组分。

1. 车身用涂料的特性

根据汽车特殊使用条件及高速率、大批量的流水作业要求，汽车涂料一般应具备下列特性：

1）漂亮的外观。要求漆膜丰满，光泽华丽柔和，鲜艳性好，色彩多种多样并符合潮流。现代轿车上多使用金属闪光涂料和含有云母珠光颜料的涂料，使其外观看上去更加赏心悦目，给人以美感。

2）极好的耐候性和耐蚀性。要求适用于各种温度、曝晒及风雨侵蚀，在各种气候条件下保持不失光、不变色、不起泡、不开裂、不脱落、不粉化、不锈蚀。要求漆膜的使用寿命不低于汽车本身的寿命，一般应在 10 年以上。

3）极好的施工性和配套性。汽车漆一般为多层涂装，单层涂装一般达不到良好性能，故要求各涂层之间附着力好，无缺陷；并要求涂料本身性能适应汽车工业现代化的涂装流水线。

4）极好的力学性能。为适应汽车的高速、多振和应变，要求漆膜的附着力好、坚韧、耐冲击、耐弯曲、耐划伤、耐摩擦等。

5）极好的耐擦洗性和耐污性。要求耐毛刷、肥皂、清洗剂清洗，与其他常见的污渍接触后不残留痕迹。

6）良好的可修补性。

7）良好的经济性。由于汽车涂料用量大，故要求涂料货源广，价格低廉，并能逐步实现低污染，便于进行"三废"处理。

2. 车身用涂料的组成

涂料的品种繁多，成分各异，但综合其成膜情况，一般由以下三部分组成：

1）主要成膜物质。它是使涂料粘附在制件表面上成为涂膜的主要物质，是构成涂料的基础，通常称为基料和漆基。在涂料原料中，作为主要成膜物质的是油料和树脂两大类，称为固着剂。以油作为主要成膜物质的涂料，称为油性涂料或油性漆；以树脂作为主要成膜物质的涂料，称为树脂涂料或树脂漆，如以酚醛树脂或改性酚醛树脂为主的成膜涂料称为酚醛树脂涂料或酚醛树脂漆；以油和一些天然树脂合用为主的成膜涂料，称为油基涂料或油基漆。

2）次要成膜物质。也是构成涂膜的组成部分，主要是一些添加剂。但它不能离开主要成膜物质单独构成涂膜，不像主要成膜物质那样，既可单独成膜，也可和次要成膜物质共同成膜。次要成膜物质给予涂膜一定的遮盖力和着色力，增加涂膜厚度。如颜料是次要成膜物质，漆膜中有了它，能使涂膜性能增强和提高，使涂料品种更加丰富。

3）辅助成膜物质。是对涂料变成涂膜的过程或对涂膜性能起辅助作用的物质，它不能单独成膜。辅助成膜物质包括稀料（挥发剂）和辅助材料（催干剂、增韧剂、乳化剂和稳定剂等）两大类。

以上三种物质按其在涂膜中存在的状态可归纳为固体成分（不挥发成分）和稀料成分（挥发成分）两部分。固体成分是涂料中能最后存在于涂膜中的成分，包括油、树脂、颜料和辅助材料。稀料存在于涂料中，在涂料变成涂膜的过程中挥发掉，不再存在于涂膜中。稀料包括溶剂、稀释剂和助溶剂等。

涂料的组成中没有颜料或体质颜料而呈透明状的涂料称为清漆。涂料的组成中有颜料或体质颜料而呈有色或不透明状的涂料称为色漆。

3. 汽车涂料的种类

1）按涂装对象的不同可分为：新车原装漆；汽车修补漆。

2）按在汽车上的涂层由底至面可分为：汽车用底漆（现多为电泳漆）；汽车用中间层涂料，即中涂；汽车用底色漆，包括实色底漆和金属闪光底漆；汽车用面漆，一般指实色面漆，不需要罩光；车用罩光清漆等。

3）按涂料涂装方式可分为：汽车用电泳漆；汽车用液体喷漆；汽车用粉末涂料；汽车用特种涂料，如 PVC 密封涂料；涂装后处理材料（防锈蜡、保护蜡）等。

4）按在汽车上的使用部位可分为：汽车车身用涂料；货厢用涂料；车轮、车架等部件用的耐腐蚀涂料；发动机部件用涂料；底盘用涂料；车内装饰用涂料等。

4. 车身用油漆涂层的分组

汽车车身油漆涂层按照汽车零部件的使用条件和对涂层质量的不同要求，共分 4 组，见表 9-1。

表 9-1　汽车车身油漆涂层分组

涂层代号	分组名称	级别	涂 层 名 称	用 途
TQ1	车身组	甲	优质装饰保护性涂层	货车驾驶室及覆盖件
		乙	一般装饰保护性涂层	
TQ2	轿车车身组	甲	高级装饰性涂层	高级轿车车身及覆盖件
		乙	优质装饰保护性涂层	中级轿车车身及覆盖件
TQ3	车厢组	甲	防腐、装饰性涂层	金属车厢
		乙	防腐、装饰性涂层	木制车厢
TQ4	车内装饰组			客车、货车内饰件

5. 车身用底漆

底漆是直接涂布在经过表面处理的白车身表面上的第一道涂料，是整个涂层的基础。它对车身的防锈蚀和整个涂层的经久耐用起着至关重要的作用。

（1）车身用底漆必须具备的特性

1）附着力强，除可牢固附着在车身表面上外，还能与腻子和面漆涂层粘附牢固。

2）有良好的防锈能力、耐蚀性、耐潮湿性和抗化学试剂性。

3）底漆涂膜应具有较高的机械强度和适当的弹性。当车身蒙皮膨胀或收缩时，不脆裂脱落；当面漆老化收缩时，也不致折裂卷皮，能满足面漆耐久性的要求。

4）应与中间涂层或面漆涂层有良好的配套性，即有耐溶剂性，不被中间涂层或面涂层所含溶剂咬起。

5）良好的施工性，应能适应汽车涂装工艺和大量流水生产的要求。

（2）车身用底漆的分类

1）按汽车油漆涂层的不同分组，车身底漆可以分为：优质防腐蚀性涂层底漆、高级装饰性填充底漆、中级装饰性保护性涂层底漆、一般防锈蚀保护性涂层底漆等。

2）按底漆使用漆料的不同，可分为：醇酸底漆、酚醛底漆、环氧底漆等。

3）按底漆中的颜料含有铝、锌、铬等金属氧化物的不同，可分为：铁红酚醛底漆、锌黄醇酸底漆、环氧富锌底漆等。汽车车身涂装常用底漆见表9-2。

表9-2　汽车车身涂装常用底漆

型号	名称	组　成	性　能	施工注意事项	应用
F06—10	铁红纯酚醛电泳底漆	纯酚醛电泳漆料，防锈颜料，蒸馏水	附着力好，防锈性好，漆膜平整，与面漆结合力好	水作溶剂，水质要好，施工时遵守技术规范	车身覆盖件
H06—3	铁红、锌黄环氧底漆	环氧树脂，三聚氰胺甲醛树脂，防锈颜料，溶剂（二甲苯、丁醇）	优越的附着力，极好的耐水性及耐化学药品性能		高级轿车和驾驶室的覆盖件
H06—5	铁红环氧酯电泳底漆	环氧树脂，亚麻油，酸顺丁烯二酸酐，丁醇，胺类，蒸馏水	附着力、耐水防潮及防锈性能近似于环氧底漆	溶剂是水	驾驶室覆盖件
H06—19	铁红锌黄环氧酯底漆	环氧树脂，植物油，氨基树脂（少量），铁红锌黄，体质颜料，溶剂（二甲苯、丁醇）	漆膜坚硬耐久，附着力好，可与磷化底漆配套使用		驾驶室覆盖件

6. 车身用中间层涂料

中间层涂料是指作为底漆层与面漆层之间的涂层涂料。它主要用来改善被涂工件表面或底漆涂层的平整度，对物体表面微小的不平处有填平能力。如用来填平涂过底漆表面的划痕、针孔和麻点等缺陷，为面漆层创造优良的基底，增加底漆层和面漆层的结合力，提高整个涂层的外观质量。对于表面平整度和装饰性要求不高的汽车车身，在大量流水生产中，常去掉中间涂层以简化工艺。但对于装饰性要求高的乘用车，有时需采用下面几种中间层涂料：通用底漆（又称底漆二道浆）、二道浆（又称喷用腻子）、腻子（俗称填密）和封底漆等。

中间层涂料应具有以下特性：

1）应与底漆、面漆层配套良好，涂层之间的结合力强，硬度适中，不产生被面漆的溶剂咬起的现象（一种涂装缺陷）。

2）具有较强的填平性，能消除被涂漆表面的浅纹路等微小缺陷。

3）打磨性能良好，在湿打磨后能得到平整光滑的表面，能高温烘干，烘干后干性好，再打磨时不沾砂纸。

4）涂层不应在潮湿环境下起泡。

为保证涂层间的结合力和配套性，中间层涂料所选用的漆基与底漆和面漆所用的漆基相仿，最好选用同一厂家的产品，并逐步由底向面过渡。

中间层涂料的种类比较多，主要有环氧树脂、氨基醇酸树脂和醇酸树脂漆等。

汽车车身涂装常用的中间层涂料见表9-3。

表 9-3　汽车车身涂装常用中间层涂料

型号	名称	施工方法	性能	施工注意事项	应用
C06—10	醇酸二道底漆,又称醇酸二道浆	涂料用二甲苯兑稀后喷涂,与醇酸底漆、醇酸磁漆、醇酸腻子、氨基烘漆等配套使用	漆膜细腻,容易打磨,打磨后平整光滑	喷涂后可常温干燥。喷涂后放置0.5h,再以100～110℃温度烘烤1h,可提高漆膜性能	多用其喷涂在有底漆和腻子的表面上,或只有底漆的金属上,填平微孔和砂纹
H06—9	环氧酯烘干二道底漆	施工以喷涂为主,用二甲苯调稀	填密性良好,可填密腻子孔隙、细痕,也易打磨	漆膜烘干后,可用水砂纸打磨,使底层平滑	作为汽车车身封闭底漆
G06—5	过氯乙烯二道底漆,又称过氯乙烯封闭漆	适宜喷涂,用X—3过氯乙烯漆稀释剂和F—2过氯乙烯防潮剂调整粘度,除防潮外还可防止发白。可与过氯乙烯底漆、腻子、磁漆、清漆等配套使用	可填平微孔和砂纹,打磨性较好,能增加面漆的附着力和丰满度		用来作为头道底漆和腻子层上的封闭性底漆

7. 车身用面漆

汽车面漆是汽车多层涂层中的最后(最外)一层涂料,在整个涂层中发挥着主要装饰和保护作用。汽车的耐久性、耐候性、耐潮湿性、抗污性及外观质量等主要靠面漆来实现。因此,要求面漆具有比底层涂料更完善的性能。具体要求如下:

1)外观装饰性。要求漆膜外观丰满、无桔皮,犹如镜面那样平滑光亮的外观。

2)耐候性。要求面漆在炎热的夏天、寒冷的冬天、风雨交加的气候条件下不变色、不失光、不起泡、不开裂。在选用面漆时应通过耐寒性和耐温变性(-40～+60℃)试验证实其性能是否达到质量指标。要求汽车用面漆涂层在热带地区长期曝晒不少于12个月后,只允许极轻微的失光和变色,不得有起泡、开裂和锈点。

3)硬度和抗崩裂性。面漆涂膜应坚韧耐磨,具有足够的硬度,以保证涂层在汽车行驶中对路面砂石的冲击和擦洗时不产生划痕。

4)耐潮湿性和防腐蚀性。涂过面漆的工件浸泡在40～50℃的温水中,暴露在相对湿度较大的空气中,面漆应不起泡、不变色或不失光,整个涂装体系具有较强的防腐蚀性。

5)耐药剂性。面漆涂层在使用过程中,若与酸液、润滑油、制动液、汽油或各种清洗剂和路面沥青等直接接触,擦净后接触面不应变色或失光,也不应产生带色的印迹。

6)施工性能。在大量流水生产中,面漆的涂布方法多采用自动喷涂或静电喷涂,烘干温度一般为120～140℃,时间为30～40min,所选用面漆对此施工工艺应有良好的适应性。在装饰性要求高时,面漆涂层应具有优良的抛光性能、较好的重涂性能(即在不打磨场合下,再涂面漆的结合力良好)和修补性能。

汽车车身常用面漆见表9-4。

表9-4　汽车车身常用面漆

型号	名称	组成	性能	施工注意事项	应用
B01—10	丙烯酸清烘漆	甲基丙烯酸酯，丙烯酸酯，甲基丙烯酸、β-烃乙酯，三聚氰胺甲醛树脂，增韧剂，苯、酮类溶剂	漆膜有较好的光泽、硬度、丰满度，以及防湿热、防盐雾、防霉变的性能，保色、保光性能极好	供B05—4面漆罩光用	用于轿车车身
B05—4	各色丙烯酸烘漆	颜料，其余同上	热固性漆，烘干后漆膜丰满，光泽及硬度良好、保色和保光性极好，三防性能好	用B05—4烘干并掺入50%～70%的B01—10清烘漆喷涂罩光作为最后工序	用于要求光泽高及三防性能好的轿车车身
A01—10	氨基清烘漆	氨基树脂，三羟甲基丙烷醇酸，丁醇二甲苯	漆膜坚硬、光泽平滑，耐潮及耐候性好	作为A05—15面漆罩光用	用于轿车室外金属表面罩光
A05—15	各色氨基烘漆	氨基树脂，三羟甲基丙烷、脱水蓖麻油、醇酸树脂、有机溶剂	漆膜硬度高，光亮度好，漆膜丰满，耐候性优良，附着力好	与电泳底漆、环氧树脂底漆配套	用于中级轿车车身
C04—49	各色醇酸磁漆	植物油改性醇酸树脂，颜料，加少量氨基树脂，催干剂，二甲苯	较好的耐候性，附着力，耐水耐油性也较好	加少量氨基树脂起防止起皱作用，故可一次喷得较厚，烘干120～140℃，时间30min	用于汽车驾驶室表面涂布
Q04—31	硝基磁漆	低粘度硝化棉，有机硅改性，椰子油醇酸树脂，氨基树脂、增韧剂，溶剂（酯、醇、苯）	漆膜光亮平滑，耐温变及机械强度较好、户外耐久性好	面漆总厚度层控制100μm以内，在100～110℃烘1h，可提高耐温变性	中、高级轿车车身

二、汽车车身漆前表面处理

1. 漆前表面处理的作用

漆前表面处理的主要作用是在涂饰前将车身表面所附着的油脂、锈蚀、氧化皮、灰尘等异物除掉，为涂层提供一个良好的基底，以增加涂料与金属表面间的结合力，提高涂层的质量，延长涂层使用寿命。

在车身制造过程中，各种板材上的防锈油、冲压件上的润滑油、拉深油和某些零件在切削加工过程中的冷却乳化液等油污，大都由矿物油、动植物油及石蜡、滑石粉等组成，在常温下，它们以固态、液态或半流动状态存留吸附在金属表面上，将严重影响涂层的质量。

铁锈是钢板表面的金属氧化物和氢氧化物，若涂层下存在铁锈时，会加速涂层下金属的腐蚀过程，铁锈与金属结合不牢，脱落时会导致涂层破坏。而焊渣、其他酸碱等污物及粘附性灰尘等的存在，也直接影响涂层的附着力及性能，影响涂层的使用寿命。故必须在涂漆前彻底清除。

2. 漆前表面处理方法

车身表面涂漆前，必须根据表面污物的性质及沾污的程度、被涂金属的种类、制品表面粗糙度以及最后涂层的作用来选择表面处理方法。一般包括除锈、脱脂和磷化三大部分工序。

（1）除锈　通常在板料冲压之前采用酸洗方法处理。

（2）金属表面的脱脂　脱脂是指将车身制件金属表面的油脂除掉的过程，也称除油。工业上常用的脱脂可分为物理机械方法和物理化学方法两大类。

物理机械方法是借助于机械作用，如擦抹法、喷沙法和超声振荡法等进行脱脂的方法，在汽车车身表面处理中用得较少。使用较多的是物理脱脂法，一般根据油污的性质及所沾污的程度，可分别选用下面几种方法：

1）碱液清洗脱脂法。主要是通过皂化作用、乳化作用和分散作用来完成脱脂过程。由于方法简单，成本低廉，故在汽车车身制造中应用较为广泛。主要用于去除车身制件表面的动植物油脂、矿物油、固体污垢等。

2）乳化剂清洗脱脂法。乳化剂清洗液是由有机溶剂和表面活性剂组成的混合物，其中的有机溶剂是指沸点在220～240℃的烃系溶剂，例如煤油、轻油、干洗用溶剂等。

该法在汽车车身制造中应用也较为广泛。乳化剂清洗脱脂法具有以下一些优点：

①可将油污及固体污垢等污物一起去除。

②可用于铝合金等不适合碱液脱脂的轻金属。

③脱脂工艺时间短，除油污效果好。

④清洗后的金属表面有不沾水的特性。

⑤无毒、无害，使用安全。

⑥不需特殊装置。

但必须注意，在使用乳化剂脱脂后，先采用清水充分冲洗，然后再用热水冲洗，以确保物体表面附着的微量异物被完全清除。如清洗不彻底，表面活性剂或碱液在金属表面残存，给磷化处理工艺造成恶劣影响，这点非常重要。

3）溶剂脱脂法。这种方法借助于有机溶剂溶解油脂的能力来达到脱脂的目的。适用于一些用碱液清洗剂难以清除的陈旧性的"老化"油污或所谓"重型"污物以及一些树脂型的润滑剂、天然石蜡等。

常用于钢板表面脱脂的有机溶剂是三氯乙烯。但三氯乙烯毒性较大，国内外趋向于以甲基氯取代。

对于铝制品表面，由于三氯乙烯有一定的腐蚀作用，故一般采用四氯乙烯作有机溶剂。有机溶剂脱脂的方式有浸渍式、喷射式、溶剂蒸气法及超声波清理法等。有机溶剂脱脂法很少用于车身大型覆盖件的脱脂。

3. 金属表面的磷化处理

磷化处理是指用磷酸或锰、铁、锌、镉的磷酸盐溶液处理金属制品表面，使金属表面生成一层不溶于水的磷酸盐薄膜的过程。

（1）磷化的作用　磷化形成的磷化膜作为油漆涂层的基底，能显著提高涂层的耐蚀性，阻止腐蚀在涂层下及在涂层被破坏的部位扩展，并能增强涂层与金属之间的附着力，大大延长涂层的使用寿命。在车身制造过程中，漆前磷化处理是一些大型覆盖件的必备工序。

（2）磷化处理的种类　按处理方式的不同，可分为浸渍式、喷淋式和电化学磷化；按反应时温度的不同，可分为高温、中温和低温磷化；按反应时速度的不同，又可分为正常磷化和快速磷化。

在车身制造过程中应用较广的是喷淋式快速磷化处理。磷化膜采用锌盐磷化，厚度为 $1.5 \sim 3\mu m$。

（3）磷化处理的工艺流程　图9-51所示为汽车车身全喷淋式漆前处理工艺流程示意图。该处理生产线采用全喷淋方式，占地面积小，设备投资少。虽然对车身内腔的处理欠佳，但对车身外表面的处理效果好。车身喷淋在罩壳中进行，为防止磷化时腐蚀性酸雾飞溅，在磷化喷射区的两端设有供、排气装置。设备下部为工作液循环槽和加料附槽，采用外加热方式对磷化液进行加热，即蒸气经过螺旋板式换热器将水加热，再由热水通过板式换热器将磷化液加热，这样可避免直接加热时产生磷化液沉渣现象。

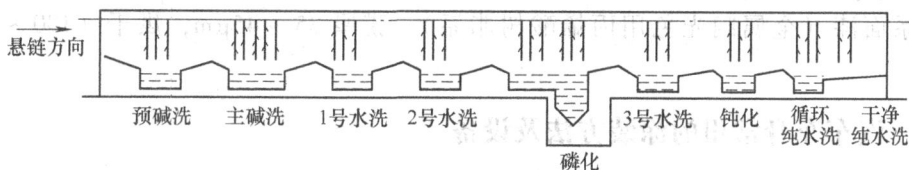

图9-51　全喷淋式漆前处理磷化工艺流程示意图

通常在磷化处理工序后，还有钝化工序。钝化是使金属与铬酸盐溶液作用生成具有一定防腐能力的三价或六价铬化物，又称铬化层，主要用来封闭磷化层，使磷化层孔隙中暴露的金属钝化，并抑制磷化催化剂残渣的腐蚀作用，最终与磷化层相结合，以获得更强的防蚀能力。

三、汽车车身涂装的典型工艺

汽车涂装属于多层涂装。由于各种汽车的使用条件及外观要求各不相同，故其涂装工艺也各不一样。汽车车身涂装工艺一般可以分为以下三个基本体系。

1. 涂三层烘三次体系

指的是涂层有底漆涂层、中间涂层、面漆涂层三层，且三层先后分别各烘干一次，烘干次数共三次。该涂装体系一般用于外观装饰性要求高的轿车、旅行车和大客车等乘用车车身。涂层总膜厚为 $70 \sim 100\mu m$。

其工艺流程为：碱性脱脂→锌盐磷化→干燥（120℃，10min）→底漆涂层［喷涂溶剂型环氧树脂底漆，膜厚 $15 \sim 25\mu m$，烘干（150℃，30min）］→干或湿打磨→晾干→中间涂层［静电自动喷涂溶剂型三聚氰胺醇酸树脂漆，膜厚 $20 \sim 30\mu m$，烘干（150℃，30min）］→湿打磨→晾干→面漆涂层［喷涂三聚氰胺醇酸树脂系面漆（金属闪光色用丙烯酸树脂系），膜厚 $35 \sim 45\mu m$，烘干（130 \sim 140℃），30min）］。

2. 涂三层烘二次体系

指的是涂层仍有三层，但底漆层不单独烘干，待涂完中间层后烘干一次，最后涂面漆层后再烘干一次，烘干次数共为二次。该涂装体系一般用于外观装饰要求不太高的旅行车和大客车车身及轻型载货汽车的驾驶室等。涂层总膜厚为 $70 \sim 100\mu m$。

其工艺流程为：碱性脱脂→锌盐磷化→干燥（120℃，10min）→底漆涂层［电泳底漆，膜厚 $15 \sim 25\mu m$，不烘干（仅晾干水分）］→中间涂层［静电自动喷涂与电泳底漆相适应的水性涂料，膜厚 20～30μm，预烘干（100℃，10min）；与底漆一起烘干（160℃，30min）]→面漆涂层[喷涂三聚氰胺醇酸树脂系面漆（金属闪光色用丙烯酸树脂系），膜厚 35～45μm，烘干（130～140℃，30min）]。

3. 涂二层烘二次体系

指的是涂层只有底漆涂层和面漆涂层两层，无中间涂层，两层分别先后各烘干一次，烘干次数共二次。该涂装体系一般用于中型、重型载货汽车的驾驶室。涂层总膜厚为 55～75μm。

其工艺流程为：碱性脱脂→锌盐磷化→干燥（120℃，10min）→底漆涂层［电泳底漆，膜厚 20～30μm，烘干（160℃，30min）]→干或湿打磨→晾干→面漆涂层[喷涂三聚氰胺醇酸树脂系面漆（金属闪光色用丙烯酸树脂系），膜厚 35～45μm，烘干（130～140℃，30min）]。

四、汽车车身常用的涂装方法及设备

汽车车身制造中常用的涂装方法有：刷涂、浸涂、喷涂、静电喷涂、电泳涂装和粉末涂装等。它们各有其特点，可根据车身具体情况和要求进行选择。

1. 刷涂

刷涂是一种采用手工毛刷蘸漆，再涂覆到工件表面的古老而传统的涂装方法。除一些快干和分散性不好的涂料外，几乎可以用于所有的涂料刷涂。尤其适用于那些容易渗透金属表面的细孔、附着力好的油性涂料。

其优点是：设备简单，投资少，施工方便灵活，易操作，适应性强，不受工件形状和大小的限制；其缺点是：劳动强度大，效率低，涂装质量常取决于操作者的经验和技巧，漆膜质量难以保证，往往有粗粒及刷痕，装饰性差。故只适用于车身的局部维修或小批量生产。

2. 浸涂

浸涂是指将工件浸入盛有涂料的槽中，保持一定时间后取出，经滴漆、流平、干燥后完成涂装的方法。漆膜厚度主要取决于漆液的粘度，而不是浸涂时间，故对油漆粘度有较高的要求。

（1）操作要求　操作时工件入槽和出槽应保持垂直位置，入槽动作必须缓慢匀速，以防空气被带入工件表面与涂层之间；出槽动作也不应过快，要保证工件上多余的漆液流掉；工件在浸漆、流漆及干燥过程中应保持同样的最佳位置，以利于漆液更快流尽，漆膜均匀无流痕；为避免涂料发生沉淀，在大容量槽内，应设置搅拌器。

（2）浸涂特点　浸涂技术单纯，设备简单，易于实现机械化或自动化，生产效率较高。但也存一定的局限性，如不适合于挥发型、含有重质颜料的涂料及双组分涂料等；易出现漆膜上薄下厚、流挂等现象。因此，浸涂仅适用于外观装饰要求不太高的防蚀性涂层。

3. 喷涂

实为空气喷涂。它是以压缩空气气流为动力，在喷枪喷嘴处产生负压将漆流带出并分散呈雾滴状，涂布在工件表面上。这是目前涂装施工中使用最普遍的方法，特别是在汽车维修中应用很广。喷涂特点是：

1）空气喷涂设备简单，易操作，可手工喷涂，也可机械化喷涂，适合各种不同形状尺寸的工件，生产效率高（比刷涂高 5～10 倍）。

2）能获得厚薄均匀、光滑平整的涂膜，可喷射到工件的缝隙、小孔、弯曲和凹凸部位，可进行大面积施工，适用于多种涂料，尤其快干漆。

3）缺点是涂料的渗透性和附着性较差，漆膜较薄，有效利用率较低，有部分油漆随溶剂飞散于空气中造成环境污染，伤害人体，并易造成火灾或爆炸，故需要有良好的防护和通风设备。

喷涂装置及组成如图9-52所示。

4. 静电喷涂

静电喷涂是利用高压电场的作用，使喷枪喷出的漆雾带电，通过静电引力而沉积在带异电的工件表面上而完成涂装的方法。静电喷涂是一种较先进的涂装方法。

（1）静电喷涂的过程　喷涂时，将工件接地同时接正极，负极高压接在喷枪

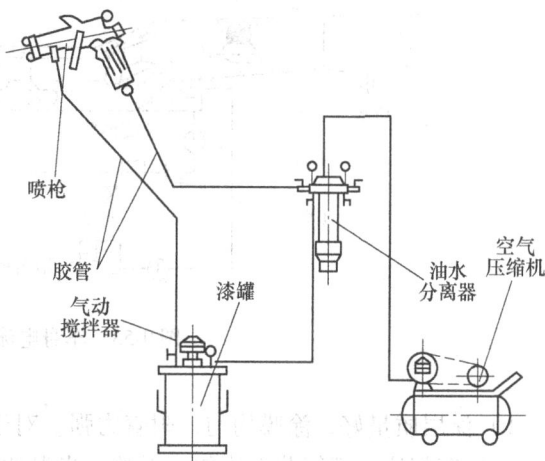

图9-52　喷涂装置及组成

上，使负电极与工件之间形成一个不均匀的静电场，首先在负极附近激发出大量电子，被雾化的漆粒子一旦进入电场就与电子相结合，呈负电荷粒子，在电场力和喷射力作用下冲向工件（正极），使油漆微粒均匀地吸附在工件表面上，经烘干后便形成牢固的涂膜。

（2）静电喷涂的特点　与空气喷涂相比，具有以下特点：

1）生产效率高，可实现喷涂过程的连续化和自动化。

2）漆雾飞散损失小，比空气喷涂可节约涂料10%～50%，涂料利用率高达80%～90%。

3）涂膜均匀，附着力好，外观质量好。

4）改善劳动环境和条件，减轻劳动强度。

静电喷涂需要较高的电压，电压越高，涂着率越高，喷涂质量越好，这就要求设备必须有很好的绝缘性，以保证安全生产，同时设备的复杂程度也有所加大。而且，当工件形状变化时，造成电场强弱不一，使涂层均匀度变差；漆膜流平性及光泽度也因漆雾密度减小而受到影响。

5. 电泳涂装

电泳涂装是将工件和对应电极放入水溶性树脂配制的电泳漆液中，接上直流或交流电源后，在电场力作用下，涂料在工件表面沉积形成均匀涂膜的一种先进涂装施工方法。

（1）车身电泳涂装的过程　如图9-53所示。

（2）电泳涂装的种类　按使用的电源可分为：直流电泳涂装和交流电泳涂装；按涂料的沉积性可分为：阳极电泳涂装和阴极电泳涂装；按工艺方法可分为：定电压法电泳涂装和定电流法电泳涂装。目前应用较广的是直流电源定电压法阳极电泳涂装。

由于阳极电泳涂装过程中作为阳极的工件易发生电偶腐蚀，工件表面的磷化膜会部分溶解，从而降低了涂膜的耐蚀性。故多以阴极电泳涂装取代阳极电泳涂装，尤其是轿车底漆目前大多都采用了阴极电泳涂装，漆膜厚度一般为$25\mu m$左右，有极强的防腐蚀能力。

（3）电泳涂装的特点

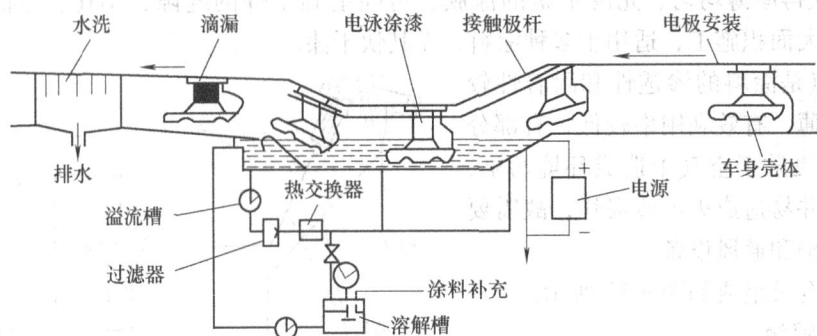

图 9-53　车身电泳涂装示意图

1）涂层质量好，涂膜均匀，附着力强。对于一般涂装法不易涂的工件内腔、凹缘、焊缝及锐边等部位，都能获得均匀、平整、光滑的涂膜。

2）施工速度快，易实现机械化和自动化连续生产，提高劳动生产率，减轻劳动强度。

3）不产生漆雾，涂料利用率高达 90% ~ 95%，净化了工作环境。因采用水作主要溶剂，故减少了空气污染，避免了有机溶剂对人体的伤害和发生火灾的危险，有效改善了劳动条件。

4）电泳涂装的缺点是设备较复杂，投资费用高。只能在导电的工件表面上进行涂漆，烘烤温度较高，耗电量稍大；涂料颜色不易变换，存在废水处理问题等。

6. 粉末涂装

粉末涂装是一项涂装新技术，它是以固体树脂粉末作为成膜物质的一种涂覆工艺。

（1）粉末涂装的特点

1）使用无溶剂粉末涂料，根除了有机溶剂的逸散，减少了环境污染，改善了劳动条件。

2）采用自动流水线生产，工艺简单。由于一次涂覆可达几十微米到一百微米以上的涂层厚度，故不需涂底漆，只需涂一层烘一次，即可达到溶剂型涂料的多道涂层厚度，使施工工艺简化，显著减轻劳动强度，提高生产效率。

3）喷涂时散落的粉末可回收再利用，涂料利用率高。

4）粉末涂装需要专用设备，工件要进行高温烘烤，调色没有溶剂型涂料方便。

（2）粉末涂装施工方法　主要有粉末流化床浸涂法、粉末静电喷涂法、粉末静电流化床浸涂法、粉末静电振荡流化床浸涂法等。对装饰性涂层施工，多采用粉末静电喷涂法。

1）流化床浸涂法。是将粉末放入装有多孔隔板的槽中，再从槽底部通入适量的压缩空气，经多孔隔板使粉末涂料吹起形成流化层，然后把预热好的工件浸入流化层，粉末接触工件表面被熔融而形成均匀的涂层。这种方法设备简单，操作方便，适用多种粉末品种，易于更换颜色；但不能薄涂，外观和附着力不是太好。

2）静电喷涂法。是采用压缩空气将粉末送到带有高压静电的喷枪上，使粉末带负电，在静电引力作用下吸附到作为正极的工件上（工件接地）。这种方法可获得较薄的均匀涂膜，适于形状复杂的工件，但所需设备比较复杂。

本章小结

1. 汽车车身分为轿车车身、客车车身、货车车身三大类；按车身承载方式，轿车可分为承载式车身和非承载式车身；客车分为承载式（整体承载式，基础承载式）、半承载式、非承载式车身，它们各具特点。

2. 汽车车身结构主要包括：车身壳体（六大件）、车门、车窗、车前钣制件、车身内外装饰件和车身附件、座椅以及通风、暖气、冷气、空气调节装置等，在货车和专用汽车上还包括车厢和其他装备。

3. 目前汽车车身上应用的材料主要有：各种高强度钢板、铝合金和工程塑料。镁合金和钛合金、泡沫合金板、蜂窝夹芯复合板、高强度纤维复合材料等也有所应用。

4. 以覆盖件为主的汽车车身冲压件所用的材料，一要保证有足够的强度和刚度，以满足车身的使用性能要求，二要满足冲压生产过程中冲压工艺的要求。

5. 汽车车身制造工艺主要包括冲压、装焊、涂装三大工艺。

6. 汽车车身覆盖件冲压工艺的基本工序有：落料、拉深、整形、修边、翻边、冲孔等，其中拉深是车身覆盖件冲压工艺的最主要工序。

7. 汽车车身覆盖件冲压成形所用的模具主要有三种：拉深模、翻边模和修边模。拉深模是直接影响汽车覆盖件成形质量和生产效率的关键。目前生产以单动拉深模和双动拉深模为主，因双动拉深模压紧力大、拉深深度大、卸料板为刚性等优点而应用更多。

8. 汽车车身焊接中常用的焊接方法主要有电阻焊、CO_2 气体保护焊、激光焊等，其中电阻焊、CO_2 气体保护焊目前应用较多。电阻焊分为点焊、缝焊、凸焊，其中点焊是车身制造中应用最广泛和最主要的焊接方法。激光焊近年来发展迅速。

9. 车身装焊工艺过程，通常都是先将零件装焊成合件，再将合件装焊成分总成，最后将分总成装焊成车身壳体总成。

10. 汽车车身用涂料主要包括：车身用底漆、车身用中间层涂料、车身用面漆等。

11. 汽车车身漆前表面处理一般包括：除锈、脱脂和磷化三大部分工序。漆前磷化处理是一些大型覆盖件的必备工序。

12. 汽车车身涂装工艺一般可以分为：涂三层烘三次体系、涂三层烘二次体系、涂二层烘二次体系三个基本体系。各适用于不同类型汽车车身的涂装。

13. 汽车车身制造中常用的涂装方法有：刷涂、浸涂、喷涂、静电喷涂、电泳涂装和粉末涂装等，各有其特点，应根据车身的具体情况和要求进行选择使用。

思考与练习题

一、名词术语解释

承载式车身，非承载式车身，BH 钢，IF 钢，拉深，电阻焊，CO_2 气体保护焊，激光焊，磷化处理。

二、单项选择题

1. 现代轿车几乎都采用（　　）车身。

A. 承载式　　B. 非承载式　　C. 半承载式　　D. 薄壳式车身

2. 车覆盖件冲压基本工序中，（　　　）是车覆盖件冲压成形的关键工序。

A. 拉深工序　　B. 落料工序　　　C. 修边工序　　　D. 整形工序

3. 为保证车身覆盖件拉深工序所需坯料的形状和尺寸，落料工序及落料模的设计应安排在（　　　）进行。

A. 拉深、翻边调试成功之后　　　B. 拉深、翻边调试成功之前

C. 整形、修边之后　　　　　　　D. 翻边、冲孔之前

4. 直接影响车身覆盖件的成形质量和生产效率的关键模具是（　　　）。

A. 拉深模　　B. 修边模　　C. 翻边模　　D. 落料模

5. 当拉深件形状比较复杂，坑包、肋棱较多，棱线要求清晰时，常采用（　　　）。

A. 通口式拉深凹模　　B. 闭口式拉深凹模　　C. 两种拉深凹模都可以

6. 目前车身制造中应用最广泛最主要的焊接方法是（　　　）。

A. 点焊　　B. CO_2 气体保护焊　　C. 焊条电弧焊　　D. 普通气焊

7. CO_2 气体保护焊不能直接使用的电源是（　　　）。

A. 交流电源　　　　　B. 直流发电机电源

C. 蓄电池电源　　　　D. 交流整流后的电源

8. 汽车车身不同厚度钢板采用点焊时（　　　）。

A. 薄板一侧应使用小直径电极，厚板一侧应加大直径电极

B. 薄板一侧应使用大直径电极，厚板一侧应减小直径电极

C. 两侧电极直径可以一样大

D. 两侧电极直径大小对焊接无影响

9. 外观装饰性要求高的轿车、旅行车和大客车等乘用车车身，常采用（　　　）涂装工艺。

A. 涂三层烘三次体系　　B. 涂三层烘二次体系

C. 涂二层烘二次体系　　D. 涂三层烘一次体系

三、简述题

1. 车身壳体按照结构形式有哪几种类型？简述其特点。

2. 汽车车身冲压件用钢板有哪些类型？车身冲压件对材料有何基本要求？

3. 汽车车身制造工艺主要包括哪三大工艺？

4. 车身覆盖件冲压基本工序有哪些？关键工序是哪一道？

5. 在生产技术准备时，车身覆盖件的落料工序及落料模的设计为何要安排在拉深、翻边调试成功后再进行？

6. 车身覆盖件冲压成形模具主要有哪些？双动拉深模有哪些优点？

7. 汽车覆盖件拉深模凹模有哪两种结构形式？

8. 汽车车身常用的焊接方法有哪些？各适用于什么场合？

9. 汽车车身装焊线的基本形式有哪些？

10. 汽车车身用底漆、中间层涂料、面漆应具备哪些特性？

11. 汽车车身漆前表面处理的作用是什么？有哪些处理方法？

12. 汽车车身涂装工艺分为哪三种基本体系？简述各体系工艺流程。

13. 汽车车身制造中常用的涂装方法有哪些？各有什么特点？

14. 静电喷涂和电泳涂装各有什么特点？

第十章

汽车制造轻量化

【学习目标】

1. 了解汽车轻量化的概念。
2. 了解汽车使用的各种胶粘剂的种类和特点。
3. 熟悉各种聚氨酯泡沫塑料的性能、特点及成型工艺。
4. 熟悉胶粘剂及密封胶在汽车上的应用。
5. 掌握汽车聚氨酯泡沫在汽车上的使用。
6. 掌握 SMC 材料的概念、特点及成型工艺。

第一节　汽车轻量化概念

汽车轻量化是一个系统工程，其最终目的是在保证汽车使用性能和安全性能的前提下，最大限度地减小各零部件的质量，达到减轻整车质量、降低油耗、减少排放污染等综合指标。

一、汽车轻量化的重大意义

1. 汽车轻量化是汽车工业健康发展的需要

随着整个汽车工业的发展，汽车产量和保有量逐年增加，汽车在给人们出行带来方便的同时，也带来了油耗、安全和环保这三大问题。2010 年，中国汽车产量已超过 1800 万辆，汽车保有量已超过 7500 万辆，全球汽车保有量已超过 8 亿辆。

汽车除了正常行驶时在不断消耗燃油外，还会排出大量有害气体，污染环境，对人的身体造成严重危害。为保证汽车工业的健康持续发展，各国都针对汽车工业发展带来的三大问题，相应地制定了一些严厉的法规要求。鉴于此，世界各国的汽车工业界普遍认为，要解决汽车油耗及其带来的严重环境污染问题，极为有效的措施是采用高强度、轻量化的材料，以使汽车轻量化，并满足降低油耗和排放的同时，保证达到汽车安全性的要求。

2. 汽车轻量化是节油和降低排放的重要方法和途径

有研究数字表明，若汽车整车质量降低 10%，燃油效率可提高 6% ~ 8%。换言之，汽车整车质量减少 100kg，每升油就可多行驶 1km。汽车车身约占汽车总质量的 30%，在空载情况下，约 70% 的油耗用在车身质量上。油耗的下降，意味着二氧化碳、氮氧化合物等有害气体排放量的下降。因此，车身减重对于整车的燃油经济性、车辆控制稳定性以及碰撞安全性都大有好处，汽车轻量化已成为汽车产业发展中的一项关键性的研究课题之一。

3. 汽车轻量化可提高汽车动力性、舒适性和市场竞争力

1）减小汽车质量，可降低动力和动力传动系统的负荷，使汽车在较低牵引负荷的情况下可表现出同样或更好的动力性能。

2）为提高汽车的安全性、舒适性等性能，需增加一些辅助装置，如主动和被动安全装置（ABS、安全气囊）等，但这会导致车重的增加。这些增加的质量也需要通过汽车的轻量化予以补偿，以保证汽车的低油耗。例如，混合动力汽车，由于增加了混合动力系统装置而增加了车重，如果混合动力汽车实现了轻量化，则可极大地减少油耗，补偿制造混合动力汽车的高成本。

4. 汽车轻量化是社会发展的需要

无论从战略角度、商业角度还是从社会发展角度来看，具有高燃油经济性和低排放低污染的汽车已顺应了社会发展的需要。美国 53% 的石油依赖进口，欧洲则为 76%。2003 年起，中国已成为世界第二大石油消费国，到 2008 年，中国的石油消耗量已达 2.15 亿 t。在石油价格连续攀升的形势下，汽车用户越来越关注汽车的油耗，制造高燃油经济性的汽车是提高中国汽车工业竞争力的重要因素，汽车油耗已成为影响我国汽车产量增长的首要因素。

据统计表明，汽车的使用费用一般为购置费用的 1~2 倍，其中，燃油消耗费用则占有很大的比重。提高燃油经济性和能源的多元化是保证汽车工业可持续发展的当务之急。而轻量化材料和相关应用技术在汽车上的应用，是降低汽车油耗的有效途径。

二、汽车轻量化的措施

汽车轻量化主要从两大方面入手：一是结构设计，二是材料选用（包括研制新型材料）。

1. 从结构设计方面考虑

在现代汽车工业生产中，轻量化的主要途径之一是通过结构设计来实现的。结构设计已经融合到了汽车设计的前期，并将材质、结构设计，以及相应的后期制备工艺融为一体。其中，CAD/CAE/CAM 一体化技术起着非常重要的作用，涵盖了汽车设计和制造的各个环节。结构合理设计主要包括：结构优化设计，结构的小型化，改进运动结构的方式等。

（1）车身及底盘设计　对乘用车而言，在保证舒适性和内部空间尺寸基本不变的前提下，尽量缩小外形尺寸，由此可减少材料消耗，减小质量。对商用车而言，设计时尽量减轻车身和底盘自重，增大装载质量，提高车载比。

（2）设计新型发动机　设计新型发动机，在减轻发动机质量的同时，提高发动机的动力。推广应用新能源汽车，特别是电动汽车。电动汽车不仅有效减轻汽车动力部分——发动机的质量，而且对环境几乎无污染，减少了对石油的依赖。

2. 从选用材料方面考虑

汽车零部件轻量化对降低发动机的功耗和减小汽车总质量具有双重的效应，具体包括以下几个方面：

1）使用密度小、强度高的有色金属及其合金材料。

2）使用同密度、工艺性能好的有利于减小厚度的高强度钢铁材料。

3）使用新型轻量化非金属结构材料，如工程塑料、陶瓷材料、碳纤维、复合材料等。

4）从材料加工技术和加工工艺方面考虑。

对于相同材质的构件，通过对传统加工技术和加工工艺进行改进，采用材料加工新技术新工艺，可进一步提高相同材料的使用性能，从而使结构设计有更大的减重空间。其中，采用特种加工技术和工艺，有望拓宽铝、镁合金在汽车上的应用范围，从而达到进一步减重的目的。

三、汽车轻量化材料

1. 铝、镁合金材料

铝、镁合金在汽车上应用量的快速增长是汽车材料发展的大趋势。

铝是具有良好力学性能的轻质材料；铝合金具有优异的延展性，只有钢材一半的密度和良好的耐蚀性，成为了汽车轻量化结构的首选材料。汽车工业应用最多的是铸造铝合金和变形铝合金。变形铝合金在汽车上主要用于车身面板、车身骨架、发动机散热器、空调冷凝器、蒸发器、车轮、装饰件和悬架系统零件等。而铝合金铸件则主要应用于发动机气缸体、气缸盖、活塞、进气歧管、摇臂、发动机悬置支架、变速器壳体、离合器壳体、车轮、制动器零件、罩盖壳体类等零件。

航空级铝合金的力学性能甚至超过钢铁，以比较常见的 7075 铝合金为例，它的抗拉强度是 560MPa，不比钢材强度低。

在国外，已有采用全铝合金制造轿车车身（图 10-1），使车身质量大为降低。但铝合金车身价格昂贵，成形和焊接工艺都比较复杂。

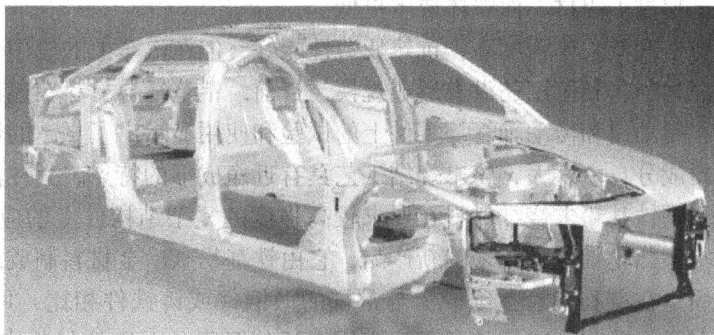

图 10-1　全铝合金制造轿车车身

同样质量的钢和铝，铝体积更大，可以在不增加质量的前提下增加结构强度。目前的铝制车身多采用厚壁锻铝梁焊接而成，其结构强度和刚度要比冲压薄钢板结构的车身整体稳定性更好，质量轻。此外，铝合金在大气环境下几乎不被腐蚀，可以无涂装使用，也可涂装上不同颜色的涂料。车身厚壁锻铝梁结构如图 10-2 所示。

2. 高强度钢铁材料

钢铁材料在与非铁合金和非金属材料的竞争中将继续发挥其价格便宜、工艺成熟的优势，通过高强度化和有效的强化措施可充分发挥其强度潜力。迄今为止用高强度钢铁材料制成的薄钢板仍然是汽车车身上应用最多的材料。

为了减轻车重和提高安全性，近年来汽车用钢板向高强度化发展已成为一种趋势。采用高强度结构钢板，可提高能量吸收能力和扩大弹性应变区，增加构件的抗变形能力；在保持高成形性的同时提高了强度和抗凹陷性，为车身钢板的减薄和实现轻量化创造了条件。

与铝、镁合金铸件相比，低成本和良好的铸造性能是铸铁件的一个主要优势。

粗壮的铝梁比薄钢板冲焊的梁结构性能更好

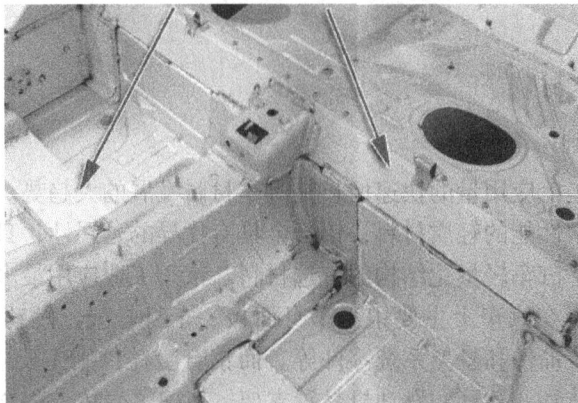

图 10-2　车身厚壁锻铝梁结构

3. 其他轻量化材料

与相同结构性能的钢材相比，工程塑料和复合材料一般可减轻零部件的质量 35% 以上。低密度与超低密度复合材料的发展为汽车轻量化提供了更多的发展潜力，在减轻质量与强度提高方面达到甚至超过了铝材，而整体成本更低。

铝基复合材料密度低，比强度高，抗热疲劳性能好，但在汽车上的应用受到价格及生产质量控制等方面的制约，其应用还没有形成规模。目前，铝基复合材料在连杆、活塞、气缸体缸套、制动盘、制动钳和传动轴管等零件上的试验和使用显示出了卓越的性能。

粉末冶金材料成分自由度大，粉末烧结工艺具有近净成形的特点，其在汽车上的应用有增加的趋势，特别是铁基粉末烧结材料在要求较高强度的复杂结构件上的应用也越来越多。组装式粉末冶金空心凸轮轴是近年来的新产品，它由铁基粉末冶金材料制成凸轮，然后用烧结或机械的方法固定在空心钢管上组成。与常规的锻钢件或铸铁件相比，可减小质量 25%～30%。粉末冶金材料锻造的连杆已经成功应用，近年开发的一次烧结粉末冶金连杆技术，生产成本较低，可实现 11% 的轻量化。

第二节　汽车用主要塑料制品及其成型工艺

随着塑料生产技术的日益发展，塑料用来制造汽车的内、外饰件和功能件，特别是采用工程塑料及铝镁合金、纤维增强复合材料制造外装件备受重视。在塑料品种的选用上，热塑性塑料所用的比例占到塑料总用量的 70%，其中聚丙烯（PP）的用量占热塑性塑料总用量的 40% 左右。表 10-1 所示为塑料在汽车中的应用场合。

表 10-1　塑料在汽车中的应用场合

塑料	应 用 场 合
ABS	车仪表板、车身外板、内装饰板、转向盘、隔声板、门锁、保险杠、通风管、发动机罩、蓄电池壳等

（续）

塑料	应　用　场　合
PA	散热器水室、燃料滤网、带轮、油箱、油管、进气管、插头、各种齿轮、安全带
PBT	保险杠、化油器组件、挡泥板、扰流板、仪表盘、汽车点火器、刮水器管、加速器及离合器踏板
PC	车灯、保险杠、车门把手、仪表板、散热器格栅、车载音响和 DVD 系统、挡泥板
PE	内护板、地板、油箱、行李箱、刮水器水箱、挡泥板、刮水器、耐磨机械零件
PET	灯座、灯罩、白热灯座、继电器、硒整流器、传动带、气囊、纺织物
PF	化油器
PMMA	风窗、车窗、灯罩、后挡板及其他装饰品
POM	燃油系统、电气设备、车身体系的零部件、杆塞连接件、支承元件、线夹
PVC	驾驶室内饰、嵌材、地板、涂料、电线电缆包衬
PPO	嵌板、车轮盖罩、耐冲击格栅、绝缘件
PU	坐垫、挡泥板、车内底板、车顶篷、遮阳板、减振器、护板、防撞条、保险杠、仪表板垫及盖罩
LCP	线圈、开关、插座、泵零件、阀零件、汽车燃料外围零件
MPPO	插接器、开关、仪表板、视镜外壳、后挡风板

一、聚氨酯泡沫塑料在汽车中的应用

随着汽车轻量化发展趋势，大量高分子材料的应用不仅可以实现汽车的轻量化和节能降耗，还可以改善汽车的装饰性、舒适性、耐用性和安全性。聚氨酯材料作为高分子材料之一，在汽车零部件中得到了广泛地应用，除用于汽车内饰件、外装件，还用于制造各种结构件和功能件。

聚氨酯、聚丙烯、聚氯乙烯已成为汽车上三种用量最大的塑料品种。

半硬质聚氨酯泡沫塑料可分为普通型和自结皮型两种。其中普通型的制品，其密度可根据需要在 $60 \sim 150 kg/m^3$ 之间进行调整，这样有利于汽车轻量化。半硬质聚氨酯泡沫塑料还有一个优点就是其结构是开孔的，故其制品具有良好的回弹性，使人在接触时具有很好的舒适感，并能吸收 $50\% \sim 70\%$ 的冲击能量。

白结皮型半硬质聚氨酯泡沫塑料在发泡时能自行在产品外壁结成厚度为 $0.5 \sim 3mm$ 的表皮，使其具有较高的拉伸断裂强度和耐磨性，并能注塑具有不同花纹和颜色的发泡成型制品。

1. 聚氨酯及聚氨酯泡沫塑料

（1）聚氨酯（PU）　是指分子结构中含有氨基甲酸酯团的一类聚合物，其性能可从软质到硬质较宽范围内变化，其产品以泡沫塑料为主。

（2）聚氨酯泡沫塑料的制造工艺流程　泡沫塑料是指把含羟基的聚醚树脂与异氰酸酯反应构成聚氨酯主体，并用异氰酸酯与水反应生成的二氧化碳发泡或用低沸点氟碳化合物作发泡剂，制成泡沫塑料。聚氨酯泡沫塑料只要简单地改变其原料配方，可以得到极软到极硬范围的泡沫塑料。

聚氨酯泡沫塑料的原料都是液体，生产时操作方便。在一定的温度条件下，把两种单体混合在一起就会起反应，反应时放出的反应热促使发泡，成型后不需要冷却，直接脱模，待进一步熟化后即成为产品。

汽车上常用的普通型和自结皮型半硬质聚氨酯泡沫塑料的主要生产工艺流程如下。

1）普通型半硬质聚氨酯泡沫塑料生产工艺流程：放入预制成型表皮→涂刷脱模剂→固定骨架→合模→浇注→开模，共6道工序。此工艺可生产汽车仪表板。

2）自结皮型半硬质聚氨酯泡沫塑料的生产工艺流程：涂刷脱模剂→固定骨架→合模→浇注→开模，共5道工序。此工艺可生产汽车转向盘。

2. 聚氨酯泡沫塑料在汽车上的应用

汽车工业推动了聚氨酯泡沫塑料的飞跃发展。目前聚氨酯泡沫塑料制品用于汽车上的情况见表10-2。

表10-2　汽车用聚氨酯塑料制品

塑料品种	汽车零件名称
块状软质泡沫塑料切片	遮阳板、顶棚衬里、门板内衬、中心支柱、装饰条、隔声板、三角窗装饰条
软质模压泡沫塑料	坐垫、靠背
半硬质泡沫塑料	仪表板填料、门柱包皮、控制箱、喇叭坐垫、扶手、头枕、遮阳板、保险杠
硬质泡沫塑料	顶棚衬里、门板内衬
整体结皮泡沫塑料	扶手、门柱、控制箱、喇叭坐垫、转向盘、空气阻流板
弹性 RIM 制品	保险杠、挡泥板、发动机罩、侧后支柱、车门把手、行李箱盖
刚性 RIM 制品	散热器格栅、暖风壳、前阻流板、挡泥板垫、挡泥板、门板、发动机罩、行李箱盖、小车底板
浇铸型弹性体	防尘密封、滑动轴承套、转向节衬套、钢板弹簧吊带衬套、锁头零件、门止块、电缆衬套
热塑性弹性体	减振垫块、钢板弹簧隔垫、弹簧线圈护套、齿轮传动装置罩、格栅、顶棚、车身部件
涂料	涂刷在保险杠或其他外装件上
复合结构材料	座垫套、隔声、吸振片、门内衬、保险杠、覆盖件、顶棚等

（1）聚氨酯泡沫塑料汽车座椅　汽车座椅主要由支承物、弹性体和外包皮三部分构成。国外从1957年开始使用聚氨酯泡沫塑料取代钢丝弹簧和海绵制造汽车坐垫，我国也于1983年开始使用聚氨酯泡沫塑料制造汽车坐垫。目前国内汽车坐垫已全部采用聚氨酯泡沫塑料制成。座垫性能的衡量指标：静刚度、振动衰减特性、共振传递比、疲劳寿命等。

聚氨酯泡沫塑料汽车坐垫的制造方法是：采用软质聚氨酯泡沫模压成型法成形。

（2）聚氨酯泡沫塑料仪表板、扶手与头枕　仪表板是汽车主要内饰件之一。仪表板表皮材料大部分采用 ABS 改性的聚氯乙烯膜。从安全角度出发，要求仪表板具有吸收冲击能、防眩和难燃性能。在制造的时候采用在上模中固定金属骨架，合模后在两者中间注入原液发泡，然后在炉中或直接加热发泡。扶手、头枕也是由半硬质聚氨酯泡沫的原液，在聚氯乙烯等外皮里面发泡而成型。

仪表板的表面采用带有缓冲性的聚氨酯泡沫塑料，其余芯材部分采用硬质塑料，同时为使用方便，在仪表板上装有杂物箱、仪表罩盖和除霜器格栅。杂物箱、仪表罩等零件一般用耐热性的 ABS 和聚丙烯制成，除霜器喷嘴格栅则常使用聚苯醚（PPO）。

（3）聚氨酯泡沫塑料自结皮转向盘　转向盘是汽车安全件之一，为保证驾驶员的行车安全，要求转向盘在发生碰撞时能吸收大部分冲击能量，满足这一要求的最佳材料就是自结皮半硬质聚氨酯泡沫塑料。其成型方法是在金属骨架外面用反应注射成型形成一层具有自结皮结构的聚氨酯泡沫材料。典型的整皮模塑生产工艺为：先将模具加热到规定温度→再将骨架放入模具中定好位→合模浇注，保压、固化、成型→开模，取出工件→修整飞边→喷漆、烘干、熟化。

二、通用塑料注射成型及其制品在汽车结构件中的应用

利用通用塑料质量小、成型自由性好、电气绝缘性较好及原料丰富、价格便宜等优点，汽车上的塑料制品急剧增加。通用塑料既能制造汽车机械零件，又能制造内饰件。在汽车轻量化中用的最多的通用塑料有聚丙烯（PP）、聚氯乙烯（PVC）、聚乙烯（PE）和 ABS 四大类。它们主要采用注射成型制作汽车零部件，当然也有利用其片或膜作面料的。

1. 聚丙烯（PP）塑料在汽车上应用

目前，在汽车上使用的聚丙烯零部件品种已达 70 多种。在表 10-3 中列出了一些用聚丙烯制造的主要汽车零件的名称及质量。

表 10-3 聚丙烯汽车零件

汽 车 零 件 名 称		每件质量/kg	汽 车 零 件 名 称		每件质量/kg
功能件及外壳件	分电器盖	0.092	附件及其他	后视镜外框	0.038
	仪表灯表	0.021		后视镜内框	0.059
	加速踏板	0.082		安全腰带	0.023
	后灯壳	0.423		高压线夹	0.010
	冷却风扇	0.380		打火机	0.003
	暖风壳	2.190		车内灯具	0.028
	刮水器电动机套	0.014		天线柱	0.080
	转向盘	0.744		其他灯具	0.012
	杂物箱盖	0.207		扶手	0.120
	杂物箱	0.669			
	空气滤清器壳	1.800			

（1）聚丙烯材料的分类及特性　聚丙烯是一种高分子结晶聚合物。聚丙烯按其品种分类有：丙烯均聚物、丙烯乙烯共聚物和改性聚丙烯等。聚丙烯具有较高的热变形温度、耐药品性好、耐应力开裂性好等特点，而且通过各种无机物填料和各种弹性体的改性，可以得到具有多种特性的聚丙烯品种。因此聚丙烯大量用于汽车工业。

（2）聚丙烯的改性　为了改善聚丙烯的性能，满足汽车零件对某些特性的要求，必须对通用聚丙烯进行改性。通过对聚丙烯基体、增韧剂、填充剂三者间配比的协调，可以制成一系列不同性能的改性聚丙烯，以满足不同汽车零部件功能的要求。目前国内汽车用改性聚丙烯主要有以下四大类：

1）增韧型聚丙烯。以弹性为主增韧的改性聚丙烯，其具有很高的冲击强度和低温性能，主要用于制造汽车保险杠。

2）填充增韧型聚丙烯。是以无机物填充，弹性体增韧的改性聚丙烯，具有模量高、刚性与耐热性好、尺寸稳定性好等优点，广泛用于仪表板、车门内护板、散热器面罩等汽车内外饰件。

3）填充型聚丙烯。采用高含量无机物填充的改性聚丙烯，可较大提高材料的刚性、耐热性及尺寸稳定性，主要用于制造暖风机壳件、护风圈等耐高温的非受力构件。

4）增强型聚丙烯。用玻璃纤维增强的聚丙烯材料是聚烯烃塑料中强度最高，刚度、耐热性及尺寸稳定性最好的品种，主要用于制造高强度、高耐热性的产品，如发动机风扇等。

（3）聚丙烯在汽车工业中的实际应用　聚丙烯在汽车上被大量用来制作内饰件、外饰件、发动机和空调有关零部件等，其应用量占汽车塑料总用量的 30% 以上，而且有取代作为刚性塑料件应用于汽车的 ABS 等塑料的趋势。例如：

1）硬质仪表板的注射成型工艺。汽车仪表板的结构和用材一般可分为硬质和软饰仪表板两大类。硬质仪表板多用于商用车及客车，其结构简单，主体部分采用同一种材料直接注射成型。

仪表板用改性 PP 注塑成型工艺过程：原料干燥→ 注塑成型→修整→包装。

2）保险杠的改性 PP 注射成型工艺。改性 PP 保险杠具有成本低、质量小、可循环再利用等优势，其数量已占保险杠总数的七成。

国内保险杠专用材料的成分与制备，大都采用均聚 PP 或共聚 PP，然后加入过氧化物调节相对分子质量，制得烯烃热塑性弹性体 EPDM 共混挤出造粒，制得用于工业化生产的保险杠专用料。

保险杠采用注射成型工艺，其优点是可成型形状比较复杂的产品，生产效率较高，产品具有必要的刚性等。同时 PP 注射成型保险杠的成本要比聚氨酯（PU）反应注射保险杠的成本低 20%。

改性 PP 注射成型保险杠生产工艺过程：

①选用 EPDM 塑炼成薄片，并切成粒状长（4~6mm）×厚（2~3mm）。

②在室温下的混合机内先加入粒状的 EPDM，再加入粉末状光稳定剂 UV—327 和抗氧剂 1010，将三者先充分搅拌分散均匀。

③最后加入 PP 和黑色母粒，常温下充分混合分散均匀。混好的料用双螺杆混炼挤出机挤出，温度为 180~200℃，挤条冷却后切成粒状，经过烘干制成 PP/EPDM 共混热塑性弹性体粒料。

④将粒料干燥至水分的质量分数小于 6%，灰分的质量分数不大于 0.4%，在 190~230℃ 的温度下用注塑机注射成型。

国内一汽大众奥迪轿车保险杠和上海桑塔纳轿车保险杠均采用国产 PP/EPDM 共混原料，用注射成型的产品性能已达到或超过德国同类产品。

3）聚丙烯材料制造其他汽车零部件。经过改性的 PP 不仅可制造汽车内饰件，还可制作其他结构件，如转向盘、仪表板、嵌块式车门内饰件、发动机冷却风扇、蓄电池外壳、汽车分电器盖、通气管、除霜器喷嘴和暖风风扇、各种汽车灯外壳、车轮挡泥板等。

2. 聚乙烯（PE）在汽车工业中的应用

（1）聚乙烯材料的种类　聚乙烯按其生产方式的不同，所得分子结构、密度、相对分子质量也不同。按其密度分为低密度聚乙烯（LDPE）、中密度聚乙烯（MDPE）和高密度聚乙烯（HDPE）。

（2）聚乙烯在汽车上的实际应用　汽车用聚乙烯塑料也占汽车塑料总用量的 5～6%，次于聚氯乙烯、ABS、聚丙烯、聚氨酯，居第五位。主要用于制造空气导管和各种储罐。在汽车工业中所用的 PE 基本上属于中、低聚乙烯，主要用途分为内饰件、外饰件和底盘件三大类（见表 10-4）。

表 10-4　PE 应用实例

应用部位	零 件 名 称	树脂
外装件	挡泥板、汽油箱、衬板、弹簧衬垫、车轮罩、汽油滤清器壳套	MDPE、LDPE
内装件	空气导管、扶手、覆盖板、承载地板、夹钩扣、柱套、风扇护罩、行李箱格板、备胎夹箍、转向盘遮阳板、行李箱衬里（顶篷与门的减振材料）	HDPE、LDPE
底盘	空气导管、蓄电池、制动液储罐、夹钩扣、清洗液罐	HDPE

3. 聚氯乙烯（PVC）塑料在汽车工业中的应用

聚氯乙烯具有良好的化学稳定性、耐油性且不易燃烧，同时又有一定的机械强度，价格便宜等优点，所以广泛应用于化工、电子、轻工、农业、机械等行业。

（1）聚氯乙烯的分类、特性及其改性　聚氯乙烯是一种多组塑料，根据加入增塑剂的不同，可将其分为硬质聚氯乙烯、软质聚氯乙烯和聚氯乙烯热塑性弹性体三种。

1）聚氯乙烯的结构与性能。聚氯乙烯的相对分子质量决定了其性能。相对分子质量越大，力学性能越好、热稳定性越高、耐寒性越好。其优点为耐化学药品性良好、强度较高、绝缘性好；其缺点为热稳定性差，分解温度与成型温度十分接近。

2）聚氯乙烯的改性。聚氯乙烯可以通过与其单体共聚物或其他树脂合金化进行改性。

3）聚氯乙烯的工艺性能与成型加工。聚氯乙烯的热稳定性较其他热塑性塑料差，除填加热稳定剂之外，还应严格控制成型温度，防止物料之间、物料与料筒之间摩擦生热。

聚氯乙烯几乎可用所有的成型加工方法。其中挤出成型约占 65%，其次为压延成型（约占 25%），注射成型相对较少。聚氯乙烯成型加工方法与制品如下：

$$
\begin{cases}
挤出成型 \begin{cases} 双螺杆挤出机——管、平板、波纹板、异型材 \\ 平螺杆挤出机——薄膜、发泡制品、异型材、电线被覆 \end{cases} \\
注射成型——拉手、管件、阀门 \\
压延成型——片、人造革、薄膜 \\
层压成型——透明板、工业版 \\
吹塑成型——容器 \\
糊状树脂成型加工——底板、塑钢板、人造革
\end{cases}
$$

（2）聚氯乙烯在汽车上的应用　聚氯乙烯在日本汽车所用塑料中占 30%～40%，而美国汽车占 16%～20%。在汽车上主要用作表皮套、内饰件坐垫套、车门内衬、汽车顶盖衬里表皮、仪表板罩、地毯、后盖板表皮、操纵杆盖板、备胎罩盖、转向盘、货厢衬里、窗玻

璃升降器盖、保险杠套，所有电线包皮（即绝缘层）等。

（3）聚氯乙烯注射成型工艺性

1）因热稳定差，故应严格控制成型温度。

2）制品壁厚应尽可能均匀，并不能太薄。一般硬质 PVC 制品壁厚不小于 1.2mm，应在 1.5~5.0mm 之间。

3）聚氯乙烯的收缩率因添加剂用量不同而不同。脱模斜度为 1.0°~1.5°，多孔制品取较大角度。

4）模具外要加设冷料井，防止冷料堵塞浇口。

4. 改性聚苯乙烯及 ABS 塑料在汽车上的应用

改性聚苯乙烯是指苯乙烯的集聚物及其与其他单体共聚物、合金等一簇树脂的总称。因其质脆且耐热性差，机械强度较低，为改善其性能需将其与不同的单体共聚或与其均聚物和共聚物共混，制成一系列改性聚苯乙烯。其中一种由丙烯腈（A）、丁二烯（B）和苯乙烯（S）三种单体共聚成的共聚物兼有韧、硬、刚特性及性能优异的热塑性树脂，简称 ABS。

（1）ABS 的特征、种类及性能　ABS 中的丙烯腈（A）能提高聚合物的耐化学药品性和表面硬度；丁二烯（B）使聚合物呈香蕉状韧性，吸收外界冲击能量，能抑制裂纹扩散并提高冲击性能；苯乙烯（S）起改善聚合物刚性和流动性的作用。通常这三种物质的比例（质量分数）为：A 占 10%~30%，B 占 5%~30%，S 占 40%~70%。如果改变这三种成分的比例，并加入第四种组分，就可得到品种较多，用途各异的 ABS 品种。

1）ABS 的一般性能。ABS 的外观为不透明呈象牙色的粒料，无毒、无味、吸水率低，其制品可着成各种颜色，并具有 90% 的高光泽度。

ABS 是一种综合性能十分良好的树脂，在比较宽广的温度范围内具有较高的冲击强度和表面硬度，热变形温度比 PA、PVC 高，尺寸稳定性好，收缩率在 0.4%~0.8% 范围内，若经玻纤增强后可以减少到 0.2%~0.4%，而且绝少出现塑后收缩。

2）ABS 的力学性能。ABS 有优良的力学性能，其冲击强度极好，可以在极低的温度下使用。即使 ABS 制品被破坏，也只能是拉伸破坏而不会是冲击破坏。ABS 的耐磨性能优良，尺寸稳定性好，又具有耐油性，可用于中等载荷和转速下的轴承。ABS 的蠕变性比 PSF 及 PC 大，但比 PA 和 POM 小。ABS 的弯曲强度和压缩强度是塑料中较差的。ABS 的力学性能受温度的影响较大。

3）热学性能。ABS 属于无定形聚合物，无明显熔点；熔体粘度较高，流动性差；热稳定性不太好，耐候性较差，紫外线可使其变色；热变形温度为 70~107℃，制品经退火处理后还可提高 10℃ 左右。对温度、剪切速率都比较敏感；ABS 在 -40℃ 时仍能表现出一定的韧性，可在 -40~80℃ 的温度范围内长期使用。

4）电学性能。ABS 的电绝缘性较好，且几乎不受温度、湿度和频率的影响，可在大多数环境下使用。

5）环境性能。ABS 不受水、无机盐、碱醇类和烃类溶剂及多种酸的影响，但可溶于酮类、醛类及氯代烃，受冰乙酸、植物油等侵蚀会产生应力开裂。ABS 的耐候性差，在紫外线的作用下易产生降解，置于户外半年后，冲击强度下降一半。

（2）ABS 在汽车上的应用　由于 ABS 具有良好的各种性能，通过改性后还能获得特殊性能，故广泛用于制作汽车内饰件和外装件。苯乙烯塑料在汽车上的应用见表 10-5。

表 10-5　苯乙烯塑料在汽车上的应用

零件名称	种　　类	型　　号
格栅	ABS	高抗冲（电镀型）
	AAS	高抗冲型
灯壳	ABS、AES	高抗冲型
通风盖板	ABS、AAS	亚耐热型
车轮罩	ABS	高抗冲型
	MPPO	亚耐热型
支架、百叶窗类	ABS	亚耐热型
标志装饰	AES、AAS	高光泽型
标牌、装饰件	ABS	一般电镀型
后护板	ABS	一般型
缓冲护板	AES	高光泽型
挡泥板、镜框	ABS、AES、AAS	高抗冲型
仪表板	AES	超耐热抗冲型
	ABS	
装饰件	ABS	超耐热型
仪表罩（仪表类）	ABS	超耐热型
门立柱装饰	ABS	亚耐热型
工具箱	ABS	耐热或亚耐热型
导管类	ABS	耐热或亚耐热型

第三节　纤维增强复合材料及其在汽车中的应用

纤维增强塑料基复合材料（FRP），指玻璃纤维和热固性树脂的复合材料，增强用的纤维除玻璃以外，还有碳纤维和高强度纤维，基体树脂可根据使用要求用环氧树脂、酚醛树脂、不饱和聚酯等，其具有强度高、质量小、耐腐蚀、加工性好及可制造 A 级表面汽车覆盖件等特点，已被广泛用于汽车车身部件。FRP 也是今后取代金属材料制造汽车主要覆盖件及受力构件的最有前途的轻量化材料。目前，北美汽车制造业用 FRP 制造汽车零件的用量已达 120kg。

一、SMC 在车身部件中的应用

SMC 是玻璃纤维增强不饱和聚酯片状模压塑料基复合材料，是一种新型的制造车身件的复合材料。它是在不饱和聚酯树脂中加入引发剂、增稠剂、低收缩剂、填料及染料等成分，经过充分混合成树脂糊，在 SMC 机组中树脂糊充分浸渍切短的玻璃纤维，经辊压而成的片状复合材料。它属于热固性塑料增强复合材料，能在一定的温度和压力下，交联固化而成型。

1. SMC 作为汽车材料的优点

1）质量轻。对于相同的部件，使用 SMC 复合材料制作后质量较之钢材轻 20%～30%，满足了汽车领域要求在保证部件强度的情况下减轻部件质量的要求，是汽车工业节能的理想产品。另外，采用SMC部件不仅节省油耗和能源，也有利于环境的改善。

2）物理性能优异。其物理性能指标最能与金属材料抗衡，而且在高温条件下仍能保持力学性能，是一般热塑性塑料不可比拟的，是以塑代钢的理想材料。

3）集成化程度高，设计自由度大。SMC材料的流动特性及成型工艺决定了诸多零部件（如定位件、连接件、加强肋、凸缘及孔洞等）可实现一次性成型，可减少模具、工装的数量及焊接、组装等工序，从而显著降低成本，可实现低产量部件的低成本动作。在产品设计上有较高的灵活性与自由度。设计者可根据需要方便地设计有关尺寸和形状，能尽量展现其想象力来造型，并以最短的时间体现在模型或样车上。

4）耐蚀性、抗弯性好，可靠性高。SMC材料本身是耐蚀材料，因此它不需要为了防腐和提高粘接性能而进行磷化处理，与金属相比SMC板的应用可降低成本，节省能源。对于在户外苛刻外部条件下使用的汽车部件而言，它是一种得天独厚的材料。和钢板、铝板相比，SMC板材有良好的耐外来物撞击而产生凹痕及凹陷发生回弹的能力。

5）优异的耐热性和可涂装性。SMC制品具有良好的耐热性能。SMC制品脱模后能在−50~200℃内保持尺寸的稳定性。SMC材料是最适应钢板喷涂技术的材料，因为SMC有和钢相似的热膨胀系数和耐热性，经过喷涂的SMC制品可以在与钢材相同的烘房温度下进涂层的固化。此外，SMC有良好的过程适应性，尽管SMC板不需要磷化处理但如果受原生产程序的限制，它需要通过磷化处理系统时，SMC板也可满足这方面的要求，SMC部件也可通过电泳喷涂（EDPO）系统加工。

6）尺寸稳定。通过在SMC配方中加入各种类型的低收缩剂，并采用收缩率低的树脂，以使SMC制品能在较宽的温度范围内保持稳定的尺寸和原有的外形。

7）热变形温度和耐老化性能均高于普通热塑性材料，其使用寿命高于15年。

8）外观美丽，易于涂装。

9）电绝缘性好。

2. SMC的成型工艺

SMC技术的开发成功，开创了现代汽车工业中大量用FRP的新局面。由于SMC浸渍用的树脂含增稠剂，能够将粘度调整到成型时可以流动的程度。这种方法不采用混炼，而是直接把树脂浸到纤维垫中，故纤维不受破坏，强度比较高。另外，SMC材料呈片状，有利于模压成型，可以提高生产效率。

（1）制造SMC的主要原料　主要原料为有一定长度的玻璃纤维、粒状填充剂、聚酯树脂三要素。其中树脂占30%~35%，一般情况下玻璃纤维约占30%，填充剂为35%~40%。

1）不饱和聚酯树脂。是SMC材料的最基本的组成部分。

2）填充剂。占总成分的第二位，不仅起增量的作用，而且夹在树脂和玻璃纤维之间增加成型流动性，改善产品的表面粗糙度。对于表面质量要求较高的产品，填充剂是必不可缺的成分，一般采用碳酸钙作填充剂。

3）SMC的增强材料。一般采用长5cm、直径10~15μm、100~200根一束的无碱丝的玻璃纤维。

除了上述三大成分之外，还应有添加剂，如硬化剂、增稠剂等。

（2）SMC的制造工艺　在制造SMC时，将上述原料分为两大类。除了玻璃纤维与增稠剂外，把其他组分均匀地混合成糊装剂，为防止粒子二次凝集，最好使用高速透平式搅拌机。由 A、B 两个成分构成低收缩性的树脂时要保证两种成分均匀分散。再把增稠剂加到混合物中，其粘度开始上升，增稠剂添加最好在 30min 内完成。

1）SMC 的制造过程。在两张内侧涂有树脂的 PE 薄膜中间加入玻璃纤维，接着通过压紧辊把树脂复合物浸渍到玻璃纤维毡中去。为了把树脂均匀地涂覆在薄膜上，备有刮板。制好的 SMC 片材厚度为 2 ~4mm，单位面积质量为 3 ~5kg/m^2。将浸渍好的 SMC 材卷成卷，经过一定的熟化后便可使用。SMC 片材制造过程如图 10-3 所示。

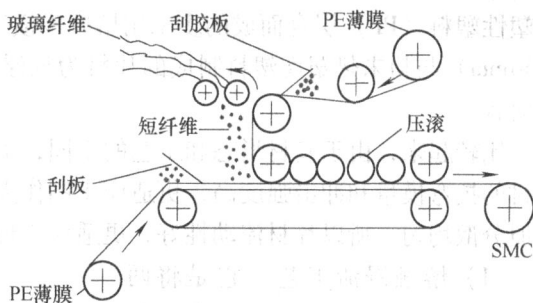

图 10-3　SMC 片材制造过程

2）TMC 及其制造过程。TMC 为厚片状模塑压塑料复合材料。这是因为 SMC 的制造工艺限制了其厚度，但有些汽车零件又需要较厚的材料，如果将 2 ~3 层 SMC 片材重叠起来模压成型又很不方便，于是就开发了 TMC。在制造 TMC 板材时，把玻璃纤维和树脂糊混合后夹到两层薄膜之间，再辊压成板材。其加工示意图如图 10-4 所示。

TMC 的制造过程比 SMC 多了一个混合树脂和玻璃纤维的浸渍辊。

（3）SMC 材料模压成型方法　对于表面要求精度高的产品，成型模具应采用热作模具钢制造。对于表面精度要求不高的低压成型的大型件，成型模可用铸造工艺制成。在制造过程中要尽量避免产品在结构设计中成不等厚度。

SMC 的成型温度在 130 ~150℃ 之间，成型汽车驾驶室的大件时加压时间为 80s，成型周期为 2min 左右，产品厚度为 2.5 ~3mm。当产品的厚度比较均匀时，加压时间可缩短到 60s，制品越厚，成型时间越

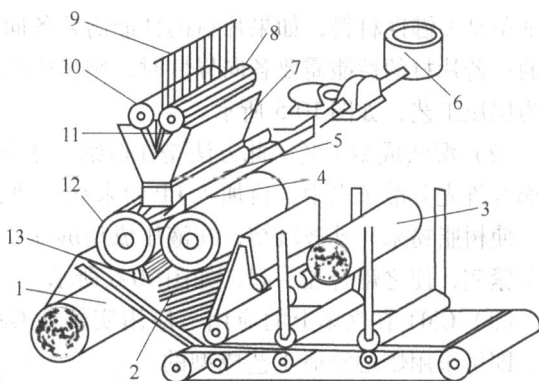

图 10-4　TMC 加工示意图

1、3—PE 薄膜　2—TMC 混合物　4—树脂混合物
5—密封　6—储池　7—漏斗　8—刀辊　9—玻璃纤维
10—橡胶辊　11—短纤维　12—浸渍辊　13—离心刮辊

长。但当成型上、下模温度应有不同，要求光洁的一侧的模具温度应高出另一侧 10 ~15℃。

二、能冲压成型的 FRP 材料及其在汽车中的应用

由于 SMC 材料在汽车零部件成型中速度比较慢不能够满足大批量生产的汽车工业需求。为了使塑料基的复合材料的成型速度既能接近金属材料的冲压加工，又能利用现成的金属冲压设备，以适应汽车工业发展的需要，于是，能冲压的 FRP 材料基板材就应运而生了。

1. 汽车用冲压成型热塑性塑料片材的种类

这种材料又称为 GMT，它是一种玻璃纤维毡增强的热塑料的预浸料，类似热固性的 SMC，是玻璃纤维和热塑性塑料预先制成的半成品片材。其典型的代表是美国 PPG 公司生产的 Azdel 和 STX 两种冲压成型片材，前者是用玻璃纤维毡增强的 PP 塑料复合材料，后者

是一种玻璃纤维增强的尼龙（PA）塑料复合材料。

2. GMT 片材成型工艺

目前在工业中，GMT 的主要生产方法有两种：一种是连续纤维毡或针刺毡；另一种是热塑性塑料（PP）层合而成的多采用熔融浸渍工艺（干法），随机分布的中长玻璃纤维（5~50mm）与粉末热塑性塑料制成的片材为悬浮沉积工艺（湿法）。目前产量上还是后者多于前者。

比较起来，由于基材形态和工艺的不同，干法玻纤长度较长而且整体成织物，所以复合片材的抗弯模量和冲击强度高，更适应于制作大、厚而形状相对简单的构件。而湿法玻纤较短但分散均匀，所以片材流动性好，更适应于形状较复杂，强度要求不很高的构件。

（1）熔融浸渍工艺 它是将两层玻璃毡压合在三层 PP 中，当中是熔融的 PP，最外层可以是薄膜，也可是熔融的 PP。该夹层结构在高于 PP 熔融的温度下加压然后冷却，最后裁割。

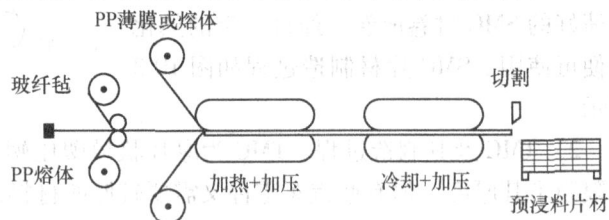

图 10-5 GMT 片材熔融浸渍成型工艺

采用该方法生产 GMT 时，玻璃纤维毡是关键性材料，如果片材的性能需要各向同性时，玻璃纤维毡中纤维的取向是完全随意的；若片材的性能需要各向异性时，则毡中的纤维是按所需方向排列的。这种生产工艺又称为层压工艺，如图 10-5 所示。

（2）湿法成型工艺 此方法是在造纸技术基础上发展起来的，它是把长度 6~25mm 的玻璃纤维先分散于水中，再加入 PP 粉末和一种乳液，这些组分悬浮于水中，待加入絮凝剂后，使树脂粉末和乳液凝结，在液压成型屏筛上分离出来，使形成的毡在高于 PP 熔融的温度下紧实，使之熔合在一起，如图 10-6 所示。

（3）GMT 在汽车上的应用 应用实例如 GMT 汽车车门。GMT 车门的生产工艺也有两种，即可采用熔融浸渍工艺成型的片材，经冲压成型；也可采用湿法工艺成型的片材模塑成型。

冲压成型工艺分三个主要阶段：

1）坯料准备。

2）坯料加热。

3）冲压成型。

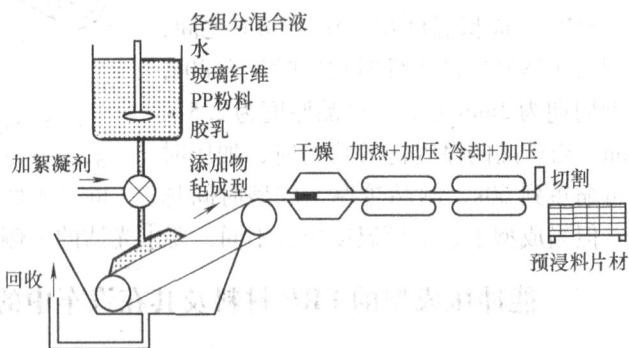

图 10-6 GMT 片材湿法成型工艺

GMT 主要用于汽车工业中表面积大的元件中。一半以上的 GMT 材料零件用于噪声屏蔽、车前部和车内部结构。现在的座椅、仪表板等都已是由 GMT 做成的。它们也都要求必须能够吸收相当的负荷和在碰撞时产生的一部分冲击能量，GMT 不仅提供极佳的性能（模量、强度、抗冲击、密度等），而且依靠流塑工艺，它能很容易被加工成复杂零件，这是它的一个优势，也使低成本、大批量地生产大表面积结构件成为可能。

第四节　汽车制造中的粘接工艺

在现代汽车制造中，越来越多的胶粘剂与密封胶粘接各种零件运用到汽车中。这不仅是为了解决和防止汽车漏油、漏水、漏气（俗称"三漏"）的重要措施，而且还会减少零件数目（如弹簧垫圈、开口销、垫片等），大大降低零件加工精度，并对汽车轻量化起到推进的作用。

一、汽车用胶粘剂和密封剂

在汽车制造中，为了解决车身密封、发动机漏油、液体和气体管路系统的漏水与漏气等问题，不得不运用各种胶粘剂和密封剂。

1. 汽车使用各种的胶粘剂的种类和特点

胶粘剂的种类比较多，按其材料组成可分为：

1）天然胶粘剂。主要成分为动、植物胶，多用于粘接木材与织物。

2）热固性树脂胶粘剂。如环氧树脂与酚醛树脂胶粘剂，其粘接强度高，但耐冲击性差。

3）热塑性树脂胶粘剂。如聚乙烯醇与丙烯酸酯，其耐冲击性好，但粘接强度低。

4）橡胶类胶粘剂。具有柔软性，但耐热性差。

5）混合型胶粘剂。

2. 环氧树脂胶粘剂

（1）环氧树脂胶粘剂的组成　它由环氧树脂、固化剂、增塑剂、填料和稀释剂构成。

1）环氧树脂。

2）固化剂。目的是为了使某些线型高分子交联成体型结构。

3）填加剂。作用是减少树脂固化后的收缩性和热膨胀，改善热传导性和固化产物的力学性能，降低产品价格。

4）增韧剂和稀释剂。作用是增加韧性，提高抗弯、抗冲击强度。

为了便于操作和具有良好的浸透性，用稀释剂来降低粘度。常用的稀释剂有丙酮、甲苯、二甲苯、环氧丙烷等。其用量一般为 5～15 份。

（2）环氧树脂胶粘剂的应用　在我国市场上常见的用于机械工业的环氧树脂胶粘剂牌号主要有 914、JW—1、SL—4 多用途结构胶粘剂等。

1）914 胶。由 A、B 两组分组成，具有使用简便，固化速度快，粘接强度高等特点，并能室温快速固化，可在 ±60℃ 下将金属与非金属部件小面积快速粘接。

2）SL—4 胶。一种多用途结构胶粘剂，对钢、铝、铸铁、铜、巴氏合金、玻璃钢、陶瓷、工程塑料等都有良好的粘接效果。

3. 汽车中常见的酚醛树脂胶粘剂

酚醛树脂胶粘剂在汽车上的应用见表 10-6。

4. 聚丙烯酸酯胶粘剂与密封胶这类胶粘剂的应用

聚丙烯酸酯胶粘剂与密封胶这类胶粘剂的特点是室温固化、无溶剂、单组分、使用方便。除了聚乙烯、聚丙烯、氟塑料和有机硅树脂外，几乎可以粘接各种或异种材料，并且具有良好的粘接性能。目前国内汽车工业中常用的有厌氧胶、501 胶、502 胶。

表 10-6 汽车中常用酚醛树脂类胶粘剂

牌 号	类 型	备 注
FS—2 FS—4 FN—301 FN—302	酚醛-聚乙烯缩丁醛	主要用于金属、塑料、玻璃等，但不能用于橡胶且使用温度不高于 60 ~ 80℃
FSC—1	酚醛-聚乙烯醇缩甲醛型	主要用于粘接金属、非金属材料，有良好的耐老化性能
J—01 J—02 J—03 J—04	酚醛-丁腈胶粘剂	用于粘接金属及非金属 J—04 可用于粘接制动片与离合器片等
JX—8	酚醛-丁腈胶粘剂	主要用于粘接金属、玻璃钢、工程塑料、陶瓷等
JX—10		为高强度耐高温结构胶粘剂，可在 200℃ 下长期使用，250℃ 下短期使用
FN—303 801 强力胶	酚醛-氯丁胶	主要用于粘接金属和橡胶，如车门密封条 801 强力胶粘剂效果更佳
J—08	酚醛-缩醛-有机硅	耐热结构胶粘剂，耐高温可达 350℃，并在 250℃ 下仍有较好的持久强度，但弹性不佳

（1）厌氧胶 国产厌氧胶品种与性能见表 10-7。

表 10-7 国产厌氧胶品种与性能

项 目			品 种			
			Y—150	XQ—1	铁锚 300	铁锚 350
外观			茶色液体	茶色液体	无色透明液	深棕色透明液
固化 速度 (25℃)	开始固化 时间/min	无促进剂	数十分钟	—	—	—
		有促进剂	数分钟	数分钟	60	15
	完成固化 时间/min	无促进剂	24 ~ 72	72 ~ 168	—	—
		有促进剂	1 ~ 2	1 ~ 2	8	24
粘接 强度	破坏扭矩/N·m		30 ~ 37		>29	25
	拆卸扭矩/N·m		30 ~ 37	20	>29	>20
使用温度/℃ 最大允许间隙/mm			<150 0.3	<100 0.3	−30 ~ 120 <0.1	−30 ~ 120 <0.1
主要用途			管接头、接合面的耐压密封防漏，各种螺纹件防松及密封，轴承和其他零件的装配固定及密封	管接头、接合面的耐压密封防漏，各种螺纹件防松及密封，轴承和其他零件的装配固定及密封	细牙普通螺纹密封及防松	粗、细牙普通螺纹密封及防松

Y—150 厌氧胶是以甲基丙烯酸酯为主体的胶液，将其注入联接螺纹间隙或接合面的缝隙中，由于隔绝空气即聚合硬化达到密封和紧固的目的。其主要用于在振动冲击条件下工作

的机器零件，如不经常拆卸的螺钉、螺母及双头螺栓的紧固防松和防漏。

在使用厌氧胶时，应先用丙酮或汽油除去零件上的油垢，再涂上胶液拧上零件，使胶液完全充满全部间隙，需在室温固化24h以上。

（2）501胶和502胶　501胶和502胶也是属于丙烯酸酯类胶粘剂，其性能和用途见表10-8。

表10-8　501和502胶粘剂的性能和用途

	501胶	502胶
用途	粘接金属、非金属，如仪器仪表的密封	粘接各种金属、玻璃和一般橡胶（除PVC，聚氟塑料等）
性能	使用温度为-50~70℃，室温抗剪强度>19.6MPa，抗拉强度>24.5MPa，性能较脆，耐碱和耐水性差	使用温度-40~70℃，粘接后24h达最高强度
固化条件	室温几秒到几分钟	室温几秒到几分钟
主要成分	α—氨基丙烯酸酯	α—氨基丙烯酸酯

使用这两种胶时，需先将被粘接的对象表面用细砂纸打磨去除氧化物，再用丙酮浸沾脱脂棉擦洗，以去除油污，涂液需均匀而薄地涂在两面，并在空气中暴露几秒至一分钟后，将粘接件对准并施加压力，经过半分钟到几分钟内即可粘牢，在室温下放置24h后即可使用。

（3）聚氨酯胶粘剂　该胶粘剂由氰酸酯为主体加入固化剂和助固剂缩合而成。其优点是可以室温固化，起始粘接力高，有较好的抗冲击性能、抗剪强度和剥离强度，能耐冷水、耐油、耐稀酸和价格便宜等，但耐热性差。多用于非金属之间、金属之间、金属与非金属之间的粘接。常用的聚氨酯胶粘剂见表10-9。

表10-9　聚氨酯胶粘剂

牌　　号	固　化　条　件　及　用　途
聚氨酯101胶粘剂 聚氨酯404胶粘剂	甲、乙两组分室温固化，适用于纸张、织物、木材、皮革和塑料等，也可用于金属和非金属材料
熊猫牌202胶粘剂	双组分室温固化，可用于-20~170℃的范围内。主要用于皮革、橡胶、织物、地毯、软泡沫塑料等非金属材料

使用过程中的注意事项：

1）表面处理。在使用聚氨酯胶粘剂前应先对被粘接对象表面进行去氧化皮处理，再用0号砂纸打磨。如果是铝合金则用化学方法处理氧化膜。塑料表面则用丙酮擦洗，聚乙烯用浓硫酸进行腐蚀。纸张、织物等则不需要处理。

2）配胶。粘接不同的材料，要使用A、B两组分配比不同的胶液，见表10-10。

表10-10　聚氨酯胶甲、乙组配比

被　粘　接　物	聚　氨　酯　胶　甲　乙　组　配　比
纸张、皮革、木材、织物	甲/乙=100/5~10
金属	甲/乙=100/10~50
一般的物件	甲/乙=100/10~20

3）涂胶和固化。使用时，部件或物料两面均需涂胶，第一次涂胶后放置 5min 后再涂第二次，放置 10 ~ 20min，待手接触不粘时即可粘接。并在一定压力下进行固化，加压时间为数分钟至几小时。在室温 25℃ 时需经 5 ~ 6 天才能完全固化。加温固化时，100℃ 下需 1.5 ~ 2h，130℃ 需 0.5h。此胶为固化时切勿用于高温、高湿条件。

（4）聚硫橡胶密封胶　该胶也称为液态聚硫化物，此类橡胶在分子主链上都含有硫原子，其最大特点是在常温或低温下也能硫化，硫化产品收缩率很小。在汽车工业中，该种胶多用于汽车风窗玻璃的密封，其优点为：

1）密封胶呈液态，可用于不规则形状粘接和常温下硫化。

2）弹性好，可减少风窗玻璃的振动，以适应高速行驶和紧急制动的需要。

3）风窗玻璃和车身窗框连成一体，可提高车身强度。

4）能满足汽车生产过程的高速流水线作业。

（5）液体密封胶　为一种液体状态的密封材料，也称为液体垫圈或液体密封垫料。此类胶在常温下是黏稠液体，涂在连接面上，干燥一定时间后便能形成一种具有黏性、黏弹性或可剥性的膜，通过这种膜的填充作用使连接部位得到密封。

这类胶按其涂布后形成膜的形态可分为以下几种。

1）不干性黏着型密封胶。这种密封胶可含有溶剂（呈液态）也可不含溶剂（呈膏状）。这种垫料成膜后长期不硬化，并保持黏性，故当其受到机械振动和冲击时，涂膜不发生龟裂和脱落现象，而且易于从连接面上去除，连接点也容易拆卸。

2）干性黏着型及干性可剥型密封胶。其中干性黏着型密封胶在涂布后溶剂挥发掉，干膜牢固地黏在连接面上，可拆性、耐振动性和冲击性差，但耐热性好，即在高温下有良好的防漏效果。另一种是干性可剥离型密封胶，在涂布后溶剂挥发掉并形成具有橡胶样的柔软而有弹性的膜。这种膜耐振动、黏着严密，具有良好的可剥离性。

二、胶粘剂在汽车上的技术应用

在了解各种胶粘剂的种类、特点及适用范围的基础上，能够更好地选用合适的胶粘剂来粘接汽车零部件，以满足各部位在工作时所承受的负荷大小、方向及速度。此外，还应考虑所用胶粘剂的形态（粉状、液状、膏状）、涂布方式及用量、加热固化时间、压紧力与压紧时间等，以满足汽车生产线的装配与速度要求。

1. 粘接设计

（1）接缝形状设计　要求接合面积尽量大，负荷均匀地分布在整个接合面上，受力方向与粘接强度方向一致。

（2）被粘接材料种类及其表面形态　汽车制造中所用的材料主要是钢板，其他为铝合金、塑料及 FRP。在设计时应考虑各种材料和胶粘剂的浸润及相互作用的因素。同一品种的胶粘剂对不同材料，由于浸润及表面相互作用力不同，其粘接强度和耐久性会有很大差别。即使是同一种材料，不同的表面形态，其粘接强度也会有差异，因此进行脱脂、擦亮研磨等表面处理，可以提高材料的粘接强度。

（3）胶粘剂的使用条件　汽车所处的环境条件非常复杂，除了其暴露环境外，还需考虑使用部位可能受到的特殊热、化学药品、光照及外力等所产生的影响。因此，正确地选择胶粘剂是粘接设计的重要内容。

汽车生产中常用胶粘剂的种类见表10-11。

表10-11　常用胶粘剂的种类

组分	名称	生产公司	组分	名称	生产公司
乙烯缩醛	Redux775	CIBA	环氧	AT—1	CIBA
酚醛	FM—47	ACC	环氧	FM—54	ACC
橡胶	Narmtape102	Whittaker	环氧	AP—500	东亚合成
尼龙	Fm—1000	ACC	NBR/环氧	EC—2214	3M
尼龙/环氧	MB—406	Whittaker	NBR/环氧	FM—132—2	ACC
尼龙/环氧	FS—175	东亚合成	聚酰亚胺	MB—840	Whittaker

2. 粘接方法

（1）胶粘剂的形态　按形态可分为液状、膏状、薄膜状、固状、粉末状。按使用方法可分为双组分混合型、单组分热固化型、单组分室温固化型、热熔型等。应根据性能、施工方法、价格等来选择所需要的胶粘剂。

（2）粘接方法和汽车批量生产的适应性　粘接方法一直沿用紧固夹具、冷压、热压、加热炉等常见手段。近年来新的热固化技术也在推广使用，如高频感应加热、高频介质加热和超声波加热等。

3. 胶粘剂与密封胶在汽车上的应用

胶粘剂在汽车上的应用见表10-12；密封胶的应用见表10-13。

表10-12　胶粘剂在汽车上的应用

分类	零部件名称	被粘接物件	胶粘剂种类	使用方法
结构用胶粘剂	制动蹄片 离合器摩擦片 盘式制动摩擦片	摩擦蹄片—钢板 摩擦片—钢板 摩擦衬片—钢	丁腈—酚醛	加热、加压
准结构用胶粘剂	前罩	钢板—钢板	PVC系和橡胶	自动涂敷
	行李箱盖			
	顶篷			
	门板			
	门玻璃	玻璃—不锈钢	环氧树脂	高频热压
	后视镜	玻璃—锌	乙烯丁缩醛	热压
	半圆部	钢板—钢板	环氧系	自动涂敷
	尾灯	丙烯系—聚丙烯	环氧系	热压
非结构用胶粘剂	风窗窗条 人造革顶篷 仪表板 控制箱 坐垫	橡胶—玻璃、涂漆钢 板皮革—涂漆板 发泡聚氨酯—ABS 乙烯基板—ABS 发泡PUR—绒布	聚氨酯系 丁腈橡胶系 氯丁橡胶 丙烯酸酯系 丁苯胶	涂敷 喷涂 毛刷 压敏 喷涂

表 10-13　密封胶在汽车上的应用

种类	基本材料	形状	使用实例
电焊密封胶	异丁橡胶	糊状	护围板焊接位置
	丁苯橡胶	糊状	护围板焊接位置
	乙烯基塑料溶胶	糊状	护围板焊接位置
	烷基系树脂	糊状	护围板焊接位置
车身密封胶	PVC 塑胶	糊状	车身接缝密封位置
	丁苯橡胶	糊状	车身接缝密封位置
	沥青质	糊状	车身接缝密封位置
	乙烯塑料溶液	糊状	车身接缝密封位置
玻璃密封胶	聚异戊二烯	糊状	窗玻璃密封垫密封位置
	再生胶	糊状	窗玻璃密封垫密封位置
	聚硫橡胶	糊状	窗玻璃密封垫密封位置
	聚氨酯	糊状	窗玻璃密封垫密封位置
	丁基橡胶	胶带	窗玻璃密封胶带密封位置

本 章 小 结

1. 汽车轻量化具有重大意义，对汽车节能减排、节约金属材料起着举足轻重的作用。

2. 汽车轻量化的措施主要从结构设计和选用材料方面考虑。

3. 汽车轻量化的材料主要有：铝、镁合金材料、高强度钢铁材料及其他轻量化材料（工程塑料和复合材料、粉末冶金材料）。

4. 铝、镁合金材料主要用于汽车发动机气缸体、气缸盖、活塞、进气歧管、摇臂、变速器壳体、离合器壳体、车轮、罩盖壳体等零件。

5. 高强度钢铁材料制成的板材（包括薄钢板），主要用于车架、车身、轮圈等汽车零部件。

6. 汽车上的内装饰件、轿车车身的前后围、保险杠、挡泥板等大量采用了工程塑料制品，既满足了使用要求，又使大量减少了车身自重。

7. 目前汽车上使用的工程塑料制品件主要采用 ABS、FRP、SMC、GMT 等铸塑、挤压成型工艺。

8. 粘接工艺在汽车制造中的应用，对汽车制造轻量化起到了一定推动作用。粘接材料主要有：各种的胶粘剂、环氧树脂胶粘剂、酚醛树脂胶粘剂聚丙烯酸酯胶粘剂与密封胶等。

思考与练习题

一、名词术语解释

汽车轻量化，ABS, FRP, SMC, GMT。

二、单项选择题

1. 下列哪项不是汽车轻量化材料（　　）。

A. 铝合金　　　B. 镁合金　　　C. 铁合金　　　D. 钛合金

2. 下列哪项不是汽车常用塑料（　　）。

A. PP　　　　　B. PA　　　　　C. PU　　　　　D. PM

3. 下列哪项不是环氧树脂胶粘剂的组成（　　）。

A. 增塑剂　　　B. 氧树脂　　　C. 植物胶　　　D. 固化剂

三、简述题

1. 汽车轻量化的意义是什么？

2. 汽车制造轻量化的材料有哪些？常用这些材料做什么部件？

3. 举例说明 ABS 在汽车上的使用情况。

4. 汽车上主要使用的塑料有哪些？

5. 汽车上常用哪些胶粘剂？各自主要用于哪些部件的粘接工艺？

参 考 文 献

[1] 赵桂范，杨娜．汽车制造工艺[M]．北京：北京大学出版社，2008．

[2] 吴兴敏．汽车车身结构与维修[M]．西安：西安电子科技大学出版社，2006．

[3] 曾东建．汽车制造工艺学[M]．北京：机械工业出版社，2006．

[4] 王宝玺，贾庆祥．汽车制造工艺学[M]．北京：机械工业出版社，2007．

[5] 周华祥，刘瑞已．汽车制造工艺与数控设备[M]．北京：机械工业出版社，2007．

[6] 韩英淳．汽车制造工艺学[M]．北京：人民交通出版社，2009．

[7] 吴拓．机械制造工艺与机床夹具[M]．北京：机械工业出版社，2009．

[8] 陈剑鹤．冷冲压工艺与模具设计[M]．北京：机械工业出版社，2009．

[9] 兰建设．机械制造工艺与夹具[M]．北京：机械工业出版社，2009．

[10] 郭新华．汽车构造[M]．北京：高等教育出版社，2007．

[11] 关慧贞，冯辛安．机械制造装备设计[M]．北京：机械工业出版社，2010．

[12] 李华．机械制造技术[M]．北京：高等教育出版社，2008．

[13] 王茂元．机械制造技术基础[M]．北京：机械工业出版社，2008．

[14] 魏康民．机械制造技术基础[M]．重庆：重庆大学出版社，2006．

[15] 刘艳莉．汽车构造与使用[M]．北京：人民邮电出版社，2009．

[16] 王世震．汽车构造[M]．北京：机械工业出版社，2009．